LE LETTERE / UNIVERSITÀ · I
Sezione diretta da Mario Martelli
1

Francesco Bausi - Mario Martelli

La metrica italiana
Teoria e storia

Casa Editrice Le Lettere

Prima ristampa riveduta e aggiornata 1996
Seconda ristampa 1998
Terza ristampa 2000

Copyright © 1993 by Casa Editrice Le Lettere - Firenze
ISBN 88 7166 136 2

PREMESSA

Questo libro è il primo che, in fatto di metrica, non assuma a suo tema le 'forme' in una loro immobile definizione (solo per incidens *dandone le varianti diacroniche), ma il loro concreto divenire nel tempo. Certo, anche agli autori di questo volume è sembrato necessario far precedere la parte propriamente storica da un capitolo introduttivo, nel quale trovasse posto la formulazione di alcuni 'concetti' generali (quello di metrica, quello di poesia, quello di verso, quello di rima, ecc.), che effettivamente si propongono come invarianti e (se vogliamo usare una terminologia desunta dalla fenomenologia tedesca) come « cose in sé » rispetto ai loro « modi di datità ».*

Con tutto questo, il rapporto tra le due prospettive — quella sincronica e quella diacronica — risulta, in questo volume, ribaltato rispetto alla trattatistica tradizionale: non — torniamo a ripetere — le 'forme' viste come 'sostanze' eterne, ma la realtà storica della loro vita, il loro nascere, il loro modificarsi, il loro morire. In questo senso, il libro può essere letto (e studiato) da un capo all'altro come una « storia della metrica italiana ». Non per questo esso si sottrae ad altri modi di fruizione. Chi vorrà servirsene come strumento di consultazione, onde informarsi sulle singole entità (endecasillabo, ad esempio, o canzone, rima o accento, poesia barbara o strofa, ecc.), potrà ricorrere al minuzioso indice analitico che, nelle intenzioni degli autori, dovrebbe costituire una chiave di accesso tale da far nascere, se così possiamo dire, dal primo un altro e diverso libro. D'altronde, l'indice analitico è affiancato da altri due strumenti atti ad arricchire le possibilità dell'uso: in primo luogo, un indice dei nomi degli autori e delle opere adespote, che permetta la ricostruzione di una essenziale storia della metrica italiana ordinata per singole personalità e per singoli oggetti poetici; e, in secondo luogo, una ininterrotta serie di rubriche marginali al testo, atte a fornire un sunto, rapidamente percorribile, dell'intera materia.

Va inoltre precisato — a conclusione di queste essenziali note introduttive — che, pur nell'àmbito di un progetto comune e di una realizzazione costantemente coordinata, ai due autori spetta la responsabilità di parti precisamente distinte del presente libro: a Francesco Bausi va assegnata la compilazione dei capitoli I, II, III, V, VII, della Bibliografia e degli Indici; a Mario Martelli, quella dei capitoli IV, VI, VIII e IX.

Firenze, 10 dicembre 1992

                                                            F.B. - M.M.

I. LA METRICA: CARATTERI GENERALI

I.1. *Metrica e poesia*

I.1.1. Comunemente, si intende per *metrica* l'insieme delle regole e delle convenzioni che, in una tradizione letteraria, presiedono alla strutturazione formale del prodotto poetico, fornendo agli autori una serie di modelli sui quali costruire, con margini talora anche ampi di libertà e di variazione, i singoli componimenti e le loro parti. In questa accezione — che coincide, in sostanza, con quella di *versificazione*, anche se con tale termine alcuni indicano la concreta messa in opera delle norme metriche nella costruzione di versi e strofe — si sottolinea come essenziale la componente di 'convenzionalità', ossia «la presenza d'una convenzione letteraria comune al produttore e al fruitore» (PAZZAGLIA 1974, p. 27); la metrica potrebbe dunque essere definita anche come «quel patto inevitabile che deve collegare il poeta e il suo pubblico e permette di riconoscere l'invenzione ritmica di cui l'autore ha informato i suoi versi» (TOMAŠEVSKIJ 1968, in CP, p. 190).

In effetti, il *metro* (termine che, come diremo, designa anche, con accezione più ristretta, la particolare struttura metrica di un componimento: sonetto, terzina, ecc.), può essere considerato l'aspetto codificato e istituzionalizzato di quel fenomeno ben più complesso che è il *ritmo*: nella poesia italiana, il ritmo è il prodotto della successione e della disposizione regolata (su basi fonico-musicali e non, come nella prosa, esclusivamente o principalmente logico-sintattiche) di arsi e di tesi, ossia di sillabe (o posizioni) toniche e di sillabe (o posizioni) atone. In altre parole, il ritmo poetico è «la peculiare configurazione prosodica realizzata in ciascun testo dalla specifica successione degli accenti delle parole che costituiscono il verso» (BERTINETTO 1973, p. 19). Esiste, naturalmente, anche un ritmo della prosa (soprattutto nella prosa «numerosa» medioevale, e nella prosa lirica o 'cadenzata' novecentesca); ma, ancora una volta, a caratterizzare la poesia è — nella maggior parte dei casi — il ricorso continuo, coerente e sistematico alla ritmicità, che si concretizza e si evidenzia nell'impiego del verso.

Metro e ritmo

Il *verso*, infatti, può definirsi come un segmento di discorso (una serie di parole, o anche una sola parola: «Meravigliosamente» è il primo verso, settenario, di una canzonetta di Giacomo da Lentini) strutturato in base a un modello ritmico. Se tale modello ritmico obbedisce a schemi precisi e ricorrenti, il verso risulta dotato, oltre che di ritmo, anche di metro.

Da tutto ciò consegue che:
1) «il verso può anche fare a meno del metro, ma non del ritmo» (RAMOUS 1984, p. 16);
2) il ritmo 'precede' il metro e ne costituisce il fondamento;
3) un medesimo metro può concretizzarsi in una molteplicità di ritmi (nella metrica italiana, soprattutto i versi imparisillabi — endecasillabo e settenario in primo luogo — presentano numerose varietà ritmiche).

Poesia è tutto quanto sia scritto in versi; ma tutto ciò che è in versi, se deve avere ritmo, non necessariamente è però dotato di metro; quindi, non tutta la poesia rientra nell'àmbito della metrica propriamente detta. I più antichi componimenti della nostra letteratura delle origini precedono la codificazione del sistema metrico italiano (che avviene solo, nel XIII secolo, con i poeti della Scuola siciliana): è il caso, ad esempio, del *Cantico di frate Sole* di san Francesco d'Assisi, che, pur presentando caratteri senza dubbio 'poetici' (ritmicità dei 'segmenti', impiego di rime e assonanze), non si organizza in 'versi' metricamente regolari. Allo stesso modo, alcuni tipi di verso libero novecentesco danno vita a una poesia che — se non è lecito identificare con la prosa cadenzata, poiché ricorre alla segmentazione — si pone di proposito al di là e al di fuori della tradizione metrica, mettendone in crisi le secolari istituzioni, e dando vita a sequenze di versi la cui ritmicità e la cui musicalità sono del tutto 'soggettive' e aleatorie, frutto di un'individuale operazione dell'autore, intenzionalmente sottratta a qualsiasi regola e, quindi, a quel 'patto' coi lettori che caratterizza, come abbiamo detto, la poesia e la metrica tradizionali (cfr. IX.2.6.).

Poesia e prosa. Tecnica ed estetica

I.1.2. Il concetto di 'poesia' cui si è fatto fin qui riferimento è di natura strettamente 'tecnica': esso mira unicamente a individuare e delimitare il raggio d'azione e l'àmbito di competenza della metrica e dei fenomeni che la caratterizzano, e si fonda soprattutto sulla distinzione (non in tutte le epoche avvertita nello stesso modo, ma in linea di massima sempre presente e operante) tra poesia e prosa. Ciò va specificato, perché esiste un'accezione più ampia e complessa del termine 'poesia', un'accezione, vale a dire, di carattere 'estetico', che non può essere esclusivamente risolta negli aspetti metrici del discorso.

In altre parole, la definizione 'tecnica' della poesia, fondata sull'individuazione dei dati metrici e sull'antitesi poesia/prosa, abbraccia anche prodotti che, in termini estetici, non vengono qualificati come 'poetici': slogans pubblicitari o testi di canzonette alla moda, infatti, adottano spesso procedimenti e tecniche proprie della poesia (verso, rima, strofe, artifici retorici, linguaggi metaforici, ecc.), e, 'tecnicamente', non possono essere ascritti all'àmbito della 'prosa'.

Quando affermiamo che la metrica concerne il discorso versificato, «ciò non significa senz'altro che l'oggetto della metrica sia la poesia» (BELTRAMI 1991, p. 15), cioè, si intende, la 'poesia' come prodotto estetico: da un lato, infatti, vi sono testi poetici che, come abbiamo detto, non rientrano nel dominio della metrica propriamente detta, e dall'altro, viceversa, in tale dominio devono essere compresi prodotti non letterari che adottano le regole del discorso in versi. Non tutto ciò che è poesia è metrica, insomma, e non tutto ciò che è metrica è poesia: parlando in termini 'tecnici', un endecasillabo petrarchesco non può essere considerato diverso dall'endecasillabo di uno slogan (né gli ottonari carducciani della *Leggenda di Teodorico* sono altra cosa rispetto agli ottonari del «Signor Bonaventura»), così come le leggi armoniche che governano la più banale canzonetta non differiscono, in sostanza, da quelle cui obbedisce una sinfonia di Mozart.

Per rendere più chiaro questo concetto, è stato proposto di tener distinta la 'poesia' vera e propria dalla semplice «funzione poetica» (JAKOBSON 1966, in CP, p. 44), che è soltanto l'adozione di tecniche metriche (verso, rima, strofe, ecc.) in un testo di carattere non letterario; i prodotti cui prima si faceva riferimento — slogans, iscrizioni su lapidi, testi di canzonette — ricorrono appunto a tale «funzione poetica», ma non sono 'poesia'. Tale distinzione (insieme alla consapevolezza che il 'metro' non è sufficiente a caratterizzare la 'poesia') è d'altra parte ben nota, fin dall'antichità, alla cultura occidentale: già Aristotele, nella *Poetica* (1447b), aveva infatti affermato che a fare il poeta non è il verso, ma la «mimesi», e che pertanto chi scrive di medicina o di scienza in versi non deve considerarsi poeta, ma scienziato. Ai suoi occhi (e a quelli dei suoi seguaci), fra Omero ed Empedocle l'unica cosa in comune è il verso, ossia, per dirla con Jakobson, la «funzione poetica»: ma solo quella omerica è, in senso proprio (e non solo 'tecnico') opera di poesia.

<small>Poesia e funzione poetica</small>

I.2. La struttura del verso: il computo sillabico

I.2.1. La metrica italiana è di tipo qualitativo (o accentativo): mentre nella metrica classica (greco-latina) le sillabe vengono distinte in base

<small>Metrica qualitativa</small>

(o accentativa) e metrica quantitativa alla loro quantità (brevi, lunghe o ancipiti) e disposte, a seconda di essa, in unità metriche dette *piedi*, in italiano, come in tutte le lingue romanze, la distinzione fondamentale (perduta, già nei primi secoli dell'era volgare, la percezione della quantità sillabica) concerne sillabe toniche, ossia accentate, e sillabe atone, ossia prive di accento. Proprio dalla disposizione di sillabe toniche e atone, come abbiamo affermato poco fa, scaturisce il ritmo del verso italiano; la metrica italiana, per questo, può essere correttamente definita come sillabico-accentativa.

Sillaba grammaticale e sillaba metrica È il numero delle sillabe, infatti, che (entro certi limiti, però: cfr. più avanti, I.3.1.) determina il tipo e il nome del verso italiano: ma la *sillaba metrica* (quella cioè che è elemento costitutivo del verso) può differire dalla sillaba grammaticale, così come l'*accento metrico* (quello che concorre alla formazione del ritmo) non sempre si identifica con l'accento grammaticale. Il primo verso della *Commedia* («Nel mezzo del cammin di nostra vita») è composto di undici sillabe grammaticali, che sono, al tempo stesso, sillabe metriche, ed è quindi a prima vista riconoscibile come un endecasillabo; ma il v. 5 del medesimo I canto dell'*Inferno* («Esta selva selvaggia e aspra e forte») presenta tredici sillabe grammaticali, e tuttavia rimane un endecasillabo, esattamente come il v. 1. Ciò perché anche nel v. 5 l'orecchio esige che, per due fenomeni metrici detti sinalefe e dialefe, siano contate soltanto undici sillabe metriche.

Nella lettura dei versi italiani e nel computo delle sillabe che li costituiscono, infatti, è spesso necessario ottemperare ad una serie di richieste oggettive (si tratta, per lo più, della sinalefe, della dialefe, della sineresi e della dieresi), cosicché sia possibile individuare correttamente il numero delle sillabe metriche e ottenere quindi l'esatta misura del verso. Per distinguere anche terminologicamente la sillaba grammaticale dalla sillaba metrica, è stato recentemente proposto (Di Girolamo 1976) di denominare quest'ultima *posizione*; resta inteso che ad ogni posizione possono corrispondere una o più sillabe grammaticali, o anche nessuna (se il verso, ad esempio, è acefalo o catalettico, cioè privo di una o più sillabe all'inizio o alla fine, le posizioni iniziali o quelle finali possono, teoricamente, mancare).

La sinalefe I.2.2. Si dice *sinalefe* il fenomeno per cui due vocali consecutive (l'una in fine di parola, l'altra all'inizio della parola successiva) vengono comprese in una sola sillaba metrica. Se tra le due parole è compreso un monosillabo vocalico (ad esempio, le congiunzioni *e*, *o*) è ugualmente possibile effettuare la sinalefe, che in tal caso viene ad abbracciare tre vocali consecutive. Nella lettura, le vocali interessate dalla sinalefe si pronunciano contratte (ossia senza soluzione di continuità), ma distinte (conservando cioè la loro autonomia timbrica). Nel v. 5 di *Inf.* I,

> Esta selva selvaggia e aspra e forte,

è necessario operare due sinalefi: «selvaggia e»; «aspra e». Computando le sillabe, avremo quindi: «sel vag giae» e «a sprae». Ecco un esempio di sinalefe con tre vocali (Carducci, RN *Virgilio*, v. 12):

> Ridono in tanto i monti e il mar lontano.

Qui, dopo due sinalefi semplici («Ridono in»; «tanto i»), è necessario eseguirne una, doppia (riguardante cioè tre vocali), in «monti e il». L'intero verso, computando, va dunque sillabato così: «Ri do noin tan toi mon tieil mar lon ta no», identificando le undici sillabe metriche, diverse da quelle grammaticali, che sono ben quindici. Se qualcuna delle sillabe interessate dalla sinalefe comprende un dittongo o un trittongo (cioè un gruppo di due o di tre vocali non pronunciate separatamente — ossia in iato — e quindi ospitate in un'unica sillaba), il numero di vocali contratte nella sinalefe aumenta; ad esempio, nel seguente verso leopardiano («Passero solitario, alla campagna»: *Il passero solitario*, v. 2), la sinalefe semplice «solitario alla» concerne tre vocali, mentre nel petrarchesco «Colla qual Roma et suoi erranti correggi» (RVF LIII, v. 5) la sinalefe «suoi er-» consente di concentrare ben quattro vocali in una sola sillaba metrica.

I.2.3. Nel citato v. 5 di *Inf.* I, come si sarà notato, non abbiamo operato la sinalefe in «e aspra»; o meglio, nel sintagma «selvaggia e aspra», ci siamo limitati a eseguire sinalefe tra «selvaggia» ed «e», evitando però di ripetere l'operazione (col che avremmo dato vita a una doppia sinalefe a tre vocali) tra «e» ed «aspra». Tra la vocale «e» e la «a» iniziale di «aspra» abbiamo invece postulato la presenza del fenomeno opposto, detto *dialefe*: con questo termine si indica infatti la figura metrica per mezzo della quale si collocano in due sillabe metriche distinte la vocale finale di una parola e quella iniziale della parola seguente.

La dialefe

Nella poesia italiana, la norma è costituita, nel caso di vocali consecutive facenti parte di parole diverse, dalla sinalefe; la dialefe, tuttavia, è piuttosto frequente nella poesia dei primi due secoli e, ma in genere limitatamente all'area toscana, in quella quattrocentesca. Per questi secoli, e per l'àmbito toscano e toscaneggiante, è possibile enunciare alcune norme utili a regolare e a individuare il fenomeno; tali norme perdono in linea generale la loro validità nei secoli successivi, a partire dal '500, quando la dialefe diviene assai più rara (per non dire eccezionale) nella poesia italiana. Bisogna inoltre tenere presente che, come per le altre figure metriche, anche per la dialefe non esistono vere e proprie leggi dotate di assoluta validità; la presenza di questo fenomeno metrico, soprattutto nella poesia delle origini e soprattutto presso poeti non toscani, non è regolare, tanto che, ad esempio, i criteri seguiti da Dante non risultano sempre applicabili a un poeta assai meno 'toscano' come Petrarca.

La dialefe in area toscana e in epoca pre-bembesca

Comunque, possiamo dire che, nella poesia antica di area toscana (fino al Quattrocento compreso, o meglio fino all'affermazione della norma del Bembo, drasticamente riduttiva nei confronti di tale fenomeno), la dialefe si verifica per lo più quando, delle due vocali, almeno la prima è tonica; sono sentiti come tonici anche i monosillabi dopo i quali il fiorentino attua, se segua parola aperta da consonante, il raddoppiamento fonosintattico: *e, ma, a, se, che, chi, o* (congiunzione), ecc.: cfr. l'esempio dantesco prima riportato: «e aspra». Ecco alcuni esempi (in corsivo le sillabe interessate dal fenomeno):

> E poi ch'ebber li visi a *me e*retti
> (*Inf.* XXXII, v. 45);

> *Chi u*dì mai d'uom vero nascer fonte?
> (Petrarca, RVF, XXIII, v. 119);

> E d'uno in altro, *ma in* molti lati
> (Boccaccio, *Ninf. fies.*, 465, v. 5);

> «Usciteci» gridò: «*qui è* l'entrata»
> (*Inf.* VIII, v. 81);

> Ch'*è o*ggi ignudo spirto e poca terra
> (Petrarca, *Tr. Mort.* I, v. 2);

> *Né a*vendo il bel Iulio ancor provate
> (Poliziano, *Stanze*, I 8, v. 3).

Diverso il caso in cui si susseguono, nel verso, una parola terminante con un nesso di due vocali (la prima delle quali tonica) e una parola che comincia per vocale; come avviene in questo verso di Lorenzo de' Medici (*Corinto*, v. 4):

> E 'l sonno av*ea o*gni animal terreno.

In simili circostanze, taluni ritengono possa parlarsi di dialefe (nella fattispecie, tra il nesso *-éa*, che all'interno del verso è monosillabico, e la vocale immediatamente seguente *o*); in realtà, si tratta più probabilmente — in questo come in casi analoghi — di un diverso fenomeno, consistente nella successione di una dieresi (che comporta la scissione del nesso vocalico in due distinte sillabe: cfr. I.2.5.) e di una sinalefe (che interessa la seconda vocale del nesso e la vocale con cui inizia la parola seguente). Il verso laurenziano ora citato, insomma, dovrà essere così interpretato:

> E 'l sonno avëa ogni animal terreno.

Più rara, e detta perciò *eccezionale* o *d'eccezione*, è invece la dialefe tra due vocali entrambe atone («Qual ver*s*o *A*cheronte non si cala»: *Purg.* II, v. 105) o tra due vocali di cui la prima sia atona e la seconda tonica («Antichissim*e o*mbre, e brancolando»: Foscolo, *Sepolcri*, v. 281); anche questi tipi di dialefe, tuttavia, non sono infrequenti nella poesia dei primi secoli (soprattutto di area toscana, e soprattutto non lirica), in cui è dato ritrovare — sia pur raramente — persino la dialefe dopo parola sdrucciola («Lecit*a i*mpetrò nelli cor nostri»: Boccaccio, *Teseida*, I 29, v. 5: BELTRAMI 1991, p. 153). In ogni caso, non è possibile enunciare norme dotate di valore assoluto, giacché l'*usus* di ogni poeta è diverso, e giacché anche un medesimo autore si comporta diversamente a seconda delle circostanze. Di conseguenza, nell'individuazione della dialefe (così come della sinalefe), molto è lasciato, volta per volta, alla 'discrezione' e all'orecchio — storicamente educato — del lettore; per fare un solo esempio, nel seguente verso tratto dal *De summo bono* di Lorenzo de' Medici (IV, v. 140):

Dialefe d'eccezione

> Ma allo amante, della cosa che ama,

è necessario, per ottenere la regolare misura metrica, postulare una dialefe tra *Ma* e *allo*, mentre, in questo caso, non si effettua dialefe (contrariamente a quanto spesso si verifica nello stesso Lorenzo) dopo *che*. In teoria, sarebbe possibile anche l'opzione contraria (sinalefe tra *Ma* e *allo*, dialefe tra *che* e *ama*): ma, così facendo, si otterrebbe un endecasillabo con accenti di 3ª, 7ª e 10ª, ribelle alle leggi del ritmo (e, quindi, statisticamente assai raro), al quale è da preferire quello di 4ª, 8ª e 10ª, ottenuto nel modo sopra indicato: «Ma allo amànte, della còsa cheà ma».

D'altra parte, per quanto riguarda la poesia più antica, bisognerà tener conto che copisti ed autori molto lasciavano, in fatto di espunzioni, di apocopi, di troncamenti e di aferesi, all'iniziativa del lettore. Nel caso, ad esempio, di *Inf.* X, v. 119 («Qua dentro è 'l secondo Federico»), la dialefe d'eccezione «dentro *è*» (tra vocale atona e vocale tonica) sarebbe sostituita da una dialefe del tutto regolare («è il», preceduta dalla sinalefe «dentro è») se il copista avesse scritto *il* anziché *'l*.

Lezione dei testimoni e iniziativa del lettore

Qua dentro è il secondo Federico.

Viceversa, in *Inf.* XVIII, v. 1 («Luog*o è i*n inferno detto Malebolge»), la sinalefe eccezionale «è in» scomparirebbe, ove il copista o l'editore avessero espunto, peraltro legittimamente, la *i* iniziale di *in*.

Sineresi e dieresi

I.2.4. Sinalefe e dialefe, intervenendo sulle vocali e sui gruppi vocalici, impediscono di far coincidere, nel computo sillabico, sillabe grammaticali e sillabe metriche. A questi due accidenti metrici, che interessano vocali contigue di parole diverse, corrispondono due accidenti analoghi (sineresi e dieresi) che concernono vocali contigue all'interno della medesima parola. Per mezzo della *sineresi* si includono in una sola sillaba metrica due o più vocali consecutive di una stessa parola, le quali, nella sillabazione consueta (quella toscana), appartengono invece a due distinte sillabe grammaticali; con la *dieresi*, viceversa, si collocano in due diverse sillabe metriche, separandole, due vocali contigue che la normale sillabazione comprende in un'unica sillaba grammaticale. Nella pratica editoriale moderna, la dieresi si segnala (ma tale prassi non è obbligatoria, né da tutti adottata) con due punti collocati sopra la prima delle due vocali interessate dal fenomeno.

In questa ristretta accezione, sineresi e dieresi si intendono come 'licenze' poetiche: «dieresi e sineresi si misurano rispetto alla sillabazione linguistica normale: c'è dieresi quando, in poesia, si fanno artificiosamente due sillabe di ciò che nella lingua costituisce una sillaba sola; sineresi nel caso inverso, quando cioè due sillabe linguistiche sono compresse in una stessa sede» (MENICHETTI 1986, p. 18). Ad esempio, in Petrarca, RVF I, v. 2:

Di quei sospiri ond'io nudriva 'l core,

La sineresi

non si dà sineresi in «quei» e in «io», poiché tali voci sono comunemente intese, nella sillabazione usuale, come monosillabiche. La sineresi, così intesa, è poco frequente nella tradizione poetica italiana: nei secoli XIII-XIV (e talvolta anche in séguito) si trova praticata spesso nel solo caso dei gruppi vocalici *-aia*, *-aio*, *-oia*, *-oio*, *-ioia*, *-iaio* e simili. Ecco tre esempi:

Che di voi sempre grande *gioia* n'atende
(Chiaro Davanzati, canz. *Madonna, di cherere*, v. 48);

Farinata e 'l Tegghi*aio*, che fuor sì degni
(*Inf.* VI, v. 79);

LA METRICA: CARATTERI GENERALI

Ecco Cin da Pistoia, Guitton d'Arezzo
(Petrarca, *Tr. Cup.* IV, v. 32).

Nel primo caso, «gioia» è considerato monosillabo, mentre, negli altri due esempi, «Tegghiaio» e «Pistoia» sono bisillabi, perché i nessi *-ioia*, *-iaio* e *-oia* vengono compresi in una sola sillaba metrica. Non esiste, tuttavia, una regola fissa, tanto che la voce «Pistoia», ad esempio, è sempre, secondo norma linguistica, trisillabica nella *Commedia* (cfr. *Inf.* XXIV, vv. 126 e 143; XXV, v. 10); mentre «gioia» può anche essere bisillabo, come in Giacomo da Lentini, sonetto *Donna, vostri sembianti mi mostraro*, v. 3: «Ed io sovr'ogni gioia lo n'ò caro». Qualche esempio, tuttavia, si può trovare anche in séguito, come nel *Simposio* di Lorenzo de' Medici, V 75, dove «notaio» è computato quale bisillabo (con sineresi del nesso vocalico *-aio*): «Dissi: — E' convien che questo notaio sia —» (al verso successivo, la stessa voce è, naturalmente, considerata trisillabica, perché in clausola: «Ed egli a me: — Come di', è notaio [...] —»). Frequente è la sineresi anche nel *Morgante* di Luigi Pulci: cfr., ad esempio, le voci «paio» (XIII 31, v. 6), «cuoio» (XV 75, v. 1), «staia» (XVIII 155, v. 2), tutte monosillabiche; «migliaia» bisillabo (VII 44, v. 1); «marinaio» trisillabo (XX 42, v. 1).

Più frequente la sineresi sembra essere diventata, probabilmente per influenza della pronunzia non toscana (e soprattutto settentrionale), in alcuni poeti del '900: cfr. MENICHETTI 1984, pp. 371-73, e 1986, p. 19, dove sono riportati alcuni esempi tratti da Eugenio Montale («viaggio», «viale», computati come bisillabi; «viottolo» come trisillabo).

I.2.5. La dieresi, invece, è un fenomeno che compare con maggior frequenza, soprattutto nella poesia dei primi secoli, fino a tutto il '500. In base alla definizione prima fornita, non sarà da vedere una dieresi, tuttavia, in un verso come il seguente (Petrarca, *Tr. Cup.* I, v. 103):

La dieresi

Que' duo pien di paura e di sospetto,

dove la scansione trisillabica di «paura» non costituisce uno scarto rispetto alla normale sillabazione della parola, soprattutto perché il nesso *au* non è esito di un dittongo latino, ma — provenendo da *pavor* — costituisce due sillabe distinte (avremmo invece sineresi se «paura», contro la consueta scansione, fosse inteso come bisillabo). La dieresi metrica è di norma eseguita, soprattutto nella poesia antica, nei seguenti casi:
1) in presenza di latinismi e di voci dotte, come «scïenza» in que-

sto verso dantesco (*Par.* V, v. 41): «E fermalvi entro; ché non fa scïenza»);

2) nei nomi propri ricavati, oltre che dal latino, dal greco, dall'ebraico e dall'arabo: «Pigmalïon con la sua donna viva» (Petrarca, *Tr. Cup.*, II, v. 184).

Uscita in vocale tonica + vocale atona

Diverso è il caso delle voci che escono in vocale tonica + vocale atona (ad esempio *io, mio, mai, tuo, suo, poi, vai, fui* ecc.), quando si trovino in fine di verso o di emistichio con rima al mezzo. Anche in prosa e anche nel parlato, infatti, è del tutto normale che tali nessi vocalici — monosillabici all'interno del discorso — divengano bisillabici in conclusione di periodo o di una parte di esso. Non si può, dunque, propriamente parlare di dieresi in versi come i seguenti:

> E non ci veggio donde entrata sia
> (Boccaccio, *Ninf. fies.*, 123, v. 7);

> Convien ch'i' sudi in questa polver io
> (Poliziano, *Stanze*, I 6, v. 6);

> Homo et verace Dio,
> Ch'accolga 'l mio   spirto ultimo in pace
> (Petrarca, RVF CCCLXVI, vv. 136-37).

La scansione bisillabica di simili nessi vocalici si verifica talora, all'interno del verso, anche in assenza di rima al mezzo; nel dantesco «Così vid''ïo già temer li fanti» (*Inf.* XXI, v. 94), *io* è posto in cesura, ossia in fine di emistichio, esattamente come accade nell'esempio petrarchesco sopra citato. Del tutto diverso, invece, un caso come quello di *Par.* XXXI, v. 37 («Ïo, che al divino dall'umano»), dove si può veramente parlare di dieresi eccezionale. Resta inteso, naturalmente, che, se in fine di verso la scansione bisillabica di questi nessi vocalici è obbligatoria, non altrettanto accade in fine di emistichio, neppure in presenza di rima al mezzo; Petrarca, ad esempio, se — come abbiamo visto — distende «mio» in questa circostanza, non distende invece l'analogo «poi» in una situazione del tutto identica (RVF, CXXXV, vv. 14-15):

> Arde, et more, et riprende i nervi suoi,
> Et vive poi   con la fenice a prova.

Segnalazione grafica della dieresi

Per questo motivo, il segno convenzionale della dieresi (i due punti sulla prima delle due vocali interessate), se non viene mai adottato in conclusione di verso (dove i nessi vocalici discendenti sono sempre bisillabici), è invece impiegato all'interno del verso, talora anche in presenza di rima al mezzo (ad esempio nell'edizione Contini dei RVF).

In linea generale, la dieresi è considerata illecita nei seguenti casi:
1) coi dittonghi ascendenti *ie*, *uo* qualora provengano dalle vocali latine *e*, *o* brevi (per es: *piede* da *pedem*, *cuore* da *cor*), o dal dittongo *ae* (es. *siepe* da *saepem*);
2) se la *i* è semiconsonante (*iod*) risalente a *l* latina (*piano* da *planum*), a *rj* latina (*gennaio* da *Ianuarium*), a *j* latina che produca in italiano la geminazione della consonante precedente (*rabbia* da *rabiem*);
3) se la *u* è semiconsonante (*uau*) risalente a *u* semiconsonante latina (*uguale* da *aequalem*), a *u* vocale latina (*tacqui* da *tacui*), a *w* germanica (*guerra*, *guanto*);
4) se la *i* è semplice segno diacritico: *cielo*, *giusto*, *foglia* ecc.

I.2.6. Come accade per la sinalefe e la dialefe, anche l'impiego della dieresi e della sineresi è legato spesso (soprattutto nella poesia dei primi secoli) all'autonoma iniziativa del singolo poeta, che talora, come abbiamo visto, si comporta, nelle medesime circostanze, in modo diverso. L'intervento 'interpretativo' del lettore e dell'editore è, quindi, necessario, ogni volta che non ci siano indicazioni esplicite da parte dell'autore. Si dovrà comunque tenere sempre presente che, nella lettura e nella scansione, è necessario contemperare le ragioni del senso (significato delle parole, sintassi, struttura logica del periodo, ecc.) con quelle del metro (verso, ritmo, sillabe, accenti, accidenti metrici, ecc.), evitando che l'un piano faccia violenza all'altro e, al tempo stesso, che il gusto personale conduca a interpretazioni antistoriche.

È vero, ad esempio (come rileva DI GIROLAMO 1976, p. 95), che «la lettura più naturale» del verso petrarchesco «Chiare, fresche et dolci acque» (RVF CXXVI, 1) porta a far sentire un forte accento su *dólci*, a non insistere sulla «faticosa sinalefe» *dolci acque*, e a «eseguire» il verso, insomma, come un ottonario trocaico («Chiàre, frésche et dólci àcque»: accenti sulla 1ª, 3ª, 5ª e 7ª sillaba), benché quest'ultimo sia un verso estraneo al Petrarca del *Canzoniere*. E tuttavia, una simile lettura non è da ritenere preferibile solo perché appare «più naturale» al nostro gusto e al nostro orecchio di moderni, condizionati da modelli poetici e da presupposti estetici molto diversi da quelli cui si uniforma la poesia antica; in effetti, trasformare il settenario iniziale di RVF CXXVI («Chià re, fré scheet dol ciàc que») in un cantabile ottonario trocaico significa sostituire, alla lenta malinconia del verso petrarchesco, uno spunto da canzonetta chiabreresca (o metastasiana) o da ballata romantica.

Tra gli accidenti metrici, quello che richiede di essere messo in particolare rilievo nella pronuncia è comunque la dieresi, sia perché, coinvolgendo vocali interne ad una medesima parola, ne influenza la sillabazione (risultando quindi determinante ai fini dell'esatta misura

Sineresi e dieresi: antica pratica scrittoria e opzioni editoriali

Funzione significante della dieresi

e del ritmo del verso), sia perché, spesso, viene introdotta per sottolineare latinismi, nomi propri (per lo più greci), voci dotte o rare, o semplicemente per introdurre una scansione latineggiante. Così, in questo verso del Carducci:

> Ha de l'Egeo la radïante in viso
> (OB, *Alessandria*, v. 25),

appartenente a una lirica delle classicheggianti *Odi barbare*, non far sentire la dieresi su *radiante* comporterebbe la perdita non solo del ritmo dell'endecasillabo, ma anche della nobile, maestosa solennità che un simile artificio, rallentandone la pronuncia, conferisce al verso.

Come vedremo, la dieresi fu molto usata per produrre terminazioni sdrucciole dei versi, in componimenti (quali le egloghe, le commedie, ecc.) che nel '400 e nel '500 ricorrevano sistematicamente allo sdrucciolo. Anche in tali casi, la dieresi, benché collocata in fine di verso dopo l'ultimo accento (senza condizionare, pertanto, il ritmo e la misura del verso stesso), deve essere evidenziata — non certo graficamente, ma nella lettura —, perché altrimenti verrebbe meno l'obbligatoria uscita sdrucciola. Ecco una terzina di un'egloga in sdruccioli del Sannazaro (*Arcadia*, egloga I, vv. 22-24):

> Progne ritorna a noi per tanto spazio
> Con la sorella sua dolce Cecropia,
> A lamentarsi de l'antico strazio.

Leggendo, dovremo pronunziare come se, in clausola, si trovassero *spazïo, Cecropïa, strazïo*.

L'elisione, I.2.7. Non sono, propriamente, da comprendere sempre tra le figure metriche l'*elisione* (caduta della vocale finale di una parola seguita da
l'aferesi, parola che inizia per vocale: *tant'era* anziché *tanto era*), l'*aferesi* (caduta della vocale iniziale: *rancia* per *arancia*) la *sincope* (caduta di vocale
la sincope, all'interno della parola: *spirto* per *spirito*), l'*apocope* (caduta della vocale o dell'intera sillaba finale: *ciel* per *cielo*, *piè* per *piede*), la *prostesi*
la prostesi, (aggiunta di una vocale o di una sillaba ad inizio di parola: *istesso* per
l'epentesi, stesso), l'*epentesi* (aggiunta di una vocale o di una sillaba all'interno
l'epitesi di parola: *fantasimi* per *fantasmi*) e l'*epitesi* o *paragòge* (aggiunta di una vocale o di una sillaba in fine di parola tronca: *fue* per *fu*). S'intende che le vocali interessate da tutti questi fenomeni sono sempre e soltanto atone.

Si tratta, propriamente, di fatti fonetici e non metrici; tuttavia, soprattutto in alcune circostanze, la loro frequenza risulta assai più alta in àmbito poetico, poiché talora essi consentono — fungendo da vere e proprie 'licenze poetiche' — di salvaguardare l'esatta misura del verso (come nel caso della sincope, dell'apocope, dell'epentesi, della prostesi, che consentono la sottrazione o l'aggiunta di una sillaba) o di evitare fenomeni considerati non opportuni. Quest'ultimo è, in particolare, il caso dell'epitesi (peraltro frequentissima, anticamente, anche in prosa), che, applicata all'ultima parola di un verso, ricorre non di rado nella poesia delle origini, allo scopo di rendere piani i versi terminanti con parola tronca, riducendo il numero dei versi tronchi, sentiti come eccezionali: in *Par.* XXVII, i vv. 35, 37 e 39 presentano la rima in *-ue*, ottenuta in due occasioni mediante epitesi (si osservi che, nella prassi editoriale, la parola interessata da epitesi conserva il segno di accento se essa lo richiede nella forma tronca: *piùe* da *più*, ma *fue* da *fu*): Versi tronchi e versi piani: l'epitesi e

> E tale eclissi credo che 'n ciel *fue* (v. 35);
> Che la sembianza non si mutò *piùe* (v. 39).

Per quanto riguarda l'*apocope*, buona parte dei versi tronchi largamente impiegati nella lirica sette-ottocentesca sono ottenuti grazie al troncamento artificiale di voci normalmente piane (la cui ultima consonante sia o una liquida o una nasale), apocopando cioè l'ultima parola del verso: ad esempio, nelle diciotto strofe dell'ode manzoniana *Il cinque maggio*, il verso tronco conclusivo previsto dallo schema metrico (cfr. VIII.1.1.) è prodotto in otto casi (nelle prime quattro e, simmetricamente, nelle ultime quattro strofe) da parole naturalmente tronche (*sta, verrà, ha*, ecc.), ma negli altri dieci casi da voci apocopate (*mar, stampar, sperar*, ecc.). l'apocope

Il ricorso alla *sincope* evita l'ipermetria: un esempio è fornito dal verso conclusivo del primo sonetto foscoliano: «Quello *spirto* guerrier ch'entro mi rugge», dove grazie a tale artificio il trisillabo *spirito* (che comprometterebbe la regolare misura del verso) si riduce al bisillabo *spirto*. Ipermetria e sincope

L'*epentesi* è spesso impiegata per rendere sdrucciole parole normalmente piane: ad esempio, in Carducci, OB *Da Desenzano*, costituita di soli endecasillabi sdruccioli, ricorre in due occasioni la voce *fantàsimi*, sempre collocata in fine di verso, onde ottenere artificialmente (cioè, grazie all'epentesi della prima *i*) una terminazione sdrucciola che il normale *fantasmi* non consentirebbe: L'epentesi e il verso sdrucciolo

> Mentre su i merli barbari fantàsimi (v. 15);
> E calerem noi pur giù tra i fantàsimi (v. 49).

Come tutte le altre 'licenze poetiche', comunque, anche i suddetti artifici non sono lasciati all'esclusivo arbitrio degli autori, ma devono (o dovrebbero) generalmente trovare una giustificazione o nell'uso linguistico o nella tradizione poetica (forme quali *piùe* e *fue*, ad esempio, obbediscono alla tendenza tipica del fiorentino all'epitesi: cfr. *sìe*, *giùe*, *none*, ecc.; forme quali *spirto* e *fantasimi*, invece, sono arcaismi autorizzati da un secolare uso poetico).

<small>Antica pratica scrittoria: l'ipermetria apparente</small>
I.2.8. Nella poesia dei primi quattro o cinque secoli, è facile imbattersi in versi che i manoscritti fanno apparire *ipermetri*, cioè eccedenti la normale misura. Ciò accade, spesso, perché i copisti (e anche gli autori) non segnalano le apocopi e le sincopi, ma trascrivono nella sua interezza la parola interessata da questi fenomeni. Ad esempio, il primo verso dell'*Ambra* di Lorenzo de' Medici, secondo la lezione del ms. Acquisti e Doni 264 della Biblioteca Medicea Laurenziana di Firenze (preso a fondamento della recente edizione dell'operetta curata da Rossella Bessi), suona: «Fugita è la stagione che havea conversi». Dove è evidente che il copista ha scritto «stagione», ma che, per la misura del verso, è necessario introdurre la forma apocopata «stagion». Così, infatti, si stampa nelle edizioni divulgative; nelle edizioni rivolte a un pubblico più specialistico, invece, si suole conservare a testo la vocale o la sillaba eccedente (qui, la *e* finale di «stagione»), fornendola di un punto sottoscritto, che ne indichi l'indispensabile eliminazione — detta, proprio per questo, espunzione — nella lettura e nel computo sillabico. L'editrice, infatti, riporta il verso nel modo seguente: «Fugita è la stagione̟ che havea conversi».

Resta inteso che «stagione» non deve considerarsi 'errore' di copista, giacché l'espunzione della vocale eccedente era, per il lettore, operazione del tutto ovvia ed 'automatica'; anche se, sia pur di rado e non sistematicamente, già l'uso antico prevedeva l'impiego del punto sottoscritto.

I.3. *La struttura del verso: gli accenti e il ritmo*

<small>Il computo delle sillabe. Il verso piano,</small>
I.3.1. Nella metrica italiana, il computo delle sillabe del verso s'intende, per convenzione, eseguito sul verso piano, cioè terminante con parola piana (sillaba tonica + sillaba atona); ciò perché, in italiano, le parole piane sono quantitativamente prevalenti (in francese, dove è invece normale l'uscita tronca delle parole, il computo delle sillabe dei versi si effettua sul verso tronco). Di conseguenza, chiameremo endecasillabo un verso che, se piano, misura undici sillabe: da ciò deriva che l'ultimo accento dell'endecasillabo cade sulla decima sillaba. Ecco un endecasillabo piano:

Sorge il mattino in compagnia dell'àlba
(Parini, *Il mattino*, v. 1).

Se l'ultima parola del verso sarà sdrucciola (sillaba tonica + due sillabe atone), poiché l'ultimo accento resta sulla decima sillaba, il verso, per poter essere un endecasillabo, dovrà avere dodici sillabe. Questo è un celebre sdrucciolo foscoliano: — il verso sdrucciolo,

A egregie cose il forte animo accèndono
(*Sepolcri*, v. 151).

Allo stesso modo, se il verso terminerà con parola tronca (cioè con sillaba accentata, non seguìta da altre sillabe atone), avremo un endecasillabo tronco, dotato di sole dieci sillabe; — il verso tronco

E come albero in nave si levò
(*Inf.* XXXI, v. 145).

Da quanto detto, si ricava che a distinguere i versi italiani non è, propriamente, il numero delle sillabe, ma la posizione dell'ultimo accento: l'endecasillabo può avere infatti da 10 a 12 sillabe (anche 13, qualora sia bisdrucciolo), perché in ogni caso deve avere l'ultimo accento sulla decima sillaba. Questo vale per ogni altro verso: il decasillabo ha l'ultimo accento sulla nona (e avrà nove sillabe se tronco, dieci se piano, undici se sdrucciolo); il novenario ha l'ultimo accento sull'ottava (avendo otto sillabe se tronco, nove se piano, dieci se sdrucciolo); e così via. Facendo riferimento al già ricordato concetto di *posizione* (= sillaba metrica), potremmò dire che l'endecasillabo — ma il discorso può applicarsi ad ogni altro verso — è costituito da dieci posizioni, l'ultima delle quali obbligatoriamente dotata di accento ritmico, cui segue un numero di sillabe atone (metricamente indifferenti) variabile da zero a tre (dall'endecasillabo tronco, cioè, a quello bisdrucciolo).

I.3.2. Oltre all'ultimo accento, fisso (e sempre collocato sulla penultima sillaba della variante piana di ciascun verso), i versi italiani presentano altri accenti interni, in numero variabile, generalmente mobili, ossia non situati obbligatoriamente su sillabe determinate. Da questi accenti interni scaturisce il ritmo caratterìstico di ciascun verso. Più avanti (cfr. I.5.) esamineremo i vari tipi di versi italiani con le rispettive accentazioni; qui ci limitiamo ad osservare che appare assai problematico enunciare regole rigide per quanto riguarda il numero, la posizione e la disposizione degli accenti metrici interni. — Gli accenti interni

Per esigenze di ritmo e di rima, è praticato talora, soprattutto nella

Sistole e diastole

poesia dei primi secoli, lo spostamento del normale accento della parola all'indietro (*sistole*) o in avanti (*diastole*). Si ha sistole nel caso seguente:

> Da' quai per tanto spazio oggi mi dìvido
> (Sannazaro, *Arcadia*, egl. XII, v. 78)

dove il proparossitono *dìvido* sostituisce l'usuale parossitono *divìdo*; mentre un verso dantesco (*Purg.* VIII, v. 24), dove il parossitono *umìle* è impiegato in luogo del comune proparossitono *ùmile*, fornisce un esempio di diastole:

> Quasi aspettando, palido e umìle.

Benché tipiche della poesia, e dotate quindi dei caratteri della cosiddetta 'licenza', sistole e diastole non sono impiegate in modo arbitrario ed indiscriminato, ma si giustificano sempre su basi linguistiche (*dìvido* è ricalcato sulla forma latina *divìdo*; *umìle* è un provenzalismo; ecc.).

Accento ritmico, accento grammaticale e accento sintagmatico

Gli accenti ritmici, comunque, non coincidono necessariamente con tutti gli accenti grammaticali delle parole comprese nel verso, anche se corrispondono, nella maggior parte dei casi, agli accenti sintagmatici. Nel primo verso della *Commedia*, si possono individuare quattro accenti grammaticali, coincidenti con altrettanti accenti metrici: «Nel mèzzo del cammìn di nòstra vìta»; si ottiene quindi un endecasillabo a quattro accenti (2ª, 6ª, 8ª, 10ª). Nel decasillabo (si pensi a quello celebre, del Manzoni, «S'ode a destra uno squillo di tromba») si hanno tre soli accenti metrici, sulla 3ª, 6ª e 9ª sillaba; la prima sillaba di *ode* e di *uno*, priva di accento metrico, è sì portatrice di accento grammaticale, ma non di accento sintagmatico (infatti, nei sintagmi *s'ode a destra* e *uno squillo*, gli accenti cadono solo, rispettivamente, su *dèstra* e su *squìllo*: MENICHETTI 1986, pp. 16-17).

Ictus (o arsi) e tesi

A causa della non infrequente discrepanza tra accento grammaticale e accento metrico, alcuni definiscono quest'ultimo, per comodità, *ictus* (con parola latina) o *arsi* (riservando il termine opposto *tesi* ai tempi deboli, cioè non accentati, del verso). Anche a questo proposito, tuttavia, non è possibile, per alcuni versi (settenario e endecasillabo), formulare leggi rigide: specialmente per un verso 'lungo' e ricchissimo di varietà ritmiche come l'endecasillabo, l'individuazione degli *ictus* e quindi del ritmo effettivo del verso è legata a molteplici fattori sia 'esterni' (epoca storica, area geografico-culturale, genere letterario cui appartiene il testo in questione, abitudini metriche del poeta) che 'interni' (senso, sintassi, posizione del verso nella sequenza, ecc.). A tutto ciò va aggiunto il gusto del singolo lettore, che, evidenziando o meno certi *ictus* — in particolare, come vedremo (cfr. I.5.3.), quelli cosiddetti secondari —, può variare a sua discrezione, talora anche notevolmente, il ritmo di un verso.

La 'discrezione' del lettore è particolarmente necessaria nei casi in cui, facendo cadere gli *ictus* sugli accenti grammaticali e sintagmatici, si conferisce al verso un ritmo 'anomalo', ossia non corrispondente agli schemi e ai modelli canonici. Ecco due esempi:

> Così sempre io corro al fatal mio sole
> (Petrarca, RVF CXLI, v. 5);
>
> Parea che di quel bulicame uscisse
> (*Inf.* XII, v. 117).

Uniformando la lettura ritmica agli accenti grammaticali, si ottiene, nel primo caso, un endecasillabo con accento sulla 5ª sillaba, e nel secondo, un endecasillabo accentato di 2ª e di 8ª. L'accento di 5ª è, almeno in Petrarca, inammissibile; l'*ictus* andrà pertanto collocato sulla 4ª sillaba (cioè su *io*), contrariamente a quanto suggerirebbe la normale accentazione del sintagma «io córro». La parola «corro», quindi, risulta priva di accento metrico, e il verso si configura come un endecasillabo con accenti sulla 4ª, 8ª e 10ª sillaba. Non, quindi, «Così sempre io córro al fatàl mio sóle», ma «Così sempre ìo corro al fatàl mio sóle».

Nel caso del verso dantesco, invece, considerando che *bulicame* (come tutti i quadrisillabi piani) possiede anche un accento secondario sulla 1ª sillaba, e che, in un verso, le ragioni del ritmo non sono meno cogenti di quelle del senso, sarà preferibile far cadere l'*ictus* o sulla 6ª sillaba, ottenendo un endecasillabo accentato di 2ª, 6ª, 8ª e 10ª: «Paréa che di quel bùlicàme uscìsse» (FASANI 1988, pp. 6-8; e cfr. anche II.5.3.) o sulla 4ª, ottenendone uno accentato di 4ª, 8ª e 10ª: «Parea che dì quel bulicàme uscìsse».

In alcuni casi, insomma, il ritmo del verso impone, o consiglia, certe scansioni parzialmente contrastanti con quelle della normale lettura; e talora l'obbligo di accentare metricamente alcune sillabe può anche determinare una radicale alterazione nella disposizione regolare (cioè grammaticale) degli accenti. Ciò si verifica quando, in fine di verso, si trovano le cosiddette rime frante (cfr. I.4.1.), come nel seguente esempio dantesco (*Inf.* XXX, v. 87):

> E men d'un mezzo di traverso non ci ha.

Qui il ritmo, sulla base della pronuncia sintagmatica (ad es.: «nón ci

Accento metrico e rima franta

ha · nnúlla»), impone di porre l'*ictus* su *non* (leggendo «nón ci ha»), sia per consentire la rima (con *oncia* e *sconcia*, vv. 83 e 85), sia per ottemperare all'inderogabile legge che fa cadere l'ultimo accento dell'endecasillabo sulla 10ª sillaba; leggendo, come vuole la normale accentazione, «non ci hà», si produrrebbe infatti un verso con l'ultimo *ictus* sull'11ª sillaba (un verso cioè, se piano, di dodici sillabe), inammissibile in questa sede.

I.3.3. Qualsiasi parola del verso può ricevere un accento metrico. Solitamente, tali accenti, soprattutto quelli principali, interessano voci che, all'interno del verso stesso, rivestono particolare importanza semantica o fonica; ma anche a questo proposito non vi sono norme precise, e l'*ictus* può cadere, e di fatto non di rado cade, su parole 'vuote': pronomi, aggettivi possessivi, perfino articoli, congiunzioni o preposizioni. Ciò accade con più frequenza, ad esempio, nelle parti dialogate di certe commedie cinquecentesche, dove la collocazione dell'ultimo, non eludibile *ictus* su voci di scarso peso semantico mira ad accentuare la prosasticità del dettato e dell'andamento ritmico; come in questi versi di Lorenzo Strozzi (*La Violante*, II, 100-103):

L'*ictus*: parole 'piene' e parole 'vuote'

> Io mi trov'ora a mal partito, *poi*
> che quest'ingrato ed asino di Gianni,
> ch'ha più obblighi meco che con *chi*
> lo ingenerò, rifiutato ha la moglie,
> [...]

Anche nella poesia non drammatica, comunque, soluzioni di questo genere non sono infrequenti, soprattutto in generi 'minori' e di più umile livello stilistico; si legga, ad esempio, questa terzina dalla II satira ariostesca (vv. 58-60):

> Chiuso nel studio, frate Ciurla *se li*
> Bea, mentre fuori il populo digiuno
> Lo aspetta che gli esponga gli Evangeli.

Analogo artificio torna spesso nella poesia del '900, ad esempio ne *Le rime* di Eugenio Montale (da *Satura*):

> Le rime sono più noiose *delle*
> dame di San Vincenzo: battono alla porta
> e insistono. Respingerle è impossibile
> e purché stiano fuori si sopportano.
> Il poeta decente le allontana
> (le rime), le nasconde, bara, tenta
> il contrabbando. Ma le pinzochere ardono
> di zelo e prima o poi (rime e vecchiarde)
> bussano ancora e sono sempre *quelle*.

Dove nel primo e nell'ultimo verso (che sono, come gli altri — tranne i vv. 2 e 7, ambedue ipermetri —, regolari endecasillabi), l'ultimo accento metrico, il più forte, cade su parole 'vuote' (*delle*, *quelle*) con un effetto grottesco ulteriormente sottolineato dalla rima che le collega.

I.3.4. Non è possibile stabilire norme rigorose neppure per quanto riguarda il numero e la disposizione degli accenti metrici, eccezion fatta, ovviamente, per l'ultimo. Come diremo, vi sono versi che ammettono una maggiore mobilità e libertà degli accenti interni, e versi (cosiddetti ad accentazione fissa) che invece presentano un numero più limitato di combinazioni e di varianti, le quali, in questo secondo caso, danno origine a versi sostanzialmente differenti e reciprocamente incompatibili: cosicché, ad esempio, ottonario giambico e trocaico, oppure decasillabo anapestico e trocaico, non si trovano quasi mai — eccezion fatta per la poesia delle origini e per alcuni casi di sperimentalismo otto-novecentesco — combinati in un medesimo componimento (mentre è non solo ammessa, ma anzi comunemente praticata l'alternanza di settenari ed endecasillabi variamente accentati). In ogni caso, comunque, al poeta è lasciato un ampio margine di autonomia, e le leggi che si possono formulare hanno generalmente validità limitata (ad un autore, ad un periodo, o a un determinato tipo di verso). {Versi ad accentazione mobile e versi ad accentazione fissa}

Alcune regole enunciate in passato non hanno, in effetti, valore assoluto, e sono anzi spesso smentite dai testi; in particolare preme sottolineare che:

1) i versi italiani possono presentare due *ictus* consecutivi, cioè due sillabe consecutive fornite di accento ritmico;

2) tra un *ictus* e l'altro (precedente o successivo), nonché prima dell'*ictus* iniziale, possono trovarsi anche più di due posizioni (= sillabe metriche) atone, cioè prive di *ictus*.

Per quanto concerne il punto 1), basti pensare all'endecasillabo con accenti 'ribattuti' di 6ª e 7ª, ampiamente praticato da poeti quali Parini, Foscolo, Aleardi e Pascoli, ma non infrequente neppure nei secoli precedenti (su questo verso, cfr. VII.2.3.). Più problematica è l'individuazione di due *ictus* consecutivi in altre sedi dell'endecasillabo. In tali casi, infatti, anche nel parlato, il primo dei due accenti o tende a scomparire, o si ritrae sulla sillaba precedente. In versi come i seguenti (tutti ricavati dalla *Commedia* dantesca): {Gli accenti ribattuti}

> Però che ciascun meco si convene (*Inf.* IV, v. 91);
>
> Grave alla terra per lo mortal gelo (*Purg.* XII, v. 30);
>
> Io volsi Ulisse del suo cammin vago (*Purg.* XIX, v. 22);

non si può parlare di *ictus* consecutivi (di 5ª e 6ª nel primo caso, di

9ª e 10ª negli altri due), poiché, nei sintagmi *ciascun meco, mortal gelo, cammin vago*, la normale pronunzia, all'interno del discorso (anche prosastico), porta a ritrarre il primo accento e a leggere, nell'ordine, *ciàscun méco, mórtal gèlo, càmmin vàgo* (tali sintagmi, infatti, si configurano come altrettanti quadrisillabi, e risultano pertanto portatori di un accento sintagmatico secondario sulla prima sillaba; si ricordi il «Mària Vergine» che Carlo Emilio Gadda fa pronunciare, ripetutamente, alla signora Menegazzi nel *Pasticciaccio*, sempre accentando la prima *a* di *Maria*). Dei tre endecasillabi sopra citati, il primo è *a maiore*, gli altri due sono *a minore*. Se il primo dei due accenti consecutivi cade sull'ultima vocale di una parola tronca («Fuor d'una ch'a seder si levò, ratto»: *Inf.* VI, v. 38), la situazione non cambia: alla lettura — anche nel parlato — si ritrae, sia pur parzialmente, l'accento di *levò*, conservandosi ovviamente il raddoppiamento fonosintattico, dovuto all'accento, attenuato bensì ma non del tutto scomparso, sull'ultima sillaba di *levò*.

In tutte queste circostanze, comunque, va precisato che la ritrazione dell'accento si effettua non sulla base di una 'legge' esterna e dettata a priori (come la cosiddetta legge Malagoli-Camilli, che non ammetteva la presenza di due *ictus* consecutivi e 'prescriveva', quindi, la ritrazione del primo accento), ma sul fondamento della comune pronuncia italiana, avvertibile anche in prosa e anche nel parlato. Non mancano, infatti, casi in cui — come si è detto — è legittimo parlare di due accenti consecutivi; per lo più, essi sono avvertibili quando tra le due sillabe accentate si interponga una sillaba congiunta alla seconda tramite sinalefe. In questa situazione, infatti, non si effettua generalmente la ritrazione dell'accento, come nel seguente verso laurenziano (*Ambra*, 9, v. 4), che è un endecasillabo con accenti di 9ª e 10ª (benché l'accento sulla 9ª sia più debole rispetto al successivo):

<blockquote>Ove è quella dinanzi, alle vàne òrme</blockquote>

Le 'posizioni' atone

Riguardo al punto 2), va osservato ancora una volta che non è legittimo, in ossequio ad astratti 'modelli' metrici e ritmici, inserire all'interno del verso degli *ictus* che alterino la normale accentazione delle parole e l'intonazione richiesta dal senso e dalla sintassi; il v. 6 dell'*Infinito* leopardiano

<blockquote>Silenzi, e profondissima quïete</blockquote>

presenta tre soli accenti metrici, sulla 2ª, 6ª e 10ª sillaba; fra il primo e il secondo *ictus*, nonché fra il secondo e il terzo, vi sono dunque tre posizioni atone, e sarebbe arbitrario aggiungere un *ictus*, sia pure secondario, in quarta sede (su *pro-*); quest'ultimo, infatti, incrinerebbe il ritmo (che, per così dire, precipita verso il fondo di una quiete intemporale) suggerito dal senso e dalle parole del verso. Se ne deduce che, soprattutto in presenza di parole polisillabiche, il verso può accogliere anche più di due posizioni consecutive non accentate, presentando di conseguenza un numero limitato di *ictus*.

I.3.5. Si è detto che caratteristica della poesia è la segmentazione ritmica, cioè la divisione del testo in porzioni (dette versi) la cui struttura è determinata da fattori ritmico-musicali e non logico-sintattici. Pertanto, in poesia non è obbligatorio che la fine del verso corrisponda alla fine della frase o di una sua parte. Poiché il discorso metrico si organizza secondo leggi proprie, diverse — anche se tutt'altro che indipendenti — da quelle che regolano il discorso logico, è possibile che periodo metrico e periodo logico non coincidano, e che quest'ultimo sconfini al di là del verso, scavalcandone l'estremità e prolungandosi nel verso o nei versi successivi. Questo artificio, o, per dir meglio, questo procedimento viene definito, con parola francese, *enjambement* (letteralmente 'scavalcamento': nella poesia francese tale fenomeno, più raro, ha infatti attirato l'attenzione dei metricologi prima che altrove); nessuno dei vari equivalenti italiani, proposti e impiegati fin dal '500 (inarcatura, rompimento, spezzatura, ecc.), è infatti mai riuscito a imporsi stabilmente nell'uso dei trattatisti. *L'enjambement*

In linea di massima, si può dire che l'*enjambement* è più raro nella poesia delle origini, soprattutto in quella che, destinata al canto o alla recitazione e trasmessa oralmente, si serve della rigida corrispondenza tra metro e sintassi a scopo mnemonico; tuttavia, più in generale, la coincidenza fra periodo metrico e periodo logico sembra componente essenziale di quella «formularità» tipica della poesia medioevale, nella quale, spesso, le strutture sintattiche si modellano, cristallizzandosi in formule fisse, sugli schemi ritmici del verso (ZUMTHOR 1973, in CP, pp. 204-206).

L'*enjambement* è molto frequente nella poesia italiana (in ogni epoca, ma soprattutto a partire dal XVI secolo), e, come vedremo, in alcuni periodi e presso certi poeti è stato impiegato con maggiore larghezza e particolare cura, in quanto procedimento dotato di specifiche (benché variabili a seconda delle circostanze) valenze espressive e ritmico-musicali. Comunemente, si considera metricamente significativo l'*enjambement* che separa (collocandole l'una alla fine di un verso, l'altra all'inizio del verso seguente) due parti del discorso strettamente connesse sul piano logico, come sostantivo e aggettivo   L'*enjambement* come significante metrico (o complemento), soggetto e verbo (o predicato, o complemento oggetto), e simili. Ecco alcuni esempi:

> Tal era io con *voglia accesa e spenta*
> *Di dimandar*, venendo infino all'atto
> (*Purg.* XXV, vv. 13-14);

> A rispetto di quella *mansüeta*
> *E dolce morte* ch'a' mortali è rara
> (Petrarca, *Tr. Mort.* II, vv. 71-72);

> Alcun non sia di voi che 'n questo *duro*
> *Ufficio* oltra seguire abbia baldanza
> (Tasso, *Gerus. Lib.* II 45, vv. 1-2);

> nelle cure meschine che *dividono*
> *l'anima* che non sa più dare un grido
> (Montale, OS *Casa sul mare*, vv. 2-3).

In corsivo sono trascritti i sintagmi interessati dall'artificio; la porzione di periodo (o di sintagma) che, oltrepassando la misura del verso, viene a collocarsi all'inizio del verso successivo, si definisce, *Il rejet* anch'essa con vocabolo francese, *rejet* (letteralmente 'rigetto'). Se l'*enjambement* si verifica tra due versi appartenenti a due periodi strofici distinti (tra l'ultimo verso di una strofe, cioè, e il primo della strofe *L'enjambement* successiva), esso si definisce interstrofico. Non tutti gli *enjambements*, *interstrofico* comunque, presentano la medesima 'intensità': anche in situazioni apparentemente analoghe, l'artificio produce talvolta effetti del tutto differenti, a seconda della particolare struttura sintattica e ritmica del passo in questione.

Attenuazione Già alcuni teorici cinquecenteschi, come Giovan Battista Giraldi *dell'enjam-* Cinzio, affermavano che gli effetti prodotti dall'*enjambement* risulta-*bement* no attenuati quando il *rejet* sia accompagnato da una proposizione relativa, tale da ridurne l'isolamento e da sottrarre pertanto il lettore all'obbligo di eseguire una forte pausa dopo la prima o le prime parole del verso; così accade anche nel secondo e nell'ultimo dei nostri esempi, quello petrarchesco e quello montaliano, in cui (rispetto a quello dantesco e a quello tassiano) l'effetto prodotto dall'*enjambement* risulta 'attenuato' proprio dall'intervento della relativa.

L'enjambe- La presenza, talora massiccia, dell'*enjambement* nella poesia italia-*ment*: lettura na pone delicati problemi relativi alla 'esecuzione', ossia alla corretta *ritmica e* *lettura* lettura dei versi. L'alternativa, comunemente posta dai teorici, tra una *sintattica (o* lettura che aderisca in tutto e per tutto al senso (eliminando la pausa *semantica)* tra i versi, a danno — si ritiene — della loro autonomia metrica e della loro struttura ritmica), e una lettura che guardi invece al verso, mantenendone l'individualità ritmica e quindi eseguendo comunque la pausa conclusiva (che il senso e la sintassi imporrebbero di omettere), non ha ragion d'essere: e non perché si debba tentare la strada del 'compromesso' tra le esigenze (erroneamente sentite come opposte) della sintassi e del ritmo, ma perché senso e ritmo sono elementi interagenti, entrambi costitutivi — e sullo stesso piano — della poesia.

Nel caso dell'*enjambement*, è proprio la rottura del ritmo — che pur continua, inevitabilmente, a farsi sentire — a produrre un 'effetto' poetico; grazie all'*enjambement*, infatti, l'endecasillabo o qualsiasi altro verso (che resta comunque tale e conserva il suo ritmo e la sua individualità metrica) diviene al tempo stesso qualcosa d'altro e di più, dilatandosi oltre la sua misura consueta ed acquistando nuove movenze e nuove sfumature. Interazione di ritmo e sintassi

L'*enjambement* introduce sempre un elemento di 'tensione' tra sistema metrico e sistema linguistico, e da questa tensione scaturisce un arricchimento e un potenziamento di entrambi i livelli espressivi; la lettura, pertanto, dovrà pronunciare senza alcuna pausa i versi interessati da *enjambement*, pena il venir meno dell'effetto in vista del quale l'artificio è stato messo in atto dall'autore. Non per nulla, nella storia della nostra poesia, l'*enjambement* è stato spesso teorizzato e praticato come un accorgimento atto a 'prolungare' il verso oltre la sua rigida e prefissata misura: ciò accade, ad esempio, in certi commediografi cinquecenteschi (che aspirano alla scorrevolezza della prosa) e in alcuni poeti neoclassici (che vedono nell'inarcatura un mezzo per 'dilatare' il corto respiro dell'endecasillabo, avvicinandolo al più ampio passo dell'esametro).

I.4. *La rima e le sue funzioni*

I.4.1. Si definisce *rima* quella figura di omoteleuto («similiter desinens», secondo la terminologia dei teorici medioevali) per cui due o più parole risultano foneticamente identiche dall'ultima vocale tonica alla fine: sono in rima, pertanto, coppie di voci come *soggiorno: intorno, pericolo: cunicolo, città: pietà* (i tre casi esemplificano, nell'ordine, la rima piana, quella sdrucciola e quella tronca, così dette giacché interessano, rispettivamente, voci parossitone o piane, proparossitone o sdrucciole, e ossitone o tronche). *Rima* deriva dal latino *rithmus*: già per i teorici tardomedioevali, infatti, l'identità delle terminazioni era uno dei caratteri distintivi della poesia, e in séguito la parola *rime* passò a indicare, per sineddoche, gli stessi componimenti poetici in lingua volgare (cfr. Petrarca, RVF I, v. 1: «Voi ch'ascoltate in rime sparse il suono»). La rima: definizione ed etimologia

Per convenzione, è ammessa — fin dalla poesia italiana delle origini — la rima tra due varianti (secondo la pronuncia fiorentina diverse: aperta e chiusa) di una medesima vocale: così, ad esempio, *mòle* (con *o* aperta) può rimare con *sóle* (sostantivo maschile, con *o* chiusa); *bène* (*e* aperta) può rimare con *baléne* (*e* chiusa). È ammessa anche la rima di *s* sorda con *s* sonora (*cosa: rosa*, ad es.), mentre la rima di *z* sorda con *z* sonora (ad esempio, *gozzo: cozzo; olezza: carezza*), pur praticata da Dante nella *Commedia* (donde sono ricavati i due esempi suddetti), è generalmente evitata fino a tutto il Cinquecento, e diviene di uso comune solo nella poesia moderna.

Accanto alla rima semplice, di cui abbiamo ora recato alcuni esempi, la poesia italiana contempla l'impiego di un gran numero di rime 'speciali': la rima si dice:

Tipi di rima
- *derivativa*: se collega due voci etimologicamente connesse (es. *strugge: distrugge*; la rima derivativa è per sua natura anche ricca).
- *equivoca*: se concerne parole identiche foneticamente ma diverse grammaticalmente e/o semanticamente: ad esempio *conte* (sostantivo maschile): *conte* (participio passato arcaico = 'note, conosciute'). Se l'identità fonetica si ottiene giustapponendo elementi distinti graficamente e grammaticalmente (es. *chiama: chi ama*), la rima si dice *equivoca contraffatta*.
- *facile*: rima resa agevole dalla facilità di esecuzione (e quindi solitamente evitata, in quanto segno di trascuratezza formale): si identifica in genere con la rima *desinenziale* (tra parole di uguale desinenza: *udire: partire*) e con la rima *suffissale* (tra parole dotate di uguale suffisso: *lietamente: aspramente*).
- *franta* o *spezzata* o *composta*: se la terminazione in rima risulta distribuita in due o più parole distinte (es. in Dante: chi*ome: oh me*!).
- *grammaticale*: quando due o più coppie di rime sono grammaticalmente connesse; ad es. le coppie *sembra: rimembra* e *sembrava: rimembrava*.
- *identica*: se le parole in rima sono uguali sia nel suono che nel significato.
- *imperfetta*: se l'omoteleuto non è perfetto, ma esclude alcuni fonemi. Forme di rima imperfetta si possono considerare l'*assonanza* e la *consonanza* (cfr. più avanti).
- *ipèrmetra*: se una delle parole in rima presenta, dopo la terminazione in omoteleuto, una sillaba eccedente: esempio in Montale: gré*to*: sgré*tola* (cfr. IX.1.1.). Tale rima interessa per lo più una parola piana e una sdrucciola; la seconda, sopprimendone l'ultima sillaba, rimerebbe perfettamente con la prima.
- *parola rima*: quando all'identità delle terminazioni si sostituisce l'identità dell'intera parola, come è prescritto in alcune forme metriche (in particolare nella sestina lirica: cfr. II.6.2.).
- *per l'occhio*: quando interessa parole che risultano in omoteleuto, appunto, per l'occhio, ma non per l'orecchio, a causa della diversa posizione dell'accento (ad esempio *partìre: màrtire*): è detta anche rima *semiatona*.
- *rara* o *cara* o *difficile*: ad esempio, le dantesche «rime aspre e chiocce» di *Inf.* XXXII, 1 (es. *abbo, gabbo, Osterlicchi: Tambernicchi: cricchi*, ecc.).
- *ricca*: se interessa, oltre ai fonemi obbligatori (quelli cioè compresi tra l'ultimo accento e la fine della parola), anche uno o più fonemi precedenti l'ultimo

accento (esempio in Dante: *partìro*: *martìro*).

- *spezzata per tmesi*: quando la parola in rima è in realtà la prima parte di una parola in tmesi, ossia spezzata tra la fine di un verso e l'inizio del successivo: cfr. *Par.* XXIV, vv. 16-18: «Così quelle carole differ*ente*- / *Mente* danzando, della sua ricchezza / Mi facieno stimar, veloci e *lente*».

Talora, soprattutto nella poesia delle origini e in quella novecentesca, l'identità delle terminazioni finali può non essere assoluta: si può avere allora la *assonanza* (se c'è identità dell'ultima vocale tonica, ma diversità parziale o totale dei fonemi successivi: esempio in Pascoli, *Un ricordo*: rondini: torre: agosto), la *consonanza* (quando, viceversa, sono diverse le ultime vocali toniche ma uguali i fonemi — tassativamente le consonanti — successivi: ad esempio, in Jacopone da Todi, sparvi*ere* : gi*re*), o la rima *imperfetta* (se l'identità delle terminazioni è quasi assoluta: ad esempio, in Montale, solit*ario*: a*ria*).

L'assonanza

La consonanza

La rima imperfetta

I.4.2. Nella poesia tradizionale, le rime si organizzano nella maggior parte dei casi secondo strutture fisse e ricorrenti; queste sono le principali (nell'indicare le rime, si suole assegnare la maiuscola al verso lungo — di solito l'endecasillabo — e la minuscola ai versi più brevi, talora specificandone la misura sillabica con un numero posto in basso a destra della lettera: ad es. a_4, b_5, c_7, ecc.):

- rima *baciata*: se i versi sono strutturati a coppie di rime uguali: AA BB CC, ecc.
- rima *alterna*: schema ABAB.
- rima *incrociata* o *chiusa*: schema ABBA.
- rima *incatenata*: schemi ABA BCB CDC ecc.; ABbC CDdE EFfG, ecc. e simili.
- rima *rinterzata*: quando a un endecasillabo segue un verso breve con la medesima rima: Aa, Bb, Cc, ecc.

Monorimi, inoltre, sono i versi (almeno tre) caratterizzati dalla medesima rima (detta, in tal caso, rima *continuata*); *rima interna* si dice quella che interessa due parole all'interno del verso; *rima al mezzo* quella che si instaura tra una parola posta in fine di verso e una collocata alla fine del primo emistichio di un verso successivo.

I.4.3. Le funzioni della rima, nella poesia occidentale romanza (la rima, infatti, era estranea, tranne sporadiche e poco significative eccezioni, alla poesia classica), sono molteplici. La funzione *musicale* o *eufonica*, ossia l'effetto sonoro prodotto dal ritorno delle medesime terminazioni, può considerarsi prevalente solo a partire dal XVI secolo e solo in alcuni generi poetici; per il resto, di gran lunga più importante è la funzione *strutturante*, giacché la rima svolge un ruolo essenziale nel determinare l'architettura di quasi tutti i metri italiani.

Le funzioni della rima:

musicale (eufonica),

strutturante,

Per mezzo dello schema rimico, indicato con le lettere alfabetiche, viene infatti descritta la forma metrica di un componimento.

Nel caso di poesie che impieghino versi dello stesso tipo, la rima è l'unico fattore strutturante: se eliminiamo le rime, o meglio gli schemi di rime, da un sonetto, da una poesia in terzine o da una canzone di tutti endecasillabi (come la dantesca *Donne, ch'avete intelletto d'amore*), otteniamo altrettanti carmi in endecasillabi sciolti in nulla diversi, ad esempio, dai foscoliani *Sepolcri*. Nel caso, invece, di poesie composte da versi di varia misura (endecasillabi e settenari, per esempio), la regolare disposizione dei versi secondo schemi ricorrenti può talora (come nel caso della metrica barbara carducciana) costituire di per sé un fattore strutturante sufficiente; in componimenti di questo genere la rima coopera all'organizzazione della forma metrica, non la determina.

semantica
Importante, per quanto non sempre facile da valutare, è poi anche la funzione *semantica* della rima. La rima, infatti, mette in rapporto parole spesso appartenenti ad ambiti semantici diversi, stabilendo una sorta di 'tensione' tra l'affinità fonetica e la differenza di significato; tensione che si manifesta nel modo più evidente nei casi di rima equivoca (dove si ha totale identità fonetica e completa diversità semantica). Per questa funzione semantica della rima, ampiamente sfruttata soprattutto dai poeti novecenteschi, vedi oltre, I.7.2.

I.5. *I versi*

Verso imparisillabo e parisillabo.
Ritmo discendente e ascendente

I.5.1. Per comodità di classificazione, i versi italiani vengono spesso distinti in versi *imparisillabi* e versi *parisillabi*; un'altra distinzione è quella tra versi *a ritmo discendente* (cioè con la prima sillaba tonica seguita da una o più sillabe atone) e versi *a ritmo ascendente* (in cui il primo accento cade dopo una o più sillabe atone iniziali). I trattatisti antichi, soprattutto cinquecenteschi, erano invece soliti — anche se, in genere, limitatamente al novero dei soli versi imparisillabi —

Verso intero e verso rotto
distinguere tra verso *intero* (l'endecasillabo) e versi *rotti* (di misura inferiore, principalmente settenario e quinario).

Talora, per indicare, sia pure in modo approssimativo, il ritmo di un verso o di una parte di esso, si fa uso di aggettivi desunti dalla denominazione dei *piedi* caratteristici della poesia classica; nel fare questo, si adotta ovviamente l'interpretazione qualitativa (ossia accentativa) dei piedi stessi, identificando — come si fa nella lettura scolastica dei versi greci e latini — le sillabe lunghe e brevi, rispettivamente, con sillabe toniche e atone. I piedi cui si fa solitamente riferimento sono il giambo ($\smile-$), il trocheo ($-\smile$), il dattilo ($-\smile\smile$) e

Il ritmo: giambico,

l'anapesto (◡◡—). Parleremo pertanto, ad es., di ritmo trocaico a proposito di un verso caratterizzato dall'alternanza, più o meno regolare, di una sillaba tonica e di una sillaba atona, come avviene nel caso dell'ottonario di tipo più comune, con accenti di 1ª, 3ª, 5ª e 7ª: «Sùl ca / stèl lo / dì Ve / rò na» (ottonario trocaico, interpretabile come tetrapodia trocaica, ossia come successione di quattro trochei: —◡ / —◡ / —◡ / —◡ /). *trocaico, dattilico, anapestico*

Molto si è discusso sull'origine dei versi italiani, di volta in volta insistendo sulle loro matrici mediolatine e franco-provenzali; oggi si tende a diffidare di soluzioni onnicomprensive, cercando piuttosto di reperire, per ciascun verso, degli antecedenti (in àmbito ora tardolatino, ora francese) che risultino storicamente e culturalmente ammissibili, senza fondarsi esclusivamente sul meccanico e spesso ingannevole computo delle sillabe, degli accenti e dei piedi. Per quanto riguarda, in particolare, il più importante dei versi italiani, l'endecasillabo, sembra certa (cfr. AVALLE 1963) la sua derivazione diretta dal decasillabo epico francese: questo verso, caratterizzato in origine dalla cesura fissa dopo la quarta sillaba e dalla rigida divisione in due emistichi autonomi (cfr. II.5.2.), fu infatti sottoposto, nella lirica provenzale del XII secolo, a profonde trasformazioni (prime fra tutte, l'impiego di cesure in sedi variabili e l'abolizione dell'autonomia degli emistichi) che lo avvicinarono all'elasticità strutturale tipica dell'endecasillabo italiano. *L'origine dei versi italiani*

L'origine dell'endecasillabo

I.5.2. Il verso si dice *ipometro* o *ipermetro* se risulta, rispettivamente, di misura inferiore o superiore rispetto a quella che dovrebbe assumere; l'ipometria e l'ipermetria, in genere, sono valutabili solo in rapporto al contesto metrico in cui il verso si inserisce. In un componimento costituito da versi endecasillabi, ad esempio, un verso piano di dieci sillabe e un verso piano di dodici sillabe possono essere considerati, nell'ordine, un endecasillabo ipometro (per mancanza di una posizione) e un endecasillabo ipermetro (fornito cioè di una posizione in eccedenza). Tali fenomeni, che determinano una situazione di *anisosillabismo* (in cui, cioè, alcuni versi non si uniformano alla misura che lo schema e il contesto metrico richiederebbero), hanno cause di vario genere: possono dipendere da errori introdottisi nella trasmissione del testo, possono scaturire dalle insufficienti competenze metriche e dalle carenze di 'orecchio' musicale del poeta (come, ad esempio, nella quattrocentesca *Città di vita* di Matteo Palmieri, che ospita certi endecasillabi 'sbagliati': cfr. II.5.3.) o possono risalire alla volontà dell'autore (come avviene, quasi esclusivamente, in certi testi della poesia delle origini e del '900). Quanto alle ipermetrie e alle ipometrie apparenti — sanabili con minimi interventi editoriali *Ipometria e ipermetria* non valutabili alla stregua di emendazioni —, cfr. I.2.8.

Le sillabe eccedenti o mancanti (a seconda che il verso sia ipermetro o ipometro) possono interessare così l'interno, come l'inizio o la fine del verso. Le sillabe in più collocate ad inizio di verso si dicono — con termine di derivazione musicale — in *anacrusi*: propriamente, per anacrusi si intende una nota o un gruppo di note senza accento che, all'inizio di un brano, precedono il primo tempo forte; pertanto, si potrebbe parlare di anacrusi anche per le sillabe iniziali di un verso non ipermetro a ritmo discendente («*Nel* mèzzo del cammin di nostra vita», dove la sillaba iniziale sarebbe, a rigor di termini, in anacrusi).

L'anacrusi

Si parla invece (con termine desunto dalla metrica classica) di *catalessi* a proposito di versi ipometri mancanti di una o due sillabe nella parte finale. I termini *catalessi* e *anacrusi*, comunque, si impiegano soprattutto nel misurare i versi italiani secondo i piedi della metrica greco-latina: ad esempio, il novenario dattilico («Il giòrno fu pièno di làmpi»: accenti sulla 2ª, 5ª e 8ª sillaba: cfr. I.5.5.) si può considerare una tripodia dattilica con anacrusi monosillabica («Il») e catalettica *in disyllabum* (poiché l'ultimo piede ha soltanto due delle tre sillabe di cui consta: «làmpi», ossia ∠ ᴗ anziché ∠ ᴗ ᴗ). Se dell'ultimo piede è presente una sola sillaba, il verso si dice invece catalettico *in syllabam*.

La catalessi

in disyllabum e

in syllabam

Qualora il verso non sia riconducibile in alcun modo a un verso di misura tradizionale, né la sua struttura o il contesto in cui esso si colloca autorizzino a considerarlo la variante ipometra o ipermetra di un verso 'canonico', si parla — limitatamente alla poesia del Novecento — di *verso libero* (cfr. IX.2.)

Il verso libero

Il verso imparisillabo

I.5.3. I versi imparisillabi sono caratterizzati dall'ampio margine di libertà che consentono al poeta nella disposizione degli accenti interni (l'ultimo, naturalmente, è fisso), e quindi dalla ricca gamma di combinazioni ritmiche che essi possono assumere. Tra i versi imparisillabi, e in genere tra tutti i versi italiani, il posto d'onore spetta senza dubbio all'*endecasillabo*, il verso di gran lunga più importante e più frequentemente impiegato nella nostra tradizione poetica. L'endecasillabo, pur avendo assunto, nel corso dei secoli, le più diverse conformazioni ritmiche, si presenta nella maggior parte dei casi in tre versioni fondamentali, caratterizzate dalle seguenti strutture accentative: accenti di 6ª -10ª («Nel mezzo del cammìn di nostra vìta»: *Inf.* I, v. 1), di 4ª -8ª -10ª («Mi ritrovài per una sélva oscùra»: *Inf.* I, v. 2) e di 4ª -7ª -10ª («Rota e discénde, ma nón me n'accòrgo»: *Inf.* XVII, v. 116; quest'ultimo, per il suo ritmo peculiare, è detto endecasillabo dattilico).

I tre tipi fondamentali dell'endecasillabo

È necessario tuttavia sottolineare non solo che l'endecasillabo può assumere talora (come accade, soprattutto, in epoche metricamente 'eccentriche' quali il '200 e il '900) strutture ritmiche non riconducibili a questi tre tipi principali, ma anche che uno stesso verso può non di rado prestarsi a ricevere accentazioni diverse, tra le quali la scelta è lasciata in ultima analisi al lettore (che potrà tutt'al più fondarsi, nella sua opzione, sulla conoscenza delle abitudini metriche del poeta). Si consideri, ad esempio, il v. 2 della leopardiana *A Silvia*: Politonia del-
l'endecasillabo

> Quel tempo della tua vita mortale.

Sono possibili le seguenti combinazioni: accenti di 2^a -7^a -10^a («Quel tèmpo della tua vìta mortale»); accenti di 2^a -4^a -7^a -10^a («Quel tèmpo délla tua vìta mortale»); accenti di 2^a -6^a -7^a -10^a («Quel tèmpo della tùa vìta mortale»). Il secondo schema, marcatamente scandito (il ritmo è quello dell'endecasillabo dattilico) sembra il meno probabile; il terzo riconduce a un tipo di endecasillabo (quello con accenti ribattuti di sesta e settima) molto usato tra Sette e Ottocento, ma raro nel Leopardi della maturità; il primo è forse preferibile, se è vero che il suo ritmo (ugualmente lontano sia dalla rigida scansione del secondo, sia dall'enfasi del terzo) sembra il più consono al carattere del componimento. Ma, come si vede, l'aspetto soggettivo è ineliminabile da considerazioni di questo genere, e la preferenza accordata a uno degli schemi ritmici possibili non esclude la validità degli altri.

Inoltre, non si deve dimenticare che i suddetti schemi ritmici sono puramente astratti: possono essere utili per classificare i versi, ma non ne esauriscono l'essenza ritmica, poiché il ritmo di un verso è concretamente determinato, oltre che dagli *ictus* primari, da quelli secondari, dalla posizione e dalla funzione del verso stesso nella sequenza, e anche da fattori extrametrici (disposizione e struttura fonetica delle parole, sintassi, senso, presenza o meno di pause, ecc.). Può pertanto accadere che versi ritmicamente uguali in termini astratti — poiché riconducibili al medesimo schema — risultino in realtà, alla lettura, molto diversi proprio dal punto di vista ritmico.

I.5.4. L'endecasillabo si dice *a maiore* se, cadendo il primo *ictus* principale sulla sesta sillaba, il verso presenta come primo emistichio un settenario (è il caso degli endecasillabi con accenti di 6^a e 10^a); si dice invece *a minore* se il suo primo emistichio è un quinario, ossia se il primo *ictus* principale cade sulla quarta sillaba (come accade negli endecasillabi con accenti di 4^a -8^a -10^a e di 4^a -7^a -10^a). Anche in questo caso, comunque, si tratta di distinzioni di comodo: non sempre l'endecasillabo può essere ricondotto a uno di questi due modelli Endecasillabo
a maiore,

a minore, e astratti, e talvolta è invece problematico stabilire se il verso sia *a maiore* oppure *a minore*. Quest'ultima eventualità si verifica quando l'endecasillabo presenta, contemporaneamente, due forti *ictus* sulla quarta e sulla sesta sillaba (endecasillabo ancipite), come nel petrarchesco «Di quei sospìri ond'ìo nudrìva 'l còre» (RVF I, v. 2): qui, infatti, è possibile interpretare il verso sia come quinario + settenario (*a minore*: «Di quei sospiri / ond'io nudriva 'l core»), sia come settenario + quinario (*a maiore*: «Di quei sospiri ond'io / nudriva 'l core»).

ancipite

La cesura   A questo problema è strettamente connesso quello della *cesura*, ossia della pausa metrica tra i due emistichi del verso. Di fatto, la cesura è individuabile soltanto nei 'regolari' endecasillabi *a maiore* e *a minore* (nonché in quelli con accenti di 6ª e 7ª) , in cui la divisione del verso in quinari e settenari può essere compiuta con facilità ed è spesso autorizzata e suggerita anche dalla sintassi e dal senso. Negli altri casi, stabilire non solo la posizione, ma anche la presenza effettiva della cesura nel verso è molto difficile; non infondatamente, quindi, è stato sostenuto che la cesura non va considerata elemento costitutivo dell'endecasillabo (BERTINETTO 1981, pp. 226-27) e che essa, assente nei versi di misura inferiore — la cui brevità impedisce di suddividerli in emistichi, cioè in 'mezzi versi' dotati di autonoma identità ritmica —, è propria, a rigore, soltanto dei versi doppi.

Gli altri versi imparisillabi: il settenario,

I.5.5. Degli altri versi imparisillabi, il *settenario* può avere, prima dell'ultimo accento (che cade sulla sesta sillaba), uno o due accenti interni, la cui posizione è del tutto libera:

> Chi la chiamò con fede (Petrarca, RVF CCCLXVI, v. 8);
>
> Che pur diànzi languia (Parini, *L'educazione*, v. 2);
>
> Véggo la rosa, tornano (Foscolo, *All'amica risanata*, v. 14);
>
> Ei fù. Siccome immobile (Manzoni, *Il cinque maggio*, v. 1).

il quinario,

il trisillabo

Il *quinario* può avere, oltre a quello sulla quarta sillaba, un accento interno, o sulla prima o sulla seconda («Méntre ne' calici / Il vìn scintilla»: Carducci, *A Satana*, vv. 5-6); il *trisillabo* (il più breve tra i versi italiani canonici: versi di una o di due sillabe, comunque, si trovano nella poesia novecentesca e in metri quali la frottola e la caccia) ha invece, per ovvie ragioni, un solo accento, sulla seconda sillaba («Qual càde»: Sacchetti, *Passando con pensier per un boschetto*, v. 41).

Il novenario:

dattilico,

Un caso a parte è costituito dal *novenario*, l'unico tra gli imparisillabi che può essere compreso tra i versi ad accenti fissi; esso presenta tre varianti principali, tutte caratterizzate da uno schema accentativo rigido. Si tratta del novenario dattilico (il più comune, o novenario propriamente detto), con accenti di 2ª, 5ª e 8ª («Il giórno fu pièno di làmpi»: Pascoli, CC *La mia sera*, v. 1); del novenario giambico, con accenti principali sulla 4ª e 8ª sillaba («Allor dirò la donna mìa»: Dante, *Per una ghirlandetta*, v. 13); del novenario trocaico (da alcuni detto anche, in virtù del suo attacco, anapestico), con accenti di 3ª, 5ª e 8ª («Sono appàrse in mèzzo ai vibùrni»: Pascoli, CC *Il gelsomino notturno*, v. 3). giambico,
trocaico

I.5.6. I versi parisillabi sono detti anche ad accenti fissi, perché si presentano per lo più in poche varianti, tutte caratterizzate da struttura ritmica rigida; per questo motivo, a partire da Dante furono considerati inadatti alla più alta poesia lirica. Il *decasillabo* compare, nella stragrande maggioranza dei casi, nella variante cosiddetta anapestica, caratterizzata da accenti di 3ª, 6ª e 9ª («Soffermàti sull'àrida spónda»: Manzoni, *Marzo 1821*, v. 1); il decasillabo trocaico, con accenti principali sulla 3ª, 7ª e 9ª sillaba, si trova quasi esclusivamente o nella poesia delle origini o presso quei poeti (come, ad esempio, Chiabrera e Carducci) che lo considerarono l'equivalente italiano del decasillabo alcaico latino (per questo, e per gli altri versi italiani di imitazione classica, cfr., nei capp. IV-VIII, i paragrafi riservati alla metrica 'barbara'). Il verso
parisillabo

Il decasillabo:
anapestico e

trocaico

L'*ottonario* più diffuso e, per così dire, 'canonico', è quello con accenti sulla 1ª, 3ª, 5ª e 7ª sillaba, detto trocaico («Quésto mónte gìra intórno»: Poliziano, *Orfeo*, v. 321); in esso, gli accenti principali cadono sulla 3ª e sulla 7ª sillaba, e gli altri due hanno spesso minore rilevanza metrica («Mormoràndo per l'aprìco»: Carducci, RN *La leggenda di Teodorico*, v. 5) e possono talvolta anche mancare («Verde il grànde Adige và», *ibid.*, v. 6, dove l'accento di 5ª risulta assente e sostituito da uno, secondario, di 4ª, per inversione di battuta). Assai più raro è l'ottonario dattilico, con accenti di 1ª, 4ª e 7ª, impiegato per lo più, al solito, nella poesia duecentesca e in quella novecentesca («Vóci dal bórgo alle cróci»: Pascoli, CC *L'or di notte*, v. 13). L'ottonario:
trocaico e

dattilico

Molto meno importanti, e molto meno usati, sono gli altri versi parisillabi: il *senario* ha due accenti fissi, sulla seconda e (ovviamente) sulla quinta sillaba («Sul chiùso quadèrno»: Zanella, *Sopra una conchiglia fossile nel mio studio*, v. 1); il *quadrisillabo* ha generalmente un solo accento principale, quello sulla terza sillaba, più uno secondario su una delle sillabe precedenti («Su le càrte»: Carducci, RN *Alla rima*, v. 2). Il senario e

il
quadrisillabo

I.5.7. Caratteri particolari presentano i *versi doppi*, che, pur essendo in alcuni casi attestati fin dal XIII secolo, occupano un posto di se- Il verso
doppio:

condaria importanza nella nostra tradizione poetica. Si tratta di versi costituiti da due emistichi di identica misura, tra i quali non è ammessa sinalefe; i due emistichi, infatti (come nei versi latini detti *asinàrteti*), sono metricamente indipendenti, e separati da una cesura fissa e obbligatoria (i versi doppi, come abbiamo detto, sono a rigor di termini i soli versi italiani provvisti sempre e comunque di cesura). Per questo motivo, il primo emistichio può essere anche tronco o sdrucciolo, senza che ciò pregiudichi la struttura ritmica del verso. I più importanti sono il *doppio quinario* («Grazie, arridetemi, riso soltanto»: Foscolo, *Il piacere*, v. 1, col primo emistichio sdrucciolo) e il *doppio settenario* («Le donne ti disiano pulzell'e maritate»: Cielo d'Alcamo, *Contrasto*, v. 2, col primo emistichio sdrucciolo; questo verso è detto anche *alessandrino* o *martelliano*); molto meno usati, invece, risultano il *doppio senario* o *dodecasillabo* («Dagli atri muscosi, dai fòri cadenti»: Manzoni, *Adelchi*, coro I, v. 1), il *doppio ottonario* («Quando cadono le foglie, quando emigrano gli augelli»: Carducci, GE *La sacra di Enrico V*, v. 1) e il *doppio novenario* («Si schiude alla breve romanza di mille promesse la vita»: Gozzano, VR *L'amica di nonna Speranza*, v. 46).

il doppio quinario e il doppio settenario,

il doppio senario, il doppio ottonario, il doppio novenario

Le iniziali dei versi

I.5.8. Un problema solo apparentemente esterno e irrilevante è quello costituito dalla resa tipografica del verso nelle edizioni moderne. È oggi invalso, infatti, l'uso di stampare i versi, di qualsiasi autore e di qualsiasi epoca, con la lettera iniziale minuscola: un uso giustificabile, a dir la verità, solo per la poesia moderna e contemporanea, e introdotto soltanto a partire dal Novecento. L'iniziale minuscola, infatti, è indice di una concezione della poesia che nega al dato metrico un'importanza costitutiva all'interno dell'oggetto poetico, e che non considera il verso e il metro come un'entità definita e, almeno in qualche misura, funzionalmente e esteticamente autonoma ed autosufficiente. Scrivere i versi della poesia antica con l'iniziale minuscola significa, implicitamente, interpretare quella poesia alla luce di un'estetica ad essa del tutto estranea, e autorizzarne una lettura indifferente agli aspetti tecnici, nella maggior parte dei casi storicamente inammissibile. Il Carducci, ben consapevole di questo, pubblicò le sue poesie rimate con l'iniziale dei singoli versi maiuscola, riservando la minuscola, nella medesima sede, alle sole sue poesie 'barbare'.

I.6. *I metri*

Lo schema metrico (o metro)

I.6.1. Come abbiamo già detto, la parola *metro* è impiegata anche nell'accezione ristretta di 'schema metrico' di un componimento: in questo senso, il sonetto, la canzone e l'ottava sono altrettanti metri, cioè corrispondono a strutture formali precise ed esattamente definite all'interno della nostra tradizione poetica. Per comodità si suole distinguere i metri in strofici e astrofici.

I metri *strofici* sono quelli che prevedono l'organizzazione del componimento in periodi metrici rigidamente strutturati (detti, appunto, *strofe*; il singolare può essere *strofa* o, alla greca, *strofe*): di norma, le strofe si ripetono più volte, identiche nella struttura, anche se non mancano forme monostrofiche. A determinare la struttura della strofa è la disposizione dei versi e, insieme con essa (o solo essa, quando si tratti di strofe omometriche), quella delle rime; nella poesia italiana non esistono, infatti (ad eccezione di certi metri 'barbari'), metri strofici che non siano rimati. Tra le forme strofiche (dette anche, a causa della loro rigorosa strutturazione, forme *chiuse*) si annoverano il sonetto, la canzone, la sestina, la terza rima, l'ottava, il madrigale e la ballata antichi, ecc.

Con termini grecizzanti, si parla di strofe *tetrastiche* (o, semplicemente, di *tetrastici*), *pentastiche*, *esastiche*, *eptastiche*, se i versi che compongono la strofe sono, nell'ordine, quattro, cinque, sei o sette. *Distico* e *tristico* (ma, in luogo di quest'ultimo termine, si ricorre più spesso a *terzetto*: non a *terzina*, però, che designa una precisa forma metrica) si definiscono, rispettivamente, periodi metrici costituiti da due e da tre versi.

Si definiscono invece metri *astrofici* quelli che presentano una struttura elastica e 'libera', e che, pertanto, non prevedono una disposizione fissa di versi e di rime e non danno vita a periodi o segmenti metrici rigidi ed uguali. In tali metri, la rima o manca del tutto, o è impiegata al di fuori di qualsiasi schema fisso e ricorrente; neppure si può parlare, in essi, di strofe, a meno di non intendere la parola nel senso generico di 'partizioni strofiche', cioè di periodi individuati sulla base non di parametri strutturali, ma di criteri del tutto soggettivi ed extrametrici. Rientrano fra le forme astrofiche (dette anche, per la loro libera conformazione, forme *aperte*) l'endecasillabo sciolto, la sequenza di endecasillabi e settenari (ed, eventualmente, quinari) tipica della favola pastorale, la ballata e il madrigale cinquecenteschi, la canzone libera leopardiana, il verso libero, ecc.

Un caso a parte è costituito dalla *lassa*, che è metro astrofico (si definiscono *lasse*, infatti, gruppi variamente estesi di versi della stessa misura) in cui, però, i versi o sono monorimi (*lassa rimata*) o sono collegati dalla medesima assonanza (*lassa assonanzata*); tale forma, derivata dalla poesia epica francese medievale, caratterizza certi testi della nostra poesia delle origini (poemi franco-veneti, *Ritmo laurenziano*, *Libro* di Uguccione da Lodi, ecc.) ed è stata recuperata moder-

<small>Metri strofici</small>

<small>La 'forma chiusa'</small>

<small>Metri astrofici</small>

<small>La lassa</small>

namente, con un'operazione di tipo antiquario, da Carducci, Pascoli e D'Annunzio (cfr. BELTRAMI 1991, pp. 258-61).

Il prosimetro

I.6.2. Fin dalle origini della nostra letteratura sono stati composti testi misti di parti in prosa e di parti in poesia, sul modello di illustri precedenti classici e soprattutto medioevali, come il *De consolatione philosophiae* di Boezio. Questi testi prendono il nome di *prosimetri* (cfr. ad esempio la *Vita Nuova* e il *Convivio* di Dante; la *Commedia delle ninfe fiorentine* di Boccaccio; il *Comento* di Lorenzo de' Medici; l'*Arcadia* di Jacopo Sannazaro; gli *Asolani* di Pietro Bembo; ecc.).

Il polimetro

Sono invece detti *polimetri* tutti quei componimenti in cui si alternano metri vari e diversi, come accade, ad esempio, nelle egloghe I, II e X dell'*Arcadia* del Sannazaro, nel *Sacrificio pastorale* di Agnolo Firenzuola, nei *Profughi di Parga* di Giovanni Berchet, ecc.

Forme isometriche e anisometriche

Si definiscono *isometriche* o *omometriche* tutte quelle forme nelle quali compare uno e un solo tipo di verso (ad esempio la terzina, la sestina, l'ottava, il sonetto nella sua variante più comune: tutti metri di soli endecasillabi); si dicono invece *anisometriche* o *eterometriche* le forme in cui sono impiegati versi di varia misura, come avviene spesso nella canzone, nella ballata e nel madrigale, che possono tuttavia essere anche isometriche (tra le forme strofiche, a rigore, le uniche obbligatoriamente eterometriche sono il sonetto rinterzato e quello doppio, oltre a certe forme di derivazione classica, come l'ode saffica, l'ode alcaica, ecc.).

I.7. *Il significante metrico*

Forma poetica e contenuto

I.7.1. La metrica e le sue molteplici componenti (ritmo, verso, rima, metro) non hanno, come ancora si sente talvolta ripetere, una pura funzione esornativa nei confronti del 'contenuto' del testo. È assurdo, oltre che ingenuo, pensare che un poeta, anche il più modesto, si serva del verso (intendendo questo termine come comprensivo di tutti gli aspetti metrico-formali della poesia) solo per 'rivestire' di un bel mantello i concetti e le immagini che intende esprimere. Da un simile convincimento, infatti, scaturiscono due conseguenze inaccettabili e indimostrabili, e precisamente: 1) l'idea che, cronologicamente, la 'messa in versi' segua la definizione del 'contenuto'; 2) l'idea che il verso (in senso, come prima, lato) sia un semplice 'ornamento' della poesia, ed esaurisca la sua funzione nell'abbellire musicalmente il 'contenuto' stesso.

Quanto al primo punto, è errato supporre che, sempre e comunque, il cosiddetto 'contenuto' costituisca il punto di partenza, ideale e cronologico, del lavoro del poeta. In alcuni casi (in tutti, secondo le teorie formalistiche) è lecito, viceversa, presupporre una 'priorità' — sia pure 'ideale' — del dato metrico: si pensi a certe forme di particolare complessità tecnica (come la sestina); a componimenti monometrici di vaste proporzioni (poemi in terzine e in ottave, ad es.) in cui il metro, continuamente reiterato, impone le sue leggi (cioè, in particolare, le leggi della rima e del periodo metrico) alla materia e all'autore; a tutta quella poesia di cui lo sperimentalismo metrico costituisce l'elemento fondamentale (ad es. le carducciane *Odi barbare*); o a quei casi, non rari nella poesia contemporanea, in cui il primo stimolo al poeta è fornito da un'idea ritmica (nella *Jeune parque* Paul Valéry, per sua stessa dichiarazione, è partito dal metro dell'alessandrino francese; Eliot sosteneva che talora le immagini e le idee sono suggerite al poeta dal ritmo, e che quest'ultimo può precedere il 'contenuto' logico; Montale dette vita a *Stanze*, nelle *Occasioni*, muovendo dalla preliminare idea di una lirica che, arieggiante la canzone tradizionale, fosse strutturata in quattro strofe di dieci versi ciascuna: cfr. MARTELLI 1991, p. 42).

I.7.2. Quanto al secondo punto, è opportuno in primo luogo osservare come i fenomeni metrici (al pari di quelli stilistici, retorici e fonetici) siano, almeno in qualche misura e in alcune circostanze, dei veri e propri 'significanti': siano, cioè, essi stessi portatori di 'significati' talvolta non meno importanti, ai fini della piena comprensione del testo, di quelli affidati agli strumenti del discorso logico. Nella maggior parte dei casi, comunque, il dato metrico si presenta semanticamente 'neutro': il suo significato, in altre parole, non si configura come del tutto autonomo e autosufficiente, ma — capace com'è, a seconda delle circostanze, di assumere valori e valenze diverse — dipende strettamente dal significato 'logico' del passo in questione e dell'intero componimento. Ciò non vuol dire necessariamente che il significato metrico sia 'accessorio' rispetto a quello logico: anzi, talora ai fenomeni metrici è demandata l'espressione e la 'rappresentazione formale' (per così dire) di significati precisi, incaricati di affiancare, integrare (su un altro piano), correggere o consapevolmente contraddire quelli trasmessi dal 'contenuto' della poesia.

Il significante metrico

nei suoi rapporti col significato logico

La rima, ad esempio, instaura tra le parole rapporti fonici e strutturali che si rivelano talvolta anche produttori di senso: nella *Commedia*, facendo sempre rimare «Cristo» con se stesso, Dante 'esprime' efficacemente il concetto dell'incommensurabilità divina; in altri casi, l'accostamento inatteso di parole in rima (celebre *Nietzsche: camicie* di Gozzano; ma analogo è *Bakunin: rio destin* in Severino Ferrari; e si potrebbero aggiungere certe rime del giovane Carducci, come *fan-*

Il significante rimico

tasia: castroneria, ideale: maiale, ecc: BECCARIA 1975, pp. 29-30, e MA-RAZZINI 1986, p. 212) si carica di valenze ironiche e dissacranti. Un caso interessante è poi quello dei *Gemelli*, uno dei *Poemi conviviali* del Pascoli, scritto in endecasillabi sciolti, ma caratterizzato dal frequente ricorso a rime baciate e identiche, che costituiscono l'equivalente formale del tema centrale del componimento, la mitica vicenda di Narciso cui sembra di riconoscere, nella sua immagine riflessa in una sorgente, il volto della sua defunta sorella gemella.

Il verso come significante metrico

La semanticità del verso trova una eccellente esemplificazione nell'esordio di Petrarca, RVF LXXI:

> Perché la vita è breve
> Et l'ingegno paventa a l'alta impresa,

dove l'antitesi tra i due termini del noto aforisma di Ippocrate («Ars longa, vita brevis») trova un suo corrispettivo formale nella contrapposizione di verso breve (settenario) e verso lungo (endecasillabo).

L'enjambement come significante metrico

Ma, per quanto attiene al verso e al ritmo, è soprattutto l'*enjambement* che si dimostra adatto a sottolineare e a creare le più diverse sfumature di significato. Esso, infatti, a seconda dei suoi modi d'impiego e del contesto logico-metrico in cui si inserisce, può sia contribuire alla 'prosasticità' del dettato (collegando i versi in un *continuum* pressoché indistinto), sia, all'opposto, ampliare il ritmo e il respiro del verso, con effetti ora di grandiosa magniloquenza, ora di sublime pateticità. Né mancano casi in cui l'inarcatura appare quale 'rappresentazione' formale di un preciso 'contenuto': ai vv. 4-6 dell'*Infinito* leopardiano

> Ma sedendo e mirando, *interminati*
> *Spazi* di là da quella, e *sovrumani*
> *Silenzi* [...]

i due paralleli *enjambements* costituiscono la restituzione 'metrica' (non solo ritmica e musicale, ma anche strutturale e 'visiva') dell'idea di 'infinito' espressa da questi versi e dall'intero componimento. Il valore evocativo dei due sintagmi «interminati spazi» e «sovrumani silenzi», infatti, è in misura non certo trascurabile affidato alla loro 'spezzatura' in *enjambement*, cioè al loro fuoriuscire dai limiti determinati e 'finiti' dell'endecasillabo.

Il metro come significante

Anche la carica semantica dei metri è in molti casi evidente, e viene sottolineata dagli stessi poeti: ben noti sono gli esempi della terzina dantesca (con le sue implicazioni numerologiche e trinitarie), della sestina doppia del Petrarca (che si cura di precisare come «doppiando il dolor, doppia lo stile»), dell'endecasillabo sciolto di poeti cinquecenteschi come l'Alamanni e il Firenzuola (per i quali, in alcune circostanze, il verso sciolto si configura come equivalente formale del 'pianto sciolto', del dolore irrefrenabile). Anche a questo riguardo, comunque, nessuna generalizzazione è possibile: «uno stesso schema metrico può ricevere vari significati e quindi non essere uguale a se stesso, a seconda dei rapporti con i significati in cui s'inserisce» (BECCARIA 1975, p. 75). Per riprendere l'ultimo esempio, l'endecasillabo non rimato, a seconda dei casi, può assumere valenze del tutto diverse da quella cui ora si accennava: per altri poeti del '500, infatti (e anche, addirittura, in altre sedi, per lo stesso Alamanni), esso, in quanto equivalente italiano dell'antico esametro, presenta i caratteri del metro epico, e la mancanza della rima è vista nei suoi effetti strutturali o ritmico-musicali, e non puramente espressivi.

I.7.3. Non bisogna tuttavia porre in modo meccanico e deterministico il rapporto tra metrica e 'contenuto' della poesia. Se è vero, infatti, che solo in relazione al significato logico (delle singole parole, del verso, dell'intero componimento) i dati metrici possono acquistare, di volta in volta, una loro valenza semantica, non è meno vero che il metro dispone, entro certi limiti e in certi casi, di una sua qualche 'autonomia', e non può essere sempre e comunque appiattito sul significato logico del testo. <small>Autonomia semantica del metro e suoi effetti sul significato logico</small>

A volte, ad esempio, il metro può entrare in conflitto col 'contenuto', dando luogo a un effetto di straniante 'dissonanza', ossia trasmettendo informazioni non concordanti con quelle affidate al significato logico del componimento. Pascoli, in PV *Ida* (1886), applica una forma metrica di derivazione classica come la strofe alcaica (nella variante fantoniana: cfr. VII.3.1.) a una materia quanto mai umile e domestica (bricchi, padelle, paioli di una cucina di campagna; e si noti lo sdrucciolo «scarabattole», che sostituisce gli altisonanti sdruccioli tradizionali: CONTINI 1970, pp. 227-28, e MARTELLI 1984, pp. 597-98). Ecco la prima strofe:

> Al suo passare le scarabattole
> fremono e i bricchi lustranti squillano
>   e la grave padella
>   col buon paiòl favella.

In altre circostanze, l'autonomia dell'elemento metrico è dimostrata dall'assenza di un nesso preciso e necessario tra determinati fenomeni metrici e determinati contenuti. Ciò vale soprattutto per quanto concerne il ritmo: benché in passato si tendesse a collegare (su basi eminentemente impressionistiche) certe figure ritmiche e certi tipi di verso a specifiche situazioni sentimentali, le più recenti ricerche hanno viceversa dimostrato non solo come a un medesimo ritmo possano corrispondere i più diversi contenuti, ma anche che, proprio per questo, il ritmo può talora assumere una sua, sia pur parziale e limitata, autosufficienza espressiva. Certo, la poesia resta, per dirla con Montale, un' «arte inguaribilmente semantica»: ma alcuni aspetti della sua struttura formale, soprattutto il ritmo e il verso (e anche gli schemi strofici), posseggono una «vaga funzione iconica» (SEGRE 1969, p. 74), cioè una capacità di presentarsi come significanti autonomi, forniti di un significato che non si desume, semplicemente, da quello logico, bensì tautologicamente coincide (come nella musica) con la struttura stessa del significante.

II. IL DUECENTO E DANTE

II.1. *La canzone*

II.1.1. Le due forme metriche più illustri della tradizione lirica italiana, cioè la canzone e il sonetto, sono già praticate da quella Scuola siciliana con cui si fa tradizionalmente iniziare la storia della nostra poesia. Quanto ai caratteri costitutivi fondamentali che connotano la forma canzone attraverso i secoli, questo è quanto si deve dire. La canzone, derivata dalla lirica provenzale, è una forma strofica in cui le strofe, dette *stanze*, sono suddivise in due parti, rispettivamente denominate *fronte* e *sirma* (o *sirima*). Ciascuna delle due parti ha una propria struttura: la fronte è divisa in *piedi* (solitamente due, di rado tre), cioè in periodi metrici di estensione variabile (da due a sei versi: ma la misura prevalente è quella di tre o quattro versi), identici quanto al numero e alla disposizione dei versi (mentre lo schema rimico può essere differente); la sirma, più libera, può essere indivisa o suddividersi in due *volte* (periodi metrici tra loro strutturalmente identici, come nel caso dei piedi, e anch'essi, in genere, di ampiezza oscillante fra i due e i sei versi).

La sirma indivisa, pur adottando soluzioni molteplici, si caratterizza spesso — a partire soprattutto da Dante — per due configurazioni metriche peculiari, talora compresenti e variamente combinate: la quartina a rima chiusa e il distico a rima baciata. Generalmente, le rime della fronte e quelle della sirma sono diverse; se una rima di un piede (o, in caso di sirma divisa, di una volta) non trova rispondenza all'interno del medesimo piede (o della medesima volta), deve trovarla nel piede (o nella volta) seguente. La canzone 'regolare', infatti, non ammette rime irrelate nella stanza, a meno che esse non trovino corrispondenza in stanze precedenti o successive del medesimo componimento.

Spesso, soprattutto a partire da Dante (che definisce fronte e sirma le due parti della stanza solo se indivise, parlando, in caso contrario, di piedi e di volte: BELTRAMI 1991, pp. 212-13), tra fronte e sirma

La canzone

Fronte (piedi) e sirma (volte)

La sirma indivisa

è presente un verso che rima con l'ultimo verso della fronte e che ha la funzione di collegare le due parti della stanza, o, per dir meglio, di segnalare e preparare (in concomitanza con la musica) il passaggio dall'una all'altra. Questo verso, che talora va considerato a sé stante, mentre in altri casi sembra preferibile comprendere nella sirma, si denomina *chiave* o, più di rado, *diesi* (con termine musicale) o *concatenatio* (con termine latino desunto dal *De vulgari eloquentia* di Dante). La rima della chiave, infine, può talora trovare rispondenza anche in una rima della sirma.

<small>Dante: *Così nel mio parlar voglio esser aspro*</small>

A mo' di esempio, trascriviamo qui (separandone con uno spazio bianco, per chiarezza ma contro la normale prassi editoriale, le varie parti) la prima stanza di una canzone dantesca di endecasillabi e settenari, dotata di chiave; lo schema è il seguente: ABbC ABbC, C DdEE:

Così nel mio parlar voglio esser aspro	A ⎫
Com'è ne li atti questa bella petra,	B ⎪ 1° piede
La quale ognora impetra	b ⎪
Maggior durezza e più natura cruda,	C ⎭
	⎬ fronte
E veste sua persona d'un dïaspro	A ⎫
Tal che per lui, o perch'ella s'arretra,	B ⎪ 2° piede
Non esce di faretra	b ⎪
Saetta che già mai la colga ignuda;	C ⎭
Ed ella ancide, e non val ch'om si chiuda	C chiave
Né si dilunghi da' colpi mortali,	D ⎫
Che, com'avesser ali,	d ⎪ sirma
Giungono altrui e spezzan ciascun'arme:	E ⎪
Sì ch'io non so da lei né posso atarme.	E ⎭

I vv. 1-8 costituiscono la fronte (divisa in due piedi, corrispondenti ai vv. 1-4 e 5-8), il v. 9 è la chiave, i vv. 10-13 formano la sirma (qui, indivisa e costituita da due distici a rima baciata).

<small>Cavalcanti: *Io non pensava che lo cor giammai*</small>

Un esempio di stanza priva di chiave e con piedi tetrastici caratterizzati da schemi rimici diversi (ma nei quali, conformemente alla norma, nessuna rima resta comunque irrelata) è fornito dalla canzone *Io non pensava che lo cor giammai* di Guido Cavalcanti, su schema ABBC BAAC, DeD FeF (con sirma divisa in due volte simmetriche di tre versi, collegate dalla rima centrale):

Io non pensava che lo cor giammai	A	
Avesse di sospir' tormento tanto,	B	1° piede
Che dell'anima mia nascesse pianto	B	
Mostrando per lo viso agli occhi morte.	C	fronte
Non sentìo pace né riposo alquanto	B	
Poscia ch'Amore e madonna trovai.	A	2° piede
Lo qual mi disse: «Tu non camperai,	A	
Ché troppo è lo valor di costei forte».	C	
La mia virtù si partìo sconsolata	D	
Poi che lassò lo core	e	1ª volta
A la battaglia ove madonna è stata:	D	sirma
La qual degli occhi suoi venne a ferire	F	
In tal guisa, ch'Amore	e	2ª volta
Ruppe tutti i miei spiriti a fuggire.	F	

La canzone è una forma generalmente caratterizzata, in italiano, dalla presenza di più strofe (stanze): tutte le stanze presentano, di norma, la medesima struttura, cioè la stessa disposizione dei versi e lo stesso sistema di rime. Il numero delle stanze è libero, anche se, statisticamente, oscilla nella maggior parte dei casi tra le cinque e le dieci; non mancano, comunque, canzoni con meno di cinque o più di dieci stanze, né canzoni costituite da una stanza isolata (la provenzale *cobla esparsa*). Parimenti libero è il numero dei versi della stanza.

Alla fine, la canzone può presentare una stanza di conclusione, detta *congedo* o *commiato* (corrispondente alla *tornada* della canzone provenzale): il congedo è di norma ricalcato, nella sua struttura, sulla stanza o su una parte di essa (più spesso, sulla sirma, e in tal caso si dice 'toscano', perché introdotto da Guittone e dai guittoniani; presso i siciliani, infatti, le funzioni del congedo erano svolte dall'ultima stanza); si dice irrazionale se presenta una struttura del tutto autonoma. I congedi possono anche essere due e, in tal caso, ciascuno può presentare uno schema diverso; ciò accade soprattutto nella poesia delle origini, ad esempio in alcune canzoni del pisano Panuccio dal Bagno, dove il secondo congedo si configura come una 'variazione' del primo, secondo schemi quali aBbCcDdEeA aBbA (*La doloroza e mia grave dogliensa*; stanze con schema: AbC AbC, cDEeFfDEeF); AaBbCcDD AaBbCcBB (*Considerando la vera partensa*; stanze con schema ABbC ABbC, cDdEeFF); ABbCcA ABbCcDdA (*La doloroza noia*; stanze con schema: abbCcD aeeFfD, GgHhIiLL).

Questo è il congedo della medesima canzone dantesca sopra citata, *Così nel mio parlar voglio esser aspro* (vv. 79-83):

Il congedo

Canzon, vattene dritto a quella donna
Che m'ha ferito il core e che m'invola
Quello ond'io ho più gola,
E dàlle per lo cor d'una saetta:
Ché bell'onor s'acquista in far vendetta.

Lo schema, XYyZZ (per descrivere il congedo, come tutte le 'code' o conclusioni di una forma metrica, si è soliti utilizzare le ultime lettere dell'alfabeto), è perfettamente razionale, poiché riproduce, nella disposizione dei versi e delle rime, quello della seconda parte della stanza (chiave + sirma); la presenza di una rima irrelata (X, v. 79) si giustifica col fatto che il primo verso del congedo corrisponde alla chiave, cioè a un verso rimato — nella stanza — con l'ultimo verso dei piedi. Un esempio di congedo parzialmente irrazionale è fornito — per rimanere a Dante — dalla canzone *Lo doloroso amor che mi conduce*, le cui stanze hanno schema ABCABC C DeeFEGG, mentre il congedo, pur avendo in comune con la seconda parte della stanza (chiave + sirma) il numero dei versi (otto) e quello delle rime irrelate (due), presenta, sotto ogni altro aspetto, una struttura del tutto diversa: VWxWYYZZ.

La canzone predantesca

II.1.2. Rispetto alla struttura che, a partire da Dante e soprattutto da Petrarca, diverrà tipica della canzone italiana, affermandosi presso i poeti dei secoli successivi, la canzone predantesca presenta caratteri in buona misura diversi e del tutto particolari, segnalandosi per l'ampia possibilità di scelta offerta all'autore tra soluzioni formali molteplici, riguardo sia ai versi impiegati, sia alla costruzione strofica.

L'endecasillabo e gli altri versi nella canzone del Notaro

Per quanto concerne i versi, va osservato che, nel '200 e fino agli stilnovisti, non c'è praticamente misura sillabica di cui non sia attestato l'impiego nella canzone. Il predominio dei versi divenuti, in séguito, caratteristici di questo metro (endecasillabo e settenario) non è, all'inizio, incontrastato, ed anzi si afferma solo gradualmente, soprattutto per quanto riguarda l'endecasillabo, un verso che in Giacomo da Lentini e, in genere, nei Siciliani, non riveste un ruolo di primo piano nella testura metrica della canzone. Limitando l'esemplificazione al Notaro, basti dire che, tra le sue quattordici canzoni, solo una (*Ben m'è venuto prima cordoglienza*) è di soli endecasillabi, contro tre conteste di soli settenari (*Meravigliosamente*, *Madonna mia, a voi mando*, *Dolce coninzamento*); nelle canzoni eterometriche, di rado prevale l'endecasillabo, che è utilizzato per lo più come verso conclusivo di una porzione strofica (piede o volta), come in *Amando lungiamente*, di cui si riporta la fronte della prima stanza:

> Amando lungiamente,
> Disïo ch'io vedesse
> Quell'ora ch'io piacesse
> Com'io valesse — a voi, donna valente.
> Meravigliosamente
> Mi sforzo s'io potesse
> Ch'io cotanto valesse,
> C'a voi paresse — lo mio affar piacente.

Inoltre, e l'esempio ora prodotto lo documenta, l'endecasillabo risulta molto spesso caratterizzato dalla rima al mezzo, ed è quindi impiegato non tanto come verso autonomo, quanto come combinazione di due versi brevi, il primo dei quali, un quinario o un settenario, rima col verso precedente.

L'importanza del settenario e, soprattutto, dell'endecasillabo nella canzone andò progressivamente affermandosi presso i poeti toscani prestilnovisti, da Guittone a Chiaro Davanzati, i quali, al tempo stesso, ridussero lo spazio concesso dai siciliani agli altri versi (specialmente all'ottonario, al novenario e al decasillabo). Il Notaro ha ben due canzoni di soli ottonari (*Amor non vole ch'io clami, S'io doglio no è meraviglia*), e ricorre anche a quadrisillabi, quinari, novenari e decasillabi; tra questi versi, solo il quinario arriverà a Dante, mentre, degli altri, il solo ottonario — spesso usato dai Siciliani — compare con una certa frequenza nei poeti toscani a lui precedenti (Monte Andrea, Bonagiunta da Lucca).

Anche nella combinazione dei differenti tipi di verso all'interno della stanza, la canzone duecentesca presenta una varietà di esiti molto ricca a paragone delle soluzioni assai più limitate che si importeranno in séguito: Giacomo da Lentini, in *La 'namoranza disïosa*, assembla sei novenari (variamente accentati: cfr. II.5.3.), un quinario e un endecasillabo, mentre in *Guiderdone aspetto avere* alterna ottonari e quadrisillabi nella fronte, settenari ed endecasillabi nella sirma; Giacomino Pugliese combina ottonari, endecasillabi e settenari in *Tuttor la dolze speranza*, decasillabi ed endecasillabi in *Lontano amore manda sospiri* (anche se, in quest'ultimo caso, si potrebbe forse pensare, più propriamente, a un caso di anisosillabismo: cfr. II.5.1-2.); Monte Andrea, in *Donna, di voi si rancura*, impiega nella fronte ottonari ed endecasillabi, nella sirma settenari ed endecasillabi.

L'esemplificazione potrebbe continuare, dimostrando come l'incompatibilità ritmica di versi imparisillabi e versi parisillabi (spesso teorizzata in epoca moderna) fosse sconosciuta ai poeti del Duecento, e non debba quindi considerarsi — al pari di molte presunte 'leggi' metriche — una norma di valore assoluto e basata su fondamenti oggettivi; si tenga presente, comunque, che anche sotto questo aspet-

e dei prestilnovisti toscani

Le combinazioni dei versi

to, prima di giungere alla 'riforma' dantesca, i toscani avevano almeno in parte fatto giustizia di tale varietà di combinazioni (già con Chiaro Davanzati appaiono fissati i presupposti della canzone dantesca: uso pressoché esclusivo di endecasillabi e settenari, prevalenza dell'endecasillabo).

La struttura della stanza
II.1.3. Parimenti, la strutturazione della stanza in fronte e sirma non obbedisce nel XIII secolo, e fino a Dante, a schemi rigidi, presentando anzi una straordinaria ricchezza e multiformità di soluzioni. In linea generale, la canzone duecentesca si distingue per due tratti specifici, che scompariranno quasi del tutto con Dante e con Petrarca:
1) frequente divisione della sirma in volte;
2) ricorso saltuario alla chiave.

Per esemplificare il punto 1), sarà sufficiente riportare la prima stanza della canzone del Notaro *Troppo son dimorato*, il cui schema è: abC abC, def def:

Troppo son dimorato I · llontano paese: Non so in che guisa possa soferire,	1° piede	fronte
Che son cotanto stato Senza in cui si mise Tutte bellezze d'amore e servire.	2° piede	
Molto tardi mi pento, E dico che follia Me n'à fatto alungare;	1ª volta	sirma
Lasso, ben veggio e sento, Mort'e' fusse, dovria A madonna tornare.	2ª volta	

La citazione esemplifica anche il punto 2): la chiave, o diesi, o *concatenatio*, è spesso assente nella canzone predantesca; il collegamento tra fronte e sirma, tutt'al più, è eseguito o con la rima al mezzo (nel primo verso della sirma), o con una chiave settenaria, laddove Dante prescriverà e quasi sempre adotterà la chiave endecasillabica.

Estensione dei piedi

Rapporto piedi/volte

Altri due tratti caratteristici della canzone delle origini, per lo più scomparsi a partire dal Petrarca, sono l'ampia oscillazione nelle dimensioni dei piedi (da quelli di due versi — evitati in genere già dagli stilnovisti e da Dante, e poi, salvo rare eccezioni, caduti in disuso — a quelli di cinque e sei versi, ancora presenti in Dante), e la costruzione spesso simmetrica della stanza, in cui piedi e volte presentano identico numero di versi e identica struttura (la canzone *Doloroza dogliensa in dir m'adduce* di Panuccio dal Bagno, ad esempio, ha schema ABBCCDDA, EFFGGHHE; e si veda anche l'esempio del Notaro appena riportato, in cui tuttavia, mentre la fronte ha in terza e sesta sede due endecasillabi, la sirma ha invece due settenari).

Accanto a queste, devono poi essere segnalate altre particolarità strutturali talora riscontrabili nella canzone delle origini: la costruzione di stanze a fronte indivisa; l'estrema libertà a proposito del congedo (che a volte manca, a volte è irrazionale, a volte è doppio); la presenza di asimmetrie ed irregolarità sia nella fattura delle stanze (piedi asimmetrici, stanze con schemi non identici) che nella disposizione delle rime (rime irrelate si incontrano in Panuccio e in Chiaro Davanzati, ma anche in Guinizzelli e Cavalcanti). Un cenno particolare merita il frequente ricorso a ricercati procedimenti retorici, di derivazione provenzale, atti a collegare tra loro le varie stanze:

<small>Altre caratteristiche della canzone predantesca</small>

<small>Il collegamento tra le stanze</small>

- la ripresa, nel primo verso di una stanza, di una o più parole (talvolta variate) dell'ultimo verso della stanza precedente (*coblas capfinidas*);

<small>*Coblas capfinidas*,</small>

- l'avvio di ogni stanza con la medesima parola, talora variata (*coblas capdenals*);

<small>*capdenals*,</small>

- la ripresa, nella prima rima di una stanza, dell'ultima rima della stanza precedente (*coblas capcaudadas*);

<small>*capcaudadas*,</small>

- l'impiego di rime costanti di due in due stanze (*coblas doblas*);

<small>*doblas*,</small>

- l'impiego di rime costanti in tutte le stanze (*coblas unissonans*).

<small>*unissonans*</small>

Una medesima canzone può, talora, cumulare due o più artifici di questo genere (*Donna, di voi si rancura* di Monte Andrea adotta le *coblas unissonans* e insieme *capdenals*; *Amor m'ha dato in te loco a servire* di Chiaro Davanzati è a stanze *unissonans* e *capcaudadas*); ma, ancora una volta, la fortuna di simili procedimenti non supererà, nella maggior parte dei casi, il setaccio dantesco (con l'eccezione delle *coblas unissonans*, due volte messe in opera, come vedremo, da Francesco Petrarca).

II.2. *Il sonetto*

II.2.1. Il *sonetto* (dal latino *sonus*, attraverso il provenzale *sonet*) è un metro costituito, nella sua versione fondamentale, da quattordici versi endecasillabi disposti in due gruppi, il primo di otto, il secondo di sei versi. Queste due parti sono chiamate, con terminologia desunta dalla canzone, *fronte* e *sirma*. La struttura delle rime e l'organizzazione dei periodi logici determinano normalmente la suddivisione della fronte in due quartine (*piedi*: ma alcuni trattatisti antichi, dividendo la fronte in quattro distici, denominano piede ciascuno di essi) e della sirma in due terzine (*mute* o *volte*). Le rime della fronte sono diverse da quelle della sirma: la fronte è giocata su due rime, alternate (ABAB

<small>La struttura del sonetto</small>

ABAB) o incrociate (ABBA ABBA); la sirma può prevedere due rime (CDC CDC opp. CDC DCD) o tre (in prevalenza CDE CDE opp. CDE DCE). La disposizione delle rime, comunque, consente anche altre soluzioni, soprattutto per quanto riguarda la sirma, dove maggiore è la varietà delle combinazioni ammesse. Nel Duecento, la forma più antica di sonetto è caratterizzata, nella fronte, dalle rime alternate (lo schema a rime incrociate si affermerà solo con Cavalcanti, Cino da Pistoia e Dante, diventando poi prevalente); nella sirma, si trovano attestate fin dall'inizio tanto la struttura a due rime, quanto quella a tre (quest'ultima, nelle sue differenti versioni, sarà poi preferita da Cavalcanti, Boccaccio e Petrarca). Ecco un esempio di Giacomo da Lentini, con schema ABAB ABAB CDC DCD:

Madonna à 'n sé vertute con valore	A
Più che nul'altra gemma prezïosa:	B
Che isguardando mi tolse lo core,	A
Cotant'è di natura vertudiosa.	B
Più luce sua beltate e dà sprendore	A
Che non fa 'l sole né null'autra cosa;	B
De tutte l'autre ell'è sovran'e frore,	A
Che nulla apareggiare a lei non osa.	B
Di nulla cosa non à mancamento,	C
Né fu ned è né non serà sua pare,	D
Né 'n cui si trovi tanto complimento;	C
E credo ben, se Dio l'avesse a fare,	D
Non vi metrebbe sì su' 'ntendimento	C
Che la potesse simile formare.	D

L'origine del sonetto

L'origine del sonetto è stata ed è tuttora argomento controverso: tra le due principali tesi contrappostesi fin dal secolo scorso (quella che lo riconduce all'unione di due strambotti [cfr. IV.2.5.], uno di otto versi e l'altro di sei; e quella che lo considera una forma esemplata sulla stanza isolata di canzone, la *cobla esparsa* dei trovatori) è oggi la seconda che incontra maggior favore; l'ideatore del fortunatissimo metro è comunemente indicato in Giacomo da Lentini. Si deve comunque tener presente che l'affinità del sonetto con la stanza di canzone è, nel Duecento, limitata all'aspetto più esternamente strutturale (alla giustapposizione, cioè, di due blocchi — fronte e sirma — diversi per conformazione, rime e numero di versi); in origine, infatti, il sonetto tende, proprio per ritagliarsi una sua specificità formale e tematica, a differenziarsi sensibilmente dalla canzone, assumendo caratteristiche metriche peculiari: esclusivo uso dell'endecasillabo (di un verso, cioè, non prevalente nella canzone delle origini), e irrigidimento della struttura entro la misura fissa 8 + 6, di contro alla variabile estensione della stanza di canzone e delle sue parti.

II.2.2. Come nel caso della canzone, anche il sonetto presenta nel '200 una morfologia estremamente ricca e variegata, e si caratterizza per una molteplicità di soluzioni formali (spesso quanto mai ricercate ed artificiose), che tuttavia — ancora una volta — non varcheranno, nella maggior parte dei casi, i confini del secolo. Per quanto attiene alle rime, si trovano, nella fronte, schemi anomali quali ABAB BABA, ABAB BAAB (presenti poi, tuttavia, anche nel Petrarca) e l'eccezionale ABBB BAAA (un solo esempio, in Cavalcanti); nella sirma, fra le molte combinazioni sperimentate, si ricordano CDC CDC, CDD DCC, CDD CDD, CCD CCD (su due rime) e CDE EDC, CDE DEC, CDE ECD, CDE CED (su tre rime). Quanto alle varianti metriche, le più importanti sono le seguenti: La struttura rimica e quella strofica del sonetto predantesco

1) *sonetto con fronte di dieci versi*: attestato presso Guittone e Monte Andrea (con schema della fronte AB AB AB AB AB), e, con schema leggermente diverso (AB BA AB BA AB), presso Onesto da Bologna. Sono attestati anche sonetti con fronte di dodici e di sedici versi; il sonetto *Per troppa sottiglianza il fil si rompe* inviato da Guido Orlandi a Guido Cavalcanti presenta invece una fronte 'abbreviata' di soli sei versi (AB BAAB). Il sonetto con fronte anomala

2) *sonetto raddoppiato*: consta di due fronti e di due sirme, per un totale di 28 versi. Fu probabilmente ideato dal fiorentino Monte Andrea, del quale se ne conoscono vari esemplari. Il sonetto raddoppiato,

3) *sonetto rinterzato* e *sonetto doppio*: prevedono l'inserimento di settenari all'interno del componimento. Nel *sonetto rinterzato*, i settenari (rimati con l'endecasillabo precedente) sono introdotti dopo i versi dispari delle quartine (es. AaBAaB AaBAaB) e dopo il primo e il secondo verso delle terzine (es. CcDdC DdCcD), per un totale di 22 versi. Praticato e forse inventato da Guittone, è forma più antica del *sonetto doppio*, in cui il settenario è inserito dopo i versi dispari delle quartine — come nel rinterzato — e dopo il solo verso pari delle terzine (es. CDdC DCcD), per un totale di 20 versi. Molteplici le varianti di questo già di per sé artificioso metro: per fare soltanto due esempi, Guittone assembla quartine di sonetto semplice (ABAB ABAB) e terzine di sonetto rinterzato (CcDdE CcDdE), mentre l'ardito Monte Andrea applica la tecnica del sonetto doppio al sonetto con fronte di dieci versi. rinterzato, doppio,

4) *sonetto caudato*: prevede l'aggiunta, dopo la sirma, di una coda o conclusione, che può assumere forme diverse. Sono attestate code costituite da: un endecasillabo rimato con l'ultimo verso della sirma; e caudato

una, due o tre coppie di endecasillabi a rima baciata (ogni coppia ha una sua propria rima, e le rime della coda differiscono da quelle del sonetto); tre versi (tutti endecasillabi, variamente rimati, oppure — ed è la forma che diverrà canonica per questo metro a partire dal '300 — un settenario e due endecasillabi: in questo secondo caso, il settenario rima con l'ultimo verso del sonetto, e i due endecasillabi, baciati, introducono una nuova rima: cfr. III.4.6.); quattro o cinque versi (endecasillabi o settenari, variamente disposti e rimati). Se la coda è iterata più volte, si parla (ma, in genere, per la poesia dei secoli successivi, soprattutto cinquecentesca) di *sonettessa* (cfr. V.4.8.).

Il sonetto caudato non è metro della poesia lirica, ma è per lo più riservato a generi 'minori' (poesia di corrispondenza, burlesca o polemica, tenzoni, ecc.). L'unico sonetto caudato del Cavalcanti, ad es., appartiene alla sua tenzone con Guido Orlandi, e il ricorso a questo metro è, non a caso, parallelo all'assunzione di una «vil matera» (cfr. il v. 1); il componimento — cui l'Orlandi replicò, per le rime, con un altro sonetto caudato — costituisce il più antico esempio noto del genere e presenta lo schema ABBA ABBA CDE DCE FF (la coda consta di un distico di endecasillabi a rima baciata):

> Di vil matera mi conven parlare
> [E] perder rime, silabe e sonetto,
> Sì ch'a me ste[sso] giuro ed imprometto
> A tal voler per modo legge dare.
>
> Perché sacciate balestra legare
> E coglier con isquadra arcale in tetto
> E certe fiate aggiate Ovidio letto
> E trar quadrelli e false rime usare,
>
> Non pò venire per la vostra mente
> Là dove insegna Amor, sottile e piano,
> Di sua manera dire e di su' stato.
>
> Già non è cosa che si porti in mano:
> Qual che voi siate, egli è d'un altra gente:
> Sol al parlar si vede chi v'è stato.
>
> Già non vi toccò lo sonetto primo:
> Amore ha fabricato ciò ch'io limo.

Altre varianti II.2.3. Altri artifici frequenti nei poeti duecenteschi riguardano la struttura rimica del sonetto. Ecco una rapida elencazione dei fenomeni principali:

Il sonetto 1) *sonetto continuo*: è un sonetto in cui una o più rime della fronte sono riprese anche nella sirma. Sono noti vari tipi: sonetto a due ri-   continuo, me, identiche nelle quartine e nelle terzine, secondo lo schema: AB-BA ABBA ABA BAB (attestato, fra gli altri, in Giacomo da Lentini e Panuccio dal Bagno); sonetto a due rime, una nelle quartine e una nelle terzine (sia la fronte che la sirma, cioè, sono monorime: adottato, ad es., da Monte Andrea e Chiaro Davanzati); sonetto a tre rime, in cui nelle terzine è ripresa solo una delle rime delle quartine (es. ABBA ABBA ACC ACC); sonetto a una sola rima (*cobla continuada*; esempi in Monte Andrea, soprattutto in sonetti rinterzati).

2) *sonetto con rima al mezzo*: piuttosto frequente, prevede diverse   quello con varianti, a seconda che la rima al mezzo sia presente in tutti i versi   rima al mezzo (escluso, ovviamente, il primo) o solo in alcuni; o che vi siano due rime al mezzo, in tutti o in alcuni versi del sonetto; o che le rime al mezzo si accompagnino a rime interne.

Un accenno merita anche l'impiego della rima al mezzo, nel primo   Il verso della sirma, con funzione di collegamento tra le due parti del   collegamento sonetto (allo stesso modo della chiave nella canzone); un artificio che   tra fronte e è tipico dei sonetti di Giacomo da Lentini (cfr., nell'esempio sopra   sirma riportato, la rima *osa: cosa* tra i vv. 8 e 9) e che costituisce la manifestazione più evidente di un fenomeno caratteristico del sonetto delle origini (come ha dimostrato MENICHETTI 1975): il collegamento, pressoché obbligatorio, fra quartine e terzine, attuato con la rima al mezzo (o interna) o con la ripresa, nelle terzine, «di almeno una parola significativa dell'ottava» (ivi, p. 26). Si tratta di un accorgimento che è messo a frutto non di rado anche in altre forme a struttura bipartita, e non solo nel XIII sec.: con tale tecnica vengono infatti collegate talora fronte e sirma della canzone, mentre, nella ballata (cfr. II.3.1.), è prassi — benché non regola — collegare le mutazioni e la volta con la rima (anche al mezzo) e, non di rado, anche con altre connessioni lessicali.

II.2.4. Fin dal XIII secolo e, anzi, in quest'epoca più ancora che nelle successive, il sonetto fu adibito ad impieghi molteplici e diversificati, entro un ventaglio molto ampio di scelte espressive: il sonetto, di vol-   Destinazioni ta in volta, appare infatti la forma della più alta poesia lirica, della   del sonetto poesia di corrispondenza, della riflessione morale, della polemica politica o culturale. L'escursione tematica del sonetto — che continuerà a caratterizzare questa forma anche nei secoli successivi — è particolarmente sensibile nel Duecento; va precisato, comunque, che, a differenza di quanto accadrà a partire dal Petrarca (quando il sonetto si imporrà come metro essenzialmente lirico), la poesia duecentesca gli assegna, in primo luogo, il carattere e la funzione di metro di corrispondenza, collocandolo (come farà anche Dante) a un livello meno nobile ed illustre rispetto alla canzone.

Il sonetto di corrispondenza
Si possono isolare due tipi di sonetto di corrispondenza:

La risposta: per le rime
1) sonetti indirizzati ad un unico e ben individuato destinatario, che generalmente risponde «per le rime» (ossia con altro sonetto costruito sulle medesime rime di quello del proponente): cfr. ad es. il sonetto di Bernardo da Bologna a Guido Cavalcanti *A quella amorosetta foresella*, e quello responsivo del Cavalcanti *Ciascuna fresca e dol-*

e non
ce fontanella. La risposta non per le rime, pur ammessa, è tuttavia molto rara, e solo in séguito diverrà più frequente, già a partire da Dante; è il caso del celebre *Guido, i' vorrei che tu e Lippo ed io* (Lippo, come è stato recentemente proposto; Lapo, secondo la tradizione), cui il Cavalcanti replicò col sonetto *S'io fosse quelli che d'amor fu degno*, che conserva solo una rima della 'proposta', per di più in posizione diversa. Si danno anche casi in cui, a un sonetto, il destinatario risponde con un componimento di altro genere (al sonetto di Gianni Alfani *Guido, quel Gianni ch'a te fu l'altrieri*, il Cavalcanti rispose con un mottetto: cfr. II.4.2.). Già nel XIII secolo, infine, è attestato anche lo scambio di canzoni «per le rime», ad esempio tra Lotto di ser Dato e Panuccio dal Bagno.

2) sonetti che si rivolgono a destinatari molteplici e non specificati, richiedendo e suscitando, quindi, risposte molteplici, anche se solitamente provenienti da una ristretta cerchia di rimatori ed amici capaci di decifrare le allusioni della proposta. Un esempio è il sonetto di Dante da Maiano *Provedi, saggio, ad esta visiöne*, cui replicarono Dante, Chiaro Davanzati, Guido Orlandi, Salvino Doni, Ricco da Varlungo e ser Cione Ballione. La risposta poteva essere o meno per le rime (quella di Dante, *Savete giudicar vostra ragione*, riprende solo la rima A del sonetto del proponente); il proponente poteva anche non rivelare la propria identità (lasciando ai destinatari, ove avessero voluto farlo, il compito di scoprirla); il sonetto di proposta conteneva spesso una 'questione' su cui si sollecitava il parere dei destinatari (come nel dantesco *A ciascun'alma presa e gentil core* [Vita nuova, III], inviato «a tutti li fedeli d'Amore» richiedendo la spiegazione di un sogno: risposero Cavalcanti, Dante da Maiano e Terino da Castelfiorentino).

La tenzone
Un caso particolare del tipo 1) è la *tenzone*, costituita da uno scambio di sonetti polemici tra due poeti: ricchissime di tenzoni, ad esempio, sono le rime di Monte Andrea, e celebre — benché la sua autenticità sia stata messa in discussione — è la tenzone tra Dante e Forese Donati, costituita da sei sonetti (sono conosciute, nel XIII secolo, anche tenzoni in canzoni: si ricordano quelle di Monte Andrea — con Tomaso da Faenza e con Chiaro Davanzati — e quella tra lo stesso Chiaro e frate Ubertino).

Il sonetto
In antico, insomma, il sonetto sembra assumere un carattere spes-

so prevalentemente 'colloquiale' che lo rende adatto alla poesia di corrispondenza e, in senso lato, di occasione; talvolta, esso funge da 'biglietto' di accompagnamento per altri e più impegnativi testi, come nel caso del dantesco *Se Lippo amico se' tu che mi leggi*, 'comitatorio' della stanza isolata di canzone *Lo meo servente core*; sempre in Dante, il sonetto *Messer Brunetto, questa pulzelletta* doveva accompagnare e introdurre un altro componimento, probabilmente una canzone allegorica (cfr. i vv. 5-8 del sonetto: «La sua sentenzia non richiede fretta, / Né luogo di romor né da giullare; / Anzi si vuol più volte lusingare / Prima che 'n intelletto altrui si metta»).

'comitatorio'

La «forte sociabilità, congenita e istituzionale, tipica del sonetto» (GORNI 1984, p. 476) si manifesta anche in altre forme, e segnatamente nella *corona* o *collana*, che è una serie omogenea di sonetti incentrati su un unico argomento: un famoso esempio — appartenente però al secolo XIV — è costituito dai dodici sonetti sui mesi di Folgore da San Gimignano (cui si aggiungono un sonetto proemiale e uno conclusivo), e dalla serie parallela e contrapposta — per le rime e per contrarii — di Cenne da la Chitarra; ma una corona, *sui generis*, è anche il *Fiore*, recentemente attribuito a Dante, che altro non è se non una sorta di 'traduzione', o meglio di 'riduzione' volgare in 232 sonetti del *Roman de la Rose*.

La corona di sonetti

II.3. La ballata e la lauda

II.3.1. La *ballata* o *canzone a ballo* è una forma strofica composta di due parti principali, dette rispettivamente *ripresa* (o *ritornello*) e *stanza*. La ripresa consta di un numero di versi compreso, per lo più, tra uno e quattro, con schema rimico variabile; la stanza, come nella canzone, comprende una fronte (divisa solitamente in due parti strutturalmente identiche, dette *mutazioni*, e analoghe ai piedi della canzone) e una sirma, chiamata *volta* e normalmente indivisa, il cui primo verso — rimato con l'ultimo delle mutazioni — funge da 'chiave'. La regola fondamentale è che l'ultima rima della volta deve essere uguale all'ultima rima della ripresa: ciò serviva, in origine (quando la ballata, al pari di molte altre forme metriche italiane, era musicata), a preparare la riesecuzione, da parte del coro, della ripresa, che veniva ripetuta tra le varie stanze (eseguite, queste, da una voce sola). Nella ballata 'canonica', inoltre, la ripresa ha la stessa struttura (cioè lo stesso numero e la stessa disposizione dei versi) della volta; spesso, il primo verso della volta, a mo' di chiave, rima con l'ultimo delle mutazioni, per stabilire un legame tra le due parti della stanza.

Il tratto caratterizzante della ballata: collegamento rimico di ripresa e volta

La ballata, metro di origine provenzale con remote ascendenze

L'origine della

<small>ballata e le sue varietà: grande, mezzana, minore, piccola, minima e stravagante</small> arabo-iberiche (soprattutto nella forma più semplice e antica, detta *zagialesca*: xx aaax bbbx, ecc., generalmente in versi di breve misura), assume nomi diversi a seconda dell'ampiezza del ritornello: si dice *grande* se il ritornello consta di quattro versi, *mezzana* se di tre, *minore* se di due, *piccola* se di uno (ma se si tratta di un versicolo, cioè di un verso di misura inferiore all'endecasillabo, la ballata è detta *minima*). Se i versi della ripresa sono più di quattro, la ballata si definisce *stravagante*. Tuttavia, quando la ripresa, pur constando di quattro, cinque o sei versi, è a prevalenza settenaria, taluni definiscono la ballata sempre 'mezzana'; tali sono i casi delle ballate cavalcantiane *Era in penser d'amor quand'i' trovai* (ripresa: Yzzx), *Fresca rosa novella* (ripresa: wyyz(z)X) e *Perch'i' no spero di tornar giammai* (ripresa: Wyyzzx), tutte con un solo endecasillabo — iniziale o conclusivo — nella ripresa. Quanto al termine «ballatetta», impiegato di frequente dallo stesso Cavalcanti, esso non pare dotato di uno specifico significato metrico (essendo riferito a ballate di varia struttura): potrebbe avere «essenzialmente valore affettivo» (DE ROBERTIS 1986, p. 135) o di ostentata modestia, o più probabilmente potrebbe trattarsi di uno dei tanti ipocoristici dell'italiano (folletto, scarpetta, pecchia, orecchio, ecc.) in concorrenza, a volte vittoriosa, col positivo.

Ecco ripresa e prima stanza di una ballata mezzana di Guido Cavalcanti, con schema YxX, ABAB BxX:

La forte e nova mia disaventura	Y	
M'ha desfatto nel core	x	ripresa
Ogni dolce penser, ch'i' avea, d'amore.	X	
Disfatta m'ha già tanto de la vita	A	1ª mut.
Che la gentil, piacevol donna mia	B	
Dall'anima destrutta s'è partita,	A	2ª mut. fronte
Sì ch'i' non veggio là dov'ella sia.	B	
Non è rimaso in me tanta balìa,	B	
Ch'io de lo su' valore	x	volta (sirma)
Possa comprender nella mente fiore.	X	

(Come si sarà notato, nel tracciare lo schema metrico si è fatto ricorso, per la ripresa, secondo la prassi corrente, alle ultime lettere dell'alfabeto — con la *x* riservata al verso conclusivo —, a significare l'autonomia metrica di questa parte all'interno del componimento).

La ballata cavalcantiana ora citata si estende per quattro stanze: il numero delle stanze, nella ballata (come nella canzone, che è forma strutturalmente ad essa affine), è libero; la ballata monostrofica, detta — dal Bembo — 'nuda' o 'non vestita', è piuttosto rara in questo secolo, ma diviene frequente a partire dal secolo successivo. Talora, alle stanze segue la *replicazione*, ossia una strofa dallo schema identico a quello della volta o della ripresa e che, avendo diverso contenuto, funge da congedo; due esempi in Gianni Alfani, *Guato una donna dov'io la scontrai* (schema XyyX AbCBaCDdxX, tre stanze + replicazione ZzxX, con schema rimico modellato su quello della volta) e *Se quella donna ched i' tegno a mente* (schema YyXX ABABCcXX, monostrofica con replicazione ZzXX). Le mutazioni della ballata, a differenza dei piedi della canzone, sono spesso di due soli versi ciascuna. I versi impiegati sono in genere — come nell'esempio ora citato — endecasillabi e settenari; ma possono essere usati o solo endecasillabi, o solo settenari, o anche versi di altra misura (nel '200, ricordo una ballata di soli decasillabi — quasi tutti regolarmente anapestici — in Onesto da Bologna, *La partenza che fo dolorosa*; Dante, in *Per una ghirlandetta*, impiega settenari nella ripresa e nella volta, novenari nelle mutazioni). Sono ammesse anche rime irrelate: nella ripresa, spesso, il primo verso è irrelato (come nell'esempio qui sopra trascritto), oppure rima al mezzo col secondo, come in questa ballata del medesimo Cavalcanti, di cui si cita solo il ritornello:

<blockquote>
Gli occhi di quella gentil foresetta
Hanno distretta   sì la mente mia,
Ch'altro non chiama che le', né disia.
</blockquote>

I versi della ballata

Rime irrelate

La ballata è sconosciuta ai Siciliani; si diffonde invece al Nord e al Centro, soprattutto a Bologna e in Toscana, dove trova negli stilnovisti e soprattutto nel Cavalcanti i cultori più assidui. Proprio in ambito stilnovistico si assiste alla massima fioritura della ballata sia come alta forma lirica (un prestigio dimostrato dal fatto che essa, pur in un numero relativamente minoritario rispetto a canzoni e a sonetti, sarà accolta all'interno di organismi compattamente strutturati come la *Vita nuova* e i *Rerum vulgarium fragmenta*), sia anche quale metro aperto a intonazioni più affettatamente popolareggianti, come accade, ad esempio, in certe ballate cavalcantiane del tipo delle peraltro famose *Gli occhi di quella gentil foresetta* e *In un boschetto trova' pasturella* (linea, quest'ultima, che si svilupperà ampiamente, come vedremo, fra Tre e Quattrocento).

Guido Cavalcanti e gli stilnovisti

II.3.2. Lo schema metrico della ballata caratterizza, nella maggior parte dei casi, anche la forma più importante della nostra poesia religiosa duecentesca, diffusa soprattutto in area umbra: si tratta della *lauda*, un genere praticato in particolare da Jacopone da Todi, ma consegnato, segnatamente nell'Italia centrale dei secoli XIII-XIV, a una moltitudine di testi, per lo più anonimi e riuniti in raccolte poetico-

Lauda e ballata

musicali (i *laudari*) che sono tra le più importanti manifestazioni della religiosità popolare medioevale.

La lauda dunque, che a partire dal XIV secolo adotterà anche altre forme metriche (serventese, ottava rima), ricorre solitamente allo schema della ballata; in molti casi — ma il fenomeno si diffonde solo nei secoli successivi — il testo è metricamente esemplato su quello di una ballata profana, allo scopo di poterne utilizzare (secondo una tecnica di 'travestimento' assai diffusa nel Medioevo) la parte musicale. I versi più frequentemente impiegati sono settenari e ottonari, talora anche doppi. Questa lauda di Jacopone — di cui si citano la ripresa e le prime due stanze — è in settenari, secondo lo schema xx ababbx cbcbbx, ecc. (ai vv. 3 e 5 la rima è sostituita dall'assonanza: cfr. II.5.5.):

> O iubelo del core,
> Che fai cantar d'amore!

> Quanno iubel se scalda,
> Sì fa l'omo cantare,
> E la lengua barbaglia
> E non sa che parlare:
> Dentro non pò celare,
> Tant'è granne 'l dolzore.

> Quanno iubel è acceso,
> Sì fa l'omo clamare;
> Lo cor d'amor è appreso,
> Che nol pò comportare:
> Stridenno el fa gridare,
> E non virgogna allore.

II.4. *Forme minori*

Il discordo, (caribo, caribetto)

II.4.1. Il *discordo*, detto anche *caribo* o *caribetto*, è un componimento generalmente polistrofico, di origine provenzale, il cui nome allude insieme a una situazione psicologica di turbamento (la materia è sempre amorosa) e a una forma metrica disarmonica. Nel discordo, in effetti, ogni strofa presenta struttura diversa, per quanto riguarda sia i versi che le rime; caratteristiche di questo arduo metro sono inoltre la fitta presenza di rime al mezzo e il frequente alternarsi di versi di varia misura. Trascriviamo qui la prima strofa dell'unico discordo composto da Giacomo da Lentini; essa si divide in due parti: nella prima (6 versi) si alternano senari e novenari, con schema $a(a_6)b$, $a(a_6)b$, $a(a_6)b$; nella seconda sono ospitate quattro quartine, costituite ciascuna da tre senari e un novenario, con schema $ccd(d_6)e$, $ffg(g_6)e$, hhi(i$_6$)e. Le rime al mezzo, come si vede, coincidono sempre con la misura senaria; per la rima siciliana dei vv. 13-14 (*voi: distrui*), cfr. II.5.5.; l'ultima rima al mezzo i(i$_6$) è franta (cfr. I.4.1.); *tormenti* (v. 18) rima imperfettamente con *neiente* e *avenente* (vv. 10 e 14). Ecco il testo:

    Dal core mi vene
    Che gli occhi mi tene   rosata:
    Spesso m'adivene
    Che la cera ò bene   bagnata,
    Quando mi sovene
    Di mia bona spene   c'ò data,

    In voi, amorosa,
    Beneaventurosa.
    Però, se m'amate,
    Già non v'ingannate   neiente,
    Ca pur aspetando,
    In voi 'magginando,
    L'amor c'aggio in voi
    Lo cor mi distrui,   avenente;
    Ca·ss'io non temesse
    C'a voi dispiacesse,
    Ben m'aucideria,
    E non viveri' a   tormenti.

Le altre stanze sono di struttura differente, e fanno posto anche a versi quali il quinario, il settenario, l'ottonario e il decasillabo; ma va detto che, in questi più che in altri componimenti della poesia delle origini, l'individuazione esatta degli schemi formali (misura dei versi, partizioni strofiche) è talora problematica, poiché i codici trasmettono i testi in modo non sempre decifrabile con chiarezza dal punto di vista strutturale. Discordi composero, oltre al Notaro, anche Re Giovanni, Giacomino Pugliese e il siculo-toscano Bonagiunta.

II.4.2. Una citazione merita anche il *mottetto*, che è una sorta di epigramma di pochi versi (di varia misura e variamente rimati) chiuso da un proverbio, da una sentenza, da un motto (donde il nome). Forma per certi versi affine alla frottola (cfr. III.4.2.) nel metro, nel contenuto e nello spirito, il mottetto (che con la frottola ha in comune anche la propensione all'oscurità del dettato) fu raramente praticato (altra accezione ha il 'mottetto' montaliano: cfr. IX.3.1.) nell'ambito della poesia illustre; si suole citare, comunque, l'unico mottetto di Guido Cavalcanti, indirizzato all'amico poeta Gianni Alfani: 15 versi (quadrisillabi, quinari, settenari, ottonari, novenari, decasillabi: ma la distinzione dei versi è congetturale, e si fonda principalmente sulle

Il mottetto

rime) «a rime ora baciate ora rinterzate e ora irrelate» (SPONGANO 1974, p. 218):

> Gianni, quel Guido salute
> Ne la tua bella e dolce salute.
> Significàstimi, in un sonetto
> Rimatetto,
> Il voler de la giovane donna
> Che ti dice: «Fa' di me
> Quel che t'è
> Riposo». E però ecco me
> Apparecchiato,
> Sobarcolato,
> E d'Andrea coll'arco in mano,
> E cogli strali e co' moschetti.
> Guarda dove ti metti!
> Ché la Chiesa di Dio
> Sì vuole di giustizia fio.

Il *Mare amoroso* e l' 'endecasillabo sciolto'
II.4.3. Tra gli esperimenti metrici di questo secolo, un posto a parte, per il suo carattere di *unicum*, occupa quello che caratterizza il *Mare amoroso*, sorta di selva che «conglomera in un discorso continuato [...] metafore e similitudini della retorica amorosa» (CONTINI 1960, I, p. 483). Si tratta di un testo toscano — probabilmente di area lucchese — che anticipa singolarmente una forma, quale l'endecasillabo sciolto, affermatasi nella poesia italiana solo a partire dal '500: i 334 versi del poemetto, infatti, sono del tutto privi sia di rima, sia di assonanza o consonanza, secondo una tecnica di cui manca, nel XIII secolo, ogni altra attestazione.

Altri metri: il distico di settenari,
Si segnalano, infine, alcuni metri arcaici destinati soprattutto alla poesia didattica, morale o didascalica: sono, in particolare, il distico di settenari a rima baciata, impiegato nei trattatelli poetici di Brunetto Latini (il *Tesoretto* e il *Favolello*), nel *Detto d'Amore* di dubbia attribuzione dantesca e nell'epistola (intitolata propriamente «trattato»)

la quartina e
O papa Bonifazio di Jacopone; e la quartina di doppi settenari (alessandrini, di derivazione francese) monorimi — ma alla rima può, secondo l'uso antico, sostituirsi l'assonanza: cfr. II.5.5. —, un metro, questo, ampiamente praticato nell'Italia settentrionale (ad esempio, da Bonvesin de la Riva e Giacomino da Verona). Affine a quest'ultima forma è il distico di alessandrini a rima baciata, che caratterizza

il distico di doppi settenari
un testo come lo *Splanamento de li Proverbii de Salamone* del cremonese Gerardo Patecchio; in tutti questi casi, l'uso dell'alessandrino si accompagna non di rado a fenomeni di anisosillabismo (per i quali cfr. qui sotto, II.5.1.).

II.4.4. Il *contrasto*, invece, non è propriamente una forma metrica, quanto piuttosto un genere poetico. Si tratta, infatti, di un componimento strofico dialogato, di derivazione provenzale, che può assumere svariate strutture metriche e svolgere tematiche amorose, politiche o morali. L'esempio più noto del genere, il contrasto di Cielo d'Alcamo, consta di 32 strofe pentastiche composte da tre doppi settenari (in ciascuno dei quali il primo emistichio è sdrucciolo, il secondo piano) e due endecasillabi; le rime sono due, una per i doppi settenari, una per gli endecasillabi, con schema AAA BB. Ecco le prime due strofe;

Il contrasto

Il contrasto di Cielo d'Alcamo

    «Rosa fresca aulentissima, c'apari inver' la state,
    Le donne ti disiano pulzell'e maritate;
    Tragemi d'este focora, se t'este a bolontate;
    Per te non ajo abento notte e dia,
    Penzando pur di voi, madonna mia».

    «Se di mevi trabàgliti, follia lo ti fa fare,
    Lo mar potresti arompere, a' venti asemenare,
    L'abere d'esto secolo tutto quanto asembrare,
    Avereme non pòteri a esto monno,
    Avanti li cavelli m'aritonno».

Autori di contrasti furono anche Bonvesin de la Riva e Ciacco dell'Anguillara.

II.5. *Particolarità metriche*

II.5.1. Un assestamento del sistema metrico italiano avviene solo (indipendentemente dall'intervento teorico del *De vulgari eloquentia*) con l'opera di Dante e, ancor più, con quella di Petrarca, che assume caratteri di esemplarità normativa; la poesia del secolo XIII resta, pertanto, al di qua di tale assestamento, e può apparire, agli occhi e agli orecchi del moderno lettore, caratterizzata da fenomeni 'abnormi' (proprio perché necessariamente estranei alle 'norme' divenute poi canoniche) e da 'irregolarità' di vario genere. Parlare di 'irregolarità', naturalmente, è possibile solo inscrivendo il termine fra virgolette: non può infatti dirsi irregolare ciò che, come nel caso della poesia del XIII secolo, precede l'instaurazione della 'regola' vera e propria. Tali fenomeni, che è opportuno valutare con una prospettiva storica e non in riferimento ad astratte (nonché posteriori) 'norme' metriche, riguardano soprattutto la misura e il ritmo dei versi, ma si estendono talora anche alla rima e alle strutture strofiche. Per quanto attiene

L'opera di Dante e quella del Petrarca come modelli normativi al verso, è il caso di accennare in primo luogo al cosiddetto *anisosillabismo*, termine con cui si indica «la mancata identità metrica dei versi in una composizione che, almeno in teoria, comporterebbe il contrario» (RAMOUS 1984, p. 74).

<small>L'anisosillabismo</small>

Il fenomeno assume forme diverse, ma due sono le sue manifestazioni principali: 1) presenza di ottonari in componimenti a base novenaria; 2) presenza di novenari e, talora, anche di settenari, decasillabi ed endecasillabi, in componimenti a base ottonaria. Il primo tipo è particolarmente diffuso nella poesia cosiddetta 'giullaresca'; il secondo è caratteristico della produzione laudistica e si ritrova anche in

<small>Jacopone</small>

Jacopone (dove interessa, talora, pure il settenario e il doppio quinario). Leggiamo, da una sua lauda, la ripresa e le prime tre stanze (vv. 1-14):

> O Segnor, per cortesia,
> manname la malsania!
>
> A me la freve quartana
> la contina e la terzana,
> la doppia cotidïana
> co la granne etropesia!
>
> A me venga mal de denti,
> mal de capo e mal de ventre,
> a lo stomaco dolor pognenti,
> e 'n canna la squinanzia.
>
> Mal degli occhi e doglia de fianco
> e l'apostema dal canto manco
> tiseco me ionga en alco,
> e d'onne tempo la fernosia.

Il meccanismo che consente l'oscillazione sillabica è, in questo caso, quello dell'anacrusi (cfr. I.5.2.): un ottonario, infatti, può diventare un novenario (come, qui, al v. 11) se al suo inizio viene collocata una sillaba fuori battuta (*Mal*), non compresa nella struttura ritmica del verso (e se l'anacrusi è bisillabica, avremo un decasillabo: v. 9, *a lo*). Parlando in termini teorici, diremo dunque che la ballata jacoponica in questione è costituita da ottonari anisosillabici, cioè talora caratterizzati da anacrusi (mono- o bisillabica) e quindi 'crescenti' (o ipermetri); nel citare il testo, abbiamo seguito CONTINI (1960, II, p. 135, che incolonna i versi a seconda della loro estensione sillabica), solo dubitando che, al v. 5, la misura piena dell'ottonario debba essere ottenuta mediante la poco probabile distensione pentasillabica di *cotidiana* e non sia, invece, da lasciare in essere l'ipometria.

Un esempio del primo tipo di anisosillabismo, invece, è offerto (ove taluno voglia affidarsi allo stato «lacrimevole», come lo definisce Contini 1960, II, p. 850, dell'unico testimone del componimento), da un'anonima *Danza mantovana*, in forma di ballata, di cui si riportano i vv. 5-10, corrispondenti alle mutazioni della prima stanza:

La Danza mantovana

> Vinite, polçe[l'], a balare,
> façando la rota venir:
> la çent fariti alegrari;
> mostrati lo vostro savire.
> L'or ch'è rescuso non pari:
> nesun valor pò-l aviri.

Il procedimento, qui, è opposto a quello della lauda jacoponica: la base è novenaria (cfr. i vv. 5-6 e 8), ma il novenario si trasforma talora in ottonario (vv. 9-10), e precisamente quando la sua prima sillaba, mancante, è sostituita da un 'tempo vuoto' iniziale, che rende il verso acefalo; basta supporre un monosillabo atono in apertura per restaurare la misura e (almeno nel caso del v. 9: «*Ma* l'or ch'è rescuso non pari») il ritmo del novenario.

In base allo stesso meccanismo, si verificano frequenti casi di anisosillabismo, come abbiamo anticipato, anche nei più antichi componimenti in versi alessandrini: in questi casi, infatti, ciascun emistichio (settenario), in quanto metricamente indipendente, può essere sostituito da un senario, il quale, nella circostanza, dovrà essere considerato come un settenario con un 'tempo vuoto' iniziale.

Il fenomeno, comunque, è estremamente complesso e non facilmente razionalizzabile, anche perché non se ne conoscono con precisione né le cause né le modalità: sembra tuttavia certo che, alla sua radice, esso presupponga uno stretto legame tra poesia e musica, poiché nell'esecuzione musicale il ritmo di base del verso poteva essere conservato con facilità e non veniva pregiudicato dalle sillabe eccedenti o mancanti (soprattutto se queste erano, come voleva la prassi, atone e costituite da monosillabi). Non di rado, peraltro, ci imbattiamo in versi difficilmente spiegabili sulla base del criterio ora delineato: si considerino, nell'esempio jacoponico qui addotto, i vv. 12 e 14, per i quali bisognerebbe pensare, come è stato ipotizzato (Di Girolamo 1976, pp. 124-28), alla possibilità di scomporre l'ottonario in due quadrisillabi e di inserire una sillaba in anacrusi prima di entrambi gli emistichi (*e, dal* al v. 12; *e, la* al v. 14). Ipotesi ingegnosa, ma insufficiente a spiegare tutti i casi (e basterà guardare al v. 9 della medesima lauda).

L'anisosillabismo: più dubbi che certezze

Inoltre, bisogna tener conto del fatto che, in certi casi, l'anisosillabismo è solo apparente e può essere eliminato o col ricorso a non ignorabili accidenti metrici (dialefe, dieresi, ecc.), o con minimi aggiu-

Anisosillabismo apparente

stamenti testuali (apocope, sincope, aferesi), o con l'emendazione congetturale; altre volte, soprattutto nei componimenti giullareschi, l'anisosillabismo potrebbe dipendere «dall'operazione di dettatura dei testi orali (vale a dire trasmessi oralmente) dal giullare allo scriba» (Di Girolamo 1976, p. 92). L'oscillazione sillabica, comunque, è tipica della poesia (non solo italiana) di questo secolo, e per lo più compare in testi semi-colti o, comunque, sottoposti a vasta diffusione popolare (giullareschi, didascalici, religiosi).

Incerto è, al contrario, che il fenomeno interessi anche la lirica 'alta', dove o si verifica soltanto in componimenti trasmessi da un unico manoscritto (in Guittone e Monte Andrea) o è attestato da un solo testimone fra altri (in Bonagiunta da Lucca); casi per i quali, quindi, è legittimo (o doveroso) sospettare un fatto 'tradizionale', da attribuire cioè alla responsabilità dei copisti, e non degli autori. Non probanti, infine, i casi delle due canzoni di Guittone *Gente noiosa e villana* (in cui i versi della fronte sembrano tutti riducibili alla misura di ottonari, salvo forse il v. 31) e *O dolce terra aretina*, in cui, come afferma lo stesso Contini 1960, I, p. 222, «i versi della fronte possono esser tutti novenari, a condizione solo di un lieve supplemento in 41 (*male*)».

II.5.2. Un caso particolare di anisosillabismo è quello costituito dagli endecasillabi 'ipermetri' o 'crescenti', ossia eccedenti di una o più sillabe la normale misura del verso. In passato, vi fu chi ritenne di aver identificato in gran numero versi di tal genere nella poesia italiana antica e addirittura in Petrarca (Scherillo 1918, Serretta 1938); ma questa tesi fu ben presto ridimensionata (Casella 1939) e oggi ci si muove con estrema cautela su un terreno tanto infido. In effetti, molte presunte ipermetrie sono facilmente sanabili con minimi e banali interventi correttorî, in particolare con l'eliminazione di una sillaba grazie ad aferesi, a sincope o ad apocope; ad es., il v. 7 del sonetto doppio di Maestro Francesco *Gravosamente fece gran follore*, «Vuoi ti consigli? Sia buon soferidore», si riduce alla misura canonica leggendo, con sincope, «sofridore» (Menichetti 1971, p. 63). In altri casi, la presenza di versi ipermetri autorizzerà l'emendazione testuale e sarà anzi spia di un guasto; non bisogna infatti dimenticare che i poeti antichi ci sono trasmessi unicamente, com'è ovvio, da manoscritti (e anzi, con frequenza, da un solo manoscritto), molti dei quali — fra cui anche il Vat. Lat. 3793, il più importante dei canzonieri antichi — non prestano grande attenzione al dato metrico e quindi risultano spesso, sotto questo aspetto, poco affidabili.

Un caso a parte, e del tutto unico ed eccezionale, è costituito dalle rime di un poeta per tanti versi 'irregolare' come Monte Andrea, che presentano, con una certa frequenza, endecasillabi 'ipermetri' di dodici e anche tredici sillabe. Nella maggior parte delle occorrenze, l'endecasillabo di dodici sillabe presenta la cosiddetta cesura femminile, ossia risulta composto da un quinario piano + un settenario, tra i quali non si verifica sinalefe: «Ch'alora alquanto mia volontà si sfoga». È stato perciò ipotizzato (fin da SERRETTA 1938 e BURGER 1957) che il modello di un simile verso possa essere il decasillabo epico francese, un verso con l'ultimo *ictus* sulla decima sillaba (e quindi affine al nostro endecasillabo, come dicemmo), con cesura fissa dopo la quarta sillaba, e composto pertanto da un quadrisillabo + un senario:

L'endecasillabo con cesura femminile

> Ço sent Rollant que la mort le tresprent
> (*Chanson de Roland*, v. 2355)

Ora, in italiano, poiché i versi sono normalmente piani, i due emistichi del *décasyllabe* francese diventano un quinario + un settenario, e ciò, se non si opera sinalefe e si mantiene la cesura 'epica', dà luogo a un verso di dodici sillabe; infatti, dopo il primo emistichio si ha di norma, in italiano, cesura femminile (cioè, l'emistichio termina con parola piana) e non, come in francese — dove l'emistichio finisce con parola tronca —, maschile. Pascoli traduce così il decasillabo ora citato della *Chanson de Roland*:

> Qui sente Orlando che la morte gli è presso.

Si è pensato, pertanto, che certi poeti delle origini, ammettendo l'autonomia degli emistichi (come avviene, nella nostra poesia, con i versi doppi, e come avviene appunto nel decasillabo epico francese, che può presentare un'atona in soprannumero dopo la quarta sillaba), potessero sentire tale verso 'crescente' sempre alla stregua di un endecasillabo. Una conferma di ciò potrebbe venire dal fatto che questa ipermetria è particolarmente frequente quando il verso presenti rima al mezzo in sede quinaria, nel qual caso l'autonomia dei due emistichi risulta più marcata e, per così dire, sancita metricamente (cfr. MENICHETTI 1971, p. 47); si leggano i vv. 11-13 del sonetto di Monte Andrea *Né fu, néd è, né fia omo vivente* (sonetto con fronte di dieci versi e rime al mezzo), dove risultano ipermetri i vv. 12 e 13:

> Se per voi fia,   gentil mia donna amata,
>   Alcuna fiata   rasgione o canoscenza,
>   Quella sentenza   ch'e' spero fia me data.

E tuttavia, benché ingegnosa, anche questa resta solo un'ipotesi. È vero che un poeta tecnicamente agguerrito come Monte Andrea non sembra sospettabile di imperizia nella fattura dei suoi endecasillabi; ma va anche ricordato sia che quasi tutte le sue rime sono trasmesse da un solo testimone (il già citato ms. Vat. Lat. 3793 della Biblioteca Apostolica Vaticana), sia che egli è l'unico a presentare con apprezzabile frequenza siffatti endecasillabi 'ipermetri'. Due fatti, insomma, restano tutti da dimostrare: la sicura attribuibilità di tali versi a Monte (e non alla trascuratezza del copista) e, ancor più, l'effettiva esistenza dell'endecasillabo 'ipermetro' all'interno del sistema metrico di questo secolo. A parte il caso di Monte, infatti, gli endecasillabi crescenti attestati nella poesia delle origini sono in numero estremamente esiguo, appartengono spesso a componimenti trasmessi da un solo testimone, e — infine — risultano impiegati in maniera del tutto incostante e irregolare, al di fuori di qualsiasi coerente progetto metrico. Per tutto questo, a qualcuno potrebbe sembrare più economico (anziché postulare l'esistenza di un endecasillabo 'ipermetro' modellato sul decasillabo epico francese) pensare a accidenti di trasmissione, tanto più che nella maggior parte dei casi l'ipermetria appare sanabile con facilità tenendo conto dei normali accidenti metrici o ricorrendo a minimi interventi (inversione o soppressione di parole, ecc.).

La canzone Si guardi, ad esempio, alla canzone (dubitativamente attribuita a *Membrando* Giacomo da Lentini) *Membrando l'amoroso dipartire*, di cui si cita la *l'amoroso dipartire*, di seconda stanza:
G. da Lentini

> La ragione è lo dolze parlamento
> Che tu dicevi a me, bella, in parvenza,
> Lo giorno ch'eo da voi mi dipartivi:
> «Se vai, amore, me lasci in tormento;
> Io n'averò pensiero e cordoglienza
> E disïo so·di venire a tevi.
> Sì come audivi —
>   che vai lontana parte,
> Da me si parte —
>   la gioia del meo core;
> Se vai, amore, —
>   lo meo cor lasci in parte».

A una fronte di sei endecasillabi (rime ABC ABC), segue una sirma di tre versi con rima al mezzo, e schema $(c_5)D$ $(d_5)E$ $(e_5)D$ (la prima rima al mezzo *tevi*: *audivi* è siciliana: cfr. II.5.5.). Questo è il testo fissato dal moderno editore (ANTONELLI 1979, pp. 375-89), che stampa su due righe, ma con numerazione unitaria, i versi della sirma, incerto sulla loro interpretazione metrica. A suo avviso, infatti, essi, composti da un quinario + un settenario, potrebbero essere considerati endecasillabi crescenti di tipo 'epico' (come quelli di Monte Andrea; e la rima al mezzo gli parrebbe avvalorare l'ipotesi, condivisa anche da MENICHETTI 1971, p. 46), o potrebbero semplicemente essere sei versi distinti, alternatamente quinario e settenario (con schema cd de ed). Tuttavia — ed è soluzione che lo stesso Antonelli contempla — sembra più economico interpretare questi versi come normali endecasillabi, visto che la misura endecasillabica si raggiunge con interventi quanto mai agevoli ed ovvii (nella stanza ora trascritta, è sufficiente espungere il «Sì» all'inizio del v. 7, leggere «gioia» monosillabo — com'è consueto nel secolo XIII — al v. 8 e «amor», tronco, al v. 9).

II.5.3. Dal punto di vista ritmico e accentativo, il fenomeno più caratteristico della poesia delle origini è la libertà e la varietà di schemi con cui gli *ictus* si dispongono all'interno del verso; talvolta, infatti, il verso non si lascia ricondurre ai modelli ritmici, quantitativamente piuttosto limitati, ammessi dalla 'norma' metrica tradizionale. Ciò si verifica anche nei componimenti che impiegano versi considerati poi, dalla tradizione metrica italiana, 'ad accenti fissi', quali, in particolare, l'ottonario, il novenario ed il decasillabo. Nella seconda stanza della canzone del Notaro *La 'namoranza disïosa*:

Libera disposizione degli *ictus*

> Grande arditanza e coraggiosa
> In guiderdone Amor m'à data,
> E vuol che donna sia 'quistata
> Per forza di gioia amorosa:
> Ma' troppo è villana credanza
> Che donna deggia incominzare,
> Ma vergognare
> Perch'io cominzi non è mispregianza.

i sei novenari (vv. 1-6 della strofa) alternano liberamente il tipo dattilico, divenuto poi canonico (accenti di 2^a, 5^a, 8^a: vv. 4 e 5), col tipo giambico (accenti di 4^a e 8^a: vv. 1, 2, 3 e 6). Una simile compresenza di novenari di ritmo diverso sarà realizzata modernamente, su basi estetiche e metriche del tutto differenti, da Giovanni Pascoli (cfr. IX.1.1.). Per l'ottonario, vediamo un esempio tratto da una canzone di Rinaldo d'Aquino, limitatamente alla fronte della prima stanza:

> Amorosa donna fina,
> Stella che levi la dia
> Sembran le vostre belleze;
> Sovrana fior di Messina,
> Non pare che donna sia
> Vostra para d'adornezze.

Su sei versi, due (1 e 6) sono ottonari trocaici, del tipo poi più frequentemente usato nella nostra poesia (accenti di 3ª e 7ª); altri due (2 e 3) sono dattilici, con accenti di 1ª, 4ª, 7ª; i vv. 4 e 5, infine, sono a base giambica (accento sulla 2ª sillaba). Comunque, data la mancanza — a differenza, ad esempio, di quanto accadrà nella poesia pascoliana — di una qualsiasi regolarità nell'alternanza e nella disposizione dei vari tipi ritmici, sarà più corretto parlare semplicemente, in questo e in analoghi casi, di ottonari (o altro tipo di versi) variamente accentati.

Per quanto riguarda l'endecasillabo, a parte il proliferare di accentazioni in qualche misura disarmoniche (3ª e 7ª, 3ª e 8ª, 4ª e 9ª) ma comunque attestate — per lo più in àmbito non lirico — anche nei secoli successivi (almeno fino al XV), un discorso a sé richiede l'endecasillabo con accento sulla quinta sillaba; un tipo di verso che molti manuali neppure contemplano, e che altri (ad esempio ELWERT 1973, p. 49) includono tra i cosiddetti versi «aritmici». Oggi, soprattutto dopo la presa di posizione di CONTINI 1961, pp. 254-55, si tende a riconoscere diritto di cittadinanza a questo endecasillabo nel sistema metrico delle origini, fino a Dante e a Boccaccio, con qualche propaggine anche quattrocentesca (cfr. ad esempio BALDUINO 1971, pp. 82-84; LONGHI 1978, pp. 267-69; PAZZAGLIA 1990, pp. 69-71; BELTRAMI 1991, pp. 161-62); pur precisando che si tratta di un verso le cui occorrenze, assai poco numerose, restano circoscritte prevalentemente a generi minori (la lirica 'alta' lo ignora, di fatto, già prima della normalizzazione petrarchesca) e — dopo Boccaccio — ad aree geografico-culturali periferiche.

Tuttavia, già BALDUINO 1971, p. 84, osservava come tali endecasillabi siano da considerare «fatti eccezionali (o anomalie, se si preferisce) e dunque versi da accogliere con estrema cautela, vagliando da un lato le testimonianze della tradizione manoscritta, dall'altro la casistica metrica offerta da tutta l'opera dei singoli autori». In effetti, la questione non differisce, nella sostanza, da quella dell'anisosillabismo: prima di sottoscrivere l'ammissibilità di un fenomeno, è necessario esaminarne, caso per caso, le singole occorrenze. Il *Fiore*, di dubbia attribuzione dantesca, contiene, sì, svariati endecasillabi accentati di 5ª, ma appartiene al novero delle opere trasmesse da un unico codice (nella fattispecie, l'H 438 della Bibliothèque Interuniversitaire, Section Médecine, di Montpellier), e si può pensare che il fenomeno risalga quindi al copista, anziché all'autore (chiunque egli sia). Altre volte, l'anomalia risulta solo presunta, se essa scompare in virtù di minimi interventi editoriali o, addirittura, di una corretta interpretazione ritmica del verso. Il seguente verso dantesco (*Inf.* XII, v. 117):

L'endecasillabo con accento di 5ª

> Parea che di quel bulicame uscisse,

da alcuni letto come un endecasillabo accentato di 5ª, ha, in realtà, accenti di 2ª e 8ª («quel» non è portatore di accento metrico), e può comunque tranquillamente ricevere un accento di 6ª, visto che *bulicame*, come tutti i quadrisillabi piani, possiede un accento secondario sulla prima sillaba (cfr. I.3.2.). In un altro verso della *Commedia* (*Inf.* XXVIII, v. 135):

> Che diedi al re giovane i ma' conforti,

è sufficiente collocare gli accenti metrici su *re* e su *ma'* (lasciando senza accento la prima sillaba di «*gio*vane») per ottenere un comune endecasillabo *a minore* con accenti di 4ª e 8ª (cfr. BALDELLI in ED, II, p. 674). Il v. 53 della canzone *Oi forte inamoranza* di Neri de' Visdomini:

> Ne lo suo novello core donate,

si trasforma in un regolare endecasillabo con semplice inversione di parole: o «Ne lo suo *core novello* donate» o «Ne lo *novello suo* core donate» (o, considerato bisillabo *süo* e troncato *novello*, leggendo: «Ne lo süo novel core donate»). In questo, come nei molti altri casi affini, l'introduzione dell'accento di 5ª può facilmente spiegarsi, cioè, con comunissimi accidenti tradizionali (nella fattispecie, ove non si voglia pensare ad altro, l'inversione tra parole contigue).

Vi sono, poi, situazioni in cui il verso 'anomalo' è attestato solo da una parte — talora esigua — della tradizione; così accade, ad esempio, nella canzone *Poi no mi val merzé né ben servire* di Giacomo da Lentini, il cui v. 28, nell'edizione critica di ANTONELLI 1979, è un endecasillabo con accento di quinta:

Possibili infedeltà dei copisti e

> Conventi mi fece di ritenere.

La canzone è trasmessa, per intero, da quattro codici; solo uno (il Banco Rari 217 della Biblioteca Nazionale Centrale di Firenze) riporta il verso in questa forma. Negli altri tre, il v. 28 è un normale endecasillabo *a maiore*: «Convento ben mi fece di valere» (Vat. Lat. 3793 della Biblioteca Apostolica Vaticana e Laur. Red. 9 della Biblioteca Medicea Laurenziana di Firenze) oppure «Conveneti mi fe' di ritenere» (Vat. Lat. 3214 della Biblioteca Apostolica Vaticana). Per la sua eccezionalità — anche all'interno delle rime del Notaro —, proprio l'accentazione di quinta potrebbe essere spia, nella lezione del Banco Rari 217, di un guasto tradizionale; anche se neppure le altre lezioni possono essere del tutto accolte, poiché la prima parola del verso 28 (primo della IV stanza) deve essere necessariamente *conventi*, essendo le stanze tutte rigorosamente *capfinidas*, ed essendo *conventi* l'ultima parola della III stanza. L'Antonelli ipotizza, in apparato, una diffrazione in assenza (supponendo che la lezione originaria fosse: «Conventi ben mi fece ritenere»); e ricorda anche che CONTINI 1954, p. 203, aveva proposto, acutamente quanto economicamente, di spostare il pronome *mi* dopo *fece* («conventi fece mi di ritenere»). In ogni caso, la legittimità dell'endecasillabo con accento di quinta al v. 28 è molto dubbia.

errori metrici d'autore

Infine, bisogna tenere presente anche il diverso grado di competenza metrica e di 'orecchio musicale' dei singoli poeti. Non è improbabile che alcuni endecasillabi accentati di 5^a nella poesia delle origini debbano essere considerati, semplicemente, endecasillabi 'sbagliati'; di certo, tali devono essere ritenuti i non rari endecasillabi siffatti che compaiono, ad esempio, nei cantari tre-quattrocenteschi (se, ancora una volta, non siano da attribuire ad accidenti di trasmissione). Anche personaggi di non mediocre cultura si rivelano talora impacciati nel far versi: basti pensare (per saltare momentaneamente al XV secolo) a Matteo Palmieri, che, nel suo poema in terza rima *La città di vita* (cfr. IV.3.4.), costruisce inammissibili endecasillabi tronchi di undici sillabe (ad esempio I 2, v. 139: «Così la valle di questa stremità»), evidentemente convinto che, a dar vita a un endecasillabo, fossero sempre e comunque necessarie undici sillabe, a prescindere dalla posizione dell'ultimo accento (cfr. MARTELLI 1983-84, pp. 288-90). Qualcosa di analogo, anche se, certamente, a un ben diverso livello, potrebbe essere ipotizzato per poeti — quali Boccaccio e Leon Battista Alberti, quest'ultimo pure autore di qualche endecasillabo accentato sulla quinta — che, se pur non si vuole ritenerli desiderosi di un orecchio musicale più sensibile, dovremo considerare (particolarmente nel caso dell'Alberti) intenti a un volontario perseguimento dell'infrazione e della disarmonia. Una volta sottoposti a simili verifiche tutti i casi di endecasillabo con accento di quinta (nel secolo XIII e oltre), il numero di quelli realmente 'irriducibili' (ossia non interpretabili alla luce dei criteri qui sommariamente elencati) risulterebbe, probabilmente, tanto esiguo da non consentire l'ammissione di questo verso all'interno del sistema metrico italiano (e sia pure di quello, alquanto particolare, delle origini), accanto alle altre e più comuni varietà di endecasillabo.

La rima artificiosa

II.5.4. Un altro dei tratti caratteristici della metrica di questo secolo riguarda gli artifici cui viene non di rado sottoposta la rima e la sezione che ad essa è interessata. Già abbiamo elencato (cfr. II.1.3.) alcuni accorgimenti, rimici e retorici al tempo stesso, con cui, sul modello provenzale, veniva talora stabilito un collegamento tra le stanze della canzone (*coblas capfinidas, capcaudadas, doblas, unissonans*); e abbiamo anche accennato al sonetto con rima al mezzo e al sonetto continuo. Qui è il caso, invece, di ricordare la frequenza con cui ricorrono, soprattutto presso i siculo-toscani, rime artificiose di ogni genere, sulle quali vengono talvolta costruiti, con straordinario virtuosismo tecnico, interi componimenti. Guittone, ad es., impiega esclusivamente rime derivative, equivoche, identiche e paronomastiche nella canzone *Voglia de dir giusta ragion m'ha porta*, da cui traggo la prima stanza: Guittone

> Voglia de dir giusta ragion m'ha porta,
> Ché la mia donna m'accoglie e m'apporta:
> A tutto ciò che mi piace m'apporta.
> Or non m'è morte el suo senno, ma porta
> Di vita dolce, o' mi pasco e deporto,
> Ché tanto acconciamente mi dé porto
> En tempestoso mar, che vol ch'eo porti
> Per lei la vita e faccia l'inde apporti.
> Ed eo sì fo, pur li piaccia e li porti.

Le tre rime (-*orta*, -*orto*, -*orti*) variano solo per la vocale finale, e la stessa cosa accade nelle altre stanze. In altre canzoni (*La gioia mia, che de tutt'altre è sovra; Ben ho diritto, so; ma*) Guittone si serve anche della rima franta o 'per l'occhio', un artificio di cui è maestro soprattutto Monte Andrea, il quale, in alcuni sonetti, lo combina addirittura con quello della rima in tmesi. Ecco i vv. 1-6 di un sonetto doppio con fronte di dieci versi: Monte Andrea

> Coralment'ò me stesso 'n ira, ca ppo-
> rgo, a tal, mio dire, ca ppo-
> co mi saria morte, s'i' ne cappo!
> Ché svariato è tutto ciò c'appo-
> rta, e ancor tuto ciò c'à '·ppo-
> dere: vera sentenza non v'acappo!

E così anche nel resto della fronte; mentre, nelle terzine (delle quali si cita la prima, vv. 16-20), viene introdotta un'altra rima:

> Ed io aprovo per certo che, ah, qua-
> nte sentenze e, ah, qua-
> li me porte sono (e fiaro, ah, qua-
> l', ora!) sono, a qua-
> nt'àn conoscenza, colpi come 'n aqua.

II.5.5. A proposito delle rime, è necessario infine far cenno a due rime 'speciali' (piuttosto diffuse nella poesia di questo secolo), connesse a particolarità fonetiche proprie del vocalismo di alcune zone d'Italia che videro la fioritura, nel XIII sec., di una ricca e prestigiosa produzione poetica: si tratta della rima siciliana e della rima aretina (o guittoniana). La *rima siciliana* consiste nella possibilità di far rimare la *e* chiusa con la *i* (es. *avere*: *servire*) e la *o* chiusa con la *u* (*uso*: *amoroso*). Queste rime — gli esempi ora proposti sono tratti dalla produzione di Giacomo da Lentini — scaturiscono in realtà dalla toscanizzazione dei testi della Scuola siciliana eseguita dal copista del ms. Vat. Lat. 3793 (o da quello degli antigrafi di tale codice); nell'originale, esse suonavano in realtà *aviri*: *serviri* e *usu*: *amurusu*. Nel vocalismo siciliano, infatti, le vocali latine e, ī, ĭ danno *i*, mentre o, ū, ŭ danno *u*. In toscano, invece, gli esiti vocalici sono diversi, e il copista, riducendo il testo (com'era normale) al proprio sistema linguistico, produceva rime 'anomale' quali, appunto, *avere*: *servire* e *uso*: *amoroso*.

<small>La rima siciliana,</small>

Ritenendo tali rime avallate dai prestigiosi poeti siciliani, anche i poeti toscani duecenteschi, talora, se ne servirono: propriamente, anzi, di rime siciliane si può parlare, per le ragioni suddette, solo in testi non siciliani. Va aggiunto, inoltre, che anche la possibilità (ammessa nella poesia italiana di ogni epoca) di far rimare *e* aperta con *e* chiusa, *o* aperta con *o* chiusa, può essere considerata, a rigore, una forma di rima siciliana, poiché il vocalismo siciliano non conosce la distinzione tra vocali aperte e vocali chiuse (tutte le *e* e le *o* sono infatti aperte, e il sistema vocalico, pertanto, comprende solo cinque individui). Affine alla rima siciliana è la *rima bolognese*, che prevede la possibilità di far rimare tra loro la *u* e la *o* chiusa, come in Dante, *Inf.* X, vv. 65, 67 e 69: *nome*: *come*: *lume*.

<small>bolognese e</small>

Nella *rima guittoniana* o *aretina*, invece, è ammesso far rimare *e* aperta con *i* e *o* aperta con *u*: ciò perché, in aretino, le vocali delle due coppie presentano un unico esito, rispettivamente *e* aperta e *o* aperta. Si trovano in Guittone, pertanto, rime come *bono*: *ciascono* o *motti*: *totti*, che, ridotte al vocalismo fiorentino, si trasformano nelle rime 'guittoniane' (ovviamente presenti — vale lo stesso discorso appena fatto per le rime siciliane — in testi non aretini) *bono*: *ciascuno* e *motti*: *tutti*.

<small>aretina</small>

Più rara è la *rima francese,* in base alla quale — per influenza del vocalismo della lingua d'oïl — è ammessa la rima fra le vocali *a* ed *e* quando siano entrambe seguite da una nasale cui tenga dietro un'altra consonante (nasale appoggiata). Il tipo più diffuso concerne le desinenze *ante*: *ente,* opp. *anza*: *enza* di aggettivi, participi e sostantivi (cfr. AVALLE 1974).

<small>La rima francese</small>

Infine, va tenuto presente che la poesia delle origini ammette talora, in sostituzione della rima, l'assonanza (cfr. I.4.1.): ciò si verifica quasi esclusivamente in generi 'popolari' quali, ad es., il poema cavalleresco franco-veneto (che, diffuso nell'Italia settentrionale, adotta la forma, di derivazione francese, della lassa assonanzata: cfr. I.6.1.), la poesia didascalica in quartine di doppi settenari (cfr. II.4.3.) e la lauda (per un esempio di assonanza in una lauda jacoponica, cfr. II.3.2.). Qualche esempio si riscontra anche in àmbito lirico: nella canzone dantesca *Lo doloroso amor che mi conduce*, il v. 26 (*ricolto*) rima imperfettamente con i vv. 23 (*morto*) e 24 (*scorto*).

Assonanza e rima

II.6. Dante

II.6.1. Dante e la metrica duecentesca

II.6.1.1. L'opportunità di dedicare a Dante una sezione speciale, ma tuttavia compresa nel capitolo sulla metrica del '200, è suggerita da due fattori principali: il ruolo determinante che egli, vissuto a cavallo tra il XIII e il XIV secolo, ha giocato nella codificazione del sistema metrico italiano, sottoponendo a un vaglio rigoroso e a una decisa regolamentazione il polimorfismo e lo sperimentalismo della poesia duecentesca; e il fatto che all'Alighieri si debba l'introduzione di due forme metriche tra le più importanti della nostra poesia, la terza rima e la sestina lirica, l'una creazione originale, l'altra per la prima volta trasferita in italiano dalla lirica provenzale. Ma c'è un altro aspetto di grande rilievo che va tenuto presente per apprezzare pienamente l'importanza di Dante nella storia della metrica italiana: egli fu infatti il primo letterato italiano a dedicare alle 'questioni metriche' un'ampia e approfondita riflessione teorica, consegnata al II libro del *De vulgari eloquentia* (iii 1 - xiv 2, dove l'opera si interrompe).

Proprio in queste pagine, rimaste in pratica sconosciute fino al principio del '500, ma non per questo meno significative (anche perché accompagnate da una produzione poetica che in parte, fino alla *Commedia*, ne mette in pratica gli assunti teorici), Dante regola i conti con la tradizione del XIII secolo, nei confronti della quale il suo atteggiamento è talora polemico — implicitamente o esplicitamente —, talora normativo. Il punto di partenza di Dante è tradizionale: la sua gerarchia delle forme metriche, esposta in DVE II iii 5-9 (canzone, ballata, sonetto), è canonica nel '200 (vi si uniformano anche, nell'ordinamento dei componimenti, i manoscritti più antichi); essa, se mai, sembra sotto qualche aspetto — in particolare, per ciò che riguarda la superiorità della ballata sul sonetto — non del tutto conciliabile con la prassi poetica stilnovistica e dantesca. Quella che è nuova, co-

Il *De vulgari eloquentia* e la gerarchizzazione dei metri

munque, è soprattutto la dimostrazione dell'eccellenza, insieme tematica e formale, della canzone, sottoposta a una lucida quanto minuziosa analisi tecnica che la consegna definitivamente, come metro lirico per eccellenza, alla più alta tradizione poetica italiana.

La canzone secondo il DVE: Per Dante (DVE II viii 8), la canzone «est equalium stantiarum sine responsorio ad unam sententiam tragica coniugatio» ('una concatenazione in stile tragico di stanze uguali, senza ripresa, in funzione di un pensiero unitario': trad. MENGALDO); e la definizione sintetizza i motivi principali della superiorità della canzone sugli altri metri,

la pluralità delle stanze, se la presenza di più stanze concatenate (dotate cioè di identica struttura) segna il discrimine rispetto al monostrofico sonetto, mentre la

l'autonomia, mancanza della ripresa serve a caratterizzare la canzone nei confronti della ballata, metro per certi aspetti analogo (data la presenza di stanze uguali), ma alla cui nobiltà nuoce, come si legge in II iii 5, il fatto di non essere autosufficiente, e di aver bisogno, invece, della danza. Inoltre, il 'pensiero unitario' rimanda alla eccellenza 'tematica' e concettuale della canzone, cui Dante destina, in quanto metro proprio dello stile tragico, le più alte e impegnative materie, i cosiddetti *magnalia*.

II.6.1.2. L'eccellenza della canzone è anche eccellenza linguistica (il volgare illustre, teorizzato nel I libro del trattato, è la lingua della canzone, ulteriormente selezionata con la scelta dei vocaboli più nobili)

l'eccellenza dei versi e eccellenza di versi: condannando implicitamente una prassi non poco diffusa, come abbiamo detto, nel '200, Dante esclude dalla canzone (II v 6-7) l'impiego di versi parisillabi (decasillabo e ottonario), giudicati rozzi, e del novenario, verso a suo avviso cantilenante e monotono (benché nel '200 non fosse caratterizzato dalle scansioni 'fisse' divenute canoniche in séguito). La scelta cade sui versi che la tradizione italiana accoglierà come più armoniosi e più nobili, in virtù soprattutto della varietà ritmica assicurata dalla mobilità degli accenti interni: primo fra tutti, per l'ampiezza maestosa del respiro, l'endecasillabo, seguìto da versi brevi quali il settenario, il quinario e il trisillabo.

I versi brevi nella canzone: L'impiego di questi ultimi è tuttavia sottoposto a precise restrizioni, poiché la loro brevità può pregiudicare l'assetto nobilmente grandioso della canzone: il trisillabo (II xii 8) è ammesso non come verso

il trisillabo, autonomo, ma solo come parte dell'endecasillabo, collegata con rima al mezzo al verso precedente (come in *Donna me prega* di Guido Ca-

il quinario, valcanti, citata a questo proposito da Dante); al quinario (II xii 7) è concesso uno spazio molto limitato (al massimo, due per ogni stan-

il settenario za); il settenario (II xii 5), che segue immediatamente, in gerarchia, l'endecasillabo, può invece beneficiare di un uso più ampio, purché il verso prevalente nella stanza resti l'endecasillabo e purché con un endecasillabo la stanza abbia inizio. Per Dante, infatti, la canzone, in quanto metro illustre, deve caratterizzarsi (ed anche a questo riguardo lo scarto nei confronti della tradizione è notevole) per il predominio dell'endecasillabo, ed anzi egli considera eccellenti le canzoni, rare prima di allora, costituite di soli endecasillabi.

Il predominio dell'endecasillabo

II.6.1.3. Sul piano strutturale, la canzone dantesca presenta alcuni caratteri distintivi che la differenziano da quella precedente (pur così varia nella sua fenomenologia) e ne fanno il prototipo della canzone italiana canonica, definitivamente cristallizzatasi, poi, col *Canzoniere* petrarchesco. Questi caratteri, oltre alla già ricordata prevalenza endecasillabica, sono soprattutto due: la *concatenatio* (sempre presente), ossia l'uso del verso di *chiave* per collegare fronte e sirma (cfr. II.1.1.), e la *combinatio*, ossia la conclusione della sirma (e quindi della stanza) con un distico di endecasillabi a rima baciata (una 'regola', quest'ultima, che Dante non rispetta soltanto nelle canzoni LXXXII e XC, e che invece Petrarca elude più volte). Inoltre, con Dante comincia ad affermarsi (pur convivendo accanto a strutture diverse) quella conformazione della stanza che, da Petrarca in poi, diverrà tradizionale, e che prevede l'impiego di due piedi di tre versi l'uno, seguiti (dopo la *concatenatio*) da una sirma indivisa, costituita spesso da una quartina a rima chiusa e da uno o due distici a rima baciata, secondo gli schemi (indico per comodità tutti i versi con lettera maiuscola) ABC ABC CDEEDFF, opp. ABC ABC CDEEDFFGG.

La *concatenatio* (o chiave)

La *combinatio*

Il modello tipico della stanza di canzone dantesca

Così Dante costruisce alcune delle sue più impegnative canzoni (*Voi ch'intendendo 'l terzo ciel movete*, *Io son venuto al punto de la rota*, *La dispietata mente, che pur mira*); la stanza, in virtù di questa strutturazione, acquista quel carattere armoniosamente asimmetrico (a una fronte su base ternaria, 3 + 3, segue infatti, dopo la chiave, una sirma su base binaria, 4 + 2 o 4 + 2 + 2) che caratterizza molti dei più illustri metri italiani, a cominciare dal sonetto.

II.6.1.4. Nel *De vulgari*, Dante passa al vaglio la tradizione poetica pregressa e contemporanea, nell'intento di affermare come illustre ed eccellente il modello di lirica amorosa e morale praticata in ambito stilnovistico, in particolare da lui stesso e da Cino. Il carattere del trattato non è dunque astrattamente teorico, e l'intento 'polemico' e 'militante' traspare con tutta evidenza nell'atteggiamento assunto da Dante nei confronti dei poeti delle generazioni precedenti: a parte gli stilnovisti, infatti, egli menziona onorevolmente soltanto i provenzali, il siciliano Guido delle Colonne, il bolognese Guido Guinizzelli e pochissimi altri, passando del tutto

Dante e Guittone

Dante e i poeti toscani

sotto silenzio i cosiddetti siculo-toscani e criticando duramente il più illustre di essi, Guittone, per la sua rozzezza linguistica e stilistica (II vi 8). In particolare, Dante fa sommaria giustizia del variegato e ardito sperimentalismo (già peraltro rimasto senza séguito nello Stilnovo) di poeti toscani a lui certo ben noti quali, ad es., Monte Andrea e Chiaro Davanzati; ed evita di menzionarli anche a proposito di certe soluzioni formali — come, soprattutto, l'impiego, nella canzone, della stanza di tutti endecasillabi, o l'adozione della *combinatio* finale — da lui stesso propugnate e teorizzate, e già talora adottate da questi poeti.

Dante: teoria e pratica

La questione del sonetto

II.6.1.5. Non tutta la lirica dantesca, comunque, può essere letta alla luce del *De vulgari*: se, ad esempio, la svalutazione della ballata è confermata dallo scarso interesse che Dante, a differenza degli altri stilnovisti, sembra avere per questo metro (un solo esempio nella *Vita Nuova*, cinque tra le *Rime*), ben più problematica è la questione del sonetto, ampiamente praticato da Dante in tutta la vasta gamma di valenze tematiche e stilistiche assegnatagli dalla tradizione, nonché dotato di caratteristiche metriche (esclusivo impiego di endecasillabi, assenza del ritornello) che, ai suoi occhi, avrebbero dovuto accostarlo alla dignità 'illustre' della canzone. Bisogna tuttavia ricordare che non possediamo la trattazione specifica di questa forma (nonché della stessa ballata e di altri metri minori), poiché Dante l'aveva riservata al quarto libro.

È comunque probabile che, nel quadro del rigoroso impianto teorico del *De vulgari*, il sonetto apparisse a Dante una forma la cui 'nobiltà' era compromessa dall'eccessiva 'disponibilità' tematica e dal costituirsi anche come metro della poesia comico-realistica e, soprattutto, della poesia di corrispondenza; esso doveva pertanto configurarsi ai suoi occhi come un metro adatto prevalentemente ai generi 'umili' (la gerarchia canzone-ballata-sonetto è parallela infatti, per Dante, alla tripartizione degli stili: alto, mediocre, umile) e privo di una sua autonomia (giacché vincolato ad una 'risposta', a una 'tenzone' o a un altro più importante testo nei confronti del quale funge da 'biglietto' di accompagnamento). A quest'ultimo riguardo, potrebbe aver influito sulla valutazione dantesca anche l'obbligata monostroficità del metro, che lo distingue dalla canzone e dalla ballata, impedendogli di attingere il più ampio respiro proprio di quelle forme.

Dante fra Due e Trecento

II.6.1.6. La lirica di Dante, se da una parte prepara la 'normalizzazione' del Petrarca (che ripetutamente attua pochi schemi metrici selezionati), dall'altra conserva, almeno in qualche misura, alcuni caratteri che rinviano al polimorfismo e allo sperimentalismo tipici della poesia del secolo XIII. Non mancano infatti chiari tratti 'arcaici'. È il caso, in particolare, della canzone *Lo doloroso amor che mi conduce* (su schema ABC ABC, CDeeFEGG), che presenta 'anomalie' di vario genere: due versi irrelati nella stanza (D, F); congedo irrazionale (schema VWxWYYZZ), anch'esso con due versi irrelati (V, X: cfr. II.1.1.); rima imperfetta (al v. 26, «ricolto» rima con «morto» e «scorto» dei vv. 23-24). Un altro carattere arcaizzante, raro in Dante e nella lirica successiva, è l'artificio delle *coblas capfinidas* con cui sono collegate le prime tre stanze della canzone *E' m'incresce di me sì duramente*; e lo stesso discorso può essere ripetuto per la stanza isolata, che Petrarca non praticherà mai e di cui restano invece due esempi danteschi (*Lo meo servente core* e *Madonna, quel signor che voi portate*). Anche per quanto attiene al congedo, infine, le canzoni dantesche presentano una molteplicità di soluzioni, talora anomale (congedo doppio, irrazionale o mancante), che verranno accuratamente livellate dal Petrarca.

Un caso a parte è poi costituito dalla canzone trilingue (*discordo*, secondo Contini) *Aï faux ris, pour quoi traï avés* (peraltro di dubbia attribuzione), in cui versi in francese, in latino e in italiano si alternano seguendo lo schema rimico, con ordine diverso in ciascuna delle tre stanze. Dato infatti lo schema ABC BAC, cDEeDFF, si hanno le seguenti combinazioni: I stanza: A E francese, B D latino, C F italiano; II stanza: A E latino, B D italiano, C F francese; III stanza, A E italiano, B D francese, C F latino. Si noterà che, in tal modo, il distico conclusivo di ogni stanza è in una lingua diversa, e cioè, nell'ordine, italiano, francese e latino. Il congedo, su schema irrazionale XYyZZ, con X irrelato, torna alla successione della fronte della prima stanza (infatti X = francese, Y = latino, Z = italiano) e sottolinea, al v. 41, il peculiare carattere linguistico del componimento («Namque locutus sum in lingua trina»: 'Infatti ho parlato in tre lingue'), giustificandolo con la volontà del poeta di far conoscere a tutto il mondo la sua pena amorosa.

La canzone trilingue

Elementi arcaici sono reperibili anche in altre forme metriche: per quanto concerne il sonetto, Dante ricorre tre volte (di cui due nella *Vita nuova*) al sonetto doppio di derivazione guittoniana, anche se mai si misura — decretandone, di fatto, l'estinzione — con gli schemi più artificiosi del sonetto rinterzato o di quello con fronte di dieci versi; nelle ballate, si segnala, in *Per una ghirlandetta*, l'impiego eccezionale del novenario, verso estraneo alla metrica stilnovistica e frequente invece in area siciliana e siculo-toscana.

I sonetti doppi

La ballata *Per una ghirlandetta*

Lo sperimentalismo dantesco tocca il suo vertice nella serie delle quattro canzoni 'petrose', dove il gusto per l'arduo cimento formale e stilistico e la volontà di costruire nuovi e complessi organismi me-

Le 'petrose'

trici (nella fattispecie, sestina e sestina doppia: cfr. qui oltre, II.6.2.) affondano le radici nella tradizione provenzale e siculo-toscana, da cui deriva anche il piacere evidente dell'esibito virtuosismo tecnico. Queste canzoni sono ben lontane dall'ideale poetico del *De vulgari*, in cui non a caso Dante condanna tre artifici ampiamente messi in pratica nelle petrose: la *aequivocatio*, cioè il ritorno di rime omofoniche; la *asperitas* delle rime (programmaticamente perseguita in *Così nel mio parlar voglio essere aspro*); e la *repercussio*, cioè la frequente ripetizione della medesima rima (cfr. DVE, II xiii 3 e 13). Rime 'difficili', ma usate con parsimonia, compaiono anche nella *Commedia*, dove Dante ricorre anche, benché molto raramente, a rime 'speciali' (rima franta, rima spezzata per tmesi).

> La rima nella *Commedia*

II.6.2. La sestina lirica

II.6.2.1. La *canzone sestina* o *sestina lirica* (così detta per distinguerla dalla sestina narrativa, per la quale cfr. VI.3.2.) è una forma ideata dal trovatore Arnaut Daniel e trasferita in italiano per la prima volta da Dante, nella petrosa *Al poco giorno e al gran cerchio d'ombra*. Ecco il componimento:

> A. Daniel e la sestina lirica
>
> La sestina di Dante

Al poco giorno e al gran cerchio d'ombra
Son giunto, lasso, ed al bianchir de' colli,
Quando si perde lo color ne l'erba:
E 'l mio disio però non cangia il verde,
Sì è barbato ne la dura petra
Che parla e sente come fosse donna.

Similemente questa nova donna
Si sta gelata come neve a l'ombra:
Ché non la move, se non come petra,
Il dolce tempo che riscalda i colli,
E che li fa tornar di bianco in verde
Perché li copre di fioretti e d'erba.

Quand'ella ha in testa una ghirlanda d'erba,
Trae de la mente nostra ogn'altra donna:
Perché si mischia il crespo giallo e 'l verde
Sì bel, ch'Amor lì viene a stare a l'ombra,
Che m'ha serrato intra piccioli colli
Più forte assai che la calcina petra.

La sua bellezza ha più vertù che petra,
E 'l colpo suo non può sanar per erba:
Ch'io son fuggito per piani e per colli,
Per potere scampar da cotal donna;

E dal suo lume non mi può far ombra
Poggio né muro mai né fronda verde.

Io l'ho veduta già vestita a verde,
Sì fatta ch'ella avrebbe messo in petra
L'amor ch'io porto pur a la sua ombra:
Ond'io l'ho chesta in un bel prato d'erba,
Innamorata com'anco fu donna,
E chiuso intorno d'altissimi colli.

Ma ben ritorneranno i fiumi a' colli
Prima che questo legno molle e verde
S'infiammi, come suol far bella donna,
Di me; che mi torrei dormire in petra
Tutto il mio tempo e gir pascendo l'erba,
Sol per veder do' suoi panni fanno ombra.

Quandunque i colli fanno più nera ombra,
Sotto un bel verde la giovane donna
La fa sparer, com'uom petra sott'erba.

La sestina è una canzone a struttura obbligata di sei stanze (di sei versi ciascuna) più un congedo di tre versi. I versi sono tutti endecasillabi (Arnaut Daniel aveva invece impiegato, come primo verso di ogni stanza, il settenario, corrispondente al nostro ottonario: ma si ricordi che per Dante la canzone 'illustre' deve avere esordio endecasillabico); le stanze non sono divise in fronte e sirma; le rime sono sostituite da parole-rima; in ogni stanza le parole-rima sono irrelate, ma trovano sempre un corrispettivo nelle altre stanze della sestina. Le parole-rima sono sei e, nelle stanze, si dispongono secondo lo schema della cosiddetta *retrogradatio cruciata*; dato, cioè, nella prima stanza, lo schema ABCDEF (nessuna parola-rima, infatti, si ripete all'interno della medesima stanza), si procede, per costruire la seconda, assumendo, nell'ordine, l'ultima parola-rima e la prima (F A), poi la penultima e la seconda (E B), infine la quarta e la terza (D C). Si ottiene così, per la seconda stanza, lo schema FAEBDC; e allo stesso modo si procede per le stanze seguenti, fino alla sesta, dove il componimento (salvo che si tratti di una sestina doppia) si conclude, poiché un'eventuale settima stanza si troverebbe a ripetere lo schema della prima. Questo è dunque lo schema complessivo della sestina (congedo a parte):

ABCDEF FAEBDC CFDABE ECBFAD DEACFB BDFECA

Nel congedo, la norma prevede la presenza, in ogni verso, di due parole-rima, di cui la seconda collocata in fine di verso; la successione

Struttura della sestina dantesca: la stanza e

il congedo

delle parole-rima è però libera: Dante segue lo schema (B)A(D)F(E)C. Questa strutturazione dantesca della sestina fu, nella sua sostanza, accolta dai poeti successivi. Vennero tuttavia tentate anche altre soluzioni, come, ad esempio, ripetere nel congedo lo schema della prima stanza o quello dell'ultima (collocando le prime tre parole-rima all'interno dei tre versi, e le ultime alla loro fine, come fa Arnaut Daniel). Sempre nel congedo, è anche ammesso sostituire una delle parole-rima con una parola composta che contenga la parola originaria (Petrarca, RVF XXII: «terra»: «sotterra», e così Sannazaro, *Arcadia*, egloga VII; in Petrarca, RVF XXX, ciò si verifica — come in Arnaut Daniel — anche all'interno di una stanza, poiché al v. 14 *arriva* sostituisce la parola-rima *riva*). Talvolta, le sei parole-rima risultano irregolarmente distribuite nei tre versi del congedo (ad es., nelle sestine *Quando nel primo grado il chiaro sole* del trecentista Cino Rinuccini e *Forza d'erbe, di pietre e di parole* del quattrocentista Leon Battista Alberti, il congedo presenta due parole-rima nel primo verso, tre nel secondo, una nel terzo).

Sulla base della prassi dantesca e petrarchesca sono state poi formulate (a partire dai teorici cinquecenteschi) alcune 'regole', relative alle parole-rima, che non sempre hanno tuttavia assunto valore rigidamente normativo. Tali regole prescrivono, in particolare, l'impiego, come parole-rima, di sostantivi bisillabi e piani (l'aggettivo è talora usato da Petrarca; il verbo, l'avverbio e il nome proprio sono rari anche tra i cultori più tardi del genere), e vietano il ricorso alla rima equivoca. Prescrizioni di questo genere non hanno soltanto lo scopo di accentuare la difficoltà tecnica del componimento e di mettere in luce il virtuosismo del poeta, cui si richiede la capacità di sviluppare un pensiero coerente all'interno di una rigidissima struttura formale che prevede, per ogni parola-rima, ben sette occorrenze, tutte semanticamente equivalenti; ma nascono anche dalla volontà di corrispondere alla natura dell'oggetto, immobile come 'sostanza', non modificabile da un'azione verbale.

II.6.2.2. In virtù della sua ferrea strutturazione, la sestina è probabilmente la forma metrica italiana che meno si è trasformata nel corso dei secoli, conservando intatti certi suoi peculiari caratteri non solo metrici, ma anche stilistici, retorici ed estetici. Tipico della sestina, ad esempio, è il ricorso, come parole-rima, a sostantivi 'generici' e indeterminati (con prevalenza, certo sull'esempio dantesco, di voci relative all'ambiente naturale e a fenomeni atmosferici), col duplice scopo di facilitare il reimpiego della parola stessa (la cui 'genericità' ne favorisce la collocazione in contesti diversi) e di accentuare l'aura 'incantata' e metafisica già di per sé determinata dall'astrattezza della forma. Sul piano retorico, inoltre, la sestina si caratterizza per l'alta frequenza di procedimenti quali perifrasi, metafore, metonimie, iperboli, *adynata*: anche in questo caso, la finalità pratica (ovviare alla difficoltà costituita dall'obbligo di impiegare sette volte ogni parola-rima, evitando la rima equivoca) si affianca a un intento di carattere estetico (accompagnare il ritorno della parola-rima con leggere ma sensibili modifiche della sua funzione semantica, pur nell'àmbito della rima identica).

Gli artifici retorici

La sestina, per la sua estrema complessità tecnica e la sua artificiosità strutturale, è un componimento in cui, inevitabilmente, la 'forma' (se vogliamo ricorrere a queste categorie tradizionali) fa aggio sul 'contenuto'. Se parafrasare in prosa una poesia è sempre, in genere, poco utile, nel caso della sestina è addirittura sconfortante: i condizionamenti formali fanno sì che, spesso, manchi tra le varie stanze un effettivo nesso logico, e che all'interno di ciascuna stanza il poeta proceda per accumulazioni metaforiche giustapposte, senza poter distendere il discorso in periodi di ampio respiro. Proprio su tali caratteri della sestina hanno fatto leva tutti coloro che, dal Rinascimento all'Illuminismo al Romanticismo, si sono pronunciati contro questo metro, sottolineando la tirannia esercitata sul pensiero dalla complessità della struttura.

Simili osservazioni non colgono però l'essenza della sestina, nella quale, di fatto, l'unico 'contenuto' è la 'forma'. Scrivere una sestina, infatti, significa accogliere e praticare un tipo di poesia in cui, messe da parte tanto le attrattive dell'eufonia (le parole-rima sono talmente lontane e isolate, e sono collegate in modo talmente artificioso, da essere impercettibili all'orecchio e anche all'occhio) quanto la volontà di una comunicazione discorsiva, l'accento cade sull'arduo rigore della forma e sulla cristallina perfezione di un organismo astratto e autosufficiente. Nella sua geometrica strutturazione, regolata da leggi matematiche ispirate a presupposti numerologici (il 'sei' è uno dei numeri perfetti della tradizione esegetica biblica), la sestina si presenta come una sorta di metafora del pensiero umano che organizza l'apparente caos dell'universo fenomenico: lo sforzo del poeta mira infatti ad instaurare, potremmo dire a 'ritrovare' precisi quanto sottili e reconditi rapporti tra entità 'vuote' ed autonome (le parole-rima), ricomponendole in un superiore e tutto intellettuale ordine. In questo carattere 'metafisico' della sestina, accostabile a quello della polifonia medioevale, risiede il significato profondo e insieme lo straordinario fascino di questo metro, che ha infatti goduto nei secoli di una ininterrotta fortuna, in tutte le lingue e in tutte le letterature, fino ai nostri giorni.

La sestina come forma 'pura'

La sestina doppia (o «rinterzata» o «ciclica») di Dante

II.6.2.3. Tra le petrose è compresa anche una canzone (*Amor tu vedi ben che questa donna*) spesso definita come *sestina doppia*. Si tratta di una canzone di soli endecasillabi, che si estende per cinque stanze di dodici versi ciascuna, più un congedo di sei versi. Si tratta di un componimento strutturato su cinque parole-rima (*donna, petra, freddo, luce, tempo*), che nella prima stanza sono così disposte: ABA ACA, ADDAEE. La stanza ha fattura regolare, con divisione in fronte e sirma, chiave e *combinatio* (il distico finale, cioè, a rima baciata). Nelle stanze seguenti, l'ordine delle parole-rima si ottiene sostituendo l'ultima alla prima, la prima alla seconda, la seconda alla terza, la terza alla quarta, la quarta alla quinta (secondo la tecnica delle *coblas retrogradadas*). Lo schema della seconda stanza sarà dunque: EAE EBE, ECC EDD; e così via, fino alla quinta stanza BCB BDB BEEBAA, dove, come nella sestina dopo la sesta stanza, il componimento si conclude, perché una sesta stanza ripeterebbe la struttura della prima. Il congedo, con schema AEDDCB, segue l'ordine delle prime parole-rima di ogni stanza, ma raddoppiando quella centrale, onde conservare la base ternaria caratteristica delle stanze e ottenere un totale di versi uguale a sessantasei. La struttura del componimento, in effetti, sembra obbedire a una complessa simbologia numerologica, incentrata — al pari della sestina vera e propria — sul numero sei e sui multipli di esso: sei le strofe (cinque stanze + il congedo), dodici i versi di ogni stanza, sessanta i versi complessivi delle cinque stanze, sessantasei (60 + 6) i versi totali della lirica, sei i versi del congedo, sei — in ogni stanza — le occorrenze della rima principale (quella che apre la stanza stessa).

La questione del nome

La denominazione di sestina doppia (derivante dal fatto che ogni stanza misura dodici versi), comunque, è da alcuni ritenuta impropria, perché cinque sono le parole-rima e cinque le stanze: è stato proposto di definirla 'sestina rinterzata', oppure 'canzone ciclica' o 'a rime cicliche' (in virtù del meccanismo di 'scorrimento' delle rime): d'altronde, una sestina doppia è, propriamente, quella in cui lo schema della sestina viene ripetuto due volte, per un totale di dodici stanze (come in Petrarca, RVF CCCXXXII). Canzone di straordinaria complessità tecnica, *Amor tu vedi ben*, oltre ad essere originale creazione di Dante (vv. 65-66: «La novità che per tua forma luce, / Che non fu mai pensata in alcun tempo») è un *unicum* nella storia della nostra metrica; sua caratteristica precipua — che la differenzia dalla sestina — è la massiccia presenza di rime identiche all'interno delle stanze (ogni stanza ha infatti una parola-rima di base, ripetutavi sei volte), e proprio per questo motivo Dante ricorda tale canzone nel *De vulgari* (II xiii 13), giustificando l'eccessiva *repercussio* di rime con l'intento di sperimentare un inedito organismo metrico.

II.6.3. La terza rima

II.6.3.1. La *terza rima* o *terzina*, il metro della *Commedia*, destinato a grandissima e imperitura fortuna nella poesia italiana, viene comunemente considerata originale creazione dantesca. Caratteristica principale e costitutiva della terzina è l'incatenamento delle rime: i versi, tutti endecasillabi, sono disposti in terzetti organizzati su due rime; i versi dispari rimano tra loro, mentre il verso pari fornisce la rima ai versi dispari del terzetto successivo, dando così vita a una catena potenzialmente infinita: ABA BCB CDC DED EFE ecc. Ecco — per citare proprio le prime terzine nella storia della nostra letteratura — l'inizio del I canto dell'*Inferno* (vv. 1-15): L'incatenamento rimico

> Nel mezzo del cammin di nostra vita
> Mi ritrovai per una selva oscura
> Ché la diritta via era smarrita.
>   Ahi quanto a dir qual era è cosa dura
> Esta selva selvaggia e aspra e forte
> Che nel pensier rinova la paura!
>   Tant'è amara che poco è più morte;
> Ma per trattar del ben ch'i' vi trovai,
> Dirò de l'altre cose ch'i' v'ho scorte.
>   Io non so ben ridir com' i' v'intrai,
> Tant'era pien di sonno a quel punto
> Che la verace via abbandonai.
>   Ma poi ch'i' fui al piè d'un colle giunto,
> Là dove terminava quella valle
> Che m'avea di paura il cor compunto,
>   [...]

Si noterà come la coincidenza tra periodo metrico e periodo sintattico sia pressoché perfetta: anche se non mancano, nella *Commedia*, casi di sfasatura tra i due piani, non c'è dubbio che la ferrea struttura della terzina eserciti forti condizionamenti sull'organizzazione logica del discorso, in modo tale che ogni singola terzina tende naturalmente, e non soltanto in Dante, a presentarsi come un'entità anche sintatticamente e logicamente conclusa e compatta. Chi scrive in terzine, insomma (Dante per primo, e forse più di ogni altro), 'pensa' in terzine.

Va da sé, come si vede e come è intuibile, che tutte le rime tornano tre volte, ad eccezione della prima (A), che compare soltanto due volte; pertanto, allo scopo di instaurare una precisa simmetria (oltre che per non lasciare alcun verso irrelato), il metro prevede, in conclusione, un verso isolato di chiusa, che, ricollegando circolarmente la fine all'inizio, faccia risuonare l'ultima rima due sole volte (come la prima, appunto), secondo il seguente schema: ... WXW XYX YZY Z. Così termina l'ultimo canto del *Paradiso* (vv. 136-45):

> Tal era io a quella vista nova:
> Veder volea come si convenne
> L'imago al cerchio e come vi s'indova;
> Ma non eran da ciò le proprie penne:
> Se non che la mia mente fu percossa
> Da un fulgore in che sua voglia venne.
> All'alta fantasia qui mancò possa;
> Ma già volgeva il mio disio e 'l velle,
> Sì come rota ch'igualmente è mossa,
> L'amor che move il sole e l'altre stelle.

All'interno della *Commedia*, in virtù di questo meccanismo, ogni canto costituisce un organismo metrico compatto ed autonomo, in questo differenziandosi dai 'canti' o libri dei poemi epici latini; il canto dantesco, infatti, «non è soltanto un insieme di terzine, ma ha clausole, per così dire, iniziali e finali, che ne fanno una struttura metrica unitaria» (BALDELLI in ED, I, p. 585). Proprio questa 'autonomia' metrica consentirà al 'canto' di trasformarsi in un componimento isolato, e di assumere i caratteri di un vero e proprio genere indipendente, il *capitolo ternario* (detto anche semplicemente *capitolo* o anche *ternario*), che si diffonderà largamente soprattutto a partire dal XV secolo.

La terzina e il DVE

Della terzina non si fa parola nel *De vulgari*; è probabile, comunque, che di questo, come degli altri metri riservati allo stile mediocre e a quello umile, Dante intendesse trattare nel IV libro. È stato ipotizzato (GORNI 1981, pp. 58-60) che un rapido accenno alla terzina, rinviandone appunto l'esame al IV libro dell'opera, Dante faccia nel II libro (II viii 8), dove allude, in contrapposizione alla canzone (definita «tragica coniugatio»), alla «comica coniugatio», definendola, «per diminutionem», *cantilena*. Secondo altri, invece, Dante qui farebbe riferimento semplicemente alla canzonetta, cioè a una canzone cui l'abbondanza di settenari e di altri versi brevi conferirebbe un carattere stilisticamente 'mediocre'.

Il significato numerologico della terzina

È appena il caso di ricordare, infine, la simbologia numerologica strettamente connessa alla terzina, specialmente all'interno di un' opera come la *Commedia*: tre sono le cantiche, novantanove i canti (trentatré per ogni cantica, più un canto proemiale), ternario è il metro, in cui ogni rima — tranne, come si è detto, la prima e l'ultima di ciascun canto — torna per tre volte.

II.6.3.2. Formalmente, la terza rima può considerarsi uno sviluppo o una variante del serventese, ossia un serventese incatenato. Il *serventese* è un metro dai contorni piuttosto indefiniti: il trattatista Antonio da Tempo, nel XIV secolo, affermerà addirittura che con questo nome si suole designare qualsiasi componimento caratterizzato da un'inedita e originale struttura formale. Si tratta comunque di un metro diffuso soprattutto in ambienti semicolti (particolarmente, sembra, nell'Italia settentrionale) e destinato, fra Due e Trecento, a poesie di contenuto prevalentemente storico-politico o morale (esso infatti assume talora anche la denominazione di *sermontese*, a causa della connessione pseudoetimologica con 'sermone'); può assumere varie forme, tra cui le più antiche sono quella del *serventese duato* (coppie di versi di varia misura a rima baciata: il metro fu adottato, nel XV secolo, anche per la frottola), del *serventese alternato* (ABAB CDCD) e del *serventese caudato*. Quest'ultimo consta di strofette identiche formate da un gruppo di versi lunghi monorimi (endecasillabi, oppure doppi settenari, oppure otto-novenari) cui segue un verso breve (quadrisillabo, quinario o settenario); la rima del verso breve si trasferisce ai versi lunghi della strofetta successiva. Uno degli esempi più antichi del genere è il 'vanto' di Ruggieri Apugliese, che prevede strofette di cinque versi anisosillabici (ad eccezione della prima, che misura sei versi), con schema AAAAAb BBBBc CCCCd, ecc.; i versi lunghi sono otto-novenari, quelli brevi, quinari-senari. Ecco le prime tre strofe:

<small>Caratteri del serventese</small>

<small>Antonio da Tempo</small>

<small>Il serventese duato, alternato e caudato</small>

> Tant'aggio ardire e conoscenza
> Ched'ò agli amici benvoglienza
> E i nimici tegno in temenza;
> Ad ogni cosa do sentenza
> Et ag[g]io senno e provedenza
>   In ciascun mestiere:
>
>   K'eo so bene esser cavaliere
>   E donzello e bo[n] scudiere,
>   Mercatante andare a fiere,
>   Cambiatore ed usuriere,
>   E so pensare.
>
>   So piatare et avocare,
>   Cherico so' e so cantare,
>   Fisica saccio e medicare,
>   So di rampogne e so' zollare
>   E bo[n] sartore.

La variante più diffusa del metro — a partire dal XIV sec. — è quella a base tetrastica, con tre endecasillabi e un quinario, su schema: AAAb

BBBc CCCd, ecc. Una forma di serventese ritenuta più recente, infine, è il cosiddetto *capitolo quaderrnario*, con schema ABbC CDdE EFfG ecc. Tutte queste varianti hanno in comune con la terzina dantesca sia la ripetibilità *ad libitum*, teoricamente infinita, della struttura metrica di base, sia il collegamento rimico che si instaura, a catena, fra le strofe, sia la possibilità (che non è tuttavia, come nella terza rima, un obbligo) di terminare con una chiusa (in genere, un verso isolato o una 'coda' di tre versi: cfr. III.4.5.).

La terzina dantesca e il serventese

Secondo Antonio da Tempo, la terzina dantesca deriverebbe dal secondo tipo (il serventese alternato), che però, avendo base quaternaria, non è avvicinabile al metro della *Commedia*; oggi si ritiene più probabile la derivazione dal terzo tipo, il più antico (il serventese caudato, che è talora a base ternaria: AAb BBc CCd ecc.): Dante avrebbe ricavato da questo metro il meccanismo dell'incatenamento delle rime, sopprimendo il quinario e assegnando la sua funzione al secondo endecasillabo (BALDELLI in ED, I, p. 585). Va però notato che terzine, con vari schemi rimici (fra cui le rime alterne ABA BAB, vicine a quelle della terza rima vera e propria), compaiono sia nella sirma del sonetto, sia nella fronte della stanza di canzone (dove uno degli schemi più comuni, destinato a divenire quello canonico, prevede appunto due piedi di tre versi l'uno).

Il perduto serventese di Dante

Anche Dante compose, in gioventù, un serventese (o, per usare le sue stesse parole, una «pìstola sotto forma di serventese»), sulle sessanta più belle donne di Firenze, come egli stesso dice nella *Vita Nuova* (VI) e nelle *Rime* (LII); si suppone generalmente che adottasse lo schema più antico e diffuso, quello del serventese caudato, ma è stato anche ipotizzato (GORNI 1981, pp. 54-57) che il componimento fosse scritto in terza rima, poiché, quando Dante allude a questo testo, fa sempre riferimento a numeri multipli di tre (sessanta donne, la donna numero nove, la donna numero trenta, ecc.). Ciò non toglie, tuttavia, che Dante potesse aver adottato anche, semplicemente, una forma di serventese caudato a base ternaria. Della terzina dantesca, comunque, si servirà anche Boccaccio per comporre simili 'cataloghi' di belle dame compresi in opere quali la *Caccia di Diana* e *L'amorosa visione*.

III. IL TRECENTO

III.1. *Francesco Petrarca*

III.1.1. A Petrarca (diversamente da quanto accade nei casi di Dante e di Boccaccio) non si attribuisce l'ideazione di alcuna nuova forma metrica; nondimeno, la sua importanza nella storia e nell'evoluzione della metrica italiana è fondamentale, e non inferiore a quella delle altre due 'corone' trecentesche. Se, in àmbito non lirico, i *Trionfi* sanciscono la canonizzazione della terzina dantesca, col *Canzoniere* (più propriamente intitolato *Rerum vulgarium fragmenta*), il sistema metrico della nostra lirica subisce — dopo la prima 'riforma' dantesca — il definitivo assestamento. La caratteristica principale dei RVF è l'estrema selettività formale: se Dante, pur facendo giustizia di molti esperimenti metrici dugenteschi, restava sotto alcuni aspetti ancora legato al polimorfismo tipico della poesia delle origini, Petrarca attua invece una decisa, radicale semplificazione metrica, accogliendo nell'esclusivo recinto della lirica non più di cinque forme. I 366 componimenti del canzoniere, infatti, comprendono 317 sonetti, 29 canzoni, 9 sestine (tra cui una doppia), 7 ballate e 4 madrigali. [Petrarca come codificatore delle forme poetiche]

La disordinata ma quasi inesauribile ricchezza di soluzioni tipica della tradizione poetica pregressa è sottoposta a una drastica 'potatura', che condanna definitivamente all'oblìo (data l'autorevolezza esemplare poi assunta dall'operazione petrarchesca) soprattutto le forme più marcatamente 'artificiose' e 'anomale': nei RVF, infatti, non solo viene dato spazio alle sole cinque forme metriche or ora ricordate, ma viene anche limitato con severità il numero delle loro varianti. Né il discorso riguarda solo i metri, giacché una selezione non meno rigorosa viene attuata dal Petrarca per quanto riguarda altre due componenti del sistema metrico, quali il verso e la rima, su cui pure si era ampiamente esercitato il vivacissimo sperimentalismo duecentesco.

Una prima osservazione concerne la frequenza delle forme: i due metri di gran lunga predominanti sono, nell'ordine, il sonetto (317 esempi) e la canzone (29 esempi), mentre la sestina, la ballata e il ma- [La frequenza delle forme] drigale (rispettivamente, con nove, sette e quattro occorrenze) risultano decisamente minoritarie. Il che — indipendentemente da altre cause ipotizzate da altri studiosi (cfr. ad esempio, per la ballata, III.1.4.) — può, più verosimilmente e più concretamente, esser messo in relazione all'effettiva minore presenza di tali forme anche nel panorama della lirica italiana del Due e Trecento, rispecchiata quindi nel *Canzoniere* petrarchesco. Comunque, questo sarà, per i poeti lirici successivi, soprattutto a partire dal '500 (ma anche prima, sia pure in modo meno generalizzato), il canone obbligatorio cui uniformare i loro 'canzonieri': sonetti, canzoni e sestine occuperanno (in quest'ordine) gran parte delle loro sillogi, lasciando a ballate e madrigali (la cui presenza diventerà addirittura, in certi casi, non obbligatoria) uno spazio quanto mai ristretto.

La canzone petrarchesca

III.1.2. Altre osservazioni dovranno essere fatte per quanto riguarda le singole forme. La canzone petrarchesca presenta quei caratteri che diventeranno in séguito peculiari della canzone italiana 'canonica', e che solo in parte, come abbiamo detto, erano già stati messi a punto da Dante. Rispetto alle canzoni dantesche, infatti, quelle di Petrarca si distinguono per alcuni tratti caratteristici, che potremmo così sintetizzare:

1) scomparsa totale, e definitiva, di soluzioni 'arcaiche' qua e là ancora attestate nelle rime dantesche: nei RVF non occorrono mai né stanze isolate di canzone, né stanze con rime irrelate o imperfette (è talora irrelato il solo verso iniziale del congedo, quando il verso corrispondente nella stanza — replicando il congedo la sirma o una parte di essa — rima con un verso precedente), né canzoni con *coblas capfinidas* (RVF XXXVII, LXX, e CCLXX presentano alcune, ma solo alcune stanze collegate con un artificio che potrebbe piuttosto definirsi anadiplosi);

2) regolamentazione più rigorosa del congedo: nessuna canzone petrarchesca presenta doppio congedo; solo due canzoni, peraltro molto particolari, sono prive di congedo (si tratta della LXX, in cui, alla fine di ogni stanza, sono citati gli *incipit* di cinque celebri canzoni di altrettanti autori diversi; e della CV, o 'canzone frottolata', per cui cfr. III.1.3.); il congedo — come già si è anticipato — è quasi sempre esemplato sulla sirma o sulla parte finale di essa (soltanto in apparenza, come vedremo, è irrazionale il congedo di CCVI);

3) impiego più largo del settenario: nessuna canzone petrarchesca manca di settenari; non di rado, inoltre, il settenario è usato in apertura di stanza (sei casi) e come chiave;

4) irrigidimento strutturale sia della stanza (dove Petrarca adotta quasi sempre piedi di tre o di quattro versi), sia dell'intera canzone,

quasi sempre giocata su un numero fisso di stanze, con poche varianti (25 canzoni su 29 hanno un'estensione compresa tra le cinque e le sette stanze; due canzoni contano otto stanze, altre due dieci stanze; mai Petrarca scende sotto le cinque stanze). Alcuni di questi caratteri distaccano la canzone petrarchesca dal modello dantesco, denunciando piuttosto la messa a frutto di soluzioni care a Cino da Pistoia, non per nulla già indicato da Dante come cantore per eccellenza dell'esperienza amorosa. Allontanano, per esempio, da Dante, e rinviano spesso a Cino, l'uso abbondante del settenario (anche come chiave e anche all'inizio di stanza); l'adozione, sia pure sporadica (RVF LXX, CCVI, CCCLIX), dei piedi di due versi, assenti in Dante (due esempi, invece, in Cino, e uno in Boccaccio); la rinuncia non infrequente, ancora sull'esempio ciniano, alla *combinatio* finale; la pratica, molto diffusa, di invertire o comunque modificare l'ordine delle rime nei piedi (ad es. AB BA nei piedi di due versi, ABC BAC in quelli di tre versi, ABbC BAaC in quelli di quattro versi).

III.1.3. Non mancano comunque, nei RVF, componimenti caratterizzati da quell'artificiosità metrica e da quel gusto dello sperimentalismo formale tipico del secolo precedente; si tratta, in ogni caso, di isolate prove 'virtuosistiche', cui il poeta concede uno spazio assai limitato nell'economia complessiva della raccolta. Il caso più cospicuo riguarda senza dubbio la sestina: nove sestine, infatti, costituiscono un numero (seppur, come si è detto, minoritario rispetto al totale dei sonetti e delle canzoni) elevato, in relazione alla difficoltà del metro e in considerazione della sua recente introduzione nella poesia italiana (ad opera di Dante, che era stato tuttavia autore, si ricordi, di un'unica sestina). Proprio Petrarca, in virtù del largo favore accordato a questo metro nei *RVF*, ne determinò il pieno e definitivo ingresso nel novero delle più illustri e praticate forme italiane. La sestina petrarchesca

A Petrarca si deve addirittura, inoltre, una *sestina doppia* (RVF CCCXXXII), nella quale cioè la *retrogradatio cruciata* delle rime è compiuta due volte, per un totale di dodici stanze (cui segue un normale congedo di tre versi). L'eccezionalità della forma è tale che Petrarca — fatto unico nel *Canzoniere* — sente il bisogno di giustificarla con ragioni di carattere espressivo; egli infatti, ai vv. 39-40 (ossia proprio nella settima stanza, quella con cui il ciclo si riapre, mentre ci aspetteremmo il congedo), scrive: «Et doppiando 'l dolor, doppia lo stile / Che trae del cor sì lacrimose rime». La sestina doppia (RVF CCCXXXII)

Un altro caso interessante è quello rappresentato dalla canzone *Verdi panni, sanguigni, oscuri o persi* (RVF XXIX), che consta di otto stanze eptastiche, così strutturate: $AbC(d_3)EF(g_5)HI$. Nessuna rima trova ri- La canzone *Verdi panni* (RVF XXIX)

spondenza all'interno della stanza, ma ciascun verso rima col verso corrispondente delle altre stanze. La difficoltà è accresciuta dalla presenza di altre due rime, collocate all'interno dei vv. 4 e 6 di ogni stanza, rispettivamente in sede trisillabica e quinaria. Il congedo riproduce la struttura dei due versi finali della stanza, ed ha pertanto schema (g_5)HI. Ecco le prime due stanze:

> Verdi panni, sanguigni, oscuri o persi
> Non vestì donna unquancho
> Né d'òr capelli in bionda treccia attorse,
> Sì bella   com'è questa che mi spoglia
> D'arbitrio, et dal camin de libertade
> Seco mi tira,   sì ch'io non sostegno
> Alcun giogo men grave.
>
> Et se pur s'arma talor a dolersi
> L'anima a cui vien mancho
> Consiglio, ove 'l martir l'adduce in forse,
> Rappella   lei da la sfrenata voglia
> Sùbita vista, ché del cor mi rade
> Ogni delira   impresa, et ogni sdegno
> Fa 'l veder lei soave.

Questa canzone è detta comunemente a stanze *unissonans*; propriamente, però, questo termine indica canzoni nelle cui stanze, rimate, ricorrano sempre le medesime rime (cfr. II.1.3.). *Verdi panni*, pertanto, dovrà considerarsi una combinazione della tecnica delle *coblas unissonans* con quella, tipica della sestina, delle *coblas dissolutas* (in base alla quale le rime sono irrelate all'interno di ciascuna stanza, e trovano rispondenza solo nei versi corrispondenti, anch'essi reciprocamente irrelati, delle altre stanze):

La canzone *S'i' 'l dissi mai* (RVF CCVI)

Non può dirsi rigorosamente a stanze *unissonans* neppure RVF CCVI, la canzone *S'i' 'l dissi mai, ch'i' vegna in odio a quella*, sei stanze con schema ABBA AcccA (struttura, fra l'altro, decisamente anomala, con piedi di due versi e sirma simmetrica). Le rime, infatti, non sono uguali in tutte le stanze, ma si corrispondono a coppie di stanze, secondo un meccanismo di 'slittamento' in base al quale, nelle coppie di stanze successive alla prima, si adotta come prima rima la seconda, come seconda la terza e come terza la prima della coppia di stanze precedente. Lo schema delle stanze III-IV è perciò BCCB BaaaB; quello delle stanze V-VI è CAAC CbbbC. Il congedo, apparentemente irrazionale, ha schema Cbba(a_5)C: esso, in realtà, quanto alla successione di endecasillabi e settenari ricalca la struttura della sirma, mentre — per quanto riguarda le rime — presenta ciascuna di esse due volte, grazie alla rima al mezzo introdotta nel verso conclusivo.

Proprio la particolare conformazione del congedo dimostra come questa canzone sia costruita non tanto secondo la tecnica delle *coblas doblas* (rime uguali in ciascuna coppia di stanze), quanto secondo una struttura ciclica che la avvicina per certi aspetti alla sestina (sei, non a caso, sono le stanze, anche se disposte a coppie), e in particolare (per lo slittamento delle rime) alla cosiddetta sestina doppia di Dante (cfr. II.6.2.3.). Terminata la rotazione delle rime (proseguendo nel ciclo, la settima stanza avrebbe avuto schema identico alla prima), la lirica si chiude con un congedo in cui tornano (anch'esse ripetute due volte, e simmetricamente disposte) tutte e tre le rime, nell'ordine inverso a quello dell'ultima coppia di stanze (C, B, A). Ciò spiega anche la struttura 'anomala' della stanza, in cui, più che la divisione (pur evidente) in fronte e sirma, importa la calcolata distribuzione numerica delle rime: la prima rima, infatti, torna 4 volte, la seconda 2 volte, la terza 3, cosicché, grazie al meccanismo di rotazione sopra illustrato, ciascuna rima, alla fine, risulta ripercossa un numero uguale di volte (per la precisione, 18, più due altre occorrenze nel congedo). In conclusione, RVF CCVI potrebbe definirsi canzone a *coblas doblas retrogradadas*.

L'ultimo esempio di artificiosità metrica è fornito da RVF CV. Si tratta di una cosiddetta *canzone-frottola* (o *canzone frottolata*), comprendente sei stanze (senza congedo) di 15 versi l'una, con schema $(a_7)B(b_7)C(c_7)D\ (a_7)B(b_7)C(c_7)D\ (d_7)E(e_7)F(f_5)EeF(f_7)GHhG$. La struttura è quella della canzone canonica: piedi di tre versi l'uno, chiave (sia pure in rima al mezzo), sirma indivisa di nove versi. Essa è però complicata da un numero decisamente abnorme di rime al mezzo, ben 10, tutte settenarie tranne la penultima (v. 9), quinaria; solo cinque versi nella stanza ne sono privi. Ciò avvicina questo metro alla frottola, una forma caratterizzata dal sistematico impiego di rime al mezzo o di rime baciate e ribattute (cfr. III.4.2.); e con la frottola questa canzone petrarchesca ha in comune anche il frequente ricorso a motti, proverbi e sentenze, e la propensione all'oscurità del dettato.

La canzone *Mai non vo' più cantar* (RVF CV)

III.1.4. Il sonetto, la forma di gran lunga prevalente nel *Canzoniere*, adotta quasi sempre (303 casi su 317), nelle quartine, lo schema a rime incrociate ABBA ABBA affermatosi già con Cavalcanti e Dante (si hanno poi dieci casi di rime alterne ABAB ABAB, due di ABAB BABA e altri due di ABAB BAAB); nelle terzine, ancora una volta in armonia con la tendenza dominante, gli schemi su tre rime sono in maggioranza (190, suddivisi quasi tutti tra CDE CDE e CDE DCE), pur essendo ben rappresentati anche gli schemi su due sole rime (127, con quasi assoluta prevalenza di CDC DCD). Nel *Canzoniere* non occorrono mai sonetti doppi, rinterzati o caudati.

Il sonetto petrarchesco

La ballata petrarchesca Le ballate si limitano a sette esemplari (RVF XI, XIV, LV, LIX, LXIII, CXLIX, CCCXXIV), da annoverare pressoché per intero tra le liriche petrarchesche più precoci. Secondo BIGI 1974, già il semplice dato numerico è indicativo della poca considerazione in cui Petrarca tiene questo metro, ai suoi occhi ormai legato a generi poetici 'popolari' e 'di consumo' (poesia per musica, produzione laudistica); mentre CAPOVILLA 1977, p. 257, pensa che Petrarca guardasse con perplessità al dato strutturale tipico di questa forma, cioè il regolare ricorrere, a intervalli fissi (ossia in conclusione di ogni stanza) di un ritornello. Comunque sia, Petrarca, nelle sue ballate, opta per strutture robuste (ripresa di quattro versi o di tre, mutazioni in prevalenza di tre versi ciascuna) e non va, in cinque casi, oltre la prima stanza (solo due ballate si distendono per due stanze).

Il monostrofismo, originariamente estraneo alla ballata, fa la sua comparsa con lo Stilnovo e con Dante, ma si afferma decisamente solo con Cino (sette casi su undici esemplari) e con gli epigoni dello Stilnovo (come Guido Novello da Polenta); Petrarca lo fa suo, conferendo alle ballate dei RVF la solidità e l'aspetto della stanza di canzone o del sonetto: tre misurano 14 versi, una 16, una 17, mentre solo in un caso (la mezzana CCCXXIV) si scende a 12 versi. Si noti, inoltre, che, delle tre ballate mezzane, due sono bistrofiche (unici esemplari nei RVF). In RVF CXLIX, che è una ballata grande, si ricorre alle poco frequenti mutazioni di quattro versi, dando così vita a un componimento di sedici versi complessivi (4 + 8 + 4 = ripresa + mutazioni + volta).

Con Petrarca, la ballata monostrofica assurge a piena dignità, e a partire dal '300, pur restando in auge anche quella pluristrofica, diventerà quantitativamente prevalente nella poesia italiana. Va inoltre osservato come al tempo stesso i RVF, riservando alla ballata uno spazio decisamente limitato, ribadiscano e sanciscano definitivamente il ruolo di peregrina e affettatamente popolareggiante eccezionalità di questo metro nell'àmbito di un 'canzoniere organico'; come d'altronde — pur non trattandosi di canzonieri organici — era già in Dante (che nella *Vita Nuova* fa posto ad una sola ballata, accogliendone cinque — escluse le dubbie — tra le *Rime*) e anche nel Cavalcanti stesso, che nella raccolta delle sue rime non supera gli undici esemplari su un totale di cinquantadue componimenti.

Per quanto riguarda il madrigale, si veda più avanti, III.4.1.

Il verso petrarchesco III.1.5. La rigorosa selettività metrica petrarchesca si applica anche ai versi e alle rime. Quanto ai versi, i RVF decretano non solo la definitiva affermazione dell'endecasillabo e del settenario nel genere lirico (con la completa messa al bando di misure diverse, come il novenario e il quinario, ancora presenti in Dante), ma, soprattutto, sanzionano il primato e l'eccellenza di alcune varianti ritmico-strutturali dell'endecasillabo destinate a prendere il sopravvento su tutte le altre e a diventare, anzi, modelli di regolarità del verso. Si tratta, in particolare, degli endecasillabi canonici *a maiore* e *a minore*, con accenti, rispettivamente, di 6^a -10^a e di 4^a -8^a -10^a; più rari, invece, divengono altri tipi di endecasillabo, come il dattilico (accenti di 4^a -7^a -10^a) e quello con accenti ribattuti di 6^a -7^a (che continueranno ad essere ampiamente utilizzati, comunque, in àmbito non lirico, anche dallo stesso Petrarca dei *Trionfi*).

Riguardo alla rima, il contributo più significativo recato dal *Canzoniere* petrarchesco concerne la «notevole attenuazione di quel rilievo della parola in rima rispetto alle altre parole del verso, che caratterizzava, per non parlare della poesia burlesca o popolareggiante, la tradizione lirica provenzale e guittoniana» (BIGI 1967, in CP, p. 403). Nel far questo, Petrarca si pone sulla scia degli stilnovisti, distaccandosi invece da Dante, che non solo nella *Commedia*, ma anche nella produzione lirica, si era talvolta compiaciuto di rime 'difficili' ed 'aspre'; ma non deve comunque essere eccessivamente accentuata, sotto questo come sotto altri aspetti, l'immagine bembesca di un Petrarca tutto equilibrio e armonia, levigato e cristallino. Anche lasciando da parte i *Trionfi*, infatti, la presenza di rime 'ricercate' è in Petrarca, se pur ridotta, non trascurabile: basti pensare — per fare solo due esempi tra i molti — alla canzone *Se 'l pensier che mi strugge* (CXXV), dove il poeta esplicitamente afferma di voler parlare «in rime aspre, et di dolcezza ignude» (v. 16), o alle rime 'difficili' delle quartine del sonetto *Al cader d'una pianta che si svelse* (CCCXVIII), degne di un guittoniano (*svelse*: *excelse*: *scelse*: *felse*; *sterpe*: *sterpe*: *Euterpe*: *serpe*).

La rima petrarchesca

III.1.6. Un altro, fondamentale apporto dato da Petrarca all'evoluzione e alla perfetta codificazione del nostro sistema metrico riguarda l'idea di 'canzoniere', di 'libro di poesia'. Si definiscono *canzonieri*, infatti (in contrapposizione alle semplici raccolte, magari anche organiche, di rime), quei «libri di poesia (solitamente in più metri, con netta prevalenza del sonetto) in cui sia evidenziabile, a uno o più livelli del testo, qualche intento di organizzazione interna della materia» (GORNI 1984, p. 508). Ogni canzoniere ha caratteri suoi propri e personali, concernenti sia la struttura (numero e disposizione dei componimenti), sia la 'trama' o la 'traccia' lungo la quale si dipana l'esperienza amorosa del poeta. Il modello di ogni canzoniere è tuttavia proprio quello petrarchesco, primo e supremo esempio del genere, nonostante l'intenzionale insistenza dell'autore sul carattere

L'idea di 'canzoniere'

frammentario e 'occasionale' dell'opera (*Rerum vulgarium fragmenta* è infatti il titolo originale, e di «rime sparse» egli parla nel verso d'apertura del primo componimento).

Struttura del *Canzoniere* petrarchesco

Nonostante le dichiarazioni del Petrarca, si diceva, il suo è un autentico 'canzoniere', in cui la vicenda dell'amore del poeta per Laura si dispone all'interno di un 'romanzo' strutturato in maniera poco appariscente, ma calibrata; a parte la netta bipartizione (non però originale) di rime 'in vita' e 'in morte' di madonna Laura, la compattezza del 'libro' non riposa né su rigorose architetture, né (ad eccezione dello spartiacque costituito, appunto, dalla morte della donna amata) sulla concretezza di eventi 'esterni' logicamente e cronologicamente collegati, risultando piuttosto affidata ad accorgimenti tanto abili quanto sottili: il numero complessivo delle poesie (tante quanti i giorni dell'anno, più un sonetto proemiale); la fitta presenza di «connessioni intertestuali» (cfr. SANTAGATA 1979, pp. 57-113), cioè di nessi temporali, spaziali, sintattici, lessicali o rimici che collegano, talora sotterraneamente, due o più componimenti contigui; i discreti, sporadici ma precisi riferimenti alle coordinate cronologiche entro cui si snoda la vicenda; la disposizione oculata delle varie forme metriche nell'arco della silloge.

I modelli del Petrarca: la *Vita nuova* di Dante

Quello di Petrarca è il primo autentico 'canzoniere' della nostra poesia volgare: l'unico precedente, misto però di prosa e di poesia, è la dantesca *Vita nuova*, che certo costituì, accanto alle raccolte dei poeti lirici ed elegiaci latini, uno dei principali modelli petrarcheschi. Se dal prosimetro dantesco, infatti, Petrarca recuperò l'idea del 'romanzo' amoroso sviluppato organicamente in chiave allegorica e sim-

e i lirici latini

bolica, i poeti latini dovettero essergli prodighi di suggerimenti e di insegnamenti sia stilistici che strutturali; da questi ultimi, in particolare, Petrarca avrà preso spunto per l'inserimento, quantitativamente limitato ma significativo, di poesie non 'amorose' (politiche in primo luogo, ma anche morali e 'di corrispondenza') all'interno del 'romanzo' erotico. Caratteristica dei RVF è appunto la presenza, sporadica

Liriche di argomento non amoroso

ma non secondaria, di componimenti non lirici, in particolare politici (i sonetti contro la Curia avignonese, le canzoni *Italia mia* e *Spirto gentil*), ma anche funebri (i sonetti per la morte di Cino da Pistoia e di Sennuccio del Bene); a queste poesie, e a quelle, non rare, 'di corrispondenza' (cioè indirizzate a un preciso destinatario: Orso dell'Anguillara, Stefano Colonna, Pandolfo Malatesta, lo stesso Sennuccio, ecc.), è affidata l'introduzione di quelle poche quanto discrete aperture 'esterne' (verso la concretezza della storia e della cronaca) incaricate di temperare la dominante 'astrattezza' quasi metafisica del libro, in un sapiente dosaggio di elementi che pochi degli imitatori di Petrarca sapranno conservare. È ad un organismo di questo genere e a contenuti così organizzati che si collegano le forme metriche enumerate secondo i rapporti già definiti. E il tutto svolgerà, in séguito, un potente ruolo esemplare.

III.2. Caratteri metrici della lirica trecentesca

III.2.1. La poesia trecentesca, comunque, non può essere identificata o sovrapposta senza sfumature diversificanti al modello petrarchesco, anche per ferree ragioni cronologiche (l'elaborazione dei RVF interessa infatti gli anni 1342-74). In effetti, solo a partire dal '500 (con qualche anticipazione tardoquattrocentesca) i RVF assumono caratteri esemplari dotati di valore assoluto anche sul piano metrico; fra Tre e Quattrocento, invece, il modello di Petrarca convive accanto, e spesso insieme a suggestioni di tutt'altro genere, senza imporsi in modo definitivo e dando vita a quel 'sincretismo' tipico — né solo in àmbito metrico — della poesia di questi due secoli. Se infatti è possibile individuare fin dal Trecento una 'linea' petrarchesca (o, per meglio dire, prevalentemente petrarchesca) all'interno della nostra lirica, non va trascurato nondimeno il fatto che presso molti poeti, soprattutto in alcuni ambienti e in alcune zone geografiche, agiscono modelli diversi, riconducibili in primo luogo al sempre vivo magistero dantesco; mentre, al tempo stesso, poeti che appaiono per certi aspetti dipendenti dalla lezione di Petrarca si rivelano disponibili a mettere in atto anche soluzioni diverse, talora arditamente 'eccentriche' e sperimentali.

A Firenze, in particolare, l'influsso di un poeta che ancora viene considerato di fatto non fiorentino (né per nascita, né per lingua, né per cultura) come Petrarca sembra scarso; poeti quali Jacopo Cecchi, Matteo Frescobaldi, Riccardo degli Albizzi e Sennuccio del Bene mostrano «una prevalente deferenza verso la linea dantesca» (PELOSI 1990, p. 160), verificabile in alcune concrete scelte metriche concernenti la struttura della canzone: adozione preferenziale (tipica peraltro, in genere, di buona parte della lirica trecentesca, contro l'esempio di Petrarca) dei piedi di quattro versi; ricorso, saltuario ma significativo, a piedi di cinque versi (assenti in Petrarca e pressoché in tutta la restante produzione trecentesca) e a stanze di tutti endecasillabi (quattro esempi in Franco Sacchetti, uno in Fazio degli Uberti; nessuno, si ricordi, in Petrarca).

Inoltre, i poeti fiorentini, anche tardotrecenteschi, si segnalano non di rado per una persistente tendenza al polimorfismo e anche allo sperimentalismo formale, che li rende (e li renderà anche nel secolo successivo) talvolta renitenti alla 'normalizzazione' petrarchesca. A Fi-

[margin: Petrarca e la poesia del Trecento]

[margin: La poesia trecentesca a Firenze]

renze si trovano, ancora per tutto il secolo (da Dino Compagni a Niccolò Soldanieri, da Antonio degli Alberti a Franco Sacchetti), canzoni con varie 'irregolarità' metriche (rime irrelate, stanze non identiche, congedi irrazionali). I poeti toscani non fiorentini, invece, si mostrano spesso legati a soluzioni formali di stampo chiaramente 'arcaico' e guittoniano, prettamente dugentesco. Il senese Bindo Bonichi, operoso, d'altronde, non oltre il 1338, nelle sue venti canzoni adotta sempre stanze simmetriche 8 + 8 (schema prevalente: abbC abbC, DEeF DEeF), secondo una tecnica 'arcaica' caduta in disuso già con Dante e con gli stilnovisti; non ricorre mai né al verso di chiave né al congedo; impiega con frequenza rime 'difficili' di derivazione guittoniana (rime equivoche contraffatte, frante, identiche, sulle quali, come Guittone, costruisce intere canzoni).

Nell'Italia settentrionale

Nell'Italia settentrionale, dove pure, soprattutto nel Veneto, risulta spesso molto efficace il modello sia di Dante che di Petrarca, il fenomeno più caratteristico è costituito da certe tendenze sperimentalistiche, responsabili di soluzioni metriche talora decisamente anomale. A questa linea 'sperimentalistica' — che, soprattutto in area veneto-padana, appare non di rado connotata, parallelamente, anche da fenomeni di espressionismo e di ibridismo linguistico — possono essere ascritti, oltre al veneto Auliver (sul quale cfr. più avanti, III.4.3.), ad Antonio Beccari da Ferrara, al padovano Francesco di Vannozzo e ad altri, anche poeti toscani attivi nelle corti del Nord come Simone Serdini e (in minor misura) Fazio degli Uberti, nei quali il legame con l'eredità dantesca e petrarchesca convive con la ricerca di nuove, talora ardite soluzioni formali.

Il Saviozzo

Tra questi, una segnalazione particolare merita proprio Simone Serdini, detto il Saviozzo (1360-1419 o '20), le cui 32 canzoni presentano non poche e non irrilevanti singolarità metriche, come la notevole estensione delle stanze (con punte di venti e una media oscillante tra i quindici e i diciassette versi) e delle canzoni nel loro complesso (la LXIX, *Vinto da la pietà del nostro male*, comprende sedici stanze più un congedo, per un totale di 284 vv.); la ricorrenza di anomalie di vario genere (congedi variamente organizzati, ma particolarmente rifatti sullo schema 'contratto' della stanza; un caso di rima irrelata; stanze non uguali); e, soprattutto, l'adozione non occasionale (quattro volte) della stanza con fronte indivisa e asimmetrica di sette versi, secondo gli schemi ABABCcD, ABbCADC oppure abCBAaC. La fronte di sette versi si trova, talora, anche presso altri poeti (ad es. in Francesco di Vannozzo, *Venesia bella a 'sto punto abandona*: AaBCAaB), ma è caratteristica soprattutto della produzione del Serdini, che, non a caso, ama introdurre spesso l'asimmetria anche nelle fronti 'divise' (ad esempio, piedi di quattro versi AbbC ACcD, o di tre versi AbC ABC).

III.2.2. Al di là del fatto strettamente metrico, comunque, è importante sottolineare come, nonostante l'esempio petrarchesco, la canzone trecentesca vada progressivamente perdendo i caratteri di metro nobile ed illustre, esclusivamente deputato ai più alti argomenti della lirica amorosa e della riflessione etico-filosofica. Nella vasta produzione di poeti come il Sacchetti e il Serdini (ma anche, già prima, in Antonio Pucci, in Fazio degli Uberti e in altri) la canzone, spesso sottoposta a bizzarri e individualistici esperimenti formali, diventa un mero 'contenitore', spesso dilatato oltre misura, per le più diverse tematiche, ma soprattutto per quelle morali, politiche, civili, encomiastiche, funebri (in senso lato, cioè, d'occasione), finendo non di rado per confondersi, sul piano dei 'contenuti', con generi 'mediocri' e 'bassi' quali il serventese e il capitolo ternario. La stessa materia amorosa, in molti casi, perde i connotati 'filosofici' e 'tragici' (in senso dantesco) che la caratterizzano nella lirica 'illustre' (dallo Stilnuovo a Petrarca), assumendo sempre più spesso tonalità 'soggettive' o occasionali, cortigiane o cronachistiche. Tipico esempio di questa evoluzione trecentesca della canzone (ma il fenomeno sarà caratteristico anche, in buona parte, del secolo successivo) è la cosiddetta *disperata*, una canzone di tono e di contenuto 'lamentoso', come, ad es., *Le stelle universali e i ciel rotanti* di Antonio da Ferrara (cfr. i vv. 86-87, che aprono il congedo: «Tua disperata rima e tristo verso, / Canzon nova de pianto»).

Il fenomeno si inquadra nella più generale evoluzione della poesia nel Trecento, un secolo in cui si assiste a un'enorme diffusione della poesia 'di consumo' (cantari, poesia per musica, poesia popolare, poesia storico-cronachistica) e in cui, tolte alcune eccezioni (Petrarca in primo luogo), anche il territorio della lirica, tradizionalmente esclusivo, accoglie sempre più largamente suggestioni, elementi ed apporti di altra natura e di varia provenienza. A quest'ultimo riguardo è interessante esaminare la fisionomia dei due libri di rime (non concepiti, tuttavia, come autentici 'canzonieri') del Sacchetti e del Serdini, in cui, con un eclettismo lontanissimo dall'esempio petrarchesco, si lascia campo aperto sia alle più diverse forme metriche (anche non liriche: serventesi, capitoli e sonetti caudati nel Saviozzo; capitoli, sonetti di corrispondenza, frottole e cacce nel Sacchetti, che concede ampio spazio alle poesie per musica, indicando spesso il nome del compositore), sia alle più disparate tematiche, mentre scompare ormai quasi del tutto la poesia intesa quale alta ed ardua esperienza conoscitiva, dotata di profondo spessore filosofico, e all'intento di formazione intellettuale ed etica si sostituisce quello di bonario ammaestramento morale.

[margine: La canzone; La 'disperata'; I 'libri' del Sacchetti e del Saviozzo]

III.3. L'*ottava rima*

III.3.1. Con il termine *ottava* o *ottava rima* si designa un organismo strofico costituito da otto versi endecasillabi. A seconda della disposizione delle rime, si distinguono vari tipi di ottava: i principali sono l'*ottava siciliana*, su due rime alternate (ABABABAB); e l'*ottava toscana*, su tre rime disposte ABABABCC, o su quattro rime con schema ABABCCDD. I primi esempi conosciuti di ottava isolata, nella forma, lirica o epigrammatica, del rispetto e dello strambotto, risalgono al XV secolo o, tutt'al più, alla fine del XIV (cfr. IV.2.5.); il Trecento è invece il secolo in cui nasce e si sviluppa l'ottava narrativa, che assume la variante 'toscana' a tre rime e che si afferma ben presto come una delle forme più importanti della nostra tradizione poetica. L'ottava narrativa, detta semplicemente ottava o anche *stanza*, si struttura generalmente (come la terzina) in blocchi di estensione variabile, definiti, a seconda dei testi, 'canti', 'cantari' o 'libri'; essa è stata praticata per la prima volta nella poesia d'autore da Giovanni Boccaccio, che in questo metro ha composto il *Filostrato*, il *Teseida* e il *Ninfale fiesolano*. Ecco l'ottava iniziale della parte seconda del *Filostrato*, che, composto intorno al 1335, viene considerato la prima opera in ottave della nostra letteratura:

> Standosi in cotal guisa un dì soletto
> Nella camera sua Troiol pensoso,
> Vi sopravvenne un troian giovinetto
> D'alto legnaggio e molto coraggioso;
> Il qual veggendo lui sopra il suo letto
> Giacer disteso e tutto lacrimoso,
> «Che è questo — gridò — amico caro?
> Hatti già così vinto il tempo amaro?».

Come si vede, la struttura del metro — diviso in quattro distici AB AB AB CC — favorisce la partizione anche logico-sintattica in periodi di due versi (partizione che, tuttavia, si affermerà compiutamente soltanto col Poliziano); non a caso, nel romanzo in prosa *Filocolo*, lo stesso Boccaccio si serve di un'ottava di tipo siciliano (metro già jacoponico: *L'omo fo creato vertüoso*) per l'epitaffio di Giulia Topazia (I 43), cioè per riprodurre in italiano la struttura e l'andamento del distico elegiaco latino.

III.3.2. La questione dell'origine dell'ottava è dal secolo scorso una delle più dibattute e controverse tra quelle concernenti la nascita dei metri italiani. La tesi di chi riconduceva l'ottava a forme 'popolari' come il rispetto e lo strambotto è ormai caduta, di fronte all'impossibilità di trovare esempi di tali forme in età preboccacciana; anche la posizione di coloro che, ritenendo dimostrabile l'esistenza di cantari in ottave (in particolare, del *Cantare di Florio e Biancifiore*) precedenti il *Filostrato*, individuavano in questa letteratura canterina l'origine del metro, è oggi — soprattutto dopo gli interventi di DE ROBERTIS 1961 e DIONISOTTI 1964 — decisamente minoritaria (pur non mancando di sostenitori: cfr. BALDUINO 1982).

L'idea della paternità boccacciana è oggi senza dubbio predominante, e le indagini dei metricologi si sono quindi spostate sulla possibilità di reperire e di indicare forme che, precedenti l'ottava, abbiano potuto suggerirne a Boccaccio la creazione. Nessun metro, infatti, nasce dal nulla, e, anche quando sia invenzione di un singolo poeta, «muove da una o più forme preesistenti e si presenta, rispetto ad esse, come innovazione parziale» (BALDUINO 1982, p. 112). Gli studi più recenti, infatti, hanno dimostrato l'esistenza di un buon numero di possibili 'antecedenti' dell'ottava, in area sia provenzale e francese (RONCAGLIA 1965), sia italiana (oltre a BALDUINO 1982, cfr. GORNI 1978), facenti quasi tutti capo a stanze di canzone o di ballata. In particolare, partendo dall'ipotesi che l'ottava sia, in sostanza, una stanza di canzone vera e propria (con fronte su tre piedi AB AB AB, e sirma CC), è stato proposto (GORNI 1978) di vedere nel metro del *Filostrato* l'originale elaborazione di uno schema (ABAB BccdD) adottato da Cino da Pistoia nella canzone *La dolce vista e 'l bel guardo soave*, non a caso quasi integralmente ripresa e 'trasposta' in ottave da Boccaccio proprio nel *Filostrato* (parte quinta, ottave 62-65).

III.3.3. Comunque sia, la fortuna dell'ottava fu immediata, in particolare come metro narrativo: anzi, la sua rapida diffusione in questo settore della nostra poesia determinò il declino di forme narrative precedenti (in primo luogo, del serventese), erodendo anche in buona parte, sotto questo aspetto, il dominio della terza rima. L'ottava divenne quindi, soprattutto, il metro dei *cantari*, tanto cavallereschi quanto storici o religiosi: testi che a partire dalla metà del '300 conobbero una straordinaria diffusione popolare, affidata spesso ad anonimi cantastorie, ma che furono praticati anche da poeti di primo piano, come il fiorentino Antonio Pucci, autore prolifico di cantari sia storici, come *La guerra pisana*, sia romanzeschi (*La reina d'Oriente*, *Brito di Bretagna*, e altri).

La 'zona' dell'ottava: la poesia narrativa

Metro prevalentemente narrativo, e saldamente legato a generi popolari o popolareggianti, l'ottava si presta tuttavia, fin dal Trecento, a usi diversi e molteplici. Già Boccaccio ne fa un impiego piuttosto differenziato, se, oltre che in un cantare (sia pure con forti componenti liriche ed elegiache) come il *Filostrato*, lo adotta per un poema di impianto epico quale il *Teseida* e, poi, per il *Ninfale fiesolano*, sorta di poemetto eziologico e mitologico di argomento amoroso. La fortuna e l'ampio raggio d'azione (per così dire) di un metro come l'ottava (metro 'facile', in cui l'assenza di collegamenti rimici tra le stanze consente al poeta di procedere per blocchi giustapposti) sono egregiamente dimostrati da due esempi tardotrecenteschi, riguardanti due generi poetici del tutto opposti: se, infatti, il Serdini si segnala quale autore di sette salmi penitenziali in ottave, Franco Sacchetti, da parte sua, compone in questo metro il poemetto encomiastico e allegorico in quattro canti *La battaglia de le belle donne di Firenze con le vecchie*.

e didascalica

III.4. *Altri metri trecenteschi*

La poesia per musica

III.4.1. Fra i metri trecenteschi, un posto di rilievo occupano quelli tipici, soprattutto, della poesia per musica, e prediletti in particolare dai polifonisti dell'Ars Nova, fra cui spicca il fiorentino Francesco Landini (egli stesso poeta, oltre che compositore). Si tratta specialmente del madrigale, della caccia e della ballata.

Il madrigale

a) Il *madrigale* è caratterizzato, nella sua forma principale e più diffusa, da una serie di terzetti (di solito, da due a cinque) variamente rimati, seguiti da una chiusa (o ritornello) costituita per lo più da un distico a rima baciata (più di rado, da due distici — su rime diverse — o da un verso isolato). I versi usati sono l'endecasillabo e, talvolta, il settenario; gli schemi più diffusi risultano i seguenti (sono ammesse, come si vede, anche una o più rime irrelate nei terzetti): ABB CDD EE (la variante maggioritaria); ABB ACC DD; ABA BAB CC; ABA BCC DD; ABA CDC EE. Fra gli schemi con tre terzetti, risultano più frequentemente attestati ABB CDD EFF GG (semplice sviluppo della forma canonica a due terzetti ABB CDD EE) e ABB CDD DEE FF. Le combinazioni, comunque, sono numerosissime: si trovano anche, ad es., madrigali con quartine in luogo dei terzetti (del tipo AbCC DeFF GG, nel Sacchetti); madrigali senza ritornello (ABB CdE CdE EAA, nel Serdini); ecc.

I quattro madrigali petrarcheschi

Tra i primi madrigali conosciuti sono i quattro ospitati nel *Canzoniere* petrarchesco, ai numeri LII, LIV, CVI e CXXI (concentrati, come le ballate, nella prima parte della silloge); constano di soli endecasillabi (da sei a dieci) e presentano ciascuno uno schema diverso, cioè, nell'ordine: ABA BCB CC (con incatenamento delle rime), ABA CBC DE DE (con ritornello a doppio distico); ABC ABC DD; ABB ACC CDD (senza ritornello). Si noti la preferenza di Petrarca per le strutture a rime incatenate o comunque per la ripercussione delle rime all'interno delle 'strofette' che compongono il testo (terzetti e ritornello). Ecco il madrigale LII:

> Non al suo amante più Dïana piacque,
> Quando per tal ventura tutta ignuda
> La vide in mezzo de le gelide acque,
>
> Ch'a me la pastorella alpestra et cruda
> Posta a bagnar un leggiadretto velo,
> Ch'a l'aura il vago et biondo capel chiuda,
>
> Tal che mi fece, or quand'egli arde 'l cielo,
> Tutto tremar d'un amoroso gielo.

Non si conosce l'esatta etimologia del termine madrigale: generalmente respinte, ormai, certe soluzioni che avevano goduto di una qualche fortuna in passato (madrigale da *mandrialis* = forma di origine popolare, canto di pastori; o da *matrix*, la chiesa cattedrale dove erano attivi i compositori polifonici), si dà maggior credito oggi ad altre derivazioni, in particolare a quella da *materialis* (= forma poetica 'rozza' rispetto ai metri illustri e destinata all'esecuzione musicale) e a quella da *matricalis* (nel senso di componimento 'alla buona', semplice sia nella forma che nel contenuto, privo di alte ambizioni letterarie ed esclusivamente finalizzato alla musica). In effetti, proprio la destinazione 'musicale' del metro ne determinò la straordinaria fortuna nel XIV secolo: il madrigale, infatti, presenta «una struttura strofica più concisa e lineare del sonetto e delle ballate» (CAPOVILLA 1982, p. 167), e si presta quindi maggiormente alla 'realizzazione' musicale polifonica (in prevalenza, a due sole voci). In ogni caso, nella sua variante più diffusa (terzetti + distico di chiusa), il madrigale si rivela partecipe di quella 'asimmetria' interna (qui costituita dalla giustapposizione di strofette a base ternaria e di chiusa binaria) che abbiamo già visto caratteristica di alcuni tra i principali metri italiani (dal sonetto alla canzone 'canonica' petrarchesca).

    b) La *caccia* si presenta talora nella forma di un madrigale o di una ballata, ma di solito è un componimento che, metricamente affine alla frottola, consta di una libera successione, non strutturata stroficamente, di versi di varia misura e variamente rimati; normalmente musicata a due voci — come il madrigale —, rappresenta per lo più scene di animazione collettiva, quali, appunto, cacce, incendi, temporali, e simili. I principali autori trecenteschi di cacce sono Franco Sacchetti e Niccolò Soldanieri; di quest'ultimo riporto i vv. 13-29 della caccia *Chi caccia e chi è cacciato*:

Il termine 'madrigale'

La caccia

Franco Sacchetti e Niccolò Soldanieri

> Su, gente, al poggio e parte a la pianura!

> Voi con archi e saette
> Tra le verdi frondette
> Mettete gli occhi a coda de' segugi.
> Tu fa' che non t'indugi
> E scendi giù co' bracchi in quel vallone.
> Allor — Te' te', Leccone —,
> Chiamò a sé, dicendo: — Ciuffa, Tacco;
> Ciullo, dà volta qui; torna qua, Sacco,
> Ch'io veggio che la falsa ci s'imbola.
> E in questo: — To' la, to' la —,
> Gridaron più di cento. — O tu, a me! —,
> — L'assali a petto! —; — Lascia! —; — Vella a te
> La cavriola che ti passa a lato! —.
> I', come innamorato,
> Vedendola sì bella fui smarrito:
> Così se'n gì, per non pigliar partito.

c) Per la *ballata*, cfr. III.1.4.

La frottola: il dato metrico

III.4.2. La *frottola* è una forma caratterizzata dal susseguirsi e dal libero alternarsi di versi lunghi e brevi (con ampia escursione, dall'endecasillabo al bisillabo), senza schemi strofici e rimici, ma col ricorso prevalente a rime ribattute (baciate, al mezzo, reiterate; sono, tuttavia, ammessi anche versi irrelati). I versi brevi possono talora ricomporsi, alla lettura, nel ritmo complessivo di un endecasillabo; quest'ultimo, a sua volta, è non di rado spezzato, dalla rima al mezzo, in unità ritmiche minori, producendo quella «segmentazione martellante» (VERHULST 1988, p. 133) che è tipica di questo metro. Ma il dato metrico non basta a definire la frottola: essa, infatti, presenta *e quello tematico* anche, quasi sempre, precise peculiarità tematiche, come, in particolare, l'affastellarsi caotico di motti, sentenze e proverbi (donde il nome, dal latino *frocta*, ossia 'congerie disordinata'), che si accavallano senza disporsi all'interno di un discorso logicamente consequenziale, generando così, spesso, una diffusa e intenzionale oscurità del dettato.

Il prevalente procedimento paratattico (favorito anche dall'impiego di rime ripetute) determina infatti di frequente, nella frottola, il giustapporsi sconnesso di elementi disparati, e l'assenza di qualsiasi collegamento logico tra i vari segmenti genera quello che è stato *Il 'non-senso relativo'* definito il «non-senso relativo» (ORVIETO 1978, p. 211): in altre parole, le singole frasi non sono prive di senso, ma, per la mancanza di un filo logico che le leghi l'una all'altra, risulta oscuro (almeno a una prima lettura) il significato complessivo del componimento. Talora, questa 'oscurità' di fondo, programmaticamente tipica del genere, viene messa a frutto in direzione dissacrante, parodica o polemica, oppure serve come prudente dissimulazione di contenuti che

l'autore non ritiene opportuno esplicitare pienamente.
Spesso, infatti, la frottola (troppo sbrigativamente ritenuta, in passato, una forma minore e 'giullaresca') presenta i caratteri della satira, o, per dir meglio, di una «cosciente e in un certo senso geniale dissacrazione» (ivi, p. 214), di natura ora morale, ora linguistica (celebre *La lingua nova* del Sacchetti, in cui sono elencati, con intento satirico ma anche di puro *divertissement*, «molti strani vocaboli de' fiorentini»), ora politica; e a questo spirito non è estraneo il funambolismo tenico e verbale (talora con aperture in direzione espressionistica e dialettale) che caratterizza molti testi, «improntati all'esasperazione dei mezzi espressivi» (VERHULST 1988, p. 121). Fra i maggiori autori trecenteschi di frottole, si ricordano il Sacchetti, Francesco di Vannozzo, Antonio da Ferrara, Fazio degli Uberti; ecco i vv. 1-21 di una delle cinque frottole sacchettiane (*Rime* CCXLVIII), composta «sopra le nuove disposizioni del mondo mutate al male»:

La frottola e la satira

O mondo
immondo
e di ben mondo
che già fosti giocondo
ed ora al fondo
vai di male in peggio!
S'io dico vero, io cheggio
ciascun che miri il seggio
di San Petro;
e se il vero impetro,
con che mente
da l'un de' due, che mente
si consente
la gente
umana tenere in affanno?
Ben che poco vi danno
que' che ricchi si fanno:
credon a quel da cui più utile hanno.
Niente de l'alma danno,
però che vanno
drieto al mondan bene.

In questi versi, fra l'altro, si osservino: la presenza della cosiddetta rima 'mnemonica', quella, cioè, che collega l'ultimo verso di un periodo al primo del periodo successivo (*peggio* : *cheggio*; *Petro* : *impetro*; *affanno* : *danno*) e che — oltre a costituire un fondamentale e quasi 'obbligato' tratto distintivo della frottola — spesso caratterizza anche la caccia (si veda l'esempio citato al paragrafo precedente); la possibilità di leggere due versi brevi consecutivi alla stregua di un endecasillabo (vv. 5-6, 8-9, 10-11, 12-13, 14-15, 20-21); il numero,

La rima mnemonica

decisamente considerevole, di rime ricche ed equivoche (né mancano, in altre frottole, quelle identiche).

<small>La nona e la decima rima</small>

III.4.3. Fra i metri trecenteschi, meritano un cenno anche la nona e la decima rima, di cui si hanno attestazioni del principio del Trecento. Si tratta di forme di impiego rarissimo, quasi degli *apax* metrici: strutturalmente, sono avvicinabili all'ottava (della quale alcuni studiosi, certo non ingiustificatamente, le considerano veri e propri antecedenti). La *nona rima* caratterizza il poemetto didascalico-allegorico fiorentino *L'intelligenza* (in passato attribuito a Dino Compagni), che comprende 309 stanze di nove endecasillabi ciascuna, organizzate secondo lo schema rimico ABABABCCB. Ecco la prima stanza:

> Al novel tempo e gaio del pascore,
> Che fa le verdi foglie e ' fior' venire,
> Quando gli augelli fan versi d'amore,
> E l'aria fresca comincia a schiarire,
> Le pratora son piene di verdore,
> E li verzier cominciano ad aulire,
> Quando son dilettose le fiumane,
> E son chiare surgenti le fontane,
> E la gente comincia a risbaldire.

La *decima rima*, di cui qualche esempio si rinviene già nei laudari del XIII secolo, è nota soprattutto per essere il metro della cosiddetta canzone di Auliver, un testo di area veneta (probabilmente trevigiano) databile ai primi del Trecento. Consta di cinque stanze (cui segue, come congedo, un distico a rima baciata), di tutti endecasillabi, con schema ABABABCCDD.

<small>L'*Acerba* di Cecco d'Ascoli</small>

III.4.4. Un altro *unicum* metrico, rimasto, al pari degli esperimenti di cui al paragrafo precedente, senza séguito, è quello che caratterizza *L'Acerba* di Cecco d'Ascoli (Francesco Stabili, morto nel 1327), incompiuto poema didascalico-enciclopedico in cinque libri, diviso in capitoli di diversa estensione, costituiti da versi endecasillabi disposti in doppie terzine ABA CBC, DED FEF, ecc. Nei libri I-II e IV (del V resta solo un breve abbozzo), i capitoli sono conclusi da un distico a rima baciata ZZ; in vari capitoli del III libro, invece, l'autore introduce svariati distici a rima baciata, servendosene per intercalare (a intervalli non regolari) la successione dei doppi terzetti. Ad esempio, nel settimo capitolo del III libro, costituito da sedici doppi terzetti, i distici sono tre, collocati il primo dopo due doppi terzetti, il secondo dopo altri otto, il terzo (in conclusione del capitolo) dopo

altri sei, per un totale di 54 versi. Ecco, a mo' di esempio, la parte finale del quinto capitolo del secondo libro:

> Questa virtute vien dal quarto cielo,
> E come il sole illuma l'orizzonte,
> Così fa questa con lo giusto zelo:
> Illuma il mondo dando a ciascun merto,
> E pena vendicando sopra l'onte.
> Per lei sta il mondo che non è deserto.
>
> Giustizia non è altro, a mio vedere,
> Che a ciascun tribuendo sua ragione
> Con il fermo e perpetüo volere.
> Giusto è quegli che vive onestamente,
> E non offende altrui ne fa lesione,
> A ciascun dà suo merto puramente.
>
> E questi porta del trionfo olive
> E nell'eterna pace sempre vive.

È innegabile (anche alla luce della polemica antidantesca dell'autore) il legame di un simile metro con la terza rima della *Commedia* (rispetto alla quale, tuttavia, si differenzia per il fatto che l'incatenatura di rime non è continuata, ma riguarda solo due terzine alla volta, unite dalla medesima rima centrale); e il distico finale svolge la funzione (benché non collegato rimicamente al terzetto precedente) del verso di chiusa della terza rima. Tuttavia, bisognerà segnalare che, sia quando il distico occorre solo alla fine dei capitoli, sia, soprattutto, quando esso intervalla la serie dei doppi terzetti, lo schema è quello del madrigale (cfr. III.4.1.a.). Tra le molte varianti di quest'ultimo metro, non per nulla, ne è attestata una (ABA CBC DD) in tutto identica al metro di Cecco d'Ascoli (cfr. il n. XVII del repertorio compreso in Capovilla 1982, p. 236). L'*Acerba* e il madrigale

III.4.5. La poesia trecentesca, naturalmente, continua a servirsi di molti dei principali metri del secolo precedente, apportandovi talora modifiche non irrilevanti. Del *serventese*, ad es. (cfr. II.6.3.2.), prevale nel XIV secolo la variante detta *capitolo quadernario*: endecasillabi e settenari con schema ABbA ACcD DEeF, conclusi da un verso isolato (XYyZ Z) o da tre endecasillabi (WXxY YZZ). La coda ha, come nella terzina, lo scopo di non lasciare nessun verso irrelato alla fine; di questo metro, comunque, esiste anche una variante che prevede un verso non rimato iniziale (ABbC CDdE EFfG, ecc.), come nel seguente serventese di Antonio Pucci: Il capitolo quadernario

> Quella di cui i' son veracemente
> In sé ha tutte quante le bellezze
> E le piacevolezze
> Che debbe avere in sé la bella donna.
>
> Grande e diritta è com'una colonna
> Con signorile e bella contenenza
> E la sua appariscenza
> Veracemente avanza ogni altro fusto.
>
> Il capo le risponde al bello imbusto;
> Di fila d'oro paiono i capelli,
> Crespi sottili e belli
> Né lunghi più che richiegga sua norma.
>
> (vv. 1-12)

Il capitolo quadernario, destinato ad ampi componimenti morali, storico-cronachistici o d'occasione (ma, talora, anche amorosi: nel secolo successivo, ad es., un serventese amoroso, *I' son costretto, po' che vuol Amore*, comporrà il Poliziano), è largamente impiegato da poeti quali il Serdini e il Pucci; quest'ultimo, comunque, adotta anche, non di rado, la forma del *serventese caudato* a base tetrastica (schema AAAb BBBc CCCd, senza verso di chiusa).

<small>La terzina dantesca</small>
<small>Poesia allegorico-didascalica</small>
<small>Capitolo ternario</small>

La *terza rima* conosce nel Trecento una straordinaria diffusione, diventando, in particolare, il metro del poema allegorico-didascalico e del capitolo. Al primo genere, il cui modello è ovviamente costituito dalla *Commedia*, appartengono la *Caccia di Diana* e l'*Amorosa visione* del Boccaccio, i *Trionfi* del Petrarca, il *Dittamondo* di Fazio degli Uberti e il *Quadriregio* di Federico Frezzi; il secondo, invece, è una forma che risulta disponibile alle tematiche più varie, di carattere storico, cronachistico, religioso, morale, politico, amoroso. Vari capitoli inserirono nei loro libri di rime, come già si è detto, il Serdini e il Sacchetti: del primo, ricordo quelli sulla vita di Dante (*Come per dritta linea l'occhio al sole*, XXVI) e sulla pestilenza senese del 1400; del secondo, quelli di argomento storico (*de' Reali di Francia, de' papi*, ecc.).

<small>La terzina come metro narrativo e</small>
<small>come metro bucolico</small>

Ma la terzina si presta, in questo secolo, anche ad altri usi. Essa, infatti, mantiene in molti casi i caratteri di metro narrativo, benché questa sua funzione tenda a passare in secondo piano con l'affermarsi dell'ottava: sotto tale aspetto, oltre a non pochi capitoli di argomento storico o cronachistico, riveste una speciale importanza soprattutto il *Centiloquio* del Pucci, sorta di riduzione in terzine, incompiuta, della *Cronica* di Giovanni Villani. Già nel Trecento, comunque, la terza rima viene assunta anche quale metro della poesia bucolica: sull'esempio del Boccaccio (che in terzine compone le egloghe del prosimetro

Ninfale d'Ameto, o *Commedia delle ninfe fiorentine*), il metro dantesco prende possesso del nascente genere della bucolica volgare, dove regnerà incontrasto fino alla cinquecentesca affermazione dell'endecasillabo sciolto.

III.4.6. Il *sonetto* non subisce, nel Trecento come nei secoli successivi, una reale evoluzione: si deve semmai segnalare la scomparsa di certe varianti 'artificiose' del metro introdotte da alcuni poeti del XIII secolo (come, ad esempio, Monte Andrea). Il sonetto

Una grande diffusione ha il sonetto caudato (cfr. II.2.2.), un metro che si afferma soprattutto nella versione con coda di tre versi (un settenario e due endecasillabi con rime yZZ) e che diviene tipico di generi non lirici quali, in particolare, la poesia di corrispondenza, quella morale e quella burlesca. Come già abbiamo detto, poeti quali Franco Sacchetti e Simone Serdini (il Saviozzo) introducono sonetti caudati nei loro libri di rime; mentre Antonio Pucci compone addirittura una corona (la cosiddetta *Corona del messaggio d'Amore*) di diciannove sonetti caudati. Ecco il primo (schema: ABBA ABBA CDC DCD dEE): Il sonetto caudato

> — Caro sonetto mio, con gran piatà
> Muoviti tosto e va senza fallenza
> E truova quella che gran penitenza
> Con suo begli occhi a la mia vita dà.
>
> Quando le se' dinanzi, sa' che fa'?
> 'Nginocchiatele a' piè con riverenza
> E non parlar senza la sua licenza:
> Umilemente cheto a' piè le sta.
>
> E s'ella ti facesse pur del grosso,
> Sonetto mio, e tu prendi a parlare;
> Dille: — Madonna, più tacer non posso. —
>
> Deh, per mio amor, sappila lusingare:
> Di' che da parte d'uomo tu sia mosso
> El qual per lei si crede consumare.
>
> Sonetto, più non stare;
> Tu vedi che la morte mi s'accosta,
> Se per tuo dir non ho buona risposta.

Altri tipi di sonetto si collocano piuttosto tra le 'stravaganze' metriche, e sono infatti attestati, in alcuni casi, solo nei trattati di Antonio da Tempo e di Gidino da Sommacampagna (cfr. III.5.). Si tratta del *sonetto metrico* (che alterna endecasillabi a esametri tratti da autori Il sonetto metrico, classici: Gidino) e del *sonetto minore* (tutto di versi settenari: Gidino; se i versi sono quinari, il sonetto si dice *minimo*). I manuali ricordano frequentemente anche il sonetto bilingue (con versi alternatamente in italiano e in altra lingua romanza: francese, in Gidino), il sonetto trilingue (versi in italiano, latino e francese: Gidino) e il sonetto semiletterato (metà scritto in latino — cioè «in littera» — e metà in italiano: Antonio da Tempo, Fazio degli Uberti, Saviozzo); varietà, queste, che tuttavia riguardano piuttosto l'aspetto retorico che non quello metrico.

III.4.7. Un breve discorso a parte, infine, va riservato a Francesco da Barberino (1264-1348), letterato fiorentino attivo in prevalenza nell'Italia settentrionale e in Francia. A lui si devono due ampie opere allegorico-didattiche, i *Documenti d'amore* e il *Reggimento e costumi di donna* (composte nei primi due decenni del XIV sec.), che presentano un notevole interesse sotto il profilo metrico. Nei *Documenti*, accanto all'impiego di tradizionali metri 'didattici' (come il distico, di settenari o di endecasillabi, a rima baciata), si segnalano soprattutto, nella parte II, le 150 *Regole d'amore*, in forma di *cobbole* (strofette di versi di varia misura e variamente rimati, a contenuto sentenzioso e proverbiale), e i 50 *mottetti*, metricamente affini ma di carattere oscuro ed enigmatico. Un esempio di mottetto si poteva già reperire tra le rime di Guido Cavalcanti (cfr. II.4.2.), ma, rispetto a quel precedente, Francesco da Barberino conferisce al metro un carattere più 'chiuso' e regolato, ricorrendo spesso anche a rime interne e al mezzo; ecco un esempio di otto versi (quadrisillabi, senari, ottonari e decasillabi, con rime interne e al mezzo sempre in sede quadrisillabica), su schema: $(a_4)ab(c_4)cb\ d(d_4)ef(f_4)e$:

> Cavalieri   over scudieri
> Chi volse mandare
> Per difese   del paese
> Convennel lassare.
> Dunqua gente
> Manda gente   con quegli a percossa,
> Ché savranno
> Con' dovranno   prenders'a la mossa.

Dove la strofetta è suddivisa chiaramente in due tetrastici di struttura speculare: entrambi alternano versi lunghi e versi brevi (ottonari e senari nel primo, decasillabi e quadrisillabi nel secondo: la somma sillabica, comunque, dà sempre quattordici), ma in ordine inverso: i versi lunghi (tutti 'spezzati' dalla rima interna o al mezzo) occupano le sedi dispari nel primo tetrastico, quelle pari nel secondo (questo lo schema sillabico: 8, 6, 8, 6; 4, 10, 4, 10). Come si vede, la specularità risulta solo dalla segmentazione dei versi adottata dagli editori; in realtà, si tratta di due periodi metrici perfettamente paralleli (8, 6; 8, 6; 8, 6; 8, 6; con i due emistichi degli ottonari rimati tra loro). Il che apparirebbe evidente, una volta che si adottasse, nel secondo tetrastico, quest'altra segmentazione, identica a quella del primo:

> Dunqua gente   manda gente
> Con quegli a percossa,
> Ché savranno   con' dovranno
> Prenders'a la mossa.

Il *Reggimento* è invece un prosimetro, in cui si alternano sezioni in prosa ritmica (brevi novelle, caratterizzate dal massiccio impiego del *cursus*), *cobbole* (i 53 *Ammonimenti di Prudenza* nella parte XVI) e parti di difficile valutazione: queste ultime sono caratterizzate da una versificazione libera della quale la poesia antica non fornisce nessun altro esempio, con l'eccezione di un'opera, come il *Mare amoroso* (cfr. II.4.3.), non a caso affine — quanto a genere, a contenuto e ad àmbito culturale — ai 'trattati' di Francesco da Barberino. Nel *Reggimento*, infatti, come nel *Mare amoroso*, viene impiegato il verso sciolto da rima, con prevalenza dell'endecasillabo, liberamente alternato, però, a versi di breve misura (per lo più settenari, ma anche ottonari e novenari) e, talora, a versi 'lunghi' di dodici, tredici e quattordici sillabe (molti dei quali, comunque, riducibili con minimi interventi alla misura endecasillabica). Più che di anticipazione dello sciolto, comunque, si dovrà parlare — come già per il *Mare amoroso* — di un genere letterario in cui, conformemente ai dettami del cosiddetto 'stile isidoriano' (che prevede il continuo ricorso al *cursus*, all'omoteleuto e all'isocolia), il discrimine tra prosa e poesia risulta incerto e, di fatto, vanificato.

Il *Reggimento e costumi di donna*

III.5. *I primi trattatisti di metrica italiana*

III.5.1. Il Trecento è il secolo in cui, dopo Dante (ma il *De vulgari eloquentia* rimase praticamente sconosciuto fino al primo Cinquecento), compaiono i primi trattati di metrica italiana. Nel 1332 il giudice padovano Antonio Da Tempo dedicò ad Alberto della Scala la *Summa Rithimici Vulgaris Dictaminis*, un breve manualetto latino dedicato all'esposizione e all'esemplificazione delle principali regole e delle più diffuse forme della metrica volgare. I metri di cui il Da Tempo si occupa sono sette: sonetto, ballata, canzone, rondello, madrigale,

Antonio da Tempo

serventese e frottola (che l'autore distingue dal *motus confectus*): tre forme della lirica 'illustre', dunque, e quattro di minor prestigio letterario.

Antonio Da Tempo, di cui resta anche un'interessante produzione poetica (e al quale, nel XV secolo, fu falsamente attribuita una vita del Petrarca), è autore di tutti i numerosi esempi poetici — sessantadue — con cui illustra la sua trattazione; di certi metri, a cominciare dalla frottola, si trova anzi nella sua *Summa* la prima attestazione a noi nota. Pur mostrando di conoscere Cavalcanti, Dante e Cino, il Da Tempo si rivela legato soprattutto all'eredità della poesia 'arcaica' di tipo guittoniano: non a caso egli è particolarmente interessato a forme metriche 'irregolari' e talora bizzarre, che si compiace di esemplificare abbondantemente (cfr. quanto detto qui sopra, III.4.6., a proposito del sonetto) e che pare fossero diffuse, nel Trecento, soprattutto in area veneta.

Il rondello

III.5.2. Tra le forme descritte ed esemplificate da Antonio Da Tempo, un cenno meritano almeno il rondello e il «*motus confectus*». Il *rondello* (o *rondò*, o latinamente *rotondellus*) è un metro di derivazione francese (*rondeau*), di impiego rarissimo nella poesia italiana e non attestato prima della *Summa,* dove il Da Tempo ne inserisce quattro esemplari (capp. XLVII-L), che strutturalmente possono essere avvicinati allo schema di una ballata con stanze indivise. A un ritornello di due o tre versi (endecasillabi e settenari variamente disposti) seguono infatti due strofe identiche di quattro o cinque versi, che riprendono le rime del ritornello, ripetendone anche, sempre in seconda sede, il verso iniziale. Ecco il secondo dei rondelli del Da Tempo (cap. XLVIII); lo schema è: a(a₇)B aaaB aaaB (la rima al mezzo nel ritornello non compare negli altri rondelli della *Summa*, tutti, come questo, giocati su due sole rime):

   Ov'è laude cotanta
  Da darti, dona, quanta si convene?

   Ché tu sei sola pianta,
   Ov'è laude cotanta
   Che tuto 'l mondo avanta,
   E fai contento d'ogni somo bene.

   Vertute per te canta:
   «*Ov'è laude cotanta?*»
   Di te piacer s'amanta
   Come di dona che l'onor mantene.

Diverso è il caso del *motus confectus*, che — come spiega l'autore — «dicitur motus quia homo bene et sententiose movetur ad loquendum», mentre il termine «confectus» deriva dal fatto che «verba sunt confecta cum sententiis notabilibus et pulchris et cum verbis praegnantibus». Questo metro, il cui nome è stato impropriamente reso in italiano con *motto confetto* (equivocando tra *motus* e *motto*), non ha in effetti, nella nostra poesia, altra attestazione al di fuori di quella fornita nel trattato del giudice padovano (e naturalmente nei suoi volgarizzamenti e compendî), che lo presenta alla stregua di una frottola 'illustre' in quanto metricamente più regolata. Così come egli lo descrive e lo pratica, infatti, il *moto confetto* è un componimento dotato di caratteri analoghi a quelli della frottola (ampie dimensioni, libera successione di versi delle più varie misure, possibilità di 'ricomporre' due versicoli consecutivi in un verso lungo, ricorso pressoché sistematico a 'salti' logici tra i vari periodi), ma con alcune differenze significative: non sono ammesse rime irrelate; il componimento è suddiviso in gruppi di versi monorimi, e tutti i gruppi devono avere identico numero di versi (da due a quattro); non è permesso il reimpiego di una rima già utilizzata in un precedente gruppo di versi; le serie rimiche non corrispondono ai periodi logici, ma si realizza una sorta di continua 'sfasatura' tra i due piani, giacché l'ultima rima di una serie coincide sempre col primo verso di un nuovo periodo (secondo la tecnica della rima 'mnemonica': cfr. III.4.2.).

Il moto confetto composto per l'occasione dal Da Tempo (*Dio voglia che ben vada*) consta di 96 versi, divisi in 32 periodi metrici di tre versi monorimi: si tratta dell'unico esempio a noi noto di questa forma metrica, che dovrà pertanto essere considerata un *unicum* dovuto all'individuale sperimentalismo dell'autore della *Summa*. Non a caso, ben presto (già sul finire del Trecento con Gidino da Sommacampagna: cfr. III.5.3.) il metro ideato da Antonio Da Tempo fu ritenuto un'antiquata stravaganza, e il *moto confetto* assunse una struttura 'regolata' che lo trasformò, a tutti gli effetti, in un serventese (cfr. II.6.3.2.); anche oggi, quei componimenti che vengono solitamente descritti come 'motti confetti' sono in realtà da classificare, per lo più, come puri e semplici serventesi (su tutta la questione, cfr. PANCHERI).

III.5.3. Opera di un letterato 'dilettante' e 'di provincia', nonché culturalmente 'appartato', la *Summa* di Antonio Da Tempo si presenta non tanto come un autentico trattato di metrica, quanto piuttosto alla stregua di un manuale pratico di versificazione volgare rivolto a un pubblico di poeti non professionisti e non toscani. Proprio per questo, la fortuna dell'operetta fu notevole tra il XIV e il XVI sec.: la

Summa fu più volte volgarizzata, subì — nel corso della sua trasmissione e circolazione manoscritta — aggiunte e rimaneggiamenti di vario genere, e venne stampata a Venezia (in un testo ampiamente interpolato) nel 1509. Testimonianza particolare del successo riscosso dalla *Summa* è il *Tractato et la arte delli rithimi vulgari*, composto intorno al 1381-84 dal poeta e letterato veronese Gidino da Sommacampagna: si tratta di un volgarizzamento, con lievi ritocchi (aggiunta di propri componimenti in luogo di quelli di Antonio Da Tempo, arricchimento dell'esemplificazione), del trattatello del giudice padovano, che Gidino, tuttavia, non menziona mai, facendo così pensare a una vera e propria operazione di plagio (CAPOVILLA 1986, pp. 131-32).

IV. IL QUATTROCENTO

IV.1. *Sperimentalismo quattrocentesco*

Il XV secolo potrebbe apparire, a prima vista, non particolarmente significativo nella storia della nostra metrica, soprattutto se confrontato coi secoli XIII-XIV (caratterizzati da un vistoso polimorfismo e dalla nascita delle principali forme poetiche italiane) e col Cinquecento, il secolo che segna la prima, grande 'rivoluzione' formale della nostra poesia. È vero, infatti, che con il Quattrocento si esaurisce, in buona parte e salvo rare ma non irrilevanti eccezioni, lo slancio 'creativo' dei due secoli precedenti (da cui erano scaturiti metri quali la canzone e il sonetto, la terza rima e l'ottava, la ballata e la sestina), e che nessuna forma metrica di importanza e di fortuna paragonabile a quelle vede la luce nel XV secolo; tuttavia, è anche vero che la metrica quattrocentesca si segnala per certe tendenze sperimentalistiche (episodiche, ma talora già proiettate verso gli esiti cinquecenteschi), e, in questo àmbito, per l'autonoma e spesso originale ripresa dei metri tradizionali, talvolta sviluppati in forme nuove e caratteristiche.

<small>Lo sperimentalismo</small>

IV.1.1. *La lirica del Boiardo e di Giusto de' Conti*

IV.1.1.1. Lo sperimentalismo metrico quattrocentesco trova le sue principali manifestazioni nella poesia veneto-padana (toccando il suo vertice nella produzione lirica di Matteo Maria Boiardo, ma interessando anche l'opera di Giusto de' Conti) e in quella toscana. In area veneto-padana, la raccolta poetica quattrocentesca che si caratterizza per il più accentuato sperimentalismo formale è senza dubbio il canzoniere di Matteo Maria Boiardo, gli *Amorum libri*. La silloge ospita 180 componimenti: 150 sonetti e 30 poesie di diverso metro (13 canzoni, una sestina, 14 ballate, un madrigale, un rotondello). L'interesse boiardesco per la ricerca metrica è dimostrato dalle didascalie latine che, in molti casi, precedono i testi: didascalie spesso di non agevole

<small>Gli *Amorum libri* di M.M. Boiardo: struttura del canzoniere</small>

interpretazione (e talora, anzi, decisamente oscure), ma quasi sempre concernenti l'aspetto formale dei componimenti, e intese a sottolineare la novità e l'artificiosità di certe forme.

<small>I sonetti e</small>   I sonetti non si discostano dalla tradizione: il metro, del resto, è il meno adatto agli esperimenti, e Boiardo si limita a saggiarne alcune varianti 'artificiose' (ben attestate, comunque, nella lirica quattrocentesca), come il *sonetto acrostico* (in cui le iniziali di ciascun verso formano una parola o una frase; negli *Amores*, l'esito è il più delle volte «Antonia Caprara», nome della donna amata dal poeta), il sonetto a rime equivoche, il sonetto a rime identiche, il sonetto con rime al <small>gli altri metri</small> mezzo. E nei restanti trenta componimenti, invece, che la fantasia metrica boiardesca si dispiega liberamente: ciascuna di queste poesie ha una sua particolare struttura, e molte forme raggiungono vertici straordinari di complessità e sapienza tecnica, esibendo connotati di assoluta novità.

Negli *Amorum libri*, le regole fissate dalla tradizione per metri come la ballata, la canzone e il madrigale vengono spesso infrante, talora fino al punto che l'identità stessa di queste forme risulta difficilmente riconoscibile; eppure, Boiardo non è mosso, in genere, dall'aspirazione a forme 'libere' e 'aperte', sottratte alle norme canoniche in nome di una maggiore aderenza del testo alla materia sentimentale, ma, al contrario, da «un gusto e da una ricerca di proporzionalità e simmetria che ad altro livello si riscontrano nell'architettura complessiva dell'opera» (CONTI 1990, pp. 163-64; i tre libri contengono infatti ciascuno 60 componimenti, di cui 50 sonetti e dieci poesie di altro metro). Così, quelle che a prima vista possono sembrare bizzarre anomalie metriche trovano la loro giustificazione profonda nella volontà di creare strutture rigorose e 'geometriche', e insieme nel piacere del virtuosismo tecnico: due caratteri, questi, che conferiscono alla raccolta un colorito arcaizzante e — come è stato detto — 'tardogotico', facendone un prodotto del tutto singolare nella storia della nostra poesia.

<small>Le ballate</small>   IV.1.1.2. Nelle ballate (dall'autore definite *chori*) è frequente, contrariamente a quanto la norma prevede, la ripercussione, nelle mutazioni, di una delle rime della ripresa, e con questa l'instaurazione di stretti legami tra le diverse parti del componimento: è il caso, ad es., della ballata XXV, con schema YXYX, XaaX XAAX xYxY. In questa stessa ballata è presente un'altra anomalia: l'ultima rima della volta non corrisponde all'ultima rima della ripresa (X), ma alla prima (Y). L'artificio conferisce alla struttura precisi caratteri di simmetria speculare: le due mutazioni, identiche quanto allo schema rimico, si incastonano tra una ripresa e una volta di uguale estensione, ma dotate

di schema a specchio YXYX xYxY; mentre, per ciò che riguarda la disposizione dei versi, risultano connesse da una parte ripresa e seconda mutazione (entrambe di soli endecasillabi), dall'altra prima mutazione e volta (che alternano, sia pure in modo diverso, due endecasillabi e due settenari). In tal modo, inoltre, il componimento assume struttura perfettamente circolare, aprendosi e chiudendosi sulla medesima rima Y. Questo è il testo della lirica:

Deh, non chinar quel gentil guardo a terra,	Y
Lume del mondo e spechio de li Dei,	X
Ché fuor di questa corte Amor si serra	Y
E sieco se ne porta i pensier miei.	X
Perché non posso io star dove io vorei,	X
Eterno in questo gioco,	a
Dove è il mio dolce foco	a
Dal qual tanto di caldo già prendei?	X
Ma se ancor ben volesse io non potrei	X
Partir quindi il mio core assai o poco,	A
Né altrove troveria pace né loco	A
E sanza questa vista io morerei.	X
Deh, vedi se in costei	x
Pietade e Gentileza ben s'afferra,	Y
Come alcia li ochi bei	x
Per donar pace a la mia lunga guerra.	Y

A criteri analoghi si ispirano generalmente anche gli esperimenti condotti sulla canzone, il più notevole dei quali riguarda il cosiddetto *Epthalogos cantu per suma deducto* (L), costruito secondo il meccanismo del tutto inedito della *retrogradatio* speculare. Si tratta di sette strofe, ciascuna di sette versi, che danno vita a un organismo compatto (49 vv.) il cui fulcro è costituito dal verso centrale (il 25): «tutte le rime precedenti a questo verso si riproducono a ritroso nella seconda parte della canzone, fino a compiere l'intero giro quando risultano uguali la prima e l'ultima» (CONTI 1990, p. 180). Ne scaturisce una stanza centrale, la IV, a rime alterne tUtUtUt, preceduta da tre stanze in cui rimano solo i vv. 5 e 7 di ognuna (abcdEfE, ghikLmL, nopqRsR), e seguita da altre tre stanze in cui a rimare sono invece, specularmente, i vv. 1 e 3 (RSRQpOn, LMLKiHg, EFEDcBa). La simmetria speculare, inoltre, si estende anche alla disposizione dei versi: dove le stanze I-III prevedono settenari (vv. 1-4 e 6), le stanze V-VII prevedono endecasillabi; viceversa, dove queste ultime hanno dei settenari (vv. 5 e 7), le stanze I-III presentano altrettanti endecasillabi.

Di particolare interesse sono poi alcuni casi di 'contaminazione' tra metri diversi. Alcune ballate, ad esempio, presentano, in conclusio-

La canzone L

I metri contaminati

ne, una sorta di 'ritornello' di probabile derivazione madrigalesca: sono la XCVIII, con schema xYXy YaaY Yx BB; e la CIX, con schema XYX AYA aya xyx BbcC (dove anche la conformazione dei terzetti ricorda la forma del madrigale). Il componimento CIV, invece, combina i tratti della canzone (e come una canzone viene solitamente considerato) con quelli della terza rima e del madrigale (*Mandrialis* è infatti il titolo assegnatogli dall'autore, se dell'autore sono, come sembra, le didascalie): le cinque successive riprese (stanze, se di canzone si trattasse), ognuna di 27 vv., sono costituite da cinque terzine incatenate e da tre quartine (AbA BCB CDC DED EFE FGFG GHHI KIKA, con la consueta struttura circolare), mentre il congedo prevede sette terzine incatenate, con tanto di regolare verso di chiusa (AlA LML MNM NON OPO PAP AqA Q). Si dovrà inoltre precisare che i vv. 1-3 di ogni strofa (congedo incluso) e i vv. 19-21 del congedo propongono invariabilmente le parole-rima *lai* e *guai*. La denominazione di 'madrigale' deriverà probabilmente dall'impiego di terzetti seguiti, a mo' di 'ritornello', dalle quartine.

Un'ultima citazione riguarda il *Rodundelus integer ad imitacionem Ranibaldi Franci* (XXVII), composto da un ritornello xYyX (ripetuto dopo ciascuna strofa) e da otto strofe di schema XAaBbCcX (vedi oltre, IV.1.2.4., un identico schema — quanto alle rime — nelle strofe di una canzonetta del fiorentino Alessandro Braccesi). Da notare, ancora una volta, è la costruzione simmetrica della stanza, dove tre distici a rima baciata, formati da endecasillabo e settenario, sono incastonati tra due endecasillabi che ripetono la rima dei versi esterni (1 e 4) del ritornello (X); quest'ultimo, infatti, ripropone, in scala ridotta, la stessa struttura della strofe (un solo distico a rima baciata di endecasillabo e settenario, tra due versi — settenario ed endecasillabo — rimati fra loro).

Ecco il ritornello e la prima stanza:

Se alcun de amor sentito
Ha l'ultimo valor, sì come io sento,
Pensi quanto è contento
Uno amoroso cor al ciel salito.

Da terra son levato e al ciel son gito,
E gli ochi ho nel sol fisi al gran splendore,
E il mio veder magiore
Fatto è più assai di quel che esser solia.
Qual inzegno potria
Mostrar al mio voler e penser mei?
Perché io stesso vorei
Cantar mia zoglia, e non esser odito.

Il *rotondello* o *rondello* non era forma sconosciuta alla nostra poesia: ne avevano trattato già nel XIV secolo, fornendone alcuni esempi, Antonio Da Tempo e Gidino da Sommacampagna (cfr. III.5.2.), e ci sono noti un paio di altri esemplari anonimi tre-quattrocenteschi. Pur condividendo con essi l'affinità generale con lo schema della ballata, il rotondello del Boiardo presenta una superiore complessità strutturale, modellandosi direttamente, come si legge nella didascalia, su un analogo testo francese o provenzale, che non è stato tuttavia ancora identificato (al pari del suo misterioso autore, «Ranibaldus»). Il rinvio alla poesia d'oltralpe, comunque, è interessante, perché chiarisce l'àmbito culturale in cui, non solo in questo caso, si muove fondamentalmente la ricerca metrica boiardesca.

<small>Il rondello tradizionale e</small>

<small>quello del Boiardo</small>

IV.1.1.3. Precede quello del Boiardo il canzoniere di Giusto de' Conti (morto a Rimini nel 1449), *La bella mano*, primamente stampato a Bologna nel 1472. Esso si caratterizza per una notevole fedeltà al modello petrarchesco, soprattutto sul piano linguistico, stilistico e tematico, ma mostra, rispetto ad esso, una certa autonomia dal punto di vista metrico, aprendosi ad esiti sperimentalistici che da un lato si collegano alla poesia albertiana e dall'altro anticipano certe soluzioni boiardesche (cfr. BARTOLOMEO). Per quanto riguarda le canzoni, è notevole che, nella *Bella mano*, solo due (più due tra le estravaganti) si uniformino rigorosamente ad esemplari metrici attestati nei RVF (significativa, comunque, l'imitazione, leggermente variata, della canzone *Verdi panni*); e che Giusto, nella canzone *Selva ombrosa aspra e fera* (CVII) recuperi, dal Saviozzo, la fronte asimmetrica di sette versi (abCBAaC: cfr. III.2.1.).

<small>Il canzoniere di Giusto de' Conti</small>

<small>Le canzoni</small>

Tra le ballate, degna di nota è almeno la CII, *Per gli occhi miei passò la morte al core*, nella cui struttura (lo schema è: XyX AYBCBA-CYxY) spiccano due dati anomali: la mancanza del collegamento tra l'ultima rima della volta e l'ultima rima della ripresa (viene infatti ribattuta la rima Y anziché la rima X), secondo una prassi seguìta da Giusto anche in altre sue ballate e attestata anche presso alcuni poeti toscani (Alberti, Soldanieri, Rinuccini, Tinucci); la ricomparsa, nella prima mutazione (come farà il Boiardo: cfr. IV.1.1.2.), di una rima della ripresa (Y), il cui inserimento altera la regolare struttura delle mutazioni (ABCBAC), producendo una fronte asimmetrica di sette versi.

<small>Le ballate</small>

Infine, distanzia *La bella mano* dal modello dei RVF la collocazione, in calce alla silloge, di tre capitoli ternari (CXLVII, CXLVIII, CLI) e di un polimetro (CXLIX). Tra questi quattro componimenti, si segnalano in particolare il CXLVII, *Udite, monti alpestri, li miei versi*, un'elegia singolarmente vicina all'albertiana *Mirtia*, giacché pre-

<small>I ternari e il polimetro</small>

senta — come quest'ultima — l'inserimento a intervalli regolari di terzine-ritornello costituite da due endecasillabi con un settenario al centro (cfr. IV.1.2.2.); e il CXLIX, *La notte torna, et l'aria e il ciel si annera*, un'egloga polimetrica in cui la terza rima si alterna con l'endecasillabo frottolato (cioè contrassegnato dalla presenza costante della rima al mezzo) e con stanze di canzone di varia struttura (secondo una tecnica poi ripresa da Francesco Arzocchi e Jacopo Sannazaro: cfr. IV.2.4.).

IV.1.2. La Toscana

Il Certame coronario

IV.1.2.1. Quanto alla Toscana, si dovrà ricordare inizialmente il Certame coronario, tenutosi a Firenze nel 1441. L'intento programmatico di questa manifestazione (dimostrare l'eccellenza del volgare come lingua di poesia, e di una poesia capace di competere, sotto tutti gli aspetti, con quella classica e umanistica) indusse Leonardo Dati e Leon Battista Alberti a sperimentare per la prima volta la trasposizione italiana di metri latini, fornendo i primi esempi di quella che si suole

La nascita della metrica 'barbara'

definire metrica 'barbara' (sulla scorta del suo massimo cultore moderno, il Carducci, che intitolò *barbare* le sue classicheggianti *Odi* perché, a suo avviso, «tali sonerebbero agli orecchi e al giudizio dei greci e dei romani [...] e perché tali soneranno pur troppo a moltissimi italiani»: cfr. VIII.3.1.).

Leonardo Dati

Il Dati compose, per l'occasione, la scena *Dell'amicizia* (l'amicizia, infatti, era il tema fissato per i componimenti del Certame), che adotta nelle prime due parti l'esametro e nella terza il metro saffico (la quarta e ultima parte essendo costituita da un normale sonetto). Ecco l'inizio della prima parte (vv. 1-6):

> I' son Mercurio, di tutto l'olimpico regno
> Nunzio, tra gli omini varii iuntura salubre,
> Splendor de' saggi; porto al certamine vostro
> Sì cose, sì canto novo. Scoltate benigni,
> O circustanti che 'l canto poetico amate,
> S'i' vi son grato quanto qualunque poeta.

Per riprodurre l'esametro, il Dati si avvale qui del cosiddetto metodo 'prosodico' (cfr. PIGHI 1957, pp. 403-404 e 407-408), che si fonda sul tentativo (compiuto su basi del tutto astratte e convenzionali) di conferire all'italiano una struttura prosodica analoga a quella del latino, distinguendo sillabe brevi e sillabe lunghe. Per recuperare, almeno in qualche misura, tale distinzione, sono state messe a punto, nel corso dei secoli e da vari poeti, tanto precise quanto arbitrarie 'regole': nel caso del Dati e dell'Alberti (che in esametri scrisse il suo carme *Di amicizia* recitato al Certame) il metodo si basa essenzialmente sull'applicazione delle regole prosodiche latine alla lingua italiana. Le leggi fondamentali, che si desumono dalla stessa struttura dei versi, sono due (cfr. BERTOLINI 1988-89, p. 327): [e L.B. Alberti] [Le leggi della metrica barbara]

1) le parole del volgare che abbiano un diretto corrispondente latino ne rispettano la quantità sillabica (cfr. ad esempio, nel passo ora citato, *iuntura*, con *a* breve, come, di norma, nella desinenza del nominativo singolare dei nomi latini della prima declinazione e degli aggettivi femminili della prima classe);

2) se la parola volgare non ha un corrispondente latino, la quantità della penultima sillaba è fatta dipendere dalla posizione dell'accento: sarà quindi lunga se la parola è piana, breve se la parola è sdrucciola. In altre parole, la sillaba è lunga se tonica, breve se atona. Questa regola, talvolta, è applicata anche a parole di derivazione latina: il Dati, ad esempio, al v. 3 della sua saffica (vedi oltre) scandisce *mōrdĕrĕ* (per influsso dell'accentazione volgare), contro il latino *mōrdērĕ*.

Il metodo del Dati e dell'Alberti, tuttavia, è spesso approssimativo, e fa spazio a varie eccezioni e infrazioni, nonché ad alcuni 'aggiustamenti' atti a modificare la quantità sillabica originale o 'normale'; tra gli espedienti più usati, si segnalano l'allungamento in arsi della sillaba finale breve (cfr., nell'esempio precedente, la *o* finale di *Mercurio*, normalmente breve — come la desinenza del nominativo singolare dei nomi latini della seconda declinazione — ma qui allungata per effetto dell'accento); l'allungamento di una sillaba per posizione (quando cioè sia seguìta da due consonanti), anche in fonosintassi e anche se la parola ha un equivalente latino in cui la sillaba in questione è breve (ad esempio, *faccio* con *a* lunga, contro il latino *făcio*); l'abbreviamento, all'interno di parola, di vocale lunga seguìta da un'altra vocale.

Nel proemio premesso dallo stesso Dati (cui si deve anche una cospicua produzione di carmi latini) alla sua *Scena*, si afferma infatti che «la misura della quantità è circa i piedi latina», circa alle sillabe il più latina, e che «nella prima parte inscrive verso esametro, che è diviso in sei piedi: i quattro primi sono o dattilo o spondeo, il quinto è dattilo, il sesto è o spondeo o trocheo». Il primo degli esametri sopra citati, pertanto, presenta la seguente struttura prosodica: [L'esametro]

Ī' sōn / Mēr cŭ rĭ / ō // dī / tūt tŏ l'ŏ / līm pĭ cŏ / rē gno,

sovrapponibile, ad esempio, a quella di questo esametro virgiliano (*Aen.*, I, v. 112):

Inliditque vadis atque aggere cingit harenae;
Īn lī / dīt qŭe vă / dīs // āt / quēag gĕ rĕ / cīn gĭt hă / rē nae.

Come si può osservare, nei versi 'barbari' costruiti con tale sistema, le sillabe lunghe, talvolta, corrispondono a sillabe che in italiano sono, normalmente, atone; ciò si verifica con frequenza soprattutto nel primo emistichio dell'esametro, perché i versi italiani hanno prevalente attacco ascendente, cioè giambico (◡◜), mentre l'esametro ha sempre la prima sillaba lunga. Non dissimile appare la situazione del pentametro, di cui il primo esempio è il secondo verso di un isolato distico dell'Alberti:

> Questa per estrema miserabile pistola mando
> A te che sprezzi miseramente noi,

che prosodicamente risulta così strutturato:

Qūe stă pĕr / ē strē / mā // mĭ sĕ / rā bĭ lĕ / pī stŏ lă / mān do
Ā tē / chē sprēz / zī // mī sĕ ră / mēn tĕ nŏ / ī.

Il pentametro Dove il pentametro può essere accostato, ad esempio, a questo pentametro ovidiano (*Amor.* I 15, v. 16):

Cūm sō / lēet lū / nā // sēm pĕr Ă / ră tŭs ĕ / rīt.

La mancata corrispondenza (frequente soprattutto nel primo emistichio dell'esametro e del pentametro) tra gli accenti grammaticali delle parole volgari e gli *ictus*, unitamente alla necessità di utilizzare, per riprodurre la configurazione prosodica dell'esametro e del pentametro, versi 'lunghi' del tutto inediti in italiano e privi di analogie (sia sillabiche che ritmiche) con qualsivoglia verso tradizionale, determinarono la scarsa fortuna di simili esperimenti. Il sogno, accarezzato per secoli dai nostri poeti, di disporre di un esametro 'italiano', fu inseguito quasi sempre, e più fruttuosamente, con altri mezzi.

La strofe saffica Diverso, invece, è il caso della strofe saffica, poiché i tre endecasillabi saffici e l'adonio che costituiscono tale metro potevano essere riprodotti con tre endecasillabi e un quinario, cioè con versi italiani tradizionali e ritmicamente compatibili; ecco una saffica oraziana (I 20, vv. 1-8) col relativo schema metrico:

Vile potabis modicis Sabinum	◜ ◡ ◜ _ ◜ ◡◡ ◜ ◡ ◜ ◡
Cantharis, Graeca quod ego ipse testa	◜ ◡ ◜ _ ◜ ◡◡ ◜ ◡ ◜ ◡
Conditum levi, datus in theatro	◜ ◡ ◜ _ ◜ ◡◡ ◜ ◡ ◜ ◡
Cum tibi plausus,	◜ ◡◡ ◜ ◡

> Care Maecenas eques, ut paterni
> Fluminis ripae simul et iocosa
> Redderet laudes tibi Vaticani
>   Montis imago.

E queste sono le prime due strofe della III parte della *Scena* del Dati:

> Eccomi: i' son qui dea degli amici,
> Quella qual tucti li omini solete
> Mordere et, falso, fugitiva dirli;
>   Or la volete.
>
> Eccomi; et già dal solio superno
> Scesa, cercavo loco tra la gente,
> Prompta star con chi per amor volesse
>   Darne ricepto.

La struttura 'prosodica' di questi versi, secondo le indicazioni fornite dall'autore nel già menzionato proemio («Nella terza parte inscrive verso saffico, che è diviso in cinque piedi: il primo è trocheo, il secondo è spondeo, il terzo è dattilo, il quarto è trocheo, il quinto è trocheo o spondeo a libito»; a ciò si aggiunga che l'adonio è un dimetro dattilico catalettico *in disyllabum*), è la seguente:

> Ēc cŏ / mī sōn / quī // dĕ ă / dē glĭa / mī cĭ
> Quēl lă / quāl tŭc / tī // lĭŏ mĭ / nī sŏ / lē tĕ
> Mōr dĕ / rēet fāl / sō // fŭ gĭ / tī vă / dīr lĭ
>   Or lă vŏ / lē tĕ.

Anche in questo caso, sillabe lunghe e accenti di parola non sempre corrispondono; tuttavia, l'impiego di versi 'regolari' come l'endecasillabo e il quinario permise alla saffica italiana, messa da parte la rigida strutturazione prosodica escogitata da Leonardo Dati, di affermarsi con facilità — una volta accolta la rima — come metro, sia lirico che drammatico, squisitamente volgare.

IV.1.2.2. La scena *Dell'amicizia* è l'unico componimento volgare del Dati. L'Alberti, invece, è autore, oltre che del carme in esametri italiani scritto per il Certame, anche di un manipolo di rime volgari, esiguo ma assai interessante anche sotto l'aspetto metrico. Si tratta di diciannove poesie, caratterizzate soprattutto dal gusto della ricerca formale e dalla propensione verso le strutture più marcatamente artificiose e 'geometriche'. Non a caso, ben cinque sono le sestine — con-

Le forme poetiche volgari dell'Alberti

La terzina lirica

tro sei sonetti e una ballata (assente la canzone) —, alle quali si può accostare la singolare canzone-terzina *Le chiome che io adorai nel sancto lauro*, un breve componimento di endecasillabi e settenari giocato su tre parole-rima (*lauro, velo, bruna*), disposte in tre stanze (AbC BcA CaB) più un congedo (a)BC. Il metro — definibile propriamente 'terzina lirica' — ha in comune con la sestina sia l'uso delle parole-rima, sia il ricorso al meccanismo della *retrogradatio*, che qui non è tuttavia *cruciata* ma 'diretta', cioè attuata «'passando in coda' ad ogni strofa la parola-rima iniziale della strofa precedente e scalando semplicemente indietro di un posto le altre due» (CARRAI 1983-84, p. 41). Ecco il testo, in cui si evidenziano, in corsivo, i nomi 'nascosti' di «Batista» e «Lauromina»:

> Le chiome che io adorai nel sancto *lauro*
> *Mi na*scondi in bel velo,
> Candida mia angioletta in veste bruna.
>
> Poi che le chiome mi coperse il velo,
> Sempre fu l'aër bruna,
> E scolorito chi ancor ama il lauro.
>
> In veste al*ba ti sta*vi, non in bruna,
> Quando adorai il lauro
> E scorsi el sol, che spiande or sotto il velo.
>
> Le chiome e·*lauro mi na*sconde il velo,
> Che stringe a dolorarmi in veste bruna.

Il metro, che ha l'aspetto esterno di un madrigale, ebbe alcuni imitatori quattrocenteschi in area settentrionale (Antonio da Montalcino, Gianotto Calogrosso, Alessandro Sforza): ma, rispetto all'Alberti, questi poeti introdussero due rilevanti modifiche, quali l'esclusivo impiego di endecasillabi e l'adozione della *retrogradatio cruciata* (schema ABC CAB BCA), che avvicinano ancor più questa forma alla sestina lirica. Essi, inoltre, si servirono di un congedo monostico, concentrando quindi in un solo verso, secondo l'ordine (a)(c)B, tutte e tre le parole-rima.

La ballata (o madrigale?) Ridi, s'i' piango

Tornando all'Alberti, è opportuno segnalare prima di tutto, tra le sue rime, la ballata *Ridi, s'i' piango; ridi, falsa. Bene*, di struttura anomala (XyX ABBACyC; la mancata ripetizione, in coda alla volta, dell'ultima rima della ripresa, si trovava già in ballate trecentesche di Niccolò Soldanieri e Cino Rinuccini — e compare, nel Quattrocento, anche in Niccolò Tinucci e Giusto de' Conti). Quello che è caratteristico di una simile forma metrica (e si veda quanto detto a proposito del Boiardo: IV.1.1.2.) è la sua struttura chiusa: il tetrastico, infatti, che apre la stanza, resta compreso tra due terzetti, la cui funzione (se così possiamo dire) di 'cornice' è chiarita dal collegamento rimico dei rispettivi secondi versi. Così intesa, la forma potrebbe descriversi — come se si trattasse piuttosto di un madrigale — in questo modo: AbA CDDC EbE. Il caso è analogo a quello di una 'ballata' laurenziana (n. XXI del cosiddetto *Canzoniere* edito da Tiziano Zanato), ma che alcuni manoscritti definiscono madrigale, in cui ci troviamo di fronte ad una struttura chiusa, anche se la 'cornice' è qui costituita da due quartine, corrispondentisi simmetricamente per la disposizione così dei versi (settenario in terza sede) come delle rime (prima e quarta); il tutto, rappresentabile nel seguente modo: ABbC dEED AFfC. Ove invece si voglia (come fa lo Zanato) considerare il componimento una ballata, lo schema sarebbe: XYyZ aBBAXCcZ.

Si ricordino, inoltre, tra le rime albertiane, una lunga frottola (595 versi) in distici a rima baciata di versi di varia misura (irrelata l'ultima rima); un polimetro dialogato (*Corymbus*: una ballata grande di cinque strofe preceduta e seguita da cinque terzine incatenate, in cui il penultimo verso della prima serie di terzine fornisce la rima al primo verso della ballata, mentre il penultimo dell'ultima stanza della ballata la fornisce al primo della seconda serie di terzine); un'egloga in terzine (*Tyrsis*, la prima prova quattrocentesca di poesia bucolica e rusticale) e due elegie in terzine (*Mirtia* e *Agilitta*, i primi esempi italiani del genere: ma in *Agilitta* sono settenari i vv. 152, 173 e 176, mentre *Mirtia* presenta, a intervalli irregolari, una terzina-ritornello variata — l'*efymnion* dell'egloga classica —, costituita da due endecasillabi con un settenario al centro). Degne di nota, infine, alcune versioni poetiche (da autori latini e greci) che l'Alberti inserì nei suoi trattati, e che adottano per la prima volta, anziché la terzina — normale, all'epoca, nelle traduzioni in versi —, l'endecasillabo sciolto.

IV.1.2.3. In area fiorentina, la cerchia laurenziana si segnala, negli ultimi decenni del secolo, per alcuni interessanti tentativi di sperimentalismo metrico. Lo stesso Lorenzo de' Medici, autore di una vasta e polimorfica produzione in cui trovano spazio tutte le principali forme tradizionali (canzone, sestina, sonetto, ballata, madrigale, ottava, capitolo ternario), si compiace talora di introdurre originali 'varianti' metriche; la canzone *Quando raggio di sole*, ad es. (*Canzoniere*, CLXV), comprende otto stanze di diciassette versi ciascuna, costruite secondo il seguente schema: abBC BcCD dEfEfAGGA. Si tratta di uno schema decisamente eccezionale, non tanto per i due settenari iniziali, quanto per l'abnorme strutturazione della stanza: i piedi, infatti, sono del tutto asimmetrici, tanto nella disposizione dei versi che in quella delle rime (si potrebbe forse addirittura parlare di fronte in-

Lo sperimentalismo laurenziano

La canzone *Quando raggio di sole* di Lorenzo de' Medici e

divisa), e la sirma recupera, alla conclusione (vv. 14 e 17), la rima d'apertura della fronte, chiudendo circolarmente la stanza col ritorno al punto di partenza. L'organismo è tanto singolare che forse lo stesso Lorenzo vi allude, in apertura dell'ultima stanza (che, alla maniera siciliana, funge da congedo), sottolineando con l'aggettivo — laddove il sostantivo ha forse valore semplicemente affettivo — la novità dell'esperimento: «*Novella canzonetta*».

<small>quella di Niccolò da Correggio *Chi non scia como io vivo*</small>   Uno schema per certi aspetti analogo caratterizza, in area padana e negli stessi anni, una canzone di Niccolò da Correggio (*Chi non scia como io vivo*), le cui stanze sono così strutturate: aBbC cDdA, aBEeBF(f_5)A. Anche in questo caso — pur essendo i piedi simmetrici — la struttura è anomala (si noti, in particolare, la ripresa nella sirma delle rime A e B della fronte), ma segnata da una forte ricerca di simmetria e circolarità interna: la rima A, infatti, non solo, come nella suddetta canzone di Lorenzo, apre e chiude la stanza, ma funge anche da fulcro e da 'cerniera' della stanza stessa, giacché è ripetuta al tempo stesso nell'ultimo verso della fronte e nella chiave.

<small>La canzone laurenziana *Pensavo, Amor, che tempo fussi omai*</small>   Anche un'altra canzone laurenziana, *Pensavo, Amor, che tempo fussi omai* (*Canzoniere*, XXXV), si segnala per la sua originalità formale: le stanze, infatti, presentano lo schema ABc BCa CAb DdEFeF. Qui, oltre all'assenza della chiave, è opportuno mettere in rilievo la tripartizione, del tutto eccezionale, della fronte: il remoto precedente di Guido delle Colonne (canzone *La mia vit'è sì fort'e dura e fera*) prevedeva, nella fronte, la suddivisione in tre distici, non in tre terzetti. Da notare, inoltre, anche il meccanismo di *retrogradatio* diretta che caratterizza i terzetti della fronte, identico a quello della canzone-terzina dell'Alberti (cfr. IV.1.2.2.), e del tutto estraneo alla tradizionale struttura della canzone vera e propria.

<small>Le 'conclusioni' delle *Selve* laurenziane</small>   Autentiche 'infrazioni' metriche sono poi compiute dal medesimo Lorenzo in conclusione di entrambe le sue *Selve* (intitolate *Stanze* nella più recente edizione, curata da Raffaella Castagnola: cfr. IV.2.5.). In esse, infatti, interrompendo del tutto inaspettatamente la normale sequenza di ottave (metro-base dei due componimenti), Lorenzo introduce «strofette formalmente inedite» (MARTELLI 1974, p. 69): nella prima *Selva*, si tratta di un anomalo madrigale (schema aBc BcA dd: il metro, ma con soli endecasillabi, risulta attestato solo una volta, ad opera del trecentista Jacopo da Bologna: CAPOVILLA 1982, p. 243) e di un non meno anomalo strambotto toscano (AbAbccDD) misto di endecasillabi e settenari (la Castagnola, invece, interpreta più verosimilmente il tutto come una stanza di canzone, con fronte di due piedi — ciascuno di tre versi — e sirma di dieci versi); nella seconda, di un altro madrigale, dallo schema del tutto inusitato: abbC addE effC gG (se, anche in questo caso, non si debba piuttosto pensare a

una stanza di canzone, con due piedi tetrastici e sirma esastica). La rottura della serie metrica regolare (costituita dalla successione di ottave) e la conclusione con organismi metrici forse non tradizionali, se non addirittura abnormi, si giustifica, nel caso delle *Selve* laurenziane, con ragioni di carattere espressivo trasferite all'àmbito delle strutture formali: cantare un'esperienza eccezionale, cioè, comporta l'abbandono degli schemi consueti a favore di nuovi e più duttili organismi metrici, capaci di meglio esprimere, rappresentandolo, uno stato di estasi mistica che porta l'uomo, fuori di se stesso, verso la comunione con Dio.

IV.1.2.4. Analoghe ragioni 'espressive' dettano al poeta fiorentino Alessandro Braccesi, negli stessi anni, l'ideazione di uno schema di canzone al tutto inedito; le nove stanze, cui segue il congedo irrazionale XyyX, di *Chi cerca trova, e io non me ne curo* (LII), presentano una struttura (AaBbCcDD) che, per il suo andamento epodico (prodotto dall'alternanza di versi lunghi e brevi, riuniti in distici a rima baciata), ricorda la frottola, e che risulta di difficile, ma abbastanza certa interpretazione. Piuttosto che di una stanza indivisa, infatti, sembra trattarsi di una fronte tripartita con piedi di due versi (ciascuno costituito da un endecasillabo + un settenario) a rima baciata, chiaramente distinguibile da una sirma, anch'essa formata da due versi a rima baciata, ma entrambi endecasillabi; il tutto secondo lo schema: Aa Bb Cc, DD.

La canzone *Chi cerca trova* di A. Braccesi

Nel congedo (XyyX), il Braccesi giustifica la novità metrica del componimento («Canzona no, ma roze rime e versi, / Scusami a chi ti legge: / Di' che d'amor la legge / Così fa sempre chi 'l segue dolersi»); una novità che non è isolata all'interno del suo canzoniere (intitolato *Sonetti e canzone*, ma comprendente anche cinque capitoli ternari; il Braccesi compose anche carmi latini e poesie di genere 'burchiellesco'). Segnalo, in particolare, due canzoni a stanza indivisa (I, canzonetta di soli settenari con schema abbcacdcadee; XXXIII, schema AbbCcDdA, identico, quanto alle rime, a quello delle stanze del *Rodundelus* boiardesco: cfr. IV.1.1.2.) e una con fronte e sirma indivise, ma di identica estensione e di simile struttura (XLIX, schema AbbC-BaaC CddEedFF); e una ballata — monostrofica — decisamente anomala (XLVI), di soli endecasillabi, la cui stanza non presenta suddivisioni interne (schema: XYYZ AZAAYYBCBCDDEEXX).

Il canzoniere del Braccesi

Ballate anomale (ove non si tratti di madrigali: la difficoltà della definizione metrica è accresciuta da quella dell'interpretazione letterale) sembrano anche le quattro liriche di Francesco d'Altobianco degli Alberti (ed. LANZA 1973, I, pp. 68-69, nn. IV-VII) costruite su tredici endecasillabi e due sole rime: AA / BBA / AAB / AAB / BA.

Le 'ballate' di Francesco d'Altobianco degli Alberti

IV.1.2.5. Sono, questi, come si diceva, esperimenti isolati: eppure, in alcuni casi, preannunciano con evidenza i futuri sviluppi di certe forme metriche. In particolare, il madrigale laurenziano che conclude la più lunga delle *Selve* laurenziane o le stanze di canzone e la ballata del Braccesi anticipano chiaramente gli esiti cinquecenteschi di tali forme, che andranno progressivamente acquistando una sempre maggiore elasticità strutturale e tenderanno a configurarsi come organismi unitari, perdendo l'interna suddivisione in periodi regolari ed identici. Sotto questo aspetto, già pienamente 'cinquecentesche' risultano sia la suddetta ballata del Braccesi, sia alcune delle sue canzoni, in cui le tradizionali e rigide partizioni (fronte, sirma, piedi, mutazioni, volte) non sono più riconoscibili; e, sempre sotto questo aspetto, appaiono interessanti anche alcune poesie di Gerolamo Savonarola (da lui definite *Orationes*), che esibiscono stanze eptastiche indivise, costruite su tre sole rime, con schemi quali AbCbCaA e AbbAbCC (MARTELLI 1984, p. 522).

Le *Orationes* di G. Savonarola

Forme, tutte queste, decisamente innovatrici (poiché sottratte alle regole che governano gli schemi tradizionali, e prive, come detto, di divisioni interne), ma non per questo 'aperte', anzi costruite spesso con apprezzabile rigore strutturale, sia nella disposizione simmetrica e speculare di endecasillabi e settenari, sia nella definizione degli schemi rimici: nell'àmbito dei quali, frequente appare la ricerca della 'circolarità', ottenuta con la ripercussione della medesima rima all'inizio e alla fine della stanza (per questo aspetto, meritano una citazione anche due madrigali di Bernardo Cambini, dallo schema anomalo AbA BcB CbC CaA). In realtà, l'infrazione della norma e l'abbandono delle strutture tradizionali sembrano talvolta dettati dalla volontà di dar vita a forme ancora più 'chiuse', o comunque dotate di una non minore — anche se del tutto particolare e originale — coesione interna. In ciò è dato riconoscere, nelle sue prime, embrionali manifestazioni, quella duplice tendenza secondo cui, a partire dal primo Cinquecento, si svilupperà chiaramente l'evoluzione delle nostre forme poetiche: «al progressivo, anche se discontinuo, processo di dissoluzione delle strutture, pare in effetti accompagnarsi la ricerca, a quando a quando quasi ossessiva, di sempre più complesse e inedite strutturazioni» (MARTELLI 1984, p. 519).

I madrigali di Bernardo Cambini

IV.2. *Forme e generi della poesia quattrocentesca*

IV.2.1. Come già si è anticipato, nel XV sec. meritano attenzione, oltre ad alcuni importanti fenomeni di sperimentalismo metrico, gli sviluppi e le applicazioni, variegati e molteplici, cui furono sottoposte molte delle forme tradizionali e che, in certi casi, ne determinarono o ne condizionarono la successiva evoluzione. Per quanto riguarda la *canzone*, va notato che, se gli schemi petrarcheschi si impongono sempre più come modelli dotati di valore normativo (soprattutto a Napoli e in area veneto-padana), restano d'altra parte attestati, particolarmente in Toscana (dove più forte si mantiene l'influenza della poesia delle origini, Dante incluso), schemi 'anomali' di carattere arcaico. Domenico da Prato, ad esempio, compone una laboriosissima canzone (*Soletto con pensier spesso in selvagge*, cui rispose con un'identica canzone, sulle stesse rime, Roberto de' Rossi) le cui sette stanze mancano di chiave e presentano piedi di cinque versi (assenti in Petrarca, ma adottati da Dante nella canzone *Doglia mi reca ne lo core ardire*), secondo lo schema (variato talora nella sede delle rime interne): $ABBc(c_5)D\ (e_5)(e_9)ABBc(c_5)D\ (f_5)(f_9)GgHH$.

Né si tratta di un caso isolato, giacché tra le rime di Domenico da Prato si trovano altre canzoni prive di chiave, una delle quali (*Tempo fu già che errar mi fece amore*), ricca di rime al mezzo (e quindi 'frottolata'), si segnala anche per la fronte indivisa, secondo lo schema $A(a_5)B(b_5)BC(c_5)A(a_5)A(a_5)B(b_5)B\ CcDdEdEE$ (ma, poiché, come spesso accade in questo poeta, i periodi logici non coincidono con quelli metrici, l'identificazione della struttura non è pacifica: si potrebbe anche pensare a una fronte di nove versi, seguita dalla chiave settenaria *c*). Simili caratteri (fronte indivisa, piedi asimmetrici, assenza della chiave) tornano anche in alcune canzoni di altri poeti fiorentini coevi, come, ad esempio, Antonio di Meglio.

In ambiente non toscano, si possono segnalare, per la loro anomalia strutturale, la canzone *Ressurga da la tumba avara et lorda* del ferrarese Pietro Andrea de' Bassi (peraltro di dubbia attribuzione), le cui stanze hanno piedi asimmetrici di due versi, mancano della chiave e presentano, nella sirma, una sorta di andamento frottolato, prodotto dalla successione di cinque distici a rima baciata. Questo è lo schema: ABba ccddeeffGG. Per certi aspetti analogo è lo schema della canzone *Qual peregrin nel vago errore stanco* del pesarese Pandolfo Collenuccio, le cui stanze hanno piedi di due versi e sono prive di chiave, secondo lo schema: ABbA cDEeDFfCGgHH. Anche se, in questo caso, si potrebbe pensare a due piedi tetrastici simmetrici (ABbA DEeD) «intervallati da un settenario che anticipa una rima della sirma» (cioè la rima C; la sirma sarebbe pertanto FfCGgHH: BELTRAMI 1991, p. 113); una struttura che Pietro Bembo, di poco variandola, riprenderà in una delle sue canzoni (cfr. V.4.2.).

L'urbinate Angelo Galli, invece, in alcune canzoni, si rivela legato a uno sperimentalismo di marca trecentesca, adottando soluzioni care, ad esempio, al Saviozzo (cfr. III.2.1.), come l'impiego della fronte

La canzone quattrocentesca fra tradizione e innovazione

Domenico da Prato

La canzone *Ressurga da la tumba* di P.A. de' Bassi

La canzone *Qual peregrin nel vago errore stanco* di Pandolfo Collenuccio indivisa e asimmetrica di sette versi con schema: abCBAaC. In un caso, nella lunghissima canzone *Parlamo a ragïone*, le diciotto stanze, identiche nella fronte (dove adottano il suddetto schema eptastico), risultano talora diverse nella sirma, dove si alternano strutture quali CDdEeFfGG, cDdEeFfGG, CDdAaEeFF (con ripresa della prima rima della fronte), CDdEeFfGgHH (con l'aggiunta di un ulteriore distico a rima baciata in conclusione, per un totale di 18 versi, contro i 16 di tutte le altre stanze), CDdEeFfGg. Il tutto suggellato da un congedo irrazionale di 14 versi, con schema: ttUuVvXXxYYxZZ.

La canzone Parlamo a ragione di Angelo Galli

Un discorso a parte va fatto invece riguardo alle *canzonette* del veneziano Leonardo Giustinian, umanista e poeta, autore anche di laudi, ballate, serventesi e strambotti. Le sue canzonette, di argomento amoroso, talora adottano il metro della ballata, ma spesso sono costituite da brevi strofette di versi di varia misura (in prevalenza o ottonari, o endecasillabi e settenari), variamente rimati (ad es. aBaB bccd, oppure abaccb, oppure ababaC, con la rima C ripetuta a conclusione di ogni strofa), e talvolta si sviluppano dialogicamente, prendendo il nome di *contrasti* e estendendosi per alcune centinaia di versi. Ecco due strofe di un 'contrasto' tra i più celebri, *Amante, a sta fredura*, con stanze di otto versi (endecasillabi, settenari e un quinario in settima sede) dallo schema aBaB bccd:

Le 'canzonette' di Leonardo Giustinian

Contrasti

   - Ahi viso mio polito,
Contento son de fare el tuo volere:
Poi che tu ha' consentito
Lassarme intrare, per Dio, non temere.
Or dèmossi piacere,
Dolce mia anzolella,
O bocca bella,
Che morire me fai!

   - Amante, tutta e' tremo,
Moro di freddo, ho i piè tutti agiazzati;
Non so come faremo;
Io ho i miei zòccoli de suso lassati;
Parme che semo mati
A questo freddo stare;
L'è meglio andare
Qui in ista camarella.
   (vv. 513-28)

Tali metri, agili e 'musicali' (al canto, infatti, erano destinate le canzonette del Giustinian, egli stesso anche musicista), ebbero enorme successo, soprattutto nell'àmbito della poesia per musica, e assunsero spesso il nome di *veneziane* o (dal suo primo e più noto cultore) *giustiniane*.

Veneziane o giustiniane

Sul piano tematico, la canzone quattrocentesca non si discosta da quella del secolo precedente: anzi, in questo secolo la 'disponibilità' del metro si accentua ulteriormente, e la canzone perde il carattere di forma eminentemente lirica, volgendosi con sempre maggior frequenza ad argomenti morali, civili, encomiastici, occasionali e politici, e assumendo spesso i toni della lamentazione o dell'invettiva. Non a caso, brevemente parlando dei principali metri italiani nel *Comento sopra alcuni de' miei sonetti*, Lorenzo de' Medici afferma, poco dopo la metà del Quattrocento, che la canzone ha «grande similitudine con la elegia», a testimonianza di come, nella sua epoca, «la comune coscienza critica e poetica avesse perduto il senso della sublimità strutturale nativamente propria della stanza di canzone» (MARTELLI 1984, p. 529); Lorenzo, infatti, antepone alla canzone, come metri più nobili e più ardui, la terzina e, soprattutto, il sonetto.

L'estensione tematica della canzone

La canzone secondo Lorenzo de' Medici

Qualcosa di simile si può osservare, anche se in proporzioni molto più ridotte, riguardo alla *sestina*. La difficoltà tecnica e la fissità strutturale di questo metro lo sottraggono, senza dubbio, alla dissoluzione formale e logica cui va incontro, invece, la canzone; eppure, anche la sestina perde, almeno in qualche caso e in qualche misura, i caratteri di arduo e raffinato esercizio che la contraddistinguevano nel secolo precedente. Dimenticato l'esempio di Dante (che solo una sestina aveva composto), i poeti quattrocenteschi seguono e esasperano, di preferenza (ma non senza eccezioni: anche Boiardo, ad esempio, è autore di una sola sestina), il modello di Petrarca, che nei RVF aveva accolto ben nove sestine, di cui una doppia: e l'abbondanza con cui, soprattutto negli ultimi decenni del secolo, si sfornano sestine, compromette in parte l'aristocratica, quasi metafisica 'astrattezza' del metro.

Lo sviluppo della sestina

Indici di questo processo, d'altra parte, sono la diffusione di certe 'anomalie' tecniche (come l'adozione, contro la prassi dantesca e petrarchesca, di parole-rima trisillabiche e quadrisillabiche, e l'uso, in sede di parola-rima, di aggettivi, voci verbali e avverbi: entrambi i fenomeni compaiono, ad esempio, nelle sestine di Lorenzo de' Medici) e la comparsa di 'stravaganze' formali tipiche della lirica cortigiana e destinate a diffondersi nel secolo successivo. Il senese Filippo Galli (più noto con lo pseudonimo di Filenio Gallo e attivo in prevalenza nell'Italia settentrionale), ad esempio, compone una sestina in versi sdruccioli; il suo omonimo urbinate Angelo Galli, nelle sue sei sestine, ricorre con frequenza (anche più volte nel medesimo componimento, e sia nel congedo che nelle stanze) a quell'espediente della parola-rima composta (*terra: sotterra, partita: departita, ora: allora: ognora*) che, sia pur autorizzato dall'esempio petrarchesco, era stato sempre usato con molta parsimonia. Altre sestine 'anomale' si trovano nel

Lorenzo de' Medici

Filenio Gallo e la sestina in versi sdruccioli; Angelo Galli e la rima derivativa

Alessandro Sforza e la retrogradatio diretta — canzoniere di Alessandro Sforza, che in un caso applica a questo metro il meccanismo della *retrogradatio* non *cruciata*, ma diretta (ABCDEF, FABCDE, EFABCD, ecc.), e che in altri, dove invece ricorre alla normale *retrogradatio cruciata*, introduce varie irregolarità nella disposizione delle rime.

Il sonetto — IV.2.2. Al pari della sestina, anche il *sonetto* non subisce, per ovvie ragioni, mutamenti strutturali. Come nei secoli precedenti, continuano a godere di una certa fortuna particolari versioni 'artificiose' del sonetto (che comunque, come è già stato detto, non dovrebbero ascriversi all'àmbito metrico, ma a quello retorico: cfr. III.4.6.): ai diffusissimi sonetti acrostici (già si è detto di quelli boiardeschi) possiamo affiancare, a titolo puramente esemplificativo, un singolare tipo di sonetto semiletterato (cfr. III.4.6.) presente tra le rime di Domenico da Prato (*Rogo te, care velut frater mis*: dove le quartine sono in endecasillabi latini regolarmente rimati, mentre le terzine sono in volgare), e uno dei due sonetti composti dal pisano Lorenzo Damiani per il Certame coronario. Di quest'ultimo riporto la prima quartina:

> Vera - amicizia - glorïoso - bene,
> Amicizia - etternal - dono - d'amore;
> Glorïoso - dono, - perpetuo - onore,
> Bene - d'amore - onore - contiene.

Come si vede, il testo può leggersi sia orizzontalmente che verticalmente; la lettura verticale delle prime parole di ogni verso dà come risultato il v. 1, quella delle seconde parole produce il v. 2, e così via. Il meccanismo (ricalcato su analoghi artifici diffusi nella poesia tardolatina) si ripete anche nella seconda quartina e nelle terzine, cui segue una coda formata da due endecasillabi a rima baciata. Un sonetto dall'identico meccanismo (ma non caudato) e certamente esemplato su di esso, fu inviato, sul finire del secolo, da un altro poeta fiorentino, Giovanni Nesi, ad Alessandro da Verrazzano (*Amor celeste glorïoso bene*: ms. 2962 della Biblioteca Riccardiana di Firenze, c. 14v).

Il sonetto caudato — Ma il Quattrocento è, soprattutto (insieme al Cinquecento), il secolo d'oro del sonetto caudato, particolarmente nella forma con coda di tre versi (un settenario rimato con l'ultimo verso delle terzine e due endecasillabi a rima baciata: cfr. II.2.2. e III.4.6.). Questo tipo di sonetto, infatti, oltre a restare in auge, come nel secolo precedente, per componimenti d'occasione o di corrispondenza, diviene ora il metro pressoché obbligatorio di due fortunatissimi generi poetici, diffusi soprattutto in Toscana ma, sull'esempio di poeti toscani 'emigrati' (quali, in special modo, Antonio Cammelli detto il Pistoia e Bernardo Bellincioni, attivi nelle corti dell'Italia settentrionale), anche altrove: si tratta della poesia burlesca e giocosa, e di quella poesia a cui ha dato il nome di burchiellesca il suo più illustre cultore, il barbiere fiorentino Domenico di Giovanni detto il Burchiello, imitato da un folto stuolo di rimatori, fra cui uno dei più brillanti deve essere considerato il suo concittadino Francesco d'Altobianco degli Alberti.

nei poeti giocosi e nei burchielleschi

IV.2.3. La *ballata* è, nel XV secolo, un metro praticato piuttosto largamente, soprattutto da alcuni poeti toscani quali Giovan Matteo di Meglio, Francesco d'Altobianco degli Alberti, Lorenzo de' Medici e Angelo Poliziano. Notevole fortuna conosce nel Quattrocento, in special modo, quel particolare tipo di ballata denominato *barzelletta*. Si tratta di una ballata di semplice struttura, dal carattere prettamente popolaresco e dalla facile musicalità, accentuata dall'uso (eccezionale nella ballata lirica tradizionale) del verso ottonario. Fu adottata con frequenza, soprattutto, dai poeti meridionali (Serafino Aquilano — anche se operoso nell'Italia centro-settentrionale —, Francesco Galeota, ecc.) e da quelli toscani (ma tutte in ottonari sono, ad esempio, anche le ballate incluse nei suoi libri di rime da Filenio Gallo, poeta senese che, come si è detto [cfr. IV.2.1], operò tuttavia, in prevalenza, nell'Italia settentrionale; e le numerose barzellette di Galeotto del Carretto, attivo nelle corti lombarde); lo schema più diffuso è xyyx abab byyx, ma la ripresa può anche essere a rima alterna (xyxy) e la volta può anche avere schema bccx. Ecco un esempio del Poliziano (si citano solo la ripresa e la prima stanza):

La ballata

La barzelletta

 I' vi vo' pur raccontare
- Deh udite, donne mie -
Certe vostre gran pazzie,
Ma pur vaglia a perdonare.

 Se voi fussi più discrete
Circa 'l fatto dello amore,
Ne saresti assai più liete,
Pur salvando el vostro onore.
Non si vuole un amadore
Sempre mai tenere in gogna,
Ch'al meschino alfin bisogna
Le suo pene apalesare.

Diffuso è però anche lo schema con ripresa di due soli versi (xx abab bccx), impiegato di frequente dallo stesso Poliziano.

Il metro della barzelletta caratterizza, spesso, anche il *canto carna-*

La barzelletta

e il canto carnascialesco

scialesco, che può tuttavia adottare anche la normale ballata di endecasillabi e/o settenari. Si tratta di un componimento scritto, come dice il nome, per le feste di carnevale, e destinato ad essere intonato durante le sfilate dei carri; fu in voga, tra il secondo Quattrocento e il primo Cinquecento, soprattutto a Firenze, e venne praticato anche da poeti di primo piano, a partire da Lorenzo de' Medici, cui si attribuiva in passato l'ideazione del genere. Un canto carnascialesco (con schema xx abab bx) è il *Coro delle baccanti* che chiude l'*Orfeo* del Poliziano. I tratti tipici della barzelletta (ritmo marcato, espressionismo linguistico, frequente ricorso, in rima, a parole tronche e sdrucciole, doppi sensi osceni) si ritrovano, ancora più accentuati — per le ragioni che è facile immaginare —, nel canto carnascialesco; dove pure è spesso adottato (come nelle ballate e nelle barzellette di Lorenzo e Poliziano) l'artificio di ripetere, alla fine della volta, la parola-rima, e non la semplice rima, dell'ultimo verso della ripresa. Artificio, questo, che talora si complica con la ripetizione, nella volta, di entrambe le parole-rima della ripresa, o addirittura di uno o due versi (uguali o poco variati) della ripresa stessa. Esempio classico, il laurenziano *Trionfo di Bacco e Arianna*, dove i vv. 3-4 della ripresa («Chi vuol essere lieto sia: / Di doman non c'è certezza») tornano, identici, alla fine di ciascuna delle sette stanze del componimento.

Il Coro delle baccanti nell'Orfeo del Poliziano

Il Trionfo di Bacco e Arianna di Lorenzo de' Medici

Un altro genere che, secondo la tradizione, adotta il metro della ballata (generalmente con soli ottonari, o con settenari ed endecasillabi, o con soli endecasillabi) è la *lauda*, coltivata nel Quattrocento, fra i molti, da Feo Belcari, Lorenzo de' Medici, Leonardo Giustinian.

La lauda

La terza rima

IV.2.4. Per quanto riguarda la *terza rima*, essa conosce nel XV secolo una grande varietà di usi e di applicazioni, lungo le linee già individuate nella poesia trecentesca. In primo luogo, è in questo metro che sono scritti i poemi e i poemetti appartenenti al genere, dantesco ma anche boccacciano e petrarchesco, della visione allegorica: a titolo di esempio, si ricordano qui la *Philomena* di Giovanni Gherardi da Prato, il *Giardino* del fiorentino Antonio Bonciani, il *Rimedio amoroso* del pordenonese Pietro Capretto e *Le sei etate de la vita umana* del napoletano Pietro Jacopo De Jennaro. Una variante personale della terza rima ci è proposta dal secondo libro della *Città di vita* di Matteo Palmieri: dei tre libri (per complessivi cento canti) di cui consta il poema, il primo e il terzo ospitano rispettivamente 33 e 34 canti, ciascuno dei quali costantemente di 50 terzine più un verso di chiusura ad ogni canto (per un totale di 151 versi); il secondo, invece, pur risultando anch'esso di 33 canti di cinquanta terzine ciascuno, non prevede, alla fine di ciascun canto, il verso conclusivo, sicché i 33 canti risultano collegati da un incatenamento rimico ininterrottamente

La Città di Vita di Matteo Palmieri

prolungato per 1650 terzine e fermato dal solo verso di chiusura alla fine del 33° canto (il tutto, quindi, per un totale di 4951 versi endecasillabi). Sempre in terzine sono poi alcuni poemetti di genere satirico-burlesco, come quelli di Stefano di Tommaso Finiguerri detto Za (la *Buca di Montemorello*, lo *Studio d'Atene*, il *Gagno*) e il *Simposio* di Lorenzo de' Medici.

Ma la terzina è, soprattutto, il metro del *capitolo ternario*, uno dei generi più largamente praticati nel Quattrocento, nel consueto, amplissimo ventaglio tematico; come già nel Trecento, capitoli entrano a far parte anche dei 'canzonieri' e dei libri di rime, dal Braccesi (come già si è detto) a Giusto de' Conti (il cui canzoniere *La bella mano* ospita, alla fine, tre ternari e un polimetro a base ternaria: cfr. IV.1.1.3.), da Lorenzo de' Medici (nel cui canzoniere erano previsti — benché il più recente editore abbia ritenuto opportuno espungerli — due ternari) al Sannazaro (che conclude le sue rime con tre capitoli, il primo di argomento sacro, gli altri due funebri), da Bernardo Pulci ad Angelo Galli, a Gasparo Visconti, ecc. Tra i più prolifici autori di capitoli, si segnalano Lorenzo de' Medici (che riservò tale metro alla trattazione di argomenti filosofici, morali e religiosi), il fiorentino Niccolò Cieco, il modenese Panfilo Sasso, il padovano Niccolò Lelio Cosmico e Niccolò da Correggio. Quest'ultimo, nei suoi capitoli, spazia da un genere all'altro, alternando elegie, egloghe (talora in sdruccioli), epistole, satire, e in alcuni casi premettendo al testo poetico una epistola in prosa, secondo un costume diffuso nel Quattrocento e oltre, quando «epistola morale e capitolo ternario» sono «le due facce, l'una in prosa e l'altra in poesia, della medesima medaglia» (MARTELLI 1984, p. 567). Da segnalare anche che i due capitoli ternari di Serafino Aquilano (*Hor su, stanco mio cor, suona la tromba* e *La nuda terra s'ha già messo il manto*) sono entrambi designati, nella stampa fiorentina del 1516, come «disperate»: una qualifica solitamente riservata alla canzone (cfr. III.2.2.), ma talora applicata anche al capitolo (nel Cinquecento, ad esempio, al capitolo *Poi che sempre ho il diavolo a tentarmi* di Pietro Aretino).

Tra i capitoli del Correggio, si è detto, alcuni appartengono al genere bucolico: sull'esempio dell'Alberti e di Giusto de' Conti, l'*egloga* in terzine incontra infatti, in questo secolo, un grande successo, sia nella variante di tipo 'classico' (ispirata più direttamente al modello di Virgilio e della bucolica classica ed umanistica), sia in quella di carattere, per così dire, 'espressionistico'. Nella prima si misurarono, fra gli altri, Bernardo Pulci (traduttore in terzine delle *Bucoliche* virgiliane), il senese Jacopo Fiorino de' Buoninsegni, Lorenzo de' Medici (col *Corinto*), Niccolò da Correggio; la seconda ebbe come suo iniziatore, poco dopo la metà del secolo, il senese Francesco Arzoc-

> Il capitolo ternario
>
> all'interno dei 'canzonieri'
>
> e come composizione autonoma
>
> Le 'disperate' in ternari
>
> Il capitolo ternario e la bucolica

chi, autore di quattro egloghe che ebbero rapida e vasta fortuna in tutta Italia.

Francesco Arzocchi e lo sdrucciolo   L'Arzocchi introdusse nell'egloga l'uso del verso sdrucciolo, che in séguito divenne carattere quasi obbligatorio di questo genere, e gli conferì una marcata connotazione 'polimorfica', sul piano sia metrico (con l'adozione della rima al mezzo e di forme polimetriche) che linguistico (con l'impiego di una lingua espressionisticamente colorita, in cui convivono crudi latinismi e voci dialettali), servendosi del 'velame' bucolico per mascherare significati allegorici, di natura soprattutto politica. L'esempio dell'Arzocchi, subito messo a frutto, a Firen-

Luca Pulci,   ze, da Luca Pulci nella sua VIII *Pìstola*, eserciterà un profondo influsso, a tutti i livelli, anche sui più tardi testi bucolici quattrocenteschi,

il Boiardo e il Sannazaro   dalla *Pastorale* del Boiardo (dieci egloghe) all'*Arcadia* del Sannazaro (dodici egloghe, alternate ad altrettante prose, con un prologo e un epilogo, anch'essi in prosa), che pure esibiscono connotati fortemente classicheggianti.

La terzina diventa, nel XV secolo, anche il metro di altri generi minori, nei quali, a partire dal secolo successivo, si affermerà l'ende-

La satira   casillabo sciolto: si tratta della *satira*, che, praticata dal veneziano Antonio Vinciguerra (su toni moralistico-religiosi) e da Niccolò da Correggio (su toni di ispirazione oraziana), avrà comunque grande fortuna, in questo stesso metro, ancora nel Cinquecento e oltre (all'esempio della satira di un Giovenale e di un Persio va ricondotto anche un capitolo ternario come quello *Di vecchiezza* di Francesco d'Alto-

I volgarizzamenti   bianco degli Alberti); e della *traduzione* da testi poetici classici, normalmente condotta in terza rima (con l'eccezione dell'Alberti, che adotta lo sciolto, ma traduce solo brevi frammenti). In terzine furono tradotti nel XV secolo, ad esempio, testi quali le *Bucoliche* virgiliane (da Bernardo Pulci, come si è detto), le *Georgiche* (dal fiorentino Bastiano Foresi, che vi premise un'introduzione allegorico-morale, sempre in terzine, intitolando il tutto *L'Ambizione*), le satire di Giovenale (dal veronese Giorgio Sommariva).

L'ottava lirica ed epigrammatica   IV.2.5. L'*ottava* si afferma, nel XV secolo, come metro non solo narrativo, ma anche (nelle forme del rispetto e dello strambotto) lirico ed epigrammatico. Coi nomi — di fatto equivalenti — di *rispetto* e di *strambotto* si indica un breve componimento che adotta, in genere più raramente, la forma dell'ottava siciliana (ABABABAB), e di solito quella dell'ottava toscana (ABABABCC: cfr. III.3.). Questo che segue è uno strambotto in ottava siciliana del napoletano Francesco Galeota (si noti il rapporto di consonanza tra le due rime: *-are*, *-ire*):

> Non me venir in somno a molestare!
> Quand'è la notte, lassame dormire!
> Ché 'l giorno vivo come l'onda al mare,
> Portato da gran vento de sospire;
> Poi, quando credo de me repossare,
> Me viene sempre per darme martire.
> Ché se tu me venisse a consolare,
> Voria del somno mai non me partire!

Ed ecco uno strambotto in ottava toscana di Serafino Ciminelli detto Aquilano, celeberrimo all'epoca per le sue qualità di improvvisatore in questo e in altri metri:

> Ecco la nocte: el ciel tutto se adorna
> Di vaghe stelle fulgidi et lustranti;
> La luna è fuor con le dorate corna
> Che si apparecchia a dar luce agli amanti;
> Chi quieto dorme, et chi quieto ritorna
> Alla sua amica a dar triegua a gli pianti.
> Ognuno ha qualche pace, io sempre guerra:
> Tua crudeltà m'ha facto unico in terra.

Rispetto e strambotto possono presentarsi sia isolati (ovvero, come si dice, spicciolati), sia continuati, cioè collegati in serie, a formare un più esteso componimento polistrofico. È il caso, ad esempio, del rispetto XXVII del Poliziano (uno dei massimi poeti quattrocenteschi misuratisi con questo metro), che un codice intitola *Serenata over lettera in istrambotti*, e che è infatti una sorta di epistola amorosa svolta in sedici stanze. Va comunque tenuto presente che, in un rispetto continuato, le varie stanze, pur connettendosi in un testo organico, mantengono pur sempre una certa autonomia, e possono sussistere anche come rispetti singoli e indipendenti: le ottave 13 e 14 dell'appena ricordato rispetto XXVII del Poliziano, infatti, tornano anche (con minime varianti) tra i rispetti spicciolati dello stesso autore (XVI e XVII), e in alcuni casi risulta difficile stabilire se due o più rispetti, comunemente ritenuti spicciolati e come tali costantemente pubblicati, costituiscano, in realtà, altrettante stanze di un rispetto continuato. D'altra parte, in componimenti di questo genere, proprio la tenuità dei nessi logici espone le ottave al pericolo così di alterazioni della sequenza come della diaspora; ed è forse per ovviare a tale inconveniente che qualcuno pensò di applicare all'ottava l'artificio, tipico della canzone, delle *coblas capfinidas* (cfr. II.1.3.). È questo il caso, ad esempio, di una *Silva* di Niccolò da Correggio, le cui ventuno ottave sono rigorosamente collegate, ad eccezione delle ultime due, in questo modo:

Rispetto spicciolato e continuato. Il rispetto XXVII del Poliziano

Ottava e coblas capfinidas

L'ottava narrativa   In àmbito narrativo, si ricorda che l'ottava (di tipo toscano) diviene nel XV secolo sia il metro del poema cavalleresco (da Pulci a Boiardo) e — come meglio vedremo a suo luogo — della sacra rappresentazione (cfr. IV.3.1.), sia il metro di generi minori ma fortunati quali il poemetto rusticale (la *Nencia da Barberino* di discussa paternità laurenziana, la *Beca da Dicomano* del Pulci), il poemetto mitologico-allegorico (il *Pome del bel fioretto* di Domenico da Prato, il *Driadeo d'amore* di Luca Pulci) e il poemetto d'occasione (esempio principe, le *Stanze per la giostra* del Poliziano), sia di generi classicheggianti come la selva e la favola mitologica (praticate entrambe da Lorenzo de' Medici, rispettivamente con le due *Selve* e con l'*Ambra*). In ottave sono anche — ma la terzina, in questo settore, resta un'alternativa assai diffusa — i brevi componimenti narrativi di qualsiasi argomento, dalla *Uccellagione di starne* di Lorenzo alla *Palla al calcio* di Giovanni Frescobaldi.

La frottola   IV.2.6. La *frottola*, già affermatasi nel secolo precedente, è pure metro di frequente impiego nel Quattrocento: fra gli autori che vi si provarono, oltre, come già si disse, a Leon Battista Alberti, ricordo il padovano Francesco Sanguinacci e i fiorentini Filippo Scarlatti, Luigi Pulci, Francesco d'Altobianco degli Alberti, Bernardo Cambini. Eccezionale è il caso del milanese Bartolomeo Sachella, autore di ben 56 frottole. Dal punto di vista metrico, è importante sottolineare l'impiego della frottola, soprattutto nella versione dell'endecasillabo frot-
e l'egloga polimetrica   tolato (cioè con rima al mezzo), nelle egloghe polimetriche di poeti come l'Arzocchi, il Boiardo e il Sannazaro (cfr. IV.3.4.). Questo è l'inizio della seconda frottola del Pulci, che adotta — secondo una prassi molto diffusa nel '400 — il metro del serventese duato, ossia il distico (in questo caso, di settenari) a rima baciata, complicato dall'artificio, tipico del genere frottolistico, della rima mnemonica (cfr. III.4.2.):

> Io vo' dire una frottola,
> Ch'i' ho nella collottola
> Tenuta già gran tempo.
> Or, perché pur m'attempo,
> Non vo' che meco muoia;
> Ch'ella sarà ancor gioia
> E disïata e cara.
> Ognun semina e ara
> Per ricôr van disio.
> El seme è fatto rio,
> Però tutto rio nasce;
> L'uomo sol d'uom si pasce,

> Come di terra talpa.
> Chi come Tomma palpa
> mi par savio e discreto.
> (vv. 1-15)

A Napoli si sviluppò, nella seconda metà del secolo, un particolare tipo di frottola, noto come *gliuommero* (= gomitolo): il nome allude sia alla struttura metrica (costituita esclusivamente da endecasillabi con rima al mezzo), sia allo svolgersi apparentemente caotico ed oscuro del componimento, che, costellato di motti, sentenze e proverbi, si snoda affastellando, senza ordine logico, i più disparati argomenti e le più diverse considerazioni. Caratteristiche dello gliuommero (una forma di cui restano pochissimi esemplari, ad opera di autori come il Galeota, il De Jennaro e il Sannazaro) sono, inoltre, la spiccata coloritura dialettale, la presenza di un dedicatario e l'impianto monologante, affidato generalmente a personaggi di bassa estrazione sociale.

<small>Lo gliuommero</small>

Lo gliuommero, che adotta esclusivamente l'endecasillabo con rima al mezzo, può essere considerato una frottola metricamente 'regolata', che sostituisce, alla quasi assoluta libertà ritmica e metrica tipica dei testi frottolistici trecenteschi, una struttura fissa ed obbligata, imperniata sul ricorso a un unico tipo di verso e a un costante meccanismo rimico. Può darsi che su questa 'regolarizzazione' della frottola abbia influito l'esempio del Petrarca, che nei RVF attuò una sorta di 'compromesso' tra la struttura della canzone canonica e quella della frottola (cfr. III.1.3.); in ogni caso, una spiccata tendenza alla regolarità metrica compare anche in molte frottole quattrocentesche, come, ad esempio, quelle del Pulci.

IV.2.7. Con il termine *rimolatino* — di rara ed esclusiva attestazione quattrocentesca — il già citato Domenico da Prato designa due ampi componimenti compresi nel manoscritto autografo delle sue rime. Il primo, di carattere allegorico, conta 312 versi (endecasillabi e settenari), distribuiti in strofe esastiche così strutturate: AbCAbC DaEDaE FdGFdG, ecc. Ecco le prime tre stanze:

<small>Il rimolatino e Domenico da Prato</small>

> In una valle tra due montagnette,
> Dov'è un giardino adorno
> Con fonte in mezzo e intorno selve folte,
> Nel qual Gemini il caldo mai non mette,
> Perché orizzonte intorno
> Vi fan degli arbusce' le fronde molte
>
> > (da Eolo l'un monte il prato guarda,
> > Sì che i fiori e l'erbette

> Non mutan mai la lor ridente vista,
> Non par per freddo aghiacci o per caldo arda:
> In questo luogo strette
> Sente spesso da Amor la mente trista),
>
> Co' miei bracchetti giva un dì cacciando:
> Più presta che leoparda
> Innanzi mi si fece una cervetta;
> A seguitarla incominciai sgridando.
> La qual, come gagliarda,
> Ben dimostrava aver nel corso fretta;
> [...]

Come si vede, ciascuna strofe è formata da due terzetti identici, che riprendono, nel verso centrale, la rima dei versi iniziali dei terzetti della strofe precedente; il meccanismo è quello dell'incatenamento continuo, tipico del serventese (cfr. II.6.3.2.), un metro che, infatti, alcuni trattatisti (SPONGANO 1974, p. 52; RAMOUS 1984, p. 216) ritengono affine ed accostano al rimolatino. Effettivamente, «rimolatino» è intitolato, nel ms. Plut. XLI 31 della Biblioteca Medicea Laurenziana di Firenze — autografo del medesimo Domenico da Prato —, il serventese di Antonio di Meglio *Eccelsa patria mia, però che amore*, che adotta uno fra gli schemi del capitolo quadernario: AbbA AccD DeeF, ecc.). Si tenga comunque presente che il secondo rimolatino di Domenico da Prato (*Già con lo estivo tempo ambo i Gemelli*), che misura 274 versi, presenta strofette di sette versi nelle quali la prima rima riprende l'ultima rima della strofa precedente, secondo lo schema incatenato ABcABcD DEfDEfG GHiGHiL ecc. (alla fine, come nella terza rima, è collocato un verso di chiusa: WXyWXyZ Z). Per tutto questo, sembra di dover concludere che con «rimolatino» s'intendesse non una particolare variante del serventese, ma qualunque forma metrica caratterizzata dall'incatenamento rimico, comunque attuato, delle varie strofe.

L'epitaffio satirico

IV.2.8. Un rapido cenno merita, infine, il metro che, a partire dal Quattrocento, si afferma — affiancandosi al tradizionale sonetto — nel genere dell'epitaffio satirico: la quartina di endecasillabi a rima chiusa o, più di rado, alterna (cfr. CARRAI 1985-86). Già se ne serve, a Firenze, l'araldo della Signoria Antonio di Meglio, che in questo metro compone le epigrafi per le effigi dei fuoriusciti fiorentini (all'indomani della battaglia di Anghiari, 1440) dipinte da Andrea del Castagno nel Palazzo del Podestà. Ecco quello per Lamberto Lamberteschi:

I' son Lamberto Lamberteschi, a cui
Ben si può dire: «A te volò il cervello»;
Con questi traditor' fe'mi rubello
Della mia patria, ove gran ricco fui.

L'epitaffio 'immaginario' (cioè composto — come quelli di Antonio di Meglio — vivente l'interessato) fu praticato anche da Luigi Pulci, e conobbe poi larga fortuna nel XVI secolo, quando ebbe tra i suoi cultori Machiavelli (celebre l'epitaffio per Pier Soderini), il Lasca, Michelangelo, Francesco Berni e molti altri.

IV.2.9. Il Quattrocento è un secolo ricco di 'canzonieri', ed è anche il secolo in cui appaiono i primi libri di rime esemplati, almeno in qualche misura, sul modello petrarchesco. Il petrarchismo quattrocentesco ha, senza dubbio, caratteri propri e ben diversi da quelli che assumerà nel secolo successivo; tuttavia, se è vero che, come si suol dire, Petrarca è, nel Quattrocento, solo uno degli ingredienti del petrarchismo, e che l'interpretazione della poesia petrarchesca è generalmente ben diversa da quella poi affermatasi col Bembo, è altrettanto vero che l'aspetto metrico è, comprensibilmente, quello in cui l'esempio dei *Rerum vulgarium fragmenta* agisce con maggiore efficacia. Accade, così, che anche 'canzonieri' per molti versi lontani dal modello di Petrarca risultino, metricamente, assai fedeli ad esso, come nel caso del libro di rime (intitolato *Naufragio*) del poeta napoletano Giovanni Aloisio.

Proprio a Napoli il petrarchismo metrico fornisce alcune delle sue prove più significative, in poeti come Giovan Francesco Caracciolo, il Cariteo e soprattutto Jacopo Sannazaro, tra le cui rime non è dato incontrare una sola canzone che non sia ricalcata sugli esemplari dei RVF. In Toscana, invece, a parte rare e parziali eccezioni (la più importante è forse quella di Rosello Roselli), i RVF non si affermano ancora — neppure con il Magnifico — quale modello cogente, così come invece accade, negli stessi anni, per non pochi poeti napoletani e veneti.

L'area veneto-padana (quella, non a caso, da cui muoverà nel Cinquecento l'operazione bembesca, che imporrà alla lirica italiana la 'dittatura' dei RVF) rappresenta infatti, accanto a Napoli, l'altro polo fondamentale del petrarchismo quattrocentesco. I testi più importanti, sotto questo aspetto, sono *La bella mano* di Giusto de' Conti (che pure, come si è detto, accoglie talora soluzioni metricamente anomale rispetto al modello dei RVF: cfr. IV.1.1.3.) e i libri di rime di alcuni poeti padovani, quali Domizio Brocardo, Niccolò Lelio Cosmico e Giovanni Aurelio Augurelli. Non mancano, tuttavia, né al Sud né al Nord,

La forma 'canzoniere' e il petrarchismo quattrocentesco

Napoli

Venezia e la Padania

spinte 'eccentriche' rispetto alla linea petrarchesca: a Napoli, il De Jennaro costruisce quasi tutte le sue canzoni su schemi diversi da quelli adottati nei RVF, mentre Giuliano Perleoni pubblica un libro di rime (il *Compendio*, che accoglie, oltre alle canoniche forme liriche, anche egloghe, capitoli morali e un serventese) privo di autentica organicità e occupato in buona parte da poesie d'occasione di stampo prettamente 'cortigiano'; a Ferrara, Boiardo dà vita, come si è visto, a un canzoniere metricamente e strutturalmente lontano dal modello del Petrarca; a Milano, Gasparo Visconti compone tre libri di rime (i *Rithimi* e i due canzonieri per Beatrice d'Este e per Bianca Maria Sforza, quasi esclusivamente costituiti da sonetti, con l'aggiunta di due sestine e di cinque capitoli ternari) nei quali la componente erotica di ascendenza petrarchesca convive con elementi di genere diverso (morale, occasionale, encomiastico, burlesco).

Le spinte centrifughe

IV.3. Il teatro

IV.3.1. Il Quattrocento vede la nascita della prima, autentica produzione teatrale volgare delle nostre lettere; ma, per lo più, al teatro quattrocentesco è estraneo lo sperimentalismo metrico che caratterizzerà spesso la commedia e la tragedia del Cinquecento. A parte la lauda drammatica o dialogata, già attestata nei secoli precedenti, il teatro religioso del XV sec. si identifica con la *sacra rappresentazione*, un genere che mette in scena episodi biblici ricorrendo quasi sempre al metro narrativo dell'ottava (si ricordano qui le sacre rappresentazioni dei fiorentini Feo Belcari, Lorenzo de' Medici e Castellano Castellani). Non mancano, comunque, casi di polimetria, consistenti essenzialmente nell'alternanza di ottava e di terza rima; eccezionale il caso del già menzionato Pietro Capretto, che nelle sue due sacre rappresentazioni impiega metri di vario genere (distici, terzine, quartine, sonetti).

La sacra rappresentazione

IV.3.2. Più variegato, invece, è il settore del teatro profano, soprattutto di quello di imitazione classica, diffuso nelle corti settentrionali (in special modo Ferrara, Mantova e Milano). Anche se non mancano testi omometrici (come il *Timone* del Boiardo, interamente composto in terza rima), la regola è infatti la polimetria: la combinazione più frequente è quella di ottave e terzine (ad es. nella *Danae* di Baldassarre Taccone e nella *Pasitea* di Gasparo Visconti, entrambi milanesi), ma non di rado vengono introdotti in testi di questo genere anche metri lirici, come la ballata e il madrigale (nella *Fabula de Cefalo* di Niccolò da Correggio) o la barzelletta (nella tragedia *Panfila* del Cam-

Il teatro profano

melli). La polimetria più interessante è però quella che caratterizza la *Fabula di Orfeo* del Poliziano, ritenuta la prima rappresentazione profana nella storia del nostro teatro: in essa, al metro base, l'ottava, si accompagnano terzine, una ballata (vv. 54-87), schemi di madrigale (vv. 128-40: abC abC dcD effE; vv. 245-60: abA bCC dAE AdE FGgF), e il canto carnascialesco conclusivo (vv. 309-42).

IV.3.3. Altri generi teatrali profani quattrocenteschi sono la farsa e il mariazo. La *farsa*, praticata alla corte aragonese di Napoli nella seconda metà del secolo, è una semplice azione scenica, di carattere o allegorico-celebrativo, o comico-moralistico: è caratterizzata dal forte colorito dialettale e dall'impiego quasi esclusivo dell'endecasillabo 'frottolato' con rima al mezzo, il metro dello gliuommero (di rado è adottata la terza rima, con versi sdruccioli, come nell'egloga). Se ne conoscono esempi di Pietro Antonio Caracciolo, Giosuè Capasso e Jacopo Sannazaro.   La farsa

Il *mariazo* (= 'maritaggio', matrimonio), diffuso in area veneta e soprattutto padovana, è in sostanza una «frottola popolare d'argomento matrimoniale» (MILANI 1980, p. 397): scritto nel metro tipico della frottola (versi brevi, rime ribattute di tipo 'mnemonico', per cui cfr. III.4.2.), è un genere di carattere popolaresco (ma, si sospetta, coltivato da scaltriti letterati dell'ambiente universitario, al pari della poesia macaronica), consegnato a testi anonimi destinati alla recitazione nelle piazze e giocato sul duplice piano dell'espressionismo linguistico (con massicci apporti dialettali) e dell'insistita, pesante oscenità delle situazioni rappresentate.   Il mariazo

IV.4. *I trattatisti*

IV.4.1. Per quanto riguarda i trattati di metrica, il testo più diffuso nel XV secolo resta la *Summa* di Antonio Da Tempo (cfr. III.5.1-2.); di essa, il padovano Francesco Baratella — umanista, poeta in latino e in volgare — approntò, nel 1447, un volgarizzamento, dal titolo di *Compendio ritimale*, rimaneggiando l'originale sia con la semplificazione della casistica metrica, sia con l'inserimento di nuovi componimenti (di suo padre Antonio e di Jacopo Sanguinacci) in sostituzione di alcune delle poesie composte a mo' di esempi dal Da Tempo. Il trattatello di quest'ultimo è probabilmente fonte privilegiata anche di un'altro 'manuale' metrico quattrocentesco, quello, adespoto ma di probabile provenienza mantovana, conservato nel ms. II II 28 della Biblioteca Nazionale Centrale di Firenze (cfr. DIONISOTTI 1947, pp. 21-34), e comprendente una sezione di norme metriche — relative

Francesco Baratella

Il 'manuale' ms. della Nazionale fiorentina

ai principali versi e ad alcune delle forme più usate — seguìta da un rimario.

Guido Peppi (Stella)

A un livello molto più modesto si colloca il *De componendis in lingua italiana versibus compendiolum* del forlivese Guido Peppi, detto Guido Stella, umanista, astronomo e poeta, morto nel 1492: si tratta di un brevissimo opuscolo pubblicato postumo intorno al 1497 e dedicato esclusivamente all'enunciazione di semplici regole pratiche riguardanti, oltre ad alcune questioni fonetiche (vocali, dittonghi), la rima, i versi (ma limitatamente all'endecasillabo, al settenario e al 'dodecasillabo', che è in realtà l'endecasillabo sdrucciolo), e le regole per la corretta scansione (cioè per l'applicazione di figure metriche come dieresi, sineresi e sinalefe).

IV.4.2. Questi trattatelli si collocano, come quelli del secolo precedente, tutti in area settentrionale, e soprattutto in quelle zone (Romagna, Lombardia, e, ancor più, Veneto) in cui più diffusa era la pratica della poesia volgare di imitazione toscana. Che l'interesse teorico riguardi soprattutto le aree non toscane è confermato dal fatto che l'unico altro testo quattrocentesco che denota un interesse tecnico per i fatti metrici nasce in un altro ambiente, quello napoletano, caratterizzato da stretti legami culturali con la Toscana e da una produzione poetica ispirata in buona parte ai grandi modelli trecenteschi. Si tratta del commento alle rime del Petrarca composto intorno al 1478, su richiesta del duca di Calabria (Alfonso d'Aragona), dall'umanista senese, trasferitosi a Napoli, Francesco Patrizi: un commento in cui uno spazio notevole è concesso alla spiegazione delle forme e dei versi, con un procedimento che non trova riscontro negli altri commenti quattrocenteschi, ma che non sorprende in un letterato appartenente alla cerchia aragonese, dalla quale — come già si è detto — scaturirà, di lì a poco, una lirica caratterizzata in molti casi proprio da un rigoroso petrarchismo metrico.

Francesco Patrizi

V. IL CINQUECENTO

V.1. La 'rivoluzione' cinquecentesca

Il Cinquecento è il secolo in cui si consuma la prima, vera 'rivoluzione' formale nella storia della poesia italiana. Lo sperimentalismo metrico, già caratteristico di alcuni settori della produzione tardoquattrocentesca, conosce ora uno straordinario impulso, muovendosi lungo due principali e antinomiche direttrici, che saranno riconoscibili anche nella poesia dei secoli successivi: da una parte, la spinta verso la forma 'aperta', verso l'allentamento delle strutture tradizionali o, addirittura, verso il loro abbandono a vantaggio di nuove, più elastiche forme metriche; dall'altra, l'opposta aspirazione a creare strutture formali che, sia pur inedite e frutto di esperimenti originali, presentino, in misura talora superiore agli stessi metri 'chiusi' tradizionali, caratteri di coerente, rigorosa strutturazione interna. Nell'àmbito della prima di queste due linee fondamentali si collocano l'ideazione del verso non rimato e, almeno in parte, le innovazioni formali che riguardano alcune delle principali forme liriche (canzone, ballata, madrigale); all'altra pertengono, invece, i tentativi di riprodurre in italiano i metri della poesia classica e anche taluni esperimenti condotti all'interno del genere lirico.

Forma aperta e forma chiusa

V.2. L'endecasillabo sciolto

V.2.1. Si definisce *endecasillabo sciolto* (o, semplicemente, *sciolto*) il metro costituito da una libera successione di endecasillabi non rimati (cioè, appunto, 'sciolti' da rima). Mancando la rima, manca di necessità — trattandosi di componimenti omometrici — qualsiasi autentica strutturazione strofica: i componimenti in sciolti possono tutt'al più presentare partizioni in lasse (cioè in periodi metrici di estensione non predeterminata o fissa), la cui introduzione e la cui estensione sono comunque affidate interamente alle richieste del 'senso' e quindi alla decisione del poeta. Esempi sporadici di endecasillabo sciolto si possono trovare anche nella poesia dei secoli precedenti, dal *Mare amoroso* (cfr. II.4.3.) al *Reggimento e costumi di donna* di Francesco da Barberino (cfr. III.4.7.) alle traduzioni poetiche di Leon Battista Alberti (cfr. IV.1.3.), ma la consapevole teorizzazione e il regolare impiego di tale metro risalgono ai primi decenni del Cinquecento: primo e principale promotore del verso non rimato fu il letterato vicentino Gian Giorgio Trissino, che se ne servì nella tragedia *Sofonisba* (pubblicata nel 1524, ma composta dieci anni prima) e nel poema epico *L'Italia liberata dai Goti* (iniziato negli anni '20), nonché nella commedia *I simillimi* e nelle due egloghe comprese nella silloge di *Rime* edita nel 1529. Ecco i vv. 22-39 della *Sofonisba*, recitati dalla protagonista:

Gian Giorgio Trissino poeta

> Quando la bella moglie di Sicheo,
> Dopo l'indegna morte del marito,
> In Africa passò con certe navi,
> Comprando ivi terren vicin al mare,
> Fermossi, e fabricovvi una cittate,
> La qual chiamò Cartagine per nome.
> Questa città, poi che s'uccise Dido
> (Che così nome havea quella regina),
> Visse continuamente in libertade;
> E di tal pondo fu la sua virtute,
> Che non sol dai nimici si difese,
> ma sopra ogni città divenne grande.
> Hor (come accade) hebbe una orribil guerra
> (Ben dopo molto tempo) coi Romani,
> Che discesero già da quell'Enea,
> Il qual venne da Troia in queste parti,
> Et ingannando la infelice Dido,
> Partissi, e fu cagion de la sua morte.

e teorico del verso sciolto

Lo stesso Trissino, nella *Sesta divisione della Poetica* (1549-50), propugnò l'adozione dello sciolto in tutti quei generi di carattere narrativo o dialogato (come il poema epico, il teatro e l'egloga) per i quali la tradizione imponeva il ricorso, solitamente, alla terzina o all'ottava: metri in cui, secondo il Trissino, l'obbligo della rima e la conseguente presenza di partizioni strofiche rigide ostacolavano la «continuazione della materia» (cioè il libero svolgersi della narrazione o del dialogo) e rendevano difficile la «concatenazione dei sensi e delle construzioni» (costringendo il poeta a modellare il pensiero e la sintassi sui rigidi binari dei periodi strofici). Come egli scrive nella *Seconda divisione della poetica* (1529), «i versi senza rime, cioè senza accordare le ultime desinenze, sono più atti a servire a quasi tutte le parti della poesia che con le rime»: solo la lirica (che comunque, per un aristotelico come il Trissino, era un genere minore) e i cori delle tragedie e delle commedie gli sembravano adatti ai tradizionali metri rimati.

L'introduzione dello sciolto scaturisce senza dubbio «dalla crisi della poesia intesa come alta e remota astrazione tradizionale, a carattere fondamentalmente formulare [...] e dal suo proporsi come linguaggio temporale e terreno, intenzionalmente realistico» (MARTELLI 1984, p. 534); per il Trissino, tuttavia, come per molti dei suoi primi seguaci, soprattutto fiorentini, l'impiego del verso non rimato costituiva essenzialmente un'operazione finalizzata a riprodurre in italiano l'esametro della poesia classica. Se infatti lo sciolto, per quanto riguarda la misura del verso, restava altra cosa (sotto l'aspetto del ritmo e dell'estensione sillabica) dall'esametro, la mancanza della rima e della suddivisione strofica gli consentiva di avvicinarsi, analogicamente, a quell'antico metro, dando vita a sequenze continuate di versi; lo sciolto, in altre parole, non restituiva l'esametro in quanto verso isolato, ma in quanto metro continuato, cioè lo imitava «sul piano dell'organizzazione macroscopica del verso nella sequenza 'sciolta'» (QUONDAM 1980, p. 92). *L'endecasillabo sciolto e l'esametro classico*

V.2.2. Per il Trissino, l'impiego dell'endecasillabo sciolto si inseriva nell'àmbito di un coerente e complesso progetto di recupero 'archeologico' dei principali generi della classicità greca, il poema epico e la tragedia, che egli si proponeva di riprodurre, in italiano, restituendone l'originaria configurazione ed eliminando, quindi, le deturpazioni introdottevi nel Medioevo, compresa la rima (prodotto, a suo avviso, di un'arte spiritualmente povera, attenta più alla suggestione dei suoni e delle forme che alla profondità e alla vivezza della rappresentazione). La sua proposta, tuttavia, ebbe fin dai primi decenni del secolo esiti in buona misura diversi da quelli auspicati: tragedia, commedia ed egloga (insieme, come vedremo, a un gran numero di altri generi 'minori') divennero rapidamente dominio dello sciolto, ma nel campo, ben più importante, del poema epico e cavalleresco, l'ottava continuò a rimanere il metro predominante, se non esclusivo. *Lo sciolto: finalità programmatiche ed esiti storici*

L'ambiziosa e imponente *Italia liberata* (in 27 libri) riscosse rarissimi consensi e fu oggetto per lo più di aspre critiche; la strada del Trissino fu seguìta solo dall'istriano Girolamo Muzio (la cui *Egida* restò tuttavia incompiuta) e, più tardi, da Gabriello Chiabrera, che in sciolti compose, alla fine del secolo, la *Goteide*. Per il resto, tutti — da Pietro Aretino a Torquato Tasso, da Giovambattista Giraldi Cinzio a Ludovico Dolce, da Ludovico Ariosto a Francesco Bolognetti, a molti altri — scrissero nelle tradizionali ottave i loro poemi cavallereschi ed eroici. Anche chi, come Bernardo Tasso e Luigi Alamanni, si era *L'epica e lo sciolto* pronunciato, in linea teorica, a favore dello sciolto come metro epico, ricorse poi, nella pratica, all'ottava, soprattutto perché il pubblico (i cui gusti, in un genere di larga diffusione come il poema epico, non potevano essere ignorati) mostrava di preferire, alla grave ma uniforme sonorità degli sciolti, la leggiadria delle rime e il ritmo balzante dell'ottava.

<small>Lo sciolto e i generi 'minori'</small>

V.2.3. In molti generi 'minori', come si è anticipato, lo sciolto si affermò invece molto rapidamente: nell'egloga, nell'elegia, nella satira (con i generi affini, sempre di matrice oraziana, del sermone e dell'epistola), nella traduzione (soprattutto, ma non solo, dei poemi epici classici); tutti settori in cui il verso non rimato si affiancò, spesso soppiantandoli, ai metri in uso nel secolo precedente. La terzina, comunque, opporrà una lunga resistenza, sopravvivendo, più o meno rigogliosamente, in molti generi, talora in coabitazione con lo sciolto: si tratta, soprattutto, della satira (praticata in sciolti da Luigi Alamanni, ma in terza rima da molti altri poeti, fra i quali Ludovico Ariosto, Francesco Bolognetti, Giovanni Guidiccioni e Lodovico Paterno, quest'ultimo autore anche di satire in sciolti e in ottave) e dell'elegia (su

<small>Lo sciolto e i generi 'nuovi'
La favola mitologica
La selva
L'epitalamio
Il poemetto didascalico</small>

cui cfr. V.3.3.). Tornando all'endecasillabo sciolto, esso divenne, inoltre, il metro caratteristico di tutti quei nuovi generi creati dallo sperimentalismo classicheggiante primocinquecentesco, come la favola mitologica (praticata, ad esempio, dall'Alamanni, dal Muzio e da Bernardo Tasso), la selva (in sciolti praticata dall'Alamanni, da Bernardo Tasso e da Remigio Nannini; ma ancora in ottave, come aveva fatto Lorenzo de' Medici, compone la sua *Selva d'amore* Agnolo Firenzuola), l'epitalamio (in cui, ancora, si cimentò Bernardo Tasso) e, soprattutto, il poemetto o poema didascalico (i cui primi esemplari, di stretta imitazione virgiliana, sono le *Api* di Giovanni Rucellai e la *Coltivazione* dello stesso Alamanni).

Questi generi (che il Trissino non aveva preso in considerazione nella sua *Poetica*, dove anzi, in ossequio alle posizioni aristoteliche, il poema didascalico non viene neppure incluso tra i generi propriamente poetici) nascono e si sviluppano, nella prima metà del secolo, principalmente in ambiente fiorentino; a Firenze, non a caso, il Trissino aveva soggiornato nel 1513-14, frequentando quelle riunioni degli Orti Oricellari cui partecipavano alcuni tra i maggiori poeti e letterati della città. I fiorentini, anzi, si attribuirono più tardi anche la stessa ideazione dello sciolto, affermando che i primi componimenti in questo metro di Luigi Alamanni e di Jacopo Nardi erano da considerarsi anteriori alla trissiniana *Sofonisba* (questo sostiene, ad esempio, l'accademico Carlo Lenzoni nel suo dialogo *In difesa della lingua fiorentina et di Dante*, pubblicato postumo nel 1556).

Questi poeti fiorentini (in particolare Giovanni Rucellai, Luigi Alamanni, Ludovico Martelli, Lorenzo Strozzi) si segnalarono anche per alcuni interessanti esperimenti metrici, volti a tentare una sorta di conciliazione e di compromesso tra lo sciolto e la rima: esperimenti il cui fine sembra quello di contemperare, in qualche misura, l'uniformità dello sciolto, compensandola sul piano dell'elaborazione retorica, stilistica e musicale. Così, il Rucellai e lo Strozzi, nelle loro tragedie e commedie (cfr. V.5.1.), intercalano, più o meno regolarmente, le sequenze di sciolti con distici a rima baciata; l'Alamanni, nella *Coltivazione* e nel poemetto allegorico-encomiastico *Diluvio romano*, si serve, oltre che di sparse rime baciate, di artifici di vario genere (assonanze, paronomasie, ripetizioni di parole o sintagmi), sempre in clausola di verso; il Martelli, in una delle sue egloghe, dà vita a un singolare polimetro, alternando gli sciolti a stanze di canzone (qualcosa di analogo si trova in un altro testo bucolico fiorentino, il *Sacrificio pastorale* di Agnolo Firenzuola, del 1541, dove convivono prosa, verso sciolto e strutture madrigalesche).

Tra questi tentativi di 'compromesso', un caso a parte, per la sua singolarità, è quello rappresentato dal metro di cui si servì Bernardo Tasso in alcune delle sue egloghe, dove modificò il tradizionale metro bucolico, la terzina, in maniera che le rime si rispondessero non più ogni tre, ma ogni quattro versi. Il metro — una sorta di terza rima 'allentata' — è basato su periodi metrici di sei versi (ABCABC ecc.), incatenati in maniera tale che l'ultimo verso di un periodo costituisce al tempo stesso il primo verso del periodo successivo (ABCABC*D*EC*D*EFGEFGHIGH*I*LMIL*M* ecc.: le rime in corsivo sono quelle che fungono da 'cerniera' tra i vari periodi metrici); per concludere la sequenza, il Tasso introduce un verso isolato che rima con l'ultimo dell'ultimo periodo metrico (XYZXYZ Z).

Ad un principio analogo si ispira anche il metro, più complesso, della prima egloga (*Alcippo*) dello stesso autore: si tratta di periodi metrici di sei versi, in cui rimano tra loro i vv. 1 e 6, 2 e 5; il v. 3 e il v. 4 rimano rispettivamente col v. 4 del periodo precedente e col v. 3 del periodo successivo. Per non lasciare versi irrelati, il primo e l'ultimo periodo sono costituiti da soli cinque versi, strutturati in modo analogo: rimano tra loro, infatti, i vv. 1 e 5, 2 e 4, mentre il v. 3 rima all'inizio col v. 3 del secondo periodo, e alla fine col v. 4 del penultimo periodo. Ecco lo schema del complesso organismo, con l'indicazione degli incatenamenti tra i diversi periodi metrici:

ABCBA DECFED GHFIHG LMINML OPNQPO ... UVWXVU YZXZY

Naturalmente, la rima W trova il suo corrispettivo, secondo la norma, al v. 4 del periodo metrico precedente (il terzultimo). Si trascrivono qui l'inizio e la fine del componimento (vv. 1-29 e 78-88), in cui — come nelle altre egloghe del tipo prima esaminato — i periodi metrici non sempre coincidono con quelli logici, cosicché la complessità della struttura appare, per così dire, 'dissimulata' e non immediatamente percepibile (onde meglio evidenziarla, ho distinto tipograficamente le varie 'strofe'):

    Odi quel rio, che mormorando piagne,
E par che dica con dogliosi accenti
«Alcippo è morto, o duolo acerbo e grave!»
Dunque meglio è che con duri lamenti
E con lagrime amare io l'accompagne.

    Perdonami, iddio Pan, se caldo e stanco,
Or che da mezzo 'l ciel ne scorge 'l sole,
Forse ti dormi in qualche ombra soave,
E con pietate ascolta il duro caso.
E voi, Muse silvestri, se parole
Ad angoscioso cor dettaste unquanco

    Piene di puro e di dolente affetto,
Queste fian quelle; or cominciate omai,
Mentre taccion le dive di Parnaso.
Alcippo è morto, o smisurato affanno!
Adria infelice, quando unqua vedrai
Dei tuoi figli un sì saggio e sì perfetto?

    Garrula Progne col suo canto amaro
Accusa meco il suo crudel destino:
Alcippo è morto, insopportabil danno!
Vedi la sacra ed onorata Pale
Col crine sciolto e col bel volto chino
L'erbe bagnar di lagrime, ed avaro

    Chiamar il ciel e maligno il suo fato,
E intorno a lei con voci alte e dogliose
L'Oreadi gridar e il fero strale
Biasmar di morte, e la Parca superba,
Né più tornar nell'alte selve ombrose
De' cari monti o al lor soggiorno usato;

[...]

    Sparger di frondi l'arido terreno
E ombrar le fonti di frondoso ramo.
Vedi me, che di pianto il volto aspergo,

E con Icasto e col dotto Palemo
Sovra la tomba il tuo bel nome chiamo.
Odi Mirtilla, che si batte il seno.

I' sento un corno, alla cui voce altera
Risuona il bosco e d'ogni intorno il monte;
Voglio tacer, che di Dïana temo,
La qual suol venir spesso a questo fonte
Per rinfrescarsi con l'amata schiera.

Esperimenti di questo genere (che ricordano in qualche misura i meccanismi tipici di certi rimolatini quattrocenteschi: cfr. IV.2.7.) non ebbero séguito, ma sono indicativi dell'intenzione (manifestata esplicitamente dal Tasso nella prefazione agli *Amori*, e derivante dalla volontà di avvicinare la poesia italiana a quella classica) di rendere meno appariscente la rima, onde restituirle una funzione prettamente strutturale.

V.3. La riproduzione dei metri classici

V.3.1. Nel clima di acceso sperimentalismo classicheggiante (con punte di autentico furore 'archeologico') tipico di molte manifestazioni della letteratura del Cinquecento, una particolare attenzione fu rivolta alla riproduzione italiana dei versi e dei metri greci e latini. Una delle strade seguìte a questo scopo fu quella già aperta, nel Quattrocento, dal Dati e dall'Alberti: ma se i loro si erano configurati come pionieristici quanto isolati esperimenti (cfr. IV.1.2.), nel XVI secolo la metrica 'barbara' conosce invece un notevole sviluppo. In questo settore, riveste particolare importanza la silloge *Versi et regole de la nuova poesia toscana* allestita e pubblicata nel 1539 dal poeta senese (attivo soprattutto a Roma) Claudio Tolomei.

Claudio Tolomei e la metrica 'barbara'

Il libro si apre con una parte introduttiva di carattere teorico, in cui il Tolomei cerca di fissare nuove regole — ben più complesse di quelle seguìte dal Dati e dall'Alberti nel secolo precedente, e non meccanicamente dedotte da quelle della prosodia latina — per la determinazione della quantità sillabica in italiano e, quindi, per la composizione di versi analoghi a quelli classici; segue, poi, una ricca antologia di carmi, dovuti, oltre che allo stesso Tolomei, a un'ampia schiera di poeti (Antonio Renieri, Paolo Gualtieri, Giovanni Zuccarelli, Alessandro Cittolini, Dionigi Atanagi, e altri), per lo più appartenenti all'Accademia della Poesia Nuova, che si riuniva in casa del poeta senese. Il volume comprende, infine, una serie di versioni italiane, in metro 'barbaro', di componimenti sia latini (di Catullo, Virgilio, Ovidio, ecc.), sia umanistici (di Poliziano, Sannazaro, Marco Antonio Flaminio, ecc.). Il maggior interesse della silloge risiede nella presenza di metri 'barbari' nuovi e non mai fino ad allora tentati: accanto al distico (di gran lunga prevalente, essendo la maggior parte dei componimenti elegie ed epigrammi), all'esametro (in egloghe e in epistole), e alla saffica, si trovano infatti esempi di endecasillabo falecio (Tolomei), di dimetro giambico acatalettico e di sistema asclepiadeo terzo (Renieri), di strofe alcaica (Atanagi), di asclepiadeo minore (anonimo). Ecco, a mo' di esempio, la prima strofe del carme di Antonio Renieri *Del suo dolore*, che adotta il sistema asclepiadeo terzo (due asclepiadei minori, un ferecrateo, un gliconeo):

L'ode *Del suo dolore* di Antonio Renieri

> Pass'ogn'altra vaga donna di grazia
> E beltade rara questo mio bel sole,
>   Ché posto 'l nido Amore
>   S'ha nel mezzo de' suoi lumi.

Il Renieri, come il Tolomei e come tutti gli altri poeti della silloge, adotta il metodo prosodico, distinguendo sillabe lunghe e sillabe brevi e assegnando l'*ictus* alle prime (come già avevano fatto il Dati e l'Alberti); nell'edizione del 1539, questo carme del Renieri è accompagnato da uno schema che ne illustra la corretta scansione e che riproduce fedelmente la struttura del metro latino (l = sillaba lunga; b = sillaba breve):

Pass'ogn'	altra va	ga	donna di	grazia
E bel	tade ra	ra	questo mio	bel sole
Ché po	sto 'l nido A		more	
S'ha nel	mezzo de'		suoi lumi	

ll	lbb	l	lbb	lbb
ll	lbb	l	lbb	lbb
ll	lbb		ll	
ll	lbb		lbb	

Struttura che ricalca esattamente, ad es., quella dell'asclepiadea IV 13 di Orazio, da cui si cita la prima strofe, col relativo schema metrico:

Audivere, Lyce, di mea vota, di $\_\,\_\_\,\_\,\cup\cup\,\_/\_\,\cup\cup\,\_\,\cup\,\underline{\cup}$
Audivere, Lyce: fis anus, et tamen $\_\,\_\_\,\_\,\cup\cup\,\_/\_\,\cup\cup\,\_\,\cup\,\underline{\cup}$
  Vis formosa videri $\_\,\_\_\,\_\,\cup\cup\,\_\_$
  Ludisque et bibis impudens. $\_\,\_\_\,\_\,\cup\cup\,\_\,\cup\,\underline{\cup}$

V.3.2. Oltre a quelli del Tolomei e della sua cerchia, e a quelli che furono tentati in àmbito teatrale (per i quali cfr. V.5.3.), meritano un cenno anche altri due esperimenti 'barbari' cinquecenteschi, entrambi concernenti la restituzione italiana del più prestigioso metro classico, l'esametro, ed entrambi rimasti senza sviluppo o séguito alcuno nella nostra poesia. L'umanista, poeta e filosofo Francesco Patrizi da Cherso pubblicò a Ferrara nel 1557 il poema *L'Eridano*, in cui utilizzava un nuovo tipo di esametro italiano, da lui stesso ideato e teorizzato nei *Sostentamenti del nuovo verso eroico* premessi al poema: si tratta di un verso 'lungo' di tredici sillabe, caratterizzato da sei tempi forti (e quindi, come l'esametro classico, da sei piedi), collocati sulle sillabe pari, in modo tuttavia che gli *ictus* principali cadano sulla 4ª, 8ª e 12ª sillaba: «O sacro Apòllo, tu che prìma in me spiràsti». In sostanza, si tratta di un normale endecasillabo («Apollo, tu che prima in me spiràsti») accresciuto di due sillabe all'inizio («O sacro»: l'ultima sillaba si elimina per sinalefe).

<small>L'esametro di Francesco Patrizi da Cherso e</small>

Un diverso sistema per riprodurre l'esametro fu messo a punto dall'umanista urbinate Bernardino Baldi, noto soprattutto per il poemetto didascalico in sciolti *La nautica*. Nel suo *Diluvio universale*, egli si servì di un 'esametro' ottenuto combinando un settenario e un endecasillabo: una sorta, quindi, di verso 'composto' della misura di diciotto sillabe, caratterizzato da una forte cesura (a imitazione di quella dell'esametro) tra i due emistichi, cioè dopo la settima sillaba:

<small>quello di Bernardino Baldi</small>

Padre del ciel, che spiri // del tuo vivace ardor l'aura celeste.

Onde rendere ineludibile la cesura, l'endecasillabo non comincia mai per vocale, così da evitare la sinalefe tra i due emistichi; inoltre, per variare, come accade nell'esametro classico, la posizione della cesura, il Baldi (che, nell'introduzione al poema, illustra il procedimento da lui seguito nella costruzione del nuovo verso) introduce talora, quale primo emistichio, il settenario sdrucciolo: «Io di timor terribile, // per le vestigia sue movendo il piede».

Sia nel caso del Baldi che in quello del Patrizi, come si vede, non ci troviamo di fronte a un esametro 'prosodico' paragonabile a quelli del Dati e del Tolomei, ma a un verso 'lungo' approssimativamente rifatto sul modello antico: il Patrizi opta per la riproduzione della generale struttura ritmica dell'esametro (sei piedi, cioè — in italiano — sei 'battute', con altrettanti accenti principali), mentre il Baldi si limita a giustapporre due versi tradizionali (settenario ed endecasillabo), la cui successione può riprodurre, in via 'analogica', la successione *a minore* caratteristica dei due emistichi dell'esametro.

V.3.3. Nonostante la loro relativa diffusione, i metri 'barbari' restano comunque, nel Cinquecento, ai margini della poesia maggiore: a parte rare eccezioni (Annibal Caro, l'Alamanni), i grandi poeti del secolo non si dedicano a simili esperimenti, facendoli anzi, spesso, oggetto di dure critiche. Ciò che più disturbava, nei metri creati secondo il metodo prosodico, era l'innaturale spostamento degli accenti e l'adozione, in molti casi, di versi del tutto inediti, che l'orecchio sentiva come aritmici. Onde ovviare a questi gravi inconvenienti, vari poeti optarono per soluzioni meno radicali, che consentissero di imitare, almeno in certa misura, versi e metri classici senza andar contro alle norme e alle forme della tradizione italiana. La via battuta, in alternativa a quella della metrica 'barbara', fu quella della riproduzione, per così dire, 'analogica' dei metri antichi, che si cercò di restituire tramite metri e versi italiani dotati di una qualche analogia (sia pure soltanto esterna) con gli esemplari classici.

Metrica classica e metrica italiana
La riproduzione 'analogica' della metrica antica

In quest'ottica, ad esempio, la terza rima fu considerata da molti, e da molti (Dolce, Ruscelli, Varchi, Patrizi, ecc.) teorizzata, quale corrispettivo italiano del distico elegiaco latino: di quest'ultimo, infatti, la terzina non può riprodurre l'interna conformazione (ossia la giustapposizione di esametro e pentametro), ma può ben riprodurre l'esterna struttura, cioè l'organizzazione metrica e, in genere, logica del discorso in brevi periodi sempre uguali e ricorrenti (di due versi, nel caso del distico, di tre, nel caso della terzina). Non a caso, anche poeti, come l'Alamanni e Bernardo Tasso, che non esitano ad adottare lo sciolto in un gran numero di generi classicheggianti, ricorrono ancora alla terzina per le loro elegie. Anche l'endecasillabo sciolto presenta caratteri di questo genere: esso aspira, come già si è detto, a fornire un equivalente dell'esametro non sul piano della sua struttura prosodica o sillabica, ma su quello della sequenza stichica, cioè della libera successione dei versi, non sottoposta a schemi rimici e strofici.

La terza rima italiana e il distico elegiaco latino
L'endecasillabo sciolto italiano e l'esametro latino

Un altro esempio di metodo 'analogico' nell'imitazione dei metri classici è fornito da Benedetto Varchi, che, nel tradurre l'ode oraziana alla fonte Bandusia (III 13), adotta, onde riprodurre il sistema asclepiadeo terzo, versi italiani tradizionali: tre endecasillabi seguiti da un settenario, con cui dà vita a una strofe che con l'originale metro latino ha solo un tenue rapporto di analogia strutturale (risultando, anzi, vicina piuttosto a un altro sistema asclepiadeo, il secondo, costituito da tre asclepiadei minori e da un gliconeo; ma il metro del Varchi potrebbe anche essere considerato una 'variazione' della strofe saffica, con settenario al posto del quinario). Non diversamente si comporta l'Alamanni nei suoi *Epigrammi*, dove, messo da parte il tradizionale metro quattro-cinquecentesco del tetrastico a rima chiusa (ABBA, utilizzato soprattutto per l'epitaffio satirico immaginario: cfr. IV.2.8.),

L'asclepiadea di Benedetto Varchi
Gli epigrammi di Luigi Alamanni

riproduce il distico latino con una coppia di endecasillabi (talora non rimati, talora a rima baciata). Proprio questo metodo, comunque, fu quello che riscosse maggior successo nel XVI e nei secoli successivi; ma bisogna tener presente che, a consentire la sua affermazione, e a permettere l'interpretazione 'classicheggiante' di alcuni metri e versi italiani, fu essenzialmente l'idea, nata e sviluppatasi nel Cinquecento, secondo cui il verso italiano non appariva più «soltanto come un verso romanzo, ma come un individuo che, con la collocazione dei suoi accenti, riproduce le arsi di questo o di quel verso latino» (MARTELLI 1984, p. 591). Il metodo 'analogico', in altre parole, è solo la più evidente manifestazione del tentativo, esperito da molti poeti e teorici del Cinquecento, di rimodellare e reinterpretare l'intero sistema metrico italiano sull'esempio della metrica classica. Indicativa di un tale atteggiamento è, ad esempio, l'interpretazione 'classicheggiante' dei principali metri italiani fornita dal Muzio nella sua *Arte poetica*, dove le tre parti fondamentali della stanza di canzone, della ballata e del sonetto (i due piedi, identici, della fronte, e la sirma) vengono equiparate alla strofe, all'antistrofe e all'epodo dell'ode pindarica greca.

L'*Arte poetica* di Girolamo Muzio

V.4. *L'evoluzione delle forme liriche*

V.4.1. Alcuni dei principali metri lirici italiani (canzone, ballata e madrigale) subiscono nel XVI secolo profonde modificazioni strutturali. Si continuano, certamente, a scrivere canzoni, ballate e madrigali secondo le regole fissate dalla tradizione (tra i massimi cultori cinquecenteschi della canzone di ascendenza petrarchesca si possono annoverare, ad es., Giovanni Della Casa, Torquato Tasso e Celio Magno); ma, in molti casi, queste forme assumono invece una configurazione del tutto diversa da quella che le aveva caratterizzate nei primi secoli. Spesso, soprattutto nella *canzone*, la più importante matrice delle innovazioni metriche è costituita dall'esempio della poesia classica. Al riguardo, uno dei casi più interessanti è quello di Bernardo Tasso, che nei quattro libri degli *Amori* (apparsi nel 1555) conferisce al vecchio metro — da lui pure ampiamente praticato anche in modo tradizionale — i connotati della *canzonetta* o, per dir meglio, dell'*ode* di ispirazione oraziana, adottando stanze di ridotta estensione (di cinque o sei versi; raramente si toccano i sette, gli otto o i dieci versi) e ricche di settenari (ma non mancano stanze a prevalenza endecasillabica).

Dalla canzone all'ode:

Bernardo Tasso

Gli schemi, agili e musicali, sono in genere su due rime (ad es. aBbaA; AbAbB; ababB; abBAA; e simili) o su tre (ad es. abbACC;

ababCC; abbAcC; abABcC; e simili). Negli schemi di quest'ultimo tipo è ancora visibile un residuo della distinzione in fronte (con due piedi di due versi abab, più spesso asimmetrici) e sirma (distico a rima baciata CC); la cosa è ancor più evidente negli schemi più complessi, come questo su quattro rime, dove è presente anche la chiave: abbA accdD. Ecco, comunque, un esempio con schema abbacC:

> Io gli sproni e 'l cappello
> Qual stanco pellegrino
> Che da lungo camino
> Venga, ad un ramuscello
> D'un pino e d'un abete
> Vo' sacrar a la dea de la quiete;
>
> Indi gioioso e lieto
> Ne l'onorato monte
> Ch'orna la bella fronte
> Del gran Salerno, queto
> Mirar or ne le chiare
> Onde scherzar gli ispidi dei del mare.

<small>L'ode a strofe incatenate</small>

Altre volte, Bernardo Tasso (che in questi metri compone anche i suoi trenta *Salmi*) conferisce all'ode una più solida struttura formale, ricorrendo all'incatenamento delle strofe, come nell'ode *Che pro mi vien ch'io t'abbia, o bella Diva*, organizzata secondo questo schema: AbACC BdBEE DfDGG FhFII HlHMM LaLNN. Dove si noteranno non solo il meccanismo dell'incatenamento (per cui la seconda rima di ogni strofe, irrelata, diventa la prima e la terza della strofe successiva), ma anche la circolarità strutturale, ottenuta con la ripresa, al secondo verso dell'ultima strofe, della prima rima della strofe iniziale: e ciò anche allo scopo di non lasciare versi irrelati (l'eventuale nuova rima introdotta al v. 2 dell'ultima stanza, infatti, sarebbe necessariamente rimasta senza corrispondenza).

Identico metro, ma protratto per un numero assai maggiore di stanze, caratterizza l'ode *Pastori, ecco l'aurora*, le cui stanze presentano però una diversa disposizione di endecasillabi e settenari: aBaCC bDbEE dFdGG fHfII ... xAxYY. Anche in questo caso, nell'ultima stanza torna, in seconda sede, la prima rima della stanza d'apertura.

Simili esperimenti, avvicinabili a quelli già riscontrati nelle egloghe dello stesso autore, mirano a restituire alla rima una valenza prettamente strutturale, mettendone in secondo piano la funzione 'musicale' e fonica; essi, inoltre, sono interessanti documenti della tendenza cinquecentesca all'ideazione di complessi organismi metrici, e della sua convivenza (anche nel medesimo poeta, come Bernardo Tasso) con l'opposta aspirazione alla semplificazione strutturale delle forme tradizionali.

V.4.2. La 'semplificazione' strutturale della stanza di canzone trova altre interessanti attestazioni, nei primissimi anni del secolo, negli *Asolani* di Pietro Bembo, un prosimetro in tre libri di argomento amoroso e di ispirazione platonizzante. Secondo una caratteristica tipica anche delle *Rime* bembiane, le parti poetiche alternano prove di stretta osservanza petrarchesca (canzoni di schema canonico, una sestina doppia, perfino una fedele riproduzione di RVF XXIX, la canzone a stanze *unissonans Verdi panni, sanguigni, oscuri o persi*) a esperimenti metrici più in linea col gusto contemporaneo, orientato, in molte forme liriche, verso strutture più semplici e, comunque, innovative.

Gli *Asolani* e

In I 16, la canzone *Voi mi poneste in foco* presenta quattro stanze con schema su due sole rime aBABbbB; in II 6, la stanza isolata *Né le dolci aure estive* conserva invece, ma essenzializzata, la distinzione tradizionale in fronte (si notino gli eccezionali piedi di due versi) e sirma, con tanto di chiave settenaria, secondo lo schema aBaB bCdDCc. Due componimenti, poi (*Io vissi pargoletta in festa e 'n gioco* e *Io vissi pargoletta in doglia e 'n pianto*, entrambi a I 3), adottano quel metro della quartina di endecasillabi su due rime (nella fattispecie, ABBA, ripetuto tre volte) che poi, grazie a Gabriello Chiabrera, diventerà uno dei più diffusi nel genere 'ode' (cfr. VI.1.2.).

Altri componimenti denotano invece una ricerca di simmetria e di concatenazione tra le stanze che rinvia a certi esperimenti boiardeschi: nello stesso cap. II 6, la canzone *Non si vedrà giamai stanca né sazia* conta tre stanze di otto versi l'una, in cui fronte e sirma hanno identica, semplice struttura: Abb(b$_7$)A Abb(b$_7$)A, e congedo x(x$_7$)Y. In II 9, la canzone *Preso al primo apparir del vostro raggio* consta di tre stanze eptastiche in cui il v. 5 di ogni stanza, irrelato, trova corrispondenza in rima nel v. 5 delle altre stanze, secondo il seguente schema: ABBAXCC DEEDXFF GHHGXII.

Qualcosa di analogo troviamo, nelle *Rime*, nella canzone LV, *Ben ho da maledir l'empio signore*, in cui, oltre a una qualche somiglianza con lo strambotto, torna il medesimo artificio del verso irrelato che rima col verso corrispondente delle altre stanze; lo schema delle sette stanze è ABABABbXCC, dove si potrebbe anche riconoscere una divisione in fronte (tripartita, con piedi di due versi: AB AB AB), chiave settenaria (b) e sirma (XCC). Sempre nelle *Rime*, merita una citazione anche la canzone XXV (*Felice stella il mio viver segnava*), la cui struttura è affine a quella di una canzone del quattrocentista Pandolfo Collenuccio, in cui i piedi tetrastici erano separati da un verso isolato che anticipava una rima della sirma (cfr. IV.2.1.). Bembo, ri-

le *Rime* di Pietro Bembo

spetto a quel precedente, conserva simile la conformazione dei piedi (ABbA BDdB), raddoppiando però il verso intermedio (CC, contro il c settenario del Collenuccio) e, soprattutto, riprendendo nella sirma non la rima C, ma le rime A e B (la prime, cioè, della stanza); la rima A, inoltre, torna due volte nella sirma, al v. 12 e al v. 20 (l'ultimo, con effetto di 'circolarità' strutturale). Si noti, infine, come — secondo una prassi tipicamente cinquecentesca — manchi ogni corrispondenza tra periodi metrici e periodi logici, con il consueto effetto di 'dissimulazione' della struttura. Ecco il complesso schema: ABbA CC BDdB EABEFFGGH(h$_5$)A; questa è la prima stanza:

> Felice stella il mio viver segnava
> Quel dì, ch'inanzi a voi mi scorse Amore,
> Mostrando a me di fore
> Il ben, che dentro agli altri si celava,
> In tanto che 'l parlar fede non trova.
> Ma perché ragionando si rinova
> L'alto piacer, i' dico che 'l mio core,
> Preso al primo apparir del vostro lume,
> L'antico suo costume
> Lasciando incontro al dolce almo splendore,
> Si mise vago a gir di raggio in raggio,
> E giunse ove la luce terminava,
> Che gli diè albergo in mezzo al vivo ardore.
> Ma non si tenne pago a quel vïaggio
> L'ardito e fortunato peregrino;
> Anzi seguì tant'oltre il suo destino,
> Ch'ancor cercando più conforme stato
> A la primiera vita, in ch'era usato,
> Passò per gli occhi dentro a poco a poco
> Nel dolce loco,   ove 'l vostro si stava.

Un cenno, accanto al Bembo, merita anche Agnolo Firenzuola. Egli, cultore pure della canzone 'canonica' (benché in lui i metri tradizionali siano in genere volti in parodia, come dimostrano le canzoni — formalmente 'auliche' — *In morte d'una civetta* e *In lode della salsiccia*), si cimenta infatti con interessanti esperimenti: nelle *Rime* si trovano, ad esempio, una canzonetta (*O rozza pastorella*) con stanze pentastiche di schema aaBbA (e congedo yzZ) e una canzone di fattura consueta (*Bell'intelletto, entro del quale alberga*), ma con un verso irrelato in ogni stanza (schema: ABCBAC CddCExE, con x irrelato); nella prima giornata dell'incompiuto prosimetro *I Ragionamenti*, accanto, al solito, a canzoni tradizionali, trova spazio una canzonetta (*Amor, da cui cognosco l'esser mio*) di quattro stanze dallo schema ABAccBDD, più il congedo XyY.

V.4.3. Se nelle odi di Bernardo Tasso il modello classico — oraziano, nella fattispecie — agisce solo esternamente (spingendo, per 'analogia', verso la creazione di stanze brevi costituite da versi di varia misura), negli *Inni* di Luigi Alamanni e in alcune canzoni del Trissino la struttura formale è ricalcata fedelmente (anche se pur sempre in via 'analogica') sugli esempi greci costituiti, in questo caso, dall'ode pindarica. Come in quest'ultima, infatti, gli otto *Inni* dell'Alamanni e tre canzoni trissiniane (XXXI, LXV e LXXVII delle *Rime*) raggruppano le varie stanze a tre a tre, distinguendo, in ciascun gruppo, le prime due (dotate, come la strofe e l'antistrofe del modello, di identico schema) dalla terza (l'epodo, caratterizzato da una diversa e autonoma struttura metrica). L'Alamanni definisce le tre parti di questa struttura metrica *ballata*, *contraballata* e *stanza*: nella sua *Arte poetica*, invece, Antonio Minturno le denomina *volta*, *rivolta* e *stanza*. L'ode pindarica di Luigi Alamanni e di Gian Giorgio Trissino

Gli *Inni* dell'Alamanni sono di soli settenari. Il Trissino, invece, adotta comuni stanze di canzone, costruite secondo il tradizionale modello petrarchesco; nella LXXVII (*In laude del Cardinal Ridolphi*) rinuncia tuttavia alla rima (onde evidenziare ulteriormente il carattere classicheggiante del componimento; e si tratta del primo esempio di applicazione del verso sciolto alla poesia lirica), affidandosi, per l'individuazione delle stanze, esclusivamente alla disposizione fissa dei due tipi di versi impiegati, endecasillabo e settenario. Strofe e antistrofe, infatti, sono costituite da tredici versi, tutti endecasillabi tranne due settenari, in nona e in undicesima sede, mentre l'epodo, che conta quattordici versi, presenta quattro settenari (vv. 3, 7, 10 e 13); indicando con E l'endecasillabo, con s il settenario, si ha: L'ode pindarica non rimata di Gian Giorgio Trissino

EEEEEEEsEsEE EEEEEEEsEsEE EEsEEEsEEsEEsE

V.4.4. L'esperimento attuato dal Trissino nella canzone LXXVII non è un caso isolato. Tentativi analoghi si possono infatti trovare, sia pur sporadicamente, nella produzione poetica fiorentina della prima metà del secolo. Ludovico Martelli (morto intorno al 1530, autore di una raccolta di rime di notevole interesse formale, in cui spiccano, fra l'altro, varie sestine e la canzone *Dimmi, laccio d'Amor, che 'n sì bel nodo*, un'imitazione della petrarchesca *Verdi panni*, ma con stanze di otto versi anziché sette, su schema: AbCDEFGh) introduce, nella tragedia *Tullia*, sette strofe non rimate di endecasillabi e settenari, facendole recitare alla protagonista; ecco la prima: La canzone a stanze *unissonans* di L. Martelli. Gli esperimenti lirici della *Tullia*

    O ricetto infelice
    De la più cara cosa
    Ch'io havessi giamai dal dì ch'io nacqui!

> Così la minor parte
> Et la men degna, ahi lassa,
> De la mia vita e del mio ben mi rechi?
> Ov'è 'l spirto gentile
> Et l'honorate membra
> Ond'io viveva in speme?
> Così m'hai tolto, morte,
> Quel che mai non mi desti e c'hor non puoi
> Rendermi? O falsa e fera,
> A sì gran torto d'ogni ben mi spogli?

Un occhio appena esercitato riconosce in questa strofa, benché non rimata, l'aspetto di una stanza di canzone: il Martelli, in effetti, si è qui limitato a privare delle rime la struttura della celebre canzone petrarchesca *Chiare, fresche et dolci acque* (RVF CXXVI), imitata più volte, del resto, anche in àmbito teatrale (ad esempio, in alcuni cori dell'*Antigone* dell'Alamanni e della *Sofonisba* del Trissino). La regolare disposizione degli endecasillabi e dei settenari consente, pur in assenza delle rime, di individuare con facilità le partizioni interne della stanza: i due piedi, formati ciascuno da due settenari + un endecasillabo, si distinguono chiaramente dalla sirma, che consta di sette versi (cinque settenari + due endecasillabi in undicesima e in tredicesima sede), il primo dei quali, nella canzone petrarchesca, è costituito dalla chiave. L'esperimento nasce dalla consapevolezza che le forme eterometriche mantengono, anche senza rima, una propria identità strutturale, rivelata dalla loro 'spazialità', ossia dalla regolarità con cui i versi brevi si alternano con i versi lunghi.

La ballata V.4.5. Anche la ballata e il madrigale sono soggetti nel Cinquecento, al pari della canzone, a profondi rivolgimenti formali. La *ballata*, che pure spesso conserva la sua fisionomia tradizionale, segue i binari già tracciati da certo sperimentalismo tardo-quattrocentesco: la stanza, infatti, risulta talora o asimmetrica, o completamente priva di divisioni interne. Mutazioni e volta, insomma, non sempre sono riconoscibili, e in alcuni casi (quando, in particolare, la ripresa non coincide con un periodo logico concluso e non appare pertanto distinta dalla stanza) la stessa identità del metro è messa in discussione: la ballata, che in queste circostanze finisce con l'assomigliare sempre più a un madrigale, viene individuata come tale solo per la ripetizione, nell'ultimo verso, di una delle rime (di solito, ma non sempre, l'ultima) del-

La ballata *La mia leggiadra del Bembo* la ripresa. Ecco un esempio dalle rime del Bembo (XVI, ballata grande con schema XYYX aBbCCaDdaXX):

> La mia leggiadra e candida angioletta,
> Cantando a par de le Sirene antiche,
> Con l'altre d'onestade e pregio amiche
> Sedersi a l'ombra in grembo de l'erbetta
> Vid'io pien di spavento:
> Perch'esser mi parea pur su nel cielo,
> Tal di dolcezza velo
> Avolto avea quel punto agli occhi miei.
> E già dicev'io meco: «O stelle, o dei,
> O soave concento!»,
> Quand'i' m'accorsi ch'elle eran donzelle,
> Liete, secure e belle.
> Amore, io non mi pento
> D'esser ferito de la tua saetta,
> S'un tuo sì picciol ben tanto diletta.

Dove si noti, oltre all'indivisibilità della stanza, l'assenza dello stacco logico tra la ripresa e la stanza stessa: il primo periodo logico, infatti, non coincide — come la tradizione vorrebbe — con la ripresa, ma ingloba anche il primo verso della stanza, terminando al v. 5.

In altri casi, come si è detto, il modello della ballata 'canonica' è seguìto più da vicino, anche se le partizioni interne della stanza risultano irregolari e asimmetriche. Ad es., la ballata *Vorrei, donna, vedervi, e non vorrei* del Firenzuola presenta lo schema XyY ABCAbC dcdEEffCX, in cui si riconoscono agevolmente la ripresa, le mutazioni e la volta, ma rivela numerose 'irregolarità': i piedi, infatti, sono asimmetrici quanto alla disposizione dei versi; la volta non ricalca la struttura della ripresa, ripetendo inoltre, in due sedi (vv. 11 e 17), una rima (C) delle mutazioni; il verso conclusivo rima non con l'ultimo, ma (secondo una prassi, comunque, già attestata nel Quattrocento, e frequente nel Firenzuola) con il primo verso della ripresa.

_{La ballata *Vorrei, donna, vedervi* di A. Firenzuola}

V.4.6. Ancor più radicale la trasformazione cui va incontro il madrigale, che si dissolve, quasi sempre, in una successione libera o solo debolmente strutturata di endecasillabi e settenari: nelle *Prose della volgar lingua*, II 11, il Bembo afferma infatti che i madrigali sono quei componimenti «che non hanno alcuna legge o nel numero de' versi o nella maniera del rimargli». Il madrigale cinquecentesco (che si afferma in questo secolo come la forma principale della poesia per musica) è in effetti un metro quasi completamente libero ed 'aperto': le uniche norme a cui sembra sottostare — ma non mancano le eccezioni e le violazioni — riguardano l'eterometria (soli endecasillabi e settenari, con prevalenza di questi ultimi: si ricordi che i madrigali petrarcheschi sono invece di tutti endecasillabi) e la brevità del componimento, generalmente contenuto entro dimensioni inferiori a quelle

_{Il madrigale}

_{La struttura aperta del madrigale}

del sonetto. Un altro dei caratteri tipici — anche se non obbligatorio — di questo metro sembra essere costituito dalla presenza, in conclusione del componimento, di uno o più distici a rima baciata, corrispondenti ai 'ritornelli' del madrigale antico. Ecco un esempio tratto dalle rime della poetessa Veronica Gambara:

Il madrigale Occhi lucenti e belli di Veronica Gambara

> Occhi lucenti e belli,
> Com'esser può che in un medesmo istante
> Nascon da voi sì nove forme e tante?
> Lieti, mesti, superbi, umili, alteri
> Vi mostrate in un punto, onde di speme
> E di timor m'empiete,
> E tanti effetti dolci, acerbi e fieri
> Nel core arso per voi vengono insieme
> Ad ognor che volete.
> Or poi che voi mia vita e morte sète,
> Occhi felici, occhi beati e cari,
> Siate sempre sereni, allegri e chiari.

Il componimento, di schema aBB CDe CDe EFF, pur nella libertà della sua struttura (si osservi anche la rima irrelata iniziale, ricordando tuttavia che versi non rimati erano ammessi anche nel madrigale antico), conserva tuttavia tracce del madrigale canonico. Esso può infatti essere diviso in quattro terzetti: i due centrali si corrispondono simmetricamente, mentre l'ultimo si distingue dal primo per la presenza in prima sede di un endecasillabo in luogo del settenario, e per il fatto che questo endecasillabo può appoggiarsi, per la rima (*E*), al verso precedente. Altrove, come nel seguente esempio di Torquato Tasso (che, insieme con Giovan Battista Strozzi il Vecchio e Michelangelo, si annovera fra i maggiori autori cinquecenteschi di madrigali), il madrigale tende a risolversi in una successione di distici a rima baciata (preceduti, in questo caso, da un verso irrelato), assumendo una più evidente regolarità metrica, benché libera resti la disposizione dei versi (schema: aBBCcDDEEfF):

Il madrigale Ha ninfe adorne e belle di Torquato Tasso

> Ha ninfe adorne e belle,
> La casta Margherita, et essa è dea,
> Se virtù fa gli dei, come solea:
> Però boschi, palagi e prati e valli,
> Secchi et ondosi calli
> Le fece il grande Alfonso e cinse intorno
> Navi e d'erranti fere ampio soggiorno,
> E giunse i porti e i lustri in cui le serra
> Perché sia la prigion campo di guerra
> E i diletti sian glorie
> E tutte le sue prede alte vittorie.

Lo stesso Tasso, al pari di altri poeti coevi, è autore anche di madrigali 'canonici' di tipo trecentesco; Giovan Battista Strozzi il Vecchio, dal canto suo, adotta spesso, per i suoi numerosissimi madrigali, uno schema affine a quello di una essenziale stanza di canzone (o, per dir meglio, di una ode-canzonetta alla Bernardo Tasso), con due piedi (generalmente asimmetrici) di due versi, chiave settenaria e sirma formata da uno o due distici a rima baciata. Ecco un esempio con schema AbbA aCcDd:

Giovan Battista Strozzi

e il suo madrigale Nel bel viso ardi

> Nel bel viso ardi e nel bel petto tremi,
> Amor: qual mio destino
> T'ha fatto sì meschino
> E sì felice in duo contrari estremi,
> Onde tu insieme gemi
> E 'nsieme ridi? Strugga il dolce foco,
> Deh l'aspro ghiaccio un poco,
> Deh sì, ch'un vero eterno al ciel simile
> Scherzi amoroso aprile.

Si dice, infine, *madrigalessa*, un madrigale di dimensioni particolarmente ampie, per lo più di argomento e tono burlesco e di struttura libera; fu praticato soprattutto dal fiorentino Anton Francesco Grazzini, detto il Lasca.

La madrigalessa

V.4.7. Come già nei secoli precedenti, lo sperimentalismo formale trova il suo terreno d'elezione, soprattutto, nella canzone (e in metri quali la ballata e il madrigale), mentre tocca solo molto marginalmente i metri caratterizzati da una struttura fissa e obbligata. La *sestina* continua ad essere praticata con frequenza, anche nell'ardua variante doppia di origine petrarchesca (sestine doppie, nel XVI secolo, compongono ad esempio Pietro Bembo — come si è detto — e Benedetto Varchi); essa, tuttavia, è fatta talora oggetto, come nel Quattrocento, di usi non canonici e anche, sia pur sporadicamente, di interessanti esperimenti metrici. Ad esempio, il fiorentino Remigio Nannini detto Remigio Fiorentino, attivo in prevalenza a Venezia, include nelle sue *Rime* (stampate nel 1547) quattro sestine, l'ultima delle quali è una sestina pastorale dialogata (esemplata sulla IV egloga, che adotta il medesimo metro, dell'*Arcadia* sannazariana), in cui il primo interlocutore, l'Arno, recita le stanze dispari e il congedo, mentre il secondo, il pastore Tirsi, parla nelle stanze pari.

La sestina e la sestina doppia

Remigio Nannini

Tra le cinque sestine del già menzionato Firenzuola, accanto a tre di confezione regolare, ve ne sono due (*Sì dolce è, Signor mio, sì bello il pianto* e *Or sì ch'un bosco tornerà il bel Prato*) in cui la progressione delle parole-rima non segue il canonico meccanismo della *retrograda-*

La sestina non canonica di A. Firenzuola

tio cruciata, ma quello della *retrogradatio directa*: data la prima stanza ABCDEF, infatti, le altre sono costruite collocando in prima sede l'ultima parola-rima della stanza precedente, e facendola poi seguire da tutte le altre, in modo che la prima della stanza precedente divenga la seconda, la seconda divenga la terza, e così via fino alla quinta, che diviene la sesta. Questo è lo schema: ABCDEF FABCDE EFABCD DEFABC CDEFAB BCDEFA. Nel congedo, le parole-rima riproducono l'ordine della prima stanza; ma (a testimonianza ulteriore dello sperimentalismo formale di questo poeta) nella seconda delle due sestine prima ricordate il congedo presenta un'irregolare distribuzione delle parole-rima (due nel primo verso, tre nel secondo, una nel terzo: il fatto si era già comunque verificato in poeti tre e quattrocenteschi, dal Rinuccini al Gherardi all'Alberti). Altra anomalia, nelle sestine del Firenzuola, è costituita dall'impiego, quali parole-rima, di nomi propri geografici (Arno, Prato), secondo una prassi del tutto inusitata e contraria alla tradizione, che prevede quasi sempre il ricorso a nomi comuni (con prevalenza di voci indeterminate e generiche: cfr. II.6.2.1.).

Luigi Groto e la sestina doppia caudata

Il veneto Luigi Groto, detto il Cieco d'Adria, ideò invece niente meno che la *sestina doppia caudata*: in essa, alle dodici stanze (imperniate sulle parole-rima *ghiaccio, neve, freddo, sole, foco, caldo*, «distribuite in due campi opposti sull'asse semico del calore»: CERVETTI 1986, p. 287), seguono prima il consueto congedo di tre versi — che riproduce, due per verso, le sei parole-rima, nello stesso ordine in cui compaiono nella prima stanza —, poi, a mo' di coda, due distici. Nel primo di essi, l'autore distribuisce tre parole-rima per ogni verso; nel secondo, le colloca tutte, bilanciandole in tre coppie di antonimi, nel verso conclusivo, che risulta occupato per intero ed esclusivamente da esse. Ecco, per chiarire, il congedo e le due code del singolare componimento:

    Così al ghiaccio, misero, a la neve
    E al freddo su del ciel mi vede il sole,
    Come del foco estivo al grande caldo.

    Così son brina al caldo e ghiaccio al foco;
    Son neve al sole e pianta ignuda al freddo.

    Prima che lieto 'i sia, fian giunti a un loco
    Freddo, caldo, sol, ghiaccio, neve e foco.

Il primo verso dell'ultima coda non ospita nessuna parola-rima, ma, in compenso, viene fatto rimare con una delle parole-rima (*loco: foco*); inoltre, la rima tra due versi della stessa stanza (i due versi dell'ultima coda) introduce un elemento del tutto estraneo alla sestina tradizionale. L'esperimento è degno di nota non tanto in se stesso, quanto perché documenta (con un'eloquenza che gli deriva dal suo carattere di *apax* e di autentica 'stravaganza' metrica) la tendenza, ben viva anche nel XVI secolo, verso la costruzione di strutture formali sempre più 'chiuse' ed artificiose, che convivono, talora in un medesimo poeta, coi nuovi metri più agili ed 'aperti'. Per altri singolari esperimenti cinquecenteschi (del Coppetta e del Fermo) sulla sestina, cfr. SPERONI 1978, p. 305.

V.4.8. Un breve cenno, infine, sugli altri metri tradizionali, che, se non subiscono modifiche nella struttura, sono tuttavia talora sottoposti ad usi particolari e caratteristici. È il caso, soprattutto, del *sonetto caudato* e del *capitolo*, che divengono, pur conservando anche altre valenze, i metri tipici della poesia burlesca, detta 'bernesca' dal nome del suo più illustre esponente, Francesco Berni. Del sonetto caudato si diffuse, in questo àmbito, una speciale variante, detta *sonettessa*, caratterizzata dal susseguirsi di un gran numero di code e, quindi, di abnormi dimensioni (cfr. il caso analogo della *madrigalessa*: V.4.6.): ad esempio, il sonetto del Berni *O spirito bizzarro del Pistoia* annovera ben ventuno code, per un totale di settantasette versi.

<small>Sonetto caudato e capitolo: F. Berni</small>

<small>La sonettessa</small>

Benché minacciata dall'espansione dello sciolto, l'ottava, come si è detto, continua a prosperare in molti settori, soprattutto nel poema epico-cavalleresco, ma anche nella selva, nella favola mitologica, nel teatro, estendendosi anche, sia pure eccezionalmente, alla satira (col Paterno, autore di quattro satire in questo metro). Sporadici esperimenti, rimasti senza séguito, riguardano comunque anche l'ottava: troviamo, così, esempi di ottava con *incipit* settenario e rime al mezzo (in Galeotto del Carretto: cfr. V.5.2.); di ottava che potremmo definire *rinterzata* (ad esempio, nella commedia *L'ingratitudine* di Giovambattista dell'Ottonaio, del 1526, dove si trovano ottave in cui, tra gli ultimi due versi, è inserito un settenario che rima al mezzo con l'ultimo verso, secondo lo schema: ABABABCd(d_7)C); di *ottava caudata* (che presenta, alla fine, una coda — analoga a quella del sonetto caudato — formata da un settenario rimato con l'ultimo verso dell'ottava e seguìto da due endecasillabi a rima baciata; le code possono anche essere più di una, come nell'ottava bicaudata *Stamane i' mi pensavo, fratel mio*, di dubbia attribuzione a Pietro Aretino). Lo stesso Aretino è uno dei pochi cultori cinquecenteschi della *frottola*: a lui si devono due frottole (*Iddio guardi, signori* e *Pas vobis, brigate*: quest'ultima misura ben 795 vv.) di endecasillabi e settenari — ma la seconda si caratterizza per un anisosillabismo che il suo editore, ROMEI 1986, ritiene attribuibile all'autore — e dall'identica struttura:

<small>L'ottava e le sue varianti</small>

<small>La frottola</small>

ab(b_7)C, cd(d_7)E, ef(f_7)G, ecc. Si tratta, come si vede, di frottole 'regolate' (secondo una tendenza già affermatasi, riguardo a questo metro, nel Quattrocento: cfr. IV.2.6.), che, nella fattispecie, adottano un metro assimilabile a quello del serventese, nella forma del capitolo quadernario (ABbC CDdE ecc.: cfr. III.4.5.).

V.5. Il teatro

V.5.1. Il teatro profano del Cinquecento, in tutti i suoi vari generi (tragedia, commedia, favola o dramma pastorale), è forse il settore poetico in cui più vivo ed ardito si rivela lo sperimentalismo formale: e ciò per ragioni sia 'interne' (la necessità di plasmare strutture elastiche, capaci di seguire lo snodarsi del dialogo e delle situazioni) che 'esterne' (in un àmbito, come quello teatrale, privo di tradizione e quindi assai meno illustre rispetto all'epica o alla lirica, innovazioni ed esperimenti non trovavano infatti resistenze). Non a caso, fu proprio il teatro a tenere a battesimo la prima, grande 'novità' metrica del secolo, l'endecasillabo sciolto, che viene impiegato già dal piemontese Galeotto del Carretto in alcune parti della tragedia *Sofonisba*, pubblicata solo nel 1546, ma composta nel 1502, circa dodici anni prima dell'omonima tragedia trissiniana. Sempre in sciolti, inoltre, e anch'egli prima del Trissino, Jacopo Nardi aveva composto gli argomenti delle sue due commedie, l'*Amicizia* (databile ai primi anni del Cinquecento) e *I due felici rivali* (1512-13), che per il resto adottano i tradizionali metri teatrali quattrocenteschi della terzina e dell'ottava.

Proprio il teatro fu, d'altra parte, il settore in cui lo sciolto si affermò più rapidamente e senza incontrare alcuna opposizione: anche chi, come Giovambattista Giraldi Cinzio, polemizzò più aspramente contro l'adozione del verso non rimato nell'epica e negli altri generi poetici 'illustri', non esitò a servirsene con larghezza nella sua produzione drammatica. Benché non manchino esempi di tragedie o di commedie interamente composte in sciolti, la regola è quella della polimetria, attuata spesso nella forma più semplice dell'alternanza di parti dialogate in sciolti e parti corali in rima (generalmente nello schema della canzone tradizionale), come avviene fin dalla trissiniana *Sofonisba* (che tuttavia introduce talora strutture strofiche e rimate anche nei dialoghi). In altri casi, vengono invece tentate quelle soluzioni di 'compromesso' tra sciolto e rima cui si è già accennato nelle pagine precedenti (cfr. V.2.3.), e che sembrano perseguite soprattutto, nei primi decenni del secolo, in ambiente fiorentino.

Già il Nardi, nei suoi prologhi, aveva sentito il bisogno di chiudere la serie degli sciolti con un distico a rima baciata, cui (ne *I due felici*

[margin notes:]
La *Sofonisba* di Galeotto del Carretto

Le commedie del Nardi

G.B. Giraldi Cinzio

La polimetria nella commedia e nella tragedia

Sciolti e rime: soluzioni di compromesso

rivali) segue una 'coda' simile a quella del sonetto caudato di tipo più comune (un settenario e due endecasillabi a rima baciata; lo schema che si produce è quindi YYyZZ). Giovanni Rucellai, nella tragedia *Rosmunda* (composta quasi contemporaneamente alla *Sofonisba* del Trissino), introduce, nella sequenza di endecasillabi sciolti, distici a rima baciata, a intervalli grosso modo regolari; mentre Lorenzo Strozzi, che scrive in puri versi non rimati due delle sue tre commedie (la *Pisana* e la *Violante*), nell'altra (la cosiddetta *Commedia in versi*) si compiace di un più ricco polimorfismo, utilizzando, fra l'altro, alcune inedite 'varianti' dell'ottava (ad esempio, ottave in cui solo il distico finale è rimato, ma che restano comunque riconoscibili, grazie anche alla coincidenza tra periodi logici e periodi metrici; oppure ottave *unissonans*, in cui i singoli versi, irrelati all'interno dell'ottava, rimano con i versi corrispondenti dell'ottava successiva: la tecnica è adottata anche dal Trissino nella *Sofonisba*).

V.5.2. Un caso interessante di polimetria teatrale si riscontra nella produzione del già menzionato Galeotto del Carretto, attivo a Mantova e a Milano tra la fine del Quattrocento e i primi decenni del secolo successivo. Sia nella *Sofonisba* che nell'azione mitologica *Noze de Psiche e Cupidine* (1499-1500), accanto ai metri-base della terza rima e dell'ottava, egli introduce infatti forme svariate e del tutto inedite, tra cui, oltre allo sciolto (adottato nella sola *Sofonisba*), merita un cenno almeno la strofe saffica con rime interne e al mezzo e versi rimati a due a due, secondo il complesso schema (a)B(a)B(b)Cc; dove le rime interne e quelle al mezzo cadono sempre in sede quinaria, cioè in corrispondenza con la cesura del verso latino qui riprodotto, il saffico minore (o endecasillabo saffico):

Il teatro di Galeotto del Carretto:

la saffica ed

>   Triste, meschine,   ohimé de noi che fia?
>   Qual peregrine   se n'andian per via
>   Cum fantasia   et intimo dolore
>   Intorno al cuore.

L'esempio è tratto dalle *Noze*, dove, accanto a metri più convenzionali (ad esempio, barzellette di ottonari o canzonette di settenari), compaiono altre forme caratterizzate dalla rima al mezzo: terzetti incatenati di settenari ed endecasillabi con schema ab(b_7)C cd(d_7)E ef(f_7)G ecc.; endecasillabi frottolati (cioè con rima al mezzo, qui sempre settenaria), chiusi da un distico a rima baciata; ottave con *incipit* settenario e rime al mezzo, secondo lo schema a(a_7)B(b_7)C(c_7)D(d_7) E(e_7)F($f_{7\,o\,5}$)GG.

altri metri

V.5.3. Né mancarono tentativi di trasferire al teatro gli esperimenti di metrica 'barbara', allo scopo di riprodurre in italiano i versi e i metri drammatici latini, nel quadro di una complessiva riesumazione della tragedia e della commedia classiche. Il fiorentino Alessandro de' Pazzi (morto nel 1530), cercò, nella tragedia *Dido in Cartagine* (e nei volgarizzamenti da Euripide e da Sofocle), di riprodurre il senario giambico (costituito da sei dipodie giambiche) con un verso 'lungo' di dodici o tredici sillabe; mentre Luigi Alamanni, nella commedia *La Flora* (1556), si cimentò — arrogandosi la priorità dell'operazione — col medesimo senario (da lui reso con versi di tredici o quattordici sillabe) e con l'ottonario giambico (che consta di otto dipodie giambiche, e che l'Alamanni rende in italiano con versi di misura oscillante tra le quindici e le diciotto sillabe). L'oscillazione sillabica che caratterizza tali versi corrisponde a quella che si riscontra nei versi latini presi a modello: senario e ottonario giambico, infatti, ammettono, in tutti i piedi tranne l'ultimo, la sostituzione della sillaba breve (la prima di ogni piede) con una lunga o con due brevi, e della sillaba lunga (la seconda di ciascun piede) con due brevi. Ecco, dalla *Flora*, un esempio di senario giambico (Prologo, «recitato da uno in abito dell'Ubbidienza», vv. 1-12):

> So che questi rozzi veli e negletto abito
> Non conoscerete bene, Henrico invittissimo
> E Catherina cristianissima, né voi
> Realissimo spirito e Margherita unica;
> Però che all'un Giove e Marte sol conoscere
> Conviene, ché quel del mondo tutto l'imperio
> Gli darà in mano e questo pria di vittorie
> Gli empierà 'l seno, e l'altre Giunone Pallade
> Le Virtudi l'Hore le Muse le Grazie
> Conoscono sole, che sempre l'accompagnano,
> Non me che una sono delle popolari dee
> Che ardisco sol d'andare co i bassi e co' poveri.

E questo, dalla scena I dell'atto III, vv. 1-6, è invece un esempio di ottonario giambico:

> Non è dubbio che chi ha figliuoli ha sempre gran pena,
> E sieno pur buoni quanto vogliono; ché non si può vivere
> Sanza sospetto e sanza dispiacere, con quieto animo,
> Chi non gli avesse sempre avanti, che non è possibile;
> Ché troppa differenza è fra noi, e troppo dissimili
> Sono i nostri diletti, i pensier nostri e desiderii.

Come si può vedere, i versi della *Flora* sono in grandissima maggioranza sdruccioli; l'uscita sdrucciola, infatti, intende riprodurre la caratteristica cadenza finale del metro giambico. Ludovico Ariosto adotta, in tutte le sue commedie in versi, l'endecasillabo sdrucciolo, considerato l'equivalente italiano del trimetro giambico acatalettico o puro, cioè del verso latino costituito da tre dipodie giambiche (la dipodia è l'unità metrica formata da due piedi uguali, nella fattispecie da due giambi). Ecco un esempio oraziano (*Epodi*, 16, v. 2):

L'endecasillabo sdrucciolo e il teatro ariostesco

> Suis et ipsa Roma viribus ruit;

la cui struttura prosodica è così schematizzabile:

$$\cup \perp \cup \_ / \cup \perp \cup \_ / \cup \perp \cup \_$$

E questo è un passo dalla scena prima del II atto della *Lena* ariostesca (vv. 299-306: parla Fazio):

> Chi non si leva per tempo, e non opera
> la matina le cose che gl'importano,
> perde il giorno, e i suoi fatti non succedono
> poi troppo ben. Menghin, vo' ch'a Dugentola
> tu vada, e che al castaldo facci intendere
> che questa sera le carra si carchino,
> e che doman le legna si conduchino;
> e non sia fallo, ch'io non ho più ch'ardere.

Tutti questi versi, da quelli del Pazzi e dell'Alamanni a quello dell'Ariosto, non seguono naturalmente il metodo prosodico: essi, infatti, non ricalcano, sul modello di quanto avevano fatto il Dati, l'Alberti o il Tolomei, la struttura prosodica del verso latino (attraverso la distinzione di sillabe brevi e lunghe), ma mirano soltanto a restituire 'sillabicamente' i metri classici, riproducendone cioè l'estensione sillabica e imitandone, grazie agli sdruccioli finali, la caratteristica uscita: «viri*bùs rùit*» = $\perp \cup \_$ (non costante, invece, la riproduzione delle arsi all'interno del verso). Nel caso dell'Alamanni, inoltre, l'obiettivo era quello di dar vita a un verso lungo e quasi privo di ritmo, che si avvicinasse quanto più possibile alla prosa, pur senza uscire (secondo l'esempio dei commediografi classici) dall'àmbito della poesia.

V.5.4. In alcuni settori del teatro cinquecentesco, inoltre, andò affermandosi una forma libera di 'recitativo', caratterizzata da un'est⸱ ma scioltezza strutturale. Tale metro fu dapprima impiegato r tragedia *Canace* del padovano Sperone Speroni, la cui pubblica⸱ (1546) scatenò, non solo per ragioni di natura formale, aspre p che. Ecco un passo desunto dal I atto (vv. 659-80):

> Macareo, figliuol mio, hor che nel caso
> Di tua sorella e tuo
> Vegno a te per aiuto, io non vorrei
> Trovarti in questo st*ato*
> Dolente e sconsigli*ato*.
> Piange la miserella, e ha bene onde
> Trafitta tuttavia
> Da' dolori del parto e dal timore
> Del non poter celarlo.
> Et tu, requie e conforto
> De la sua speme st*anca*
> Che a poco a poco m*anca*,   assai vilmente
> Te medesmo consumi sospirando
> E il dì, che si vorrebbe
> Spender solo in oprar di conservarle
> La salute e l'hon*ore*,
> Che s'altri non l'*aita*
> Con tua vergogna e per tua colpa mu*ore*.
> Io per me non sapr*ei*   (ben che io facessi
> Tutto ciò che io potr*ei*)
> Far tanto m*ai*,   che in così fatto caso
> Dovesse essere ass*ai*.

Si tratta, come si vede, di una libera successione e alternanza di endecasillabi e settenari (con prevalenza di questi ultimi), qua e là congiunti da rime (talora anche al mezzo), qui segnalate col corsivo; le rime si collocano soprattutto in fine di periodo, ed hanno una funzione fonica più che strutturale. Questo metro, infatti, nasce principalmente dall'esigenza di mettere a punto una forma fluida ed elastica, capace di aderire, col suo musicale snodarsi, allo svolgimento dei dialoghi e, ancor più, delle situazioni psicologiche; e ciò in armonia con un teatro in cui, a differenza di quello del secolo precedente, i personaggi non sono (sull'esempio del teatro classico) 'maschere' e 'caratteri', ma acquistano uno spessore psicologico e sono soggetti ad un travaglio intimo che il testo si propone di seguire e di descrivere.

<small>L'*Oreste* di Giovanni Rucellai</small>
Tale metro (che già, in parte, si può trovare nella seconda tragedia di Giovanni Rucellai, l'*Oreste*, del 1524-25) si diffuse ampiamente nel secondo Cinquecento, sia nella tragedia, sia, soprattutto, nella favola
<small>La favola pastorale</small>
pastorale; celebri, al riguardo, sono gli esempi dell'*Aminta* di Torquato Tasso (che nello stesso metro compose anche il *Rogo amoroso*) e della tragicommedia pastorale *Il pastor fido* di Battista Guarini. In questi suoi più maturi sviluppi, il 'recitativo' drammatico ideato dallo Speroni assume connotati di ancor maggiore elasticità: le rime si fanno più sporadiche (tranne che in alcune brevi sezioni, di carattere più

marcatamente lirico e quasi 'madrigalesco') ed intere parti adottano l'endecasillabo sciolto. I cori, comunque, impiegano, secondo la consuetudine, tradizionali metri rimati (stanze di canzone o madrigali). Ecco un brano dal 'dialogato' dell'*Aminta* (atto I, scena II, vv. 395-410):

L'*Aminta*

> La semplicetta Silvia,
> pietosa del mio m*ale*,
> s'offrì di dar *aita*
> a la finta fer*ita*,   ahi lasso!, e fece
> più cupa e più mort*ale*
> la mia piaga verace,
> quando le labra sue
> giunse a le labra mie.
> Né l'api d'alcun fiore
> còglion sì dolce il mel ch'allora io colsi
> da quelle fresche rose;
> se ben gli ardenti b*aci*
> che spingeva il desire a inumidirsi,
> raffrenò la temenza
> e la vergogna, o felli
> più lenti e meno aud*aci*.

V.6. *Trattatisti e teorici*

V.6.1. Il Cinquecento è il secolo in cui, per la prima volta, intorno alle questioni metriche (come intorno a quelle linguistiche, anche se con minore intensità ed accanimento) si sviluppano dibattiti e discussioni teoriche. Il polo principale intorno a cui vertono le dispute è ovviamente costituito dalla più 'rivoluzionaria' innovazione metrica cinquecentesca, l'endecasillabo sciolto. Il verso non rimato, come abbiamo detto, è propugnato dal Trissino nella *Poetica*, e trova non pochi sostenitori sul piano teorico: si possono ricordare Luigi Alamanni (prefazione alle sue *Opere toscane*, 1532), Girolamo Muzio (*Arte poetica*, 1551), Benedetto Varchi (*Lezione terza della poesia*, 1553), il già menzionato Carlo Lenzoni (*In difesa della lingua fiorentina et di Dante*, 1556), Girolamo Ruscelli (*Del modo di comporre in versi nella lingua italiana*, 1559).

La *Poetica* di Gian Giorgio Trissino

Come si può vedere, lo sciolto trova seguaci e difensori soprattutto in ambiente fiorentino, e, più in generale, tra letterati (dal Muzio al Ruscelli) collocati, linguisticamente, su posizioni ostili a quelle della linea bembesca. Nel XVI secolo, infatti, questione linguistica e questione metrica risultano strettamente collegate, e l'affermazione delle tesi del Bembo (e dei suoi fedeli) in àmbito linguistico fu parallela

La tradizione metrica e Pietro Bembo

ai tentativi di affossamento o comunque di emarginazione di quei metri — dallo sciolto agli esperimenti 'barbari' — che non rientravano nel 'canone' petrarchesco o (per quanto concerne l'ottava) boccacciano, e che, comunque, a quel canone non facevano capo. Pietro Bembo, nelle *Prose della volgar lingua* (1525), in cui peraltro poco spazio è concesso agli aspetti metrici, non fa neppure menzione del verso non rimato: la sua avversione a questo metro è documentata dal ferrarese Giovambattista Giraldi Cinzio, che, nel *Discorso intorno al comporre dei romanzi* (1554), si fa portatore delle opinioni bembiane, ammettendo l'uso dello sciolto solo nel teatro.

La posizione del Giraldi (ribadita da altri teorici e poeti, quali Sperone Speroni e Ludovico Dolce), si affermò in modo talmente rapido ed assoluto che, nella seconda metà del secolo, la disputa intorno al verso sciolto poteva ritenersi esaurita: la trissiniana *Italia liberata*, apparsa (limitatamente ai primi nove canti) nel 1547, fu sepolta dalle critiche, e l'endecasillabo non rimato continuò a fiorire solo nei generi 'minori' di cui si è parlato in precedenza. Indicativo, al riguardo, è il silenzio di Torquato Tasso, che nei *Discorsi dell'arte poetica* (1587) e poi in quelli *Del poema heroico* (1594) limita le possibilità di scelta, per il poema epico, ai due tradizionali metri della terzina e dell'ottava, senza neppur accennare allo sciolto e a chi, pochi decenni prima, ne aveva proposto l'adozione in quello stesso genere poetico.

<small>Torquato Tasso</small>

<small>Le *Prose della volgar lingua* e la metrica</small>

V.6.2. Le *Prose* del Bembo, come si è appena detto, concedono poco spazio alla metrica. Il Bembo, nel cap. 11 del II libro del trattato, si limita infatti ad affermare che le rime furono «graziosissimo ritrovamento», giacché forniscono ai metri italiani quella armonia e leggiadria che ai metri latini era invece fornita dalla varia successione dei piedi. Nel medesimo capitolo, egli afferma inoltre che le forme italiane si dividono in tre categorie: forme regolate (a struttura fissa: sestina, terzina, ottava), forme libere (a struttura variabile, come il madrigale) e forme 'mescolate' (a struttura in parte libera e in parte variabile: sonetto, ballata, canzone). L'atteggiamento bembiano riflette una generale tendenza cinquecentesca, quella incline a rifuggire dalle troppo rigide normative in materia di metrica: e, anche in questo caso, si tratta di una tendenza che si colloca agli antipodi della posizione del Trissino, la cui *Poetica*, di stretta osservanza aristotelica, è certo l'opera più agguerrita e completa del secolo sul piano della teoria e dell'analisi metrica (proprio il Trissino, non a caso, riportò alla luce e fece conoscere il *De vulgari eloquentia* dantesco).

A sottolineare emblematicamente la diversa attenzione ai fatti formali, e la diversa competenza metrica, dei due letterati (rappresentanti di due opposti indirizzi culturali e di poetica), giova ricordare il singolare errore metrico commesso dal Bembo nel suddetto capitolo delle *Prose* (II 11), dove egli afferma che Dante, nella *Vita nuova*, definì 'sonetto' una canzone; affermazione da cui si desume come il Bembo non fosse in grado di distinguere dalla stanza di canzone il sonetto doppio (visto che, senza dubbio, egli allude ai due componimenti in questo metro compresi nel prosimetro dantesco, ai capp. VII e VIII), e come quindi, probabilmente, non conoscesse la *Summa* di Antonio Da Tempo (peraltro pubblicata poco prima, nel 1509, a Venezia), in cui tale metro era illustrato ed esemplificato (cfr. III. 5.1-2., e, per il sonetto doppio, II.2.2.).

In linea generale, il poeta cinquecentesco si mostra poco interessato a speculazioni metriche: queste vengono affidate per lo più ai teorici, tra i quali, accanto al Trissino (senz'altro più teorico che poeta, o comunque prima teorico che poeta), si devono citare almeno Antonio Minturno (*Arte poetica*, 1564) e Alessandro Piccolomini (*Annotationi nel libro della poetica d'Aristotele*, 1575), non a caso anch'egli — come il Trissino — schierato sul versante aristotelico, per tradizione più interessato ad operazioni tassonomiche. Al livello di una più divulgativa precettistica si collocano invece le opere di poligrafi come Mario Equicola (autore delle *Institutioni al comporre in ogni sorte di rima*, 1541), Ludovico Dolce (*I quattro libri delle osservationi*, 1550) e soprattutto il già ricordato Girolamo Ruscelli, il cui trattato *Del modo di comporre in versi in lingua italiana* (con annesso *Rimario*) costituirà il «livre de chevet di generazioni di rimatori» (GORNI 1984, p. 442).

Il poeta, dal canto suo, si rivela disposto a scendere sul terreno della teoria metrica soprattutto nei casi in cui essa si connetta direttamente a questioni di particolare attualità relative al 'mestiere' poetico: è il caso, appunto, della disputa sul verso sciolto (che si intreccia con l'altro grande dibattito teorico cinquecentesco, quello sulle regole del poema eroico); ed è anche il caso della celebre 'lezione' di Torquato Tasso sull'*enjambement* (da lui definito «rompimento de' versi»), o per meglio dire sul sonetto *Questa vita mortal, che 'n una o 'n due* del Della Casa, in cui questo artificio (pur largamente messo in opera anche nei secoli precedenti) è ampiamente praticato. In implicita polemica contro coloro (come il Giraldi) che avevano biasimato il ricorso all'*enjambement*, accusandolo di compromettere irrimediabilmente il naturale andamento ritmico del verso, il Tasso (che ribadirà queste tesi nei *Discorsi del poema eroico*, e che è un autentico maestro nell'uso 'patetico' dell'*enjambement*) individua in questo artificio uno dei primi ingredienti del «parlar magnifico e sublime», poiché «il rompimento de' versi ritiene il corso dell'orazione ed è cagione di tardità, e la tardità è propria della gravità».

VI. IL SEICENTO

VI.1. La lirica di Gabriello Chiabrera

VI.1.1. Anche se i suoi primi scritti apparvero negli anni '80 del XVI secolo, e anche se molte delle sue più importanti raccolte poetiche videro la luce entro la fine del Cinquecento, non è illegittimo trattare del savonese Gabriello Chiabrera (1552-1638) nel capitolo riservato alla metrica seicentesca: e ciò, sia perché egli stesso continuò a risistemare, fino all'ultimo periodo della vita, le sue rime (curandone personalmente varie edizioni, negli anni 1605-1606, 1618-19 e 1626-27), sia perché le innovazioni formali da lui proposte, pur prendendo le mosse dalla sperimentazione cinquecentesca, appaiono decisamente proiettate verso i secoli successivi. Col Chiabrera, anzi, non si può neppure parlare, propriamente, di sperimentalismo, giacché nella sua produzione è in qualche modo un nuovo sistema metrico che si sostituisce — in maniera pressoché definitiva — a quello tradizionale, trasformando, appunto, in 'sistema' quanto, nei poeti precedenti, aveva il carattere di innovazione sperimentale.

<small>L'importanza di G. Chiabrera</small>

In effetti, nelle sue numerose raccolte (tra le principali: *Canzoni*, 1587 e 1588; *Canzonette*, 1591; *Le maniere de' versi toscani, Scherzi e canzonette morali*, 1599), Chiabrera mette in atto una vastissima serie di raffinate e molteplici soluzioni formali, che godranno, nei secoli a venire, di una straordinaria fortuna nell'àmbito della poesia lirica. Lasciando per il momento da parte i suoi esperimenti (pure fondamentali) nel settore della metrica 'barbara' (per i quali cfr. VI.4.), l'accento va sùbito posto sulla grandissima varietà dei metri utilizzati dal Chiabrera e sulle svariate direzioni lungo cui si muove la sua ricerca formale. Così egli scrive nella sua autobiografia (composta in terza persona): «parvegli di conoscere che i poeti volgari erano poco arditi e troppo paventosi di errare [...]; onde prese risoluzione, quanto ai versi, di adoperare tutti quelli i quali dai poeti nobili o vili furono adoperati». Uno dei dati salienti della poesia del Chiabrera è infatti costituito proprio dall'impiego di un'ampia gamma di versi, sia imparisillabi che parisillabi, e dai sistemi, spesso inediti, nei quali vengono organizzati.

La canzonetta: Nelle *Canzonette*, ad esempio, il punto di partenza è dato senz'altro dalle odi di Bernardo Tasso, con le loro strofette di versi lunghi e brevi, di componimento in componimento variamente disposti e rimati; ma, mentre il Tasso si era servito soltanto di endecasillabi e settenari, Chiabrera fa largo uso anche dell'ottonario (un verso di raro impiego nella lirica, caratteristico — soprattutto — della barzelletta e adottato in alcune canzonette del Giustinian: cfr., rispettivamente, IV.2.3. e IV.2.1.) e del quadrisillabo (un verso praticamente inusitato nella poesia italiana). Uno degli schemi prediletti dal Chiabrera, che lo riutilizza, più tardi, anche nell'ultima scena della favola drammatica *Il pianto d'Orfeo* (e che conobbe straordinaria fortuna nei secoli successivi), prevede stanze esastiche di ottonari e quadrisillabi, giocate su tre rime e divise in due terzetti: AaB CcB. Ecco un esempio (canzonetta XXIII, vv. 1-12):

il verso del Chiabrera

    Vaghi rai di ciglia ardenti,
    Più lucenti
    Che del sol non sono i rai;
    Vinti alfin dalla pietate,
    Mi mirate,
    Vaghi rai che tanto amai.

    Mi mirate, raggi ardenti,
    Più lucenti
    Che del sol non sono i rai;
    E dal cor traete fuore
    Il dolore
    E l'angoscia de' miei guai.

Identico schema rimico, ma con differente disposizione dei versi (sempre quadrisillabi e ottonari) è nella canzonetta XXXII *In più modi* (aaB ccB); quest'ultima struttura è costruita talora (ad esempio nella canzonetta XXIV, di cui riporto le prime due strofe) anche con versi brevi imparisillabi, cioè quinari e settenari:

    Ecco la luce,
    Che a noi riduce
    La stagion de' diletti;
    Maggio sen viene,
    Ed ha ripiene
    L'ali di bei fioretti.

    Ei dianzi vinse,
    E risospinse

Da queste piagge il verno;
Or dà, cortese,
Del suo bel mese
Ad Amore il governo.

Un altro verso di rarissimo impiego nella poesia tradizionale, il senario, è utilizzato nella canzonetta LXX *Begli occhi lucenti*, che consta di due strofette di nove versi (tutti senari), rimati secondo lo schema: abbaacddc.

Per i versi brevi, in effetti, Chiabrera mostra una particolare predilezione, servendosene anche all'interno di componimenti metricamente tradizionali; è il caso, ad esempio, della canzonetta XXV, che si presenta come una ballata di cinque stanze del tutto regolare, fatto salvo il largo impiego, accanto all'endecasillabo e al settenario, del quinario. Questo è lo schema: $Xy_5y_5X\ a_5a_5b_7c_5c_5b_7Bd_5d_5X$. Ecco la ripresa e la prima stanza:

> Dal cor tragge nocchier sospiri amari,
> Quand'Austro reo
> Gonfia l'Egeo,
> Rompendo il corso de' pensieri avari.
>
> Quando cosparte
> E vele e sarte,
> Quando è il timon sdrucito,
> Allor dolente
> Volge la mente,
> E volge gli occhi al lito;
> Ah, desiderio uman soverchio ardito,
> Che gir t'involgi
> Là, 've i cordogli
> Frequenti sono, ed i piacer son rari!

Un'altra peculiarità della lirica del Chiabrera risiede nel frequente ricorso alle terminazioni tronche e sdrucciole dei versi. Nella poesia dei secoli precedenti, simili terminazioni erano o eccezionali, o impiegate prevalentemente in generi 'umili' (i versi tronchi abbondano, ad es., nelle frottole e nelle cacce, con intento spesso onomatopeico; gli sdruccioli caratterizzano l'egloga e, non di rado, i componimenti — barzelletta, poemetto rusticale, canto carnascialesco — di intonazione popolaresca e 'espressionistica'), ma, proprio a partire da Chiabrera, esse conquistano ampio spazio in àmbito lirico, soprattutto nelle forme agili della canzonetta e dell'ode. L'uscita tronca è riservata, per lo più, ai versi che concludono una strofe o un periodo metrico: ad esempio, la canzonetta XXXIII consta di tre strofette di otto versi (ottonari e quadrisillabi), divise in due tetrastici, secondo lo schema:

Tronchi e sdruccioli

Fra' mortali alma beltà

ABBA cccA, dove la rima A è tronca in tutte le strofe. Ecco la prima strofe:

> Fra' mortali alma beltà
> Co' suoi rai tanto s'avanza,
> Che, nudrendo in noi speranza,
> Cangia nome a crudeltà.
> Disconforti,
> Aspri torti,
> Dure morti,
> Amator chiama pietà.

Una struttura, questa, chiaramente memore di quella di una canzone petrarchesca (RVF CCVI, *S'i' 'l dissi mai, ch'i' vegna in odio a quella*, con schema ABBA AcccA: cfr. III.1.3.), di cui può considerarsi una sorta di 'riduzione' cantabile, sul piano sia delle dimensioni (con la soppressione di un verso del modello, il quinto, che fungeva da chiave), sia delle misure sillabiche adottate (con la sostituzione degli ottonari e dei quadrisillabi, rispettivamente, agli endecasillabi e ai settenari).

Già per l'Arcadia Talvolta, il verso tronco, collocato in ultima sede, è irrelato nella strofe, ma rima col verso corrispondente delle altre strofe: è il caso, ad esempio, della canzonetta XXXIV, le cui otto stanze, costituite ciascuna da sei quinari (di cui i primi cinque sdruccioli e irrelati), si chiudono tutte con la rima in -*òr*. Ecco le prime due stanze del componimento:

> Già per l'Arcadia
> La figlia d'Inaco
> Alto succinsesi,
> E lasciò spargere
> A freschi Zefiri
> La chioma d'or.
>
> Era usa tendere
> Bell'arco, e correre
> Or sul Partenio,
> Ed or sul Menalo,
> Ivi trafiggere
> A' cervi il cor.

Come si è detto, i primi cinque versi di ogni strofe sono, in questa canzonetta, sdruccioli e privi di rime: lo sdrucciolo, infatti, anche per ragioni di ordine pratico (nelle parole proparossitone, infatti, la rima interessa tre sillabe), è più spesso non rimato, ed anzi, per convenzione (e per la sua particolare conformazione, che lo distingue dai più comuni versi piani), fa le veci, nella strofe, del verso rimato. La stessa struttura si ritrova, sempre con quinari, nella canzonetta XXXVII *Invan lusinghimi*: cinque versi sdruccioli seguìti da un verso tronco irrelato, che rima tuttavia con l'ultimo verso di tutte le altre strofe. La mescolanza di sdruccioli e di tronchi, in effetti, caratterizza soprattutto (ed anche questo è un tratto che si affermerà nella lirica dei secoli successivi) componimenti omometrici, costituiti cioè da un unico tipo di verso, in prevalenza breve (settenario o quinario): in simili casi, il variare della terminazione attenua la cantilenante monotonia ritmica prodotta dal susseguirsi ininterrotto di tali versicoli. Nella canzonetta XLIII (identico metro anche nella LXI *Tanto speranza vinsemi*), le cinque strofette di otto settenari alternano regolarmente versi sdruccioli e tronchi, disposti in doppie quartine a rima alterna: abab cdcd. Ecco la prima stanza:

Invan lusinghimi

Non così belle aprirono

> Non così belle aprirono
> Rose sul bel mattin,
> Né si puri fiorirono
> Come qui gelsomin;
> Aurette non volarono
> Sì fresche in sull'april,
> Né rivi mormorarono
> Mai di suon sì gentil.

Ma non mancano, nel Chiabrera, neppure i versi piani irrelati, come nella canzonetta LXII, le cui cinque strofette tetrastiche (composte da un quinario, un settenario, un endecasillabo e un altro quinario) presentano due versi non rimati e due a rima baciata, secondo lo schema: $x_5 y_7 Aa_5$. Queste le prime due strofe:

Togliti al sonno

> Togliti al sonno,
> Odi cantar gli augelli,
> Deh tra le piume più non far dimora:
> Ecco l'aurora!
>
> Tirsi, deh sorgi,
> E con l'amata lira
> In abito gentil mostrati adorno
> In sì bel giorno!

Come si può osservare, i primi due versi di ogni strofetta sono ricomponibili, alla lettura, in un regolare endecasillabo piano, grazie all'iniziale vocalica che — in tutto il componimento — caratterizza i secondi versi di ciascuna strofe, consentendo la sinalefe tra quinario e settenario; cosicché lo schema metrico potrebbe configurarsi anche nel modo seguente: XAa_5 (una sorta di strofe saffica col primo verso irrelato e decurtata di un endecasillabo).

Il distico di settenari a rima baciata

Tra gli svariati metri ospitati fra le canzonette, merita infine un cenno il distico di settenari a rima baciata, un metro diffuso nella nostra poesia delle origini (dove risulta impiegato, soprattutto, in componimenti di carattere didascalico: cfr. II.4.4.) e, in séguito, in metri quali il serventese duato (cfr. II.6.3.2.) e la frottola quattrocentesca (cfr. IV.2.6.). Chiabrera lo riutilizza in chiave lirica, ad esempio nelle canzonette LXXVI *Duo bei veli distinti*, LXXXI *Se ridete gioiose*, LXXXII *Dal cielo almo d'un volto*, LXXXIV *In quei, che m'han trafitto* e LXXXV *Occhi soverchio arditi*; ma, nella parte finale della raccolta (dove tale metro diviene prevalente), se ne serve anche per componimenti di ampio respiro, che talvolta assumono l'aspetto e il tono del sermone o dell'epistola, recuperando l'originaria valenza del metro (si ricordi, ad esempio, l'epistola *O papa Bonifazio* di Jacopone da Todi: cfr. II.4.3.). È il caso, in particolare, delle canzonette LXXXVII *Per la signora Elena Pavese*, LXXXIX *Al signor Ferdinando Saracinelli*, e XCI *Per la signora Leonora Ferrera*. Ecco i vv. 1-14 della canzonetta LXXXIX:

> O gentil Ferdinando,
> La bella notte, quando
> Cosmo, mio re, commise
> Che in sì mirabil guise
> Fosser le dame in danza,
> Vidi vista che avanza
> Ogni mortal vaghezza.
> Non dico alta ricchezza
> Di gemme elette e d'ori;
> Vidi cose maggiori:
> Due nobili donzelle,
> Pregio dell'altre belle,
> Mirate ed ammirate
> Per dissimil beltate.

Le vendemmie di Parnaso: i madrigali canonici

VI.1.2. Esperimenti di questo genere (che Chiabrera mutua in parte dall'esempio di Ronsard e dei poeti francesi della Pléiade, in parte direttamente dalla suggestione di Pindaro e di Anacreonte) caratterizzano anche *Le vendemmie di Parnaso*, dove compaiono tuttavia anche metri di altra natura: madrigali 'canonici' (ad esempio, VIII *Né per allegro farmi, ov'io sospiro* e XV *Quest'ambrosia del ciel, che in terra vino*, entrambi con schema ABA CBC DEDE; IX *Bel nappo cristallino in coppa d'oro*, con schema ABA BCB CC: tutti di soli endecasillabi), prove di metrica 'barbara' (per cui cfr. VI.4.) e, all'ultimo

Il ditirambo posto, un *Ditirambo all'uso de' Greci*, ossia un carme in lode di Bacco e del vino, degna conclusione della raccolta. Nei 111 versi di questo componimento si alternano, liberamente disposti e rimati, versi imparisillabi e parisillabi di varia misura (endecasillabi, settenari, quinari, ottonari, quadrisillabi), e, in ossequio ad Aristotele — che nella *Poetica* afferma questo essere tratto tipico del genere —, abbondano inedite voci composte («stuoladdensate», «curvaccigliata», «corinfestatrice»); tutti caratteri, questi, che torneranno nel più celebre esempio del genere, l'assai più ampio ditirambo *Bacco in Toscana* di Francesco Redi (nonché, circa tre secoli dopo, in uno dei ditirambi dell'*Alcyone* dannunziano: cfr. IX.1.3.). Riporto l'inizio (vv. 1-31) del ditirambo del Chiabrera:

> In questa angusta terra,
> Brevissimo soggiorno de' mortali,
> Stuoladdensate pene
> Ognor muovono guerra.
> Ecco l'alme reali,
> Non mai disattristate,
> Curvaccigliata ambizïon disbrana;
> E le dimesse menti ognor tormenta
> La corinfestatrice povertate:
> L'arcier di Citerea
> Disviscera ad ognor la giovinezza;
> E gli spirti canuti
> Guaiscono ad ognora
> Sotto la disamabile vecchiezza.
> Or come e da che parte
> Per noi conforto spererassi? e quale
> Del viver lieto insegneranne l'arte?
> L'almo Infante
> Cui trasse il gran Tonante
> Dal grembo della madre incenerita,
> Il qual poscia
> Dalla paterna coscia
> Binato sorse a sempiterna vita:
> Ei, spemallettatore,
> Mette in fuga le noie;
> Egli, vitichiomato,
> A sé chiama le gioie.
> Buon Lïeo,
> Buon Dionigi,
> Buon Niseo,
> Chi di lui canta sia novello Orfeo.

Le linee fondamentali che guidano la ricerca metrica del Chiabrera nelle *Canzonette* e nelle *Vendemmie* si ritrovano, in sostanza, anche laddove, come nelle *Canzoni* — articolate in quattro sezioni: eroiche, lugubri, sacre e morali —, egli si misura con la forma più illustre della

Le canzoni

nostra tradizione poetica. Infatti, accanto a canzoni di fattura del tutto regolare (ad esempio, eroiche XXXI, XXXII, LXX; lugubri III, V; ecc.), la raccolta ospita numerosi componimenti caratterizzati da un deciso intento innovatore, rivolto in direzioni diverse; la tendenza prevalente, comunque, è quella alla semplificazione della struttura, che si manifesta, frequentemente, nell'adozione di stanze di sei versi (in genere endecasillabi e settenari), variamente disposti e rimati. In L'ode-canzone questi casi, come si vede, la canzone si identifica con l'ode. Ecco alcuni degli schemi impiegati: aBaB cC; abBa CC; AbbA cc; AbbA cC; ABBA CC; A(a$_s$)BBA c(c$_3$)C (dove la prima rima al mezzo dà luogo a un quinario, la seconda a un trisillabo); Abab cC; abc abc (di soli ottonari); aBAABb. Ancora più spesso, la stanza si riduce a un tetrastico, a rima ora alterna, ora chiusa: un metro che nel Chiabrera «sembra avere davvero la composta ed essenziale misura di una forma classica» (MARTELLI 1984, p. 590), e che già il Bembo, negli *Asolani*, aveva adottato per due brevi componimenti lirici (da lui denominati 'canzoni', ma di fatto ascrivibili al genere dell'ode-canzonetta: cfr. V.4.2.).

La stanza di In altri casi, Chiabrera costruisce, muovendosi comunque all'interno canzone fra di una tradizione già secolare, stanze con fronte indivisa e asimmetritradizione e innovazione ca (secondo schemi quali, ad esempio, abAAb DeeDfF; AbAbc DDcEE; ababb CddCee: tutti con endecasillabi e settenari) o stanze con alcuni versi irrelati, come nella canzone *Per Francesco Medici guerriero insigne* (eroiche XLIV), dove tre versi su nove non sono rimati (schema: xAbAbyCzc); si trascrive la prima delle nove stanze:

> Tre di Castalia ninfe,
> Belle per oro d'increspate chiome,
> Che dagli almi cantori
> Grazie quaggiù sete chiamate a nome,
> De' vostri Aonii fiori
> Datemi tre ghirlande,
> Perché non muova a rallegrare indarno
> Tre miei diletti regni,
> Austria, Lorena ed Arno.

Un metro, questo, riconducibile alla consueta stanza esastica di endecasillabi e settenari alternati (AbAbCc), 'arricchita' con tre settenari irrelati, ma studiatamente disposti (due a incastonare la fronte, il terzo a intervallare il distico conclusivo).

Altrove, invece, Chiabrera dà vita a strutture del tutto inedite, come nella canzone *A Francesco Gonzaga principe di Mantova. Il giorno delle sue nozze* (eroiche XXI), le cui tredici stanze, di otto versi ciascuna, giustappongono (con una tecnica di cui si trovano solo pochi esempi nella poesia duecentesca) una fronte di versi imparisillabi (due endecasillabi compresi tra due settenari) e una sirma di versi parisillabi (un quadrisillabo e tre ottonari). Lo schema è il seguente: abBa cddc. Questa la prima stanza:

> Se per vecchiezza rea
> Non sbandisse i trastulli umana vita,
> Io scherzo vorrei far delle mie dita
> L'arpe di Citerea,
> E frondoso
> Di bei pampini di viti,
> Me n'andrei su' tuoi conviti,
> Intrecciando inno amoroso.

Né mancano recuperi di illustri strutture tradizionali, come la canzone a stanze *unissonans* (*Per Emmanuel Filiberto di Savoja* — eroiche XI —, con sette stanze di endecasillabi e settenari su schema AbC DeF) o la sestina lirica, sia pur originalmente variata, nella canzone *Per Bartolomeo dall'Alviano, generale de' Veniziani* (eroiche XXXVI): in essa, infatti, il meccanismo della *retrogradatio cruciata* è applicato non alle parole-rima, ma alle rime; inoltre, manca il congedo, e le stanze — costituite da quattro endecasillabi e due settenari, con schema: ABcdEF — sono sette anziché sei, cosicché l'ultima, ovviamente, ripete la struttura della prima. Ecco le prime due stanze:

La 'sestina lirica' *Per Bartolomeo Alviano, generale de' Veniziani*

> Certo avverrà che di Nettun fremente
> L'unica sposa le sals'onde avvive,
> Là dove alta reina
> Siede in perpetuo stato,
> E l'alma fronte rassereni a' canti
> Che ha di Parnaso il livïan guerriero,
>
> Però ch'ei solo al mansüeto impero,
> All'auree leggi della nobil gente,
> Or de' fiumi sonanti
> Sulle gelate rive,
> Ed or dell'Alpi in fra le selve armato,
> Valse a cessar barbarica ruina.

In altri casi, Chiabrera adotta schemi da ode-canzonetta, come, ad esempio, in *A d. Mariano Valguarnera, che è da poetare di nobili soggetti* (eroiche XLVII), che consta di nove strofe di otto settenari ciascuna, con schema: abba cdecde.

Un altro esperimento interessante compiuto nella raccolta delle *Canzoni* riguarda il recupero dello schema dell'ode pindarica, in cui due strofe uguali (dette, nell'ordine, strofe e antistrofe) sono seguìte da

L'ode pindarica

una terza stanza di diversa conformazione, detta epodo. Il metro, come abbiamo detto (cfr. V.4.3.), era già stato messo a frutto, all'inizio del Cinquecento, dal Trissino in alcune canzoni e da Luigi Alamanni negli *Inni*; rispetto a questi precedenti, però, il Chiabrera introduce alcune rilevanti modifiche, riducendo — conformemente alle sue predilezioni metriche — le dimensioni delle tre stanze, aumentando il numero dei versi brevi e facendo spazio a rime sdrucciole e tronche. Tutte in questo metro, ad eccezione della prima — che è in metro alcaico 'barbaro': cfr. VI.4.2. —, sono (insieme a molte altre) le dieci canzoni in lode del pontefice Urbano VIII (eroiche LXXXI-XC); nella quinta, ad esempio, strofe e antistrofe comprendono ciascuna cinque versi (tre settenari e due endecasillabi, questi ultimi in seconda e in quinta sede), di cui il secondo è irrelato e gli ultimi due sono sdruccioli; l'epodo, invece, misura sei versi, distinguibili in due terzetti (ciascuno dei quali è costituito da due settenari e un endecasillabo). Lo schema è il seguente: aXabB cYcdD eeFggF. Ecco la prima triade:

> Per alcun non si creda
> Che 'l mio cantar sopra l'inachia cetra
> Dell'obblio vada in preda,
> O tra' venti dispergasi,
> O nell'onda del mare unqua sommergasi.

> Vero è che d'Arno in riva,
> Cigno frenava ed Aquiloni ed Austri
> Allor ch'egli si udiva;
> Ma fur sue voci tenere
> Scherzo d'Amore e di piacevol Venere.

> Su Dirce, non d'amanti
> Sereni occhi e sembianti,
> Ma fur prese a lodar destre scettrate:
> Quinci volaro alteri
> Sommi duci e guerrieri;
> Ché taciuto valor quasi è viltate.

VI.2. *La canzone seicentesca*

VI.2.1. Anche nel Seicento il 'doppio binario' lungo cui, fin dallo spirare del XV secolo, si dipana l'evoluzione della nostra poesia, è ben visibile ed operante: se infatti, da una parte, l'esempio del Chiabrera invita alla creazione di forme semplici ma insieme ispirate a esigenze di simmetria e di limpido rigore strutturale, dall'altra molti poeti portano a definitivo compimento quel processo di 'dissoluzione' interna

Verso la dissoluzione delle forme

delle principali forme liriche già avviato nel secolo precedente. Sotto quest'ultimo aspetto, il caso più significativo è senza dubbio quello della canzone, che nel Seicento — benché continui ad essere praticata anche alla maniera tradizionale — si trasforma in un metro 'libero' ed 'aperto', come era già accaduto, fin dal Cinquecento, a forme meno 'nobili' quali il madrigale e la ballata.

Le canzoni del fiorentino Vincenzo da Filicaia (1642-1707), ad esempio, conservano ancora la partizione in stanze, dotate tutte — come vuole la regola — di identica struttura; ma la stanza, pur presentando la tradizionale suddivisione in fronte e sirma, si conforma in modo alquanto 'libero', con una sciolt ezza ben lontana dal rigore strutturale della canzone 'canonica'. Nelle dodici stanze (ciascuna estesa per quindici versi) della canzone *All'Italia*, la fronte indivisa (di otto versi) è seguìta da una sirma, anch'essa (ma, questa, secondo la tradizione) indivisa; il tutto secondo lo schema: aBACDbCD EeFfEGG. Ecco la prima stanza:

E pure, Italia, e pure
Quell'atro nembo ch'io lontan vedea,
Nembo gravido d'armi e di sciagure,
Diluviò sul tuo capo! E pur serbaro
La sfortunata mia canizie i Fati
A pianger l'alta e rea
Fiamma ond'ardono i regni, e 'l grande amaro
Scempio che, i fonti del dolor seccati,
Un più doglioso umor dagli occhi elice!
Occhi, pregio infelice
Di questa fronte, se 'l veder mi è morte,
Ambo le vostre porte
Chiudansi al giorno! Oh cecità felice!
Falso nunzio foss'io di quel ch'io vidi,
O men credulo il core, o voi men fidi!

Vincenzo da Filicaia

La canzone con fronte indivisa

Quello che sembra particolarmente importante è il fatto che, così in questa stanza, come nella quasi totalità delle altre, la divisione — pur metricamente sussistente — in fronte e sirma, viene contraddetta e in buona misura vanificata dall'*enjambement* strofico che porta il periodo logico a travalicare i confini di quello metrico, occupando in questo caso anche il primo verso della sirma, e concludendosi solo al v. 9.

L'*enjambement* strofico

Una decisa e radicale rottura con la tradizione, tuttavia, fu operata solo dal poeta pavese Alessandro Guidi (1650-1712), considerato l'ideatore della canzone libera (detta anche 'a selva'), in cui le varie stanze sono del tutto indipendenti e differiscono sia per il numero e la disposizione dei versi, sia per l'ordine delle rime. Queste ultime, inol-

Alessandro Guidi e la canzone libera

La canzone *Agli Arcadi di Roma*

tre, non si uniformano, neppure all'interno di ciascuna stanza, a uno schema preciso, ma si dispongono in assoluta e quasi casuale libertà, lasciando anche non pochi versi irrelati. La canzone del Guidi *Agli Arcadi di Roma*, ad es., comprende 143 versi suddivisi in dieci stanze, che si estendono, nell'ordine, per lo spazio di 13, 13, 12, 12, 6, 17, 12, 20, 26 e 12 versi. Anche se sei stanze su dieci oscillano tra i 12 e i 13 versi, l'escursione tra la stanza più ridotta (sei versi) e quella più ampia (ventisei versi) è tuttavia notevole; inoltre, anche le stanze uguali per numero di versi (la I e la II, la III e la IV) risultano del tutto dissimili quanto a struttura. Si trascrivono qui le prime due stanze, di cui si dà lo schema metrico a puro titolo esemplificativo (in componimenti di questo genere, infatti, non si può neppure parlare, propriamente, di schema metrico); i versi sono endecasillabi e settenari, e con le lettere in corsivo si indicano i versi irrelati: *ABC*c D*e*dD*f*GgHH; *ILlmN*oPOQ*r*QHH. Questo è il testo:

O noi d'Arcadia fortunata gente,
Che dopo l'ondeggiar di dubbia sorte
Sovra i colli romani abbiam soggiorno!
Noi qui miriamo intorno
Da questa illustre solitaria parte
L'alte famose membra
Della città di Marte.
Mirate là, tra le memorie sparte,
Che glorïoso ardire
Serbano ancora infra l'orror degli anni
Delle gran moli i danni,
E caldo ancor dentro le sue ruine
Fuma il vigor delle virtù latine!

Indomita e superba ancora è Roma,
Benché si veggia col gran busto a terra:
La barbarica guerra
De' fatali Trioni,
E l'altra che le diede il tempo irato,
Par che si prenda a scherno;
Son piene di splendor le sue sventure
E il gran cenere suo si mostra eterno;
E noi rivolti all'onorate sponde
Del Tebro, invitto fiume,
Or miriamo passar le tumid'onde
Col primo orgoglio ancor d'esser reine
Sovra tutte l'altere onde marine.

Assoluta libertà metrica, come si vede, e — di conseguenza — non meno completa libertà nella suddivisione della stanza in periodi logici. L'unico, anche se debole, elemento o residuo strutturante (ereditato dalla stanza di canzone tradizionale) sembra costituito dalla conclusione di ogni strofe con un distico a rima baciata, e, più in generale, dalla tendenza ad accrescere il numero delle rime (diminuendo, quindi, quello dei versi irrelati) nella parte finale della stanza. Tranne che in un caso (nella stanza VIII, che si chiude col seguente schema rimico: xxYZYz), il distico a rima baciata chiude tutte le stanze della canzone; nelle prime due, come si vede, i distici conclusivi presentano addirittura la medesima rima (H).

VI.2.2. In altri casi, la ricerca di una ancor maggiore libertà metrica trasforma la canzone — anche a causa del contemporaneo e ipertrofico dilatarsi delle sue dimensioni — in una sorta di 'recitativo' drammatico, il cui metro viene a coincidere quasi perfettamente con quello di generi, appunto, teatrali, come, in particolare, la favola pastorale (cfr. V.5.4.) e la tragedia (praticata in questo metro da poeti seicenteschi quali Federico Della Valle e Carlo de' Dottori). Il fenomeno è evidente, ad es., in alcuni componimenti del poeta friulano Ciro di Pers (1599-1663): la sua «lamentazione» dal titolo *Italia calamitosa* si estende per ben 445 versi (endecasillabi e settenari), divisi in 28 stanze (o meglio, 27 più un congedo) di estensione quanto mai variabile e di struttura completamente libera. Ciro di Pers, infatti, elimina del tutto la rima, collegando tutt'al più i versi, talora, con assonanze e consonanze; e, nella seconda strofe, sottolinea esplicitamente l'assoluta libertà formale del componimento, mettendola in rapporto (come altri, prima di lui, già avevano fatto, dall'Alamanni al Firenzuola) con la sua volontà di far aderire il dettato poetico all'incontrollato prorompere dei sentimenti (vv. 13-16):

Ciro di Pers: la canzone *Italia calamitosa*

> Ecco la cetra a cui marito i carmi,
> Che d'ogni legge sciolti
> Van con libero piede
> A palesar d'un cor liberi sensi.

È chiaro che, qui più ancora che nella canzone a selva del Guidi, la distinzione delle varie stanze è lasciata completamente all'arbitrio del poeta, né il lettore potrebbe in alcun modo coglierla senza l'esplicita ed apposita indicazione tipografica (che consiste nel non allineare con gli altri, spostandone l'inizio a sinistra o a destra, il primo verso di ogni stanza); un'indicazione che, tradizionalmente, si suole adottare anche nella stampa di canzoni 'regolari', ma che solo nella canzone 'libera' svolge, per le suddette ragioni, una irrinunciabile funzione metrica.

In questa «lamentazione», il poeta ricorre alla rima solo due volte, introducendo un distico a rima baciata alla fine della III stanza — cioè a conclusione di quella che sembra una protasi — e un altro (costituito, come il precedente, da due endecasillabi) in conclusione dell'ultima strofe, che funge da congedo (vv. 440-45):

>   Arresta, o cetra, i carmi;
>   Troppo lungo è 'l mio canto; io qui t'appendo,
>   Non, come pria, d'un verde mirto ai rami,
>   Ma d'un secco cipresso,
>   Per non toccarti più finché non *mostri*
>   Il cielo udir placato i voti *nostri*.

La canzone Della miseria e vanità umana

Ancora più singolare è, dello stesso autore, la canzone *Della miseria e vanità umana*, che consta di 267 versi (sempre endecasillabi e settenari) divisi in undici stanze più un congedo. Le stanze, al solito, sono di variabile ampiezza, di libera struttura e prive di rime; ma si chiudono tutte — riprendendo un artificio caro all'egloga classica e alla nostra poesia pastorale — con una sorta di ritornello, di *refrain* in forma di distico a rima baciata («Misera sorte umana, / E che cosa è qua giù che non sia vana?»), con il quale il componimento si apre. Ecco la prima stanza (vv. 1-23):

>   Misera sorte umana,
>   E che cosa è qua giù che non sia vana?
>   Qua giù tra questa valle
>   Del basso mondo, in questo
>   Passaggio de la vita,
>   Ch'altri s'el crede stanza, e non s'accorge
>   Che né pur un momento
>   Lece fermar il corso,
>   Onde rapidamente
>   Ne spinge il tempo al destinato albergo.
>   E pur l'uom così intento affisa gli occhi
>   E del corpo e de l'alma
>   In questi oggetti che passando incontra,
>   Ch'altro par che non miri,
>   Ch'altro par che non pregi; e non s'avvede
>   Che mentre in lor trattiene
>   E lo sguardo e 'l pensiero,
>   O gli ha trascorsi o non è giunto ancora;
>   E quel che sol gli tocca
>   Fuggitivo momento,
>   Rapido è sì ch'appena il sente il senso.
>   Misera sorte umana,
>   E che cosa è qua giù che non sia vana?

Quanto al congedo, esso è dotato di una propria struttura, completamente diversa da quella di qualunque fra le stanze (vv. 261-67):

> Ma se non è qua giù, tra queste valli
> Del basso mondo, in questo
> Passaggio de la vita,
> Cosa che non sia vana,
> La saggia mente umana
> Tenti con altre prove
> Di fabricarsi altra fortuna altrove.

Dove si noteranno non solo la simmetrica costruzione (cinque settenari compresi fra due endecasillabi), ma anche la presenza di due rime baciate conclusive (la prima delle quali riprende, con ordine capovolto, le parole-rima del *refrain*); mentre tre delle altre parole in clausola (*valli, vita, vana*) sono collegate da allitterazione. Inoltre, il congedo riecheggia il *refrain*, con cui si chiude (vv. 259-60) la stanza precedente: al v. 261, infatti, «qua giù», riprende, secondo la tecnica delle *coblas capfinidas*, l'identica espressione contenuta al v. 260 («E che cosa è *qua giù* che non sia vana?»); e a questo stesso verso si riconnette anche il v. 264 («Cosa che non sia vana»). Si osservi, infine, come i vv. 261-63 recuperino massicciamente il materiale dei vv. 3-5, dando luogo ad una costruzione di tipo circolare. Nel componimento, insomma, agiscono fattori sia pur debolmente strutturanti: tra i quali si possono annoverare anche la ridotta escursione nelle dimensioni delle varie stanze (che in prevalenza oscillano intorno ai 20-25 versi), l'apertura di ogni stanza con un settenario e l'anafora che caratterizza i versi iniziali di tutte le strofe, ad eccezione delle prime due (*coblas capdenals*: «*Altri* or suda, or agghiaccia»; «*Altri* crede la vita»; «*Altri* con lunga cura»; ecc.).

Un esperimento, questo, che interessa non solo in se stesso, ma anche e ancor più in quanto documenta il coesistere, all'interno di una medesima lirica, delle due contrastanti spinte cui più volte si è fatto riferimento a proposito della metrica italiana dal Cinquecento in poi: anche la canzone libera, infatti, almeno presso i poeti più scaltriti e consapevoli, si caratterizza per la tendenza a controbilanciare l'ampia libertà formale con l'adozione di sottili accorgimenti strutturanti, secondo una dialettica interna che si ritroverà nel massimo cultore di questo metro, Giacomo Leopardi.

VI.2.3. Anche poeti più fedeli alla metrica tradizionale si rivelano influenzati dalle innovazioni seicentesche, e in particolare dall'esempio del Chiabrera. È questo il caso, ad esempio, del fiorentino Benedetto Menzini (1646-1704), che — autore anche di liriche latine — nelle

Benedetto Menzini

sue rime volgari concede ampio spazio a canzoni 'regolari', spesso di imponente mole e di massiccia fattura, adottando anche schemi petrarcheschi (la IV 9, in lode della vita solitaria, recupera la struttura di RVF CXXV *Se 'l pensier che mi strugge*: abCabC cdeeDff + congedo Yzz), costruendo stanze di soli endecasillabi (la V 6, *All'illustrissimo signore Carlo Dati*, ha schema ABCBCA CDEEDFF — ma la fronte è ABCBAC nelle stanze III-VI —, ispirato a quello della dantesca *Io son venuto*), e praticando addirittura la sestina doppia (VI 1, *Esser non può che da ben colto campo*). Tuttavia, il Menzini non disdegna (accanto alle più consuete forme di anacreontica e di ode-canzonetta) metri tipicamente chiabrereschi, fra cui, soprattutto, le strofette di ottonari e quadrisillabi (con predilezione per il fortunato schema AaB CcB: cfr. VI.1.1.); le stanze che giustappongono versi imparisillabi e parisillabi (ad esempio la canzone VII 4, con schema $A_{11}b_7A_{11}b_7c_8c_8d_8d_4B_{11}$; le rime b e B sono tronche); gli schemi di ode pindarica, talvolta notevolmente ampi e complessi.

VI.3. *Forme metriche seicentesche*

VI.3.1. Un vero e proprio campionario delle principali forme in uso nella poesia del Seicento è offerto dalla vastissima produzione di Giovan Battista Marino. Nei tre libri della *Lira* si alternano sonetti, madrigali, ottave, canzoni di fattura 'regolare' e odi-canzonette alla maniera di Bernardo Tasso e Chiabrera; il poema mitologico l'*Adone* e quello sacro *La strage de gl'innocenti* adottano la tradizionale ottava, che resta ancora, in questo secolo, il metro obbligato della poesia epica e narrativa in genere (dal *Conquisto di Granata* e dai numerosi altri poemi eroici di Girolamo Graziani al poema eroicomico *La secchia rapita* di Alessandro Tassoni); i capitoli ternari di argomento satirico si inseriscono nel filone, fortunatissimo lungo tutto il Seicento, della satira in terza rima (praticata, fra gli altri, da poeti quali Salvator Rosa, Lodovico Adimari, Michelangelo Buonarroti il Giovane, Benedetto Menzini, e ben viva anche nel secolo successivo, come dimostra l'esempio di Vittorio Alfieri, prolifico autore di satire in terzine).

Sul piano metrico, comunque, l'opera più interessante del Marino è certamente la *Sampogna* (edita nel 1620), che comprende dodici idilli: otto di argomento storico-mitologico (*Idilli favolosi*) e quattro di materia pastorale (*Idilli pastorali*). Il metro fondamentale dell'idillio mariniano è quello della favola pastorale, definibile anche come metro madrigalesco libero: endecasillabi, settenari e quinari, liberamente organizzati e quasi del tutto privi di rime, disposti in stanze (o, meglio, in lasse) di estensione variabile. Solo sporadicamente compaiono, e solo in alcuni idilli, coppie di rime baciate, come, ad esempio, nelle strofe iniziali del terzo idillio favoloso, *Arianna*; al solito, la rima baciata è più frequente in conclusione di strofa.

Ma gli idilli, in alcuni casi, si configurano alla stregua di autentici polimetri: nell'appena ricordato *Arianna*, dopo sei libere lasse di endecasillabi e settenari (vv. 1-144), segue una parte in soli quinari (legati da un libero gioco di rime, a volte a distanza, a volte ravvicinate, più spesso baciate: vv. 145-244), corrispondente al canto di Bacco (dove i primi due versi, «Silenzio, o fauni, / Tacete, o ninfe», sono ripetuti, in ordine inverso, alla fine: «Tacete, o ninfe, / Silenzio, o fauni»). Da questo momento in poi le parti narrative sono in endecasillabi sciolti: vv. 245-312, 612-35, 710-19 (l'ultima di queste sezioni è conclusa da un distico a rima baciata), 750-81 (il v. 751 ripercuote la rima *-ella* del v. 749, ultimo della sezione precedente; il v. 781 è un settenario rimato con l'ultimo endecasillabo). Queste parti narrative sono interrotte da sezioni in metri diversi: viene prima il lamento di Arianna, (vv. 313-611, in settenari variamente e frequentemente rimati); segue un canto carnascialesco in quadrisillabi e ottonari (vv. 636-709), modellato su quello che chiude l'*Orfeo* del Poliziano (cfr. IV.2.3.) e fornito dello schema seguente: xX AABBCc (con le rime xX e Cc tronche). Ecco la ripresa e le prime due strofe:

L'idillio *Arianna*

> Evoè,
> Facciam brinzi al nostro re.
>
> Beviam tutti, io beo, tu bei,
> Due, tre volte, e quattro e sei:
> Al ristoro de la vita
> Questo calice n'invita.
> Questo è quel ch'al cor mi va;
> Dallo qua.
> Avvi il biondo e 'l purpurino:
> Vuoi de l'oro o del rubino?
> Mio fia 'l primo e tuo 'l secondo,
> Resti ad ambo asciutto il fondo.
> A me l'uno, e l'altro a te:
> Evoè.

I vv. 720-49 contengono l'intervento di Dioneo, che a sua volta consiste di una sorta di frottola in distici (settenario + endecasillabo), in ciascuno dei quali il secondo verso (l'endecasillabo) rima col primo (il settenario) del distico successivo (secondo la tecnica, tipicamente frottolistica, della rima 'mnemonica': cfr. III.4.2.); e, perché nessun verso resti irrelato, il primo verso del distico iniziale e il secondo verso del distico conclusivo sono rimati tra loro, assicurando così la circolarità della struttura. Lo schema, insomma, è: xA aB bC cD ecc., con la rima X che torna nell'ultimo verso. Ecco, per chiarire, i primi sei distici e gli ultimi due, corrispondenti ai vv. 720-31 e 746-49 dell'idillio:

> A che ti lagni, o bella,
> Di quel crudel, di quel villan d'Atene?
> Dunque ancor ti sovviene
> Di Teseo, quando Bacco hai già marito?
> Fia più da te gradito
> Dunque un mortal ch'un immortale amante,
> In cui bellezze tante,
> In cui regnan virtù tante e sì nove?
> Tosto dirai ch'a Giove
> L'umil tuo genitor non si pareggia,
> E che del ciel la reggia
> Troppo è miglior de la tua patria, Creta.
>
> [...]
>
> Di tanta luce e tale
> Circondar ti prometto il tuo crin biondo,
> Che stupefatto il mondo
> T'ammirerà vie più d'ogni altra stella.

<small>Cantata e melodramma</small>

La complessa struttura di questo lungo idillio meritava una sia pur sommaria descrizione: *Arianna*, infatti, nella sua alternanza di sezioni astrofiche (coincidenti, come si è detto, con le parti narrative) e di parti strofiche, o comunque metricamente regolari (corrispondenti per lo più — come avviene anche in altri idilli della *Sampogna* — agli interventi in discorso diretto dei personaggi), anticipa le forme, affermatesi soprattutto a partire dal tardo Seicento, della cantata e del melodramma (cfr. VII.4.2.), caratterizzate, appunto, dalla giustapposizione di parti non strofiche (i *recitativi*) e di parti strofiche (le *arie* o *ariette*). Al tempo stesso, però, una siffatta polimetria, che deriva direttamente dall'esperienza del teatro e dell'egloga quattrocenteschi (l'*Orfeo* del Poliziano e l'*Arcadia* del Sannazaro sono fra i modelli della *Sampogna*), è indicativa della volontà del Marino di «conciliare lo spirito d'innovazione con una certa razionalità di struttura, l'estro con la logica» (TADDEO 1963, p. 25), facendo convivere forme 'aperte' e del tutto libere con strutture 'chiuse' tradizionali e talora, per l'epoca, anche peregrine. Tra queste ultime, spiccano, in particolare, l'endecasillabo 'frottolato' con rima al mezzo in *Proserpina* (vv. 942-89 e 1000-89: il metro è già nell'*Arcadia* sannazariana), e la strofe saffica rimata in *Orfeo*, che adotta addirittura (non dimentica del precedente di Galeotto del Carretto: cfr. V.5.2.) la rima al mezzo, secondo lo schema: AA(a$_5$)Bb (vv. 276-343).

VI.3.2. Il metro 'madrigalesco' degli idilli (ma con uno spazio ancora minore concesso alla rima) caratterizza anche, del Marino, i numerosi epitalamî, mentre, dei tre suoi panegirici, uno (*Il Tebro festante*) è in ottave, e gli altri due (*Il ritratto del serenissimo d. Carlo Emanuello duca di Savoia* e *Il Tempio*) adottano il metro della sestina narrativa. La *sestina narrativa* o *sesta rima* è una sorta di ottava decurtata, nella prima parte (quella a rima alterna) di un distico: consta infatti di sei versi, generalmente tutti endecasillabi, disposti secondo lo schema ABABCC. Tale metro, già teorizzato, sul finire del XIV secolo, da Gidino da Sommacampagna (che lo definisce *serventese ritornellato*: cfr. III.5.3.), è impiegato, fra Tre e Quattrocento, soprattutto nella produzione laudistica; nel Seicento, col Marino e con altri (ad esempio Girolamo Graziani, autore di vari testi di questo genere in sestine narrative), diviene principalmente il metro del panegirico. Ecco due stanze dal primo dei due suddetti panegirici del Marino: La sestina narrativa

> Così col nome più che con la mano
> Ha le forti talor schiere disfatte,
> E, sol col vento de le penne, al piano
> La sua gran fama l'alte mura abbatte;
> E le stragi non ama, e vince in guerra
> Quando perdona, più che quando atterra.

> E te chiam'io, che testimonio invitto
> Fosti di sangue al tuo celeste amante;
> E chiamo voi, del Martire trafitto
> Ossa onorate, ossa beate e sante,
> Che cambiate col regno e che preposte
> Ne' sacri patti a la vittoria foste.

VI.3.3. In sciolti, il Marino compose alcune delle *Egloghe boscherecce*; ma nel Seicento continua (fra gli altri, col Chiabrera) anche la produzione di egloghe nel tradizionale metro della terzina. Largo, comunque, resta l'uso dello sciolto, che, se non occupa i campi più illustri dell'epica e della lirica, estende ormai il suo dominio a gran parte degli altri generi. Per limitarsi allo stesso Chiabrera, egli se ne servì in molti dei suoi epitaffi; nella poesia mitologica, didascalica e religiosa dei *Poemetti* (profani e sacri); nei *Sermoni*, sorta di epistole in versi di spirito e di stampo oraziano, che sono tra i maggiori esemplari di un genere già praticato, nel Cinquecento, da Sperone Speroni, e destinato, fino al XIX secolo, a vasta fortuna. L'egloga fra verso sciolto e terzina

Lo stato rustico di Giovan Vincenzo Imperiali

Un caso a parte è poi quello costituito dall'ampio poema didascalico *Lo stato rustico*, che il genovese Giovan Vincenzo Imperiali ultimò e pubblicò nel 1611. I versi sciolti di cui l'opera consta, infatti, risultano intercalati, ad intervalli variabili, da distici a rima baciata, collocati — come lo stesso autore precisa nella premessa — «nelle posature dei più importanti periodi»; cosicché la sequenza di sciolti viene a suddividersi in 'lasse' o, comunque, in partizioni strofiche demarcate dalla rima che le conclude (cfr. MARTELLI 1984, pp. 563-64). L'esperimento fu abbondantemente elogiato dai contemporanei, ma non trovò imitatori; resta nondimeno importante come ulteriore sintomo della diffusa tendenza — già cinquecentesca — a far 'convivere' sciolto e rima, utilizzando quest'ultima con intenti strutturanti, ossia, soprattutto, allo scopo di sottolineare la conclusione di un componimento non rimato o di una parte di esso.

Una simile tecnica, come si è visto, compare in testi di vario genere, dalla canzone a selva (ad esempio in Ciro di Pers, dove la rima baciata suggella la fine delle stanze o dell'intero componimento) al 'recitativo' degli idilli mariniani (dove talora le 'lasse' si chiudono su un distico a rima baciata); e di essa si servì anche il Chiabrera, in alcuni dei suoi già menzionati *Poemetti*. Non a caso, il Chiabrera fu tra i più convinti estimatori dell'Imperiali e del suo poema, tanto da proporre (nel suo dialogo *Il Vecchietti, intorno al verso eroico volgare*) l'adozione del metro dello *Stato rustico* per la poesia epica. Nel poema eroico, in realtà, Chiabrera (a parte il caso della *Goteide*, composta in sciolti) restò fedele sempre alla tradizionale ottava; ma in certi poemetti, sia profani che sacri, introdusse, all'interno della sequenza di sciolti, non infrequenti coppie di rime, procurando che a rimare fossero, in genere, versi non consecutivi, ma comunque vicini. Di solito, la distanza tra le rime oscilla fra uno e tre versi; nelle *Meteore*, ad esempio, la rima (collocata, come è consuetudine, quasi sempre in fine di periodo) interessa coppie di versi separati da un verso intermedio non rimato. Questi sono i vv. 1-10 del poemetto (il corsivo indica le rime):

> Perché tal volta negli aerei campi
> Fuoco s'accenda e vi trascorra, e come
> Di diversi color tinte le nubi
> Monstrinsi in alto, ed onde mova il *vento*,
> Onde le piogge, in su novella cetra
> Di raccontar nuovo desire io *sento*.
> Non vulgar canto, e che al tuo cor gentile
> Giunga gradito, io non lo spero a *torto*,
> O stella d'Austria, e dell'amabil Arno
> Degna regina, e del mio re *conforto*.

In certi casi, le coppie di rime sono assai numerose e si sovrappongono, dando luogo a un andamento, seppur irregolarmente, incatenato; si legga l'inizio (vv. 1-23) del I libro del poemetto sacro *Le feste dell'anno cristiano* (1628):

> Che la cara e diletta rimembranza
> Delle belle alme, che l'Olimpo *serra*
> Dentro gli alberghi della pace *eterna*,
> Sia riverita ed adorata in *terra*,
> Biasma Luter, biasma Calvin, maestri
> D'alta sciocchezza nella scuola *inferna*.
> Latrator scellerati! Alle lor grida
> Diano l'orecchio di Sassogna i mostri
> Imperversati, e di Gebenna gli *empi*;
> Ma noi fedeli al Vaticano eccelso,
> A spirti divenuti almi e *divini*
> Sacriamo altar dentro marmorei *tempî*;
> Ed io sceso di Pindo in manti *adorni*
> Oltra l'usato, ghirlandato i *crini*,
> Amo di celebrar con nuova *cetra*
> Per loro nome i festeggiati *giorni*.
> O Musa, tu, che ne i seren dell'*etra*
> Hai sede, Urania, ove bella arte *apprendi*,
> Onde l'umane menti alto sollevi,
> Onde gli spiriti a ben cantare *accendi*,
> Spiega le piume, e mi t'appressa, o *Diva*,
> E le sacrate cose a dettar *prendi*
> Fra i sette colli, e qui del Tebro in *riva*.

Dove, su 23 versi, solo sei risultano irrelati, e due di essi, in più, sono legati, in clausola, da un bisticcio pressoché perfetto («maestri» : «mostri», vv. 5 e 8).

VI.4. Metri 'barbari'

VI.4.1. La riproduzione italiana dei metri classici aveva seguìto, nei secoli XV-XVI, due strade fondamentali: quella dell' 'analogia' (tendente a reperire, all'interno del nostro sistema metrico tradizionale, forme analogicamente avvicinabili a quelle classiche) e quella della 'prosodia' (attraverso la quale si mirava, stabilendo regole italiane di metrica quantitativa, alla creazione di versi e di metri strettamente ricalcati su quelli latini). Quest'ultimo metodo, il metodo, appunto, 'prosodico', caratterizza la maggior parte degli esperimenti quattrocinquecenteschi di metrica 'barbara', dal Dati all'Alberti, al Tolomei; nel Seicento, seguirà tale procedimento, fra gli altri, Tommaso Cam-

<small>La poesia 'barbara' seicentesca</small>

<small>Il metodo 'prosodico' e T. Campanella</small>

panella, autore, in distici, di due celebri componimenti, l'inno *Al sole* e l'elegia *Musa latina, è forza che prendi la barbara lingua* (da quest'ultima derivò a Foscolo e a Carducci l'appellativo — 'barbara', appunto — poi convenzionalmente riferito a tutti i tentativi, di qualsiasi epoca, di metrica classicheggiante) e della traduzione, nello stesso metro, del salmo CXI. Tuttavia, come già si disse, simili esperimenti 'prosodici', per quanto ingegnosi, non riscossero il pieno consenso dei letterati e furono anzi, in molti casi, duramente criticati o addirittura derisi.

Tutte le varianti del metodo 'prosodico', in effetti, rivelavano un limite grave e insuperabile, rappresentato dalla necessità, che esso comporta, di coniare e impiegare versi sotto molti aspetti abnormi (per quanto concerne sia la misura sillabica, sia lo schema accentativo e ritmico) e, tutto sommato, costruiti sulla base di norme e convenzioni tanto astratte quanto estranee alla natura del verso italiano.

Il metodo 'sillabico'

La svolta, anche in questo caso, fu promossa da Gabriello Chiabrera, che per primo mise in pratica un diverso metodo, comunemente definito 'sillabico', poiché consistente nell'adozione di versi intesi a restituire, dei versi classici, la semplice estensione sillabica, prescindendo — in genere — dalla struttura prosodica ed accentativa. Versi, insomma, costruiti nel rispetto delle leggi ritmico-prosodiche dell'italiano, ma sillabicamente ricalcati su quelli latini. Talora, però (quando questo non comporta un'infrazione delle leggi metriche italiane), viene fatto spazio anche al metodo 'accentativo', caratterizzato dalla riproduzione, ottenuta attraverso la particolare disposizione degli accenti, dell'alternanza di arsi e tesi tipica dei versi classici (dove, com'è consuetudine, si identificano le arsi con le sillabe toniche e le tesi con le atone).

Le maniere de' versi toscani di G. Chiabrera

Alla base del procedimento del Chiabrera sta, naturalmente, la convinzione, affermatasi nel '500, che i versi italiani sono interpretabili, per la loro conformazione sillabica e — talora — anche ritmica, alla stregua di altrettanti versi latini (cfr. V.3.3.). Non per nulla, il Chiabrera pubblica un'intera raccolta (*Le maniere de' versi toscani*, del 1599) di canzonette 'travestite' classicamente, nelle quali, cioè, i versi italiani utilizzati (dal quadrisillabo all'endecasillabo) assumono la denominazione dei versi classici ritenuti sillabicamente (e, in alcuni casi, anche ritmicamente) corrispondenti.

I versi italiani sono suddivisi da Chiabrera in giambici e trocaici: come si legge nella premessa alle *Maniere*, firmata da Lorenzo Fabbri, giambici sono i versi accentati sulle sillabe pari, trocaici i versi accentati sulle sillabe dispari. Ecco l'elenco delle corrispondenze, con i relativi esempi riportati nella medesima premessa:

Versi giambici

dimetro pieno = settenario sdrucciolo («Dolce per la memoria»)
dimetro scemo = settenario piano («Chiare fresche e dolci acque»)
dimetro ammezzato = settenario tronco («Che sia in questa città»)
trimetro pieno = endecasillabo sdrucciolo («Tra l'isola di Cipri e di Maiolica»)
trimetro scemo = endecasillabo piano («Nel mezzo del cammin di nostra vita»)
trimetro ammezzato = endecasillabo tronco («Con esso un colpo per le man d'Artù»)

Versi trocaici

monometro pieno = quadrisillabo piano («E l'amanza»)
monometro soprabbondante (per eccedenza di una sillaba iniziale) = quinario piano («Non per mio grato»)
dimetro pieno = ottonario piano («Quando mirò la rivera»)
dimetro scemo = ottonario tronco («Io non l'ho perché non l'ho»)
dimetro ammezzato = senario piano («Amore mi tiene»)
dimetro soprabbondante (per eccedenza di una sillaba iniziale) = novenario piano («E chi non piange ahi duro core»)
dimetro soprabbondante (per eccedenza di una sillaba finale) = ottonario sdrucciolo («Chi vol bever, chi vol bevere»)

Dove verso «scemo» e verso «ammezzato», come il lettore facilmente capisce, significa, rispettivamente, mancante di una o due sillabe nell'ultima parte (cioè catalettico), mentre «soprabbondante» vuol dire fornito o di una sillaba iniziale in anacrusi (per cui un «dimetro soprabbondante» come «E chi non piange ahi duro core» è di fatto un normale ottonario trocaico con anacrusi monosillabica) o di una sillaba in più dopo l'ultimo accento ritmico (nel qual caso ci troviamo di fronte a un verso sdrucciolo, quale, appunto, il polizianeo «Chi vol bever, chi vol bevere»).

Si noterà, comunque, che la corrispondenza tra versi italiani e versi latini si realizza, spesso, esclusivamente sul piano della misura sillabica. Ad esempio, il verso italiano denominato «dimetro giambico scemo» è esemplificato con un settenario petrarchesco («Chiare fresche e dolci acque») il cui ritmo non è affatto giambico, ma, per buona parte, trocaico (accenti di 1ª e 3ª); e lo stesso può dirsi per il settenario sdrucciolo che esemplifica il «dimetro giambico pieno» («Dolce per la memoria», prosodicamente da interpretare come successione di un trocheo e due dattili). Questo fenomeno si verifica di frequente anche all'interno della raccolta; la canzonetta II, ad esempio, composta in «giambici dimetri scemi», cioè in settenari piani (nell'occasione, disposti in distici a rima baciata), comprende in maggioranza versi (che riporto in corsivo) il cui attacco o il cui ritmo non risultano di tipo giambico:

Corrispondenza tra versi italiani e versi latini

> *Vaga su spina ascosa*
> È rosa rugiadosa,
> Che all'alba si diletta
> *Mossa da fresca auretta;*
> *Ma più vaga la rosa*
> *Sulla guancia amorosa,*
> Che oscura e discolora
> Le guance dell'aurora;
> *Addio ninfa de' fiori,*
> E ninfa degli odori;
> *Primavera gentile,*
> *Statti pur con aprile,*
> *Ché più vaga e più vera*
> *Mirasi primavera*
> Su quella fresca rosa
> *Della guancia amorosa,*
> Che oscura e discolora
> le guance dell'aurora.

Analogo discorso può essere fatto per il trimetro giambico, cioè per l'endecasillabo, che, nelle *Maniere*, spesso non è, o in tutto o in parte, ritmicamente giambico: ad esempio, dei sei endecasillabi che compaiono nella canzonetta XVII (tre strofette pentastiche formate da due settenari, due endecasillabi e un quinario, con schema $a_7b_7ABb_5$), solo due sono regolarmente e integralmente giambici (vv. 13-14: «Intanto batte nostra etade, e volasi: / Oh cor di donna per l'altrui soccorso»); altri tre non si uniformano del tutto a questo modello (v. 3: «Come leggi d'Amor dure permisero»; vv. 8-9: «E duro arco di sdegni ognor trafiggami, / Dolce farà, s'impetro un guardo in vita»); mentre il v. 4 può recuperare un ritmo integralmente giambico solo se, distinguendo — seppur non graficamente — i due elementi della congiunzione *benché*, si appoggi l'accento sulla sua prima sillaba, come se fosse: «E bèn che lasso il cor ne peni ardente».

Versi ad accenti mobili e versi ad accenti fissi

Ciò accade perché endecasillabo e settenario sono versi ad accenti mobili, che mal si prestano a ricevere una scansione ritmica fissa ed obbligata; diverso è invece il caso dell'ottonario, che, nella versione più diffusa (almeno a partire dal '400), presenta uno schema accentativo fisso (1^a, 3^a, 5^a, 7^a) di tipo chiaramente trocaico, e corrisponde pertanto sempre, o quasi, al modello del dimetro trocaico. Quindi, per quanto riguarda endecasillabo e settenario (cioè i versi principali della nostra poesia lirica), la corrispondenza coi relativi versi giambici latini (trimetro e dimetro) è di natura sillabica, e non di natura ritmica, coincidendo il ritmo solo occasionalmente. In certi casi, si può parlare di ritmo 'prevalentemente' giambico (ad esempio, versi quali il settenario «vaga su spina ascosa» o l'endecasillabo «dolce farà, s'impetro un guardo a vita», hanno ritmo giambico, ma attacco trocaico: anche se, in versi del genere, si potrebbe parlare, semplicemente, di inversione di battuta nel primo piede); altre volte, il verso assume un'accentazione quasi del tutto incompatibile col ritmo giambico, come nell'endecasillabo «come leggi d'Amor dure permisero», che si apre con due trochei («come leggi») e si conclude, addirittura, con due dattili, originati dai due consecutivi accenti di 6ª e 7ª («dù re per / mì se ro»).

VI.4.2. Su queste basi si fonda la riproduzione di alcuni metri classici tentata dal Chiabrera, in particolare della strofe alcaica e del sistema asclepiadeo terzo. L'alcaica consta di due alcaici endecasillabi, un alcaico enneasillabo e un alcaico decasillabo; ecco un esempio oraziano (*Carm.* I 16, vv. 1-4), col relativo schema prosodico e metrico:

<small>La strofe alcaica di G. Chiabrera</small>

O matre pulchra filia pulchrior, ᴗ ˊ ᴗ _ _ / ˊ ᴗ ᴗ ˊ ᴗ ᴗ
Quem criminosis cumque voles modum ᴗ ˊ ᴗ _ _ / ˊ ᴗ ᴗ ˊ ᴗ ᴗ
  Pones iambis, sive flamma ᴗ ˊ ᴗ _ _ _ ˊ ᴗ _ ᴗ
  Sive mari libet Hadriano. ˊ ᴗ ᴗ ˊ ᴗ ᴗ ˊ ᴗ _ ᴗ

Così il Chiabrera riproduce il metro nella prima delle sue canzoni ad Urbano VIII (vv. 1-4):

  Scuoto la cetra, pregio d'Apolline,
  Che alto risuona; vo' che rimbombino
    Permesso, Ippocrene, Elicona,
    Seggi scelti dalle ninfe Ascree.

Si tratta di una riproduzione essenzialmente sillabica, e solo limitatamente ritmica. L'alcaico endecasillabo («O matre pulchra filia pulchrior») consta di una tripodia giambica catalettica e di una dipodia dattilica, e presenta la seguente struttura metrica: ᴗ ˊ ᴗ _ _ / ˊ ᴗ ᴗ ˊ ᴗ ᴗ. Chiabrera ne ricalca la misura sillabica, restituendo il primo emistichio con un quinario piano, e il secondo con un quinario sdrucciolo. Nel primo emistichio, la collocazione delle arsi viene alterata, all'inizio, per l'accento sulla prima sillaba; nel secondo, invece, la struttura sillabica del verso italiano coincide con quella ritmica del verso latino, poiché il quinario sdrucciolo («prè gio d'A / pòl li ne») restituisce esattamente, dal punto di vista accentativo, la dipodia dattilica (ˊ ᴗ ᴗ / ˊ ᴗ ᴗ) che forma il secondo emistichio dell'endecasillabo alcaico.

L'alcaico enneasillabo («Pones iambis, sive flamma»: una pentapodia giambica catalettica) corrisponde sillabicamente, in italiano, a un verso piano di nove sillabe; Chiabrera lo riproduce col novenario di tipo più comune, quello dattilico (accentato sulla 2ª, 5ª e 8ª sillaba). In questo caso, si tratta di un puro equivalente sillabico, giacché il ritmo dattilico di questo novenario è del tutto estraneo alla struttura metrica originale del verso latino, la cui riproduzione accentativa richiederebbe un accento sulla sesta sillaba.

Infine, l'alcaico decasillabo (una dipodia dattilica + una dipodia trocaica) è reso, sempre sillabicamente, con un decasillabo, cui il Chiabrera (leggendolo grammaticalmente: «Sìve màri lībet Hàdriàno») conferisce una struttura regolarmente trocaica, con accenti fissi sulla 1ª, 3ª, 5ª, 7ª e 9ª sillaba: si tratta di un verso che (come il doppio quinario piano-sdrucciolo usato per riprodurre l'alcaico endecasillabo) ricalca accentativamente il ritmo del modello latino soltanto nella clausola, giacché il decasillabo alcaico consta di due dattili e due trochei ($\angle \cup \cup \angle \cup \cup \angle \cup \angle \cup$).

Il sistema asclepiadeo terzo di G. Chiabrera

Procedimento affine il Chiabrera seguì per il sistema asclepiadeo terzo (sul quale cfr. V.3.1.), che egli restituì, in un'ode delle *Vendemmie di Parnaso* (LII), nel modo seguente (vv. 9-12):

> Or gli anni agghiacciano: lagrime e gemiti
> Or più non amano, vergine, e se amano,
> Amano lucido ostro
> E vin gelido, amabile.

I primi due versi (corrispondenti ad altrettanti asclepiadei minori) sono due doppi quinari sdruccioli: il primo emistichio ricalca il primo emistichio del verso latino, letto grammaticalmente (cfr. ad esempio Orazio, *Carm.* I 5, 1: «Quis multa gràcilis»); il secondo, invece, del tutto identico ma con accento fisso sulla prima sillaba, riproduce sul piano accentativo il ritmo che l'asclepiadeo minore presenta nel suo secondo emistichio (dipodia dattilica: $\angle \cup \cup \angle \cup \underline{\cup}$: «tē pŭĕr īn rŏsā»). In altre parole, il verso latino viene riprodotto dal Chiabrera sillabicamente quanto al primo emistichio (la cui struttura ritmica originale, trasposta accentativamente, avrebbe comportato il ricorso a un settenario tronco: $\angle - \angle \cup \cup \angle$: «qūis mūltā grăcĭlīs»); accentativamente quanto al secondo (quest'ultimo, letto grammaticalmente, suona «té puer in ròsa», e, trasposto sillabicamente, avrebbe quindi dato vita a un quinario piano).

Il terzo verso, un settenario piano, corrisponde al ferecrateo latino, la cui lettura grammaticale (ma anche ritmica) suona: «Gràto, Pyrrha, sub àntro» (struttura metrica: $\angle - \angle \cup \cup \angle -$). Chiabrera ne fornisce un equivalente sillabico, oscillando tra varie accentazioni: nel caso presente, gli accenti sono di 1ª, 4ª e 6ª, ma più comuni sono gli schemi con accenti di 1ª, 3ª e 6ª (che ricalca il verso originale letto grammaticalmente e ritmicamente) e di 2ª, 3ª e 6ª.

Un metro 'barbaro' mai praticato dal Chiabrera è invece la saffica, forse perché ormai da tempo divenuta forma a tutti gli effetti 'italiana'. Tra i suoi cultori seicenteschi, merita un cenno almeno il Campanella, tra le cui poesie (oltre alle già ricordate elegie 'barbare') spiccano quattro saffiche rimate, in cui — come nelle saffiche del cinquecentista Galeotto del Carretto, di struttura però leggermente diversa: cfr. V.5.2. — compaiono anche le rime al mezzo, secondo lo schema A(a$_7$)B(b$_5$)Cc. Ecco la prima strofe della saffica *Della possanza dell'uomo*:

<small>La saffica di Tommaso Campanella</small>

> Gloria a Colui che 'l tutto sape e puote!
> O arte mia, nipote al Primo Senno,
> Fa' qualche cenno di su' immagin bella,
> Ch'uomo s'appella.

Nel complesso, il metodo impiegato dal Chiabrera è di tipo essenzialmente sillabico, e solo in piccola parte accentativo. Esso si fonda, soprattutto, sulla corrispondenza sillabica, e talora anche ritmica, tra certi versi latini e certi versi italiani, nonché sulla suggestione esercitata dall'assenza delle rime e dalla disposizione e combinazione dei differenti tipi di versi in strofe dall'evidente struttura 'classica'. Ciò spiega perché Chiabrera non si sia mai misurato con l'esametro e il pentametro, che non possono in alcun modo essere restituiti con versi italiani sillabicamente tradizionali, eccedendo essi la misura endecasillabica. In ogni modo, per la sua singolare attitudine a conciliare felicemente l'imitazione dei metri antichi e le esigenze della metrica italiana, il metodo ideato dal Chiabrera fece scuola, e — contribuendo a relegare in spazi sempre più ristretti e periferici gli esperimenti 'prosodici' — venne ampiamente ripreso, nonché perfezionato ed esteso anche a metri non tentati dal Savonese, sia nel Settecento (soprattutto dal Rolli e dal Fantoni: cfr. VII.3.1-2.) che nell'Ottocento (quando fu assunto a principale modello dal Carducci delle *Odi barbare*: cfr. VIII.3.1-3.).

VII. IL SETTECENTO

VII.1. *Le forme della lirica*

VII.1.1. Come si è già avuto occasione di ricordare, è tra Cinque e Seicento, col Trissino e con Bernardo Tasso, col Chiabrera e col Guidi, che si verifica la prima, autentica, profonda 'rivoluzione' formale nella storia della nostra poesia. La produzione settecentesca si muove, in sostanza, nel solco tracciato dallo sperimentalismo dei due secoli precedenti, sviluppandone talora originalmente (non solo nella lirica, ma anche nel verso sciolto e nella metrica 'barbara') le premesse fondamentali e gli esiti più significativi. In àmbito lirico, sono ancora praticate le forme tradizionali, che peraltro — sonetto a parte — vivono di vita sempre più stenta, pur non mancando neanche in questo secolo, ad esempio, i cultori ormai attardati della canzone 'canonica' (fra cui si segnala, in particolare, Lorenzo Magalotti, autore di alcune canzoni 'regolari' dalle poderose stanze di venti versi e oltre) e persino di quella più strettamente petrarchesca. Tuttavia, dominano e si perfezionano, soprattutto, le agili strutture dell'ode, della canzonetta e dell'anacreontica, caratterizzate — sull'esempio, principalmente, del Chiabrera — da brevi strofette ricche di versicoli e di rime tronche, sdrucciole e irrelate.

Il Settecento erede dei secoli XVI e XVII

Uno dei metri più fortunati, in questo settore, è senza dubbio la quartina (di settenari o di ottonari, e spesso doppia), che presenta numerose varianti, ottenute con la diversa disposizione delle rime e dei versi piani, tronchi e sdruccioli. Prediletti, infatti, furono gli schemi che, grazie all'introduzione di versi tronchi e/o sdruccioli, consentivano di variare le movenze ritmiche della strofe (evitando la monotonia del settenario piano) e, in virtù delle rime irrelate, assicuravano una maggiore scioltezza strutturale. Ecco un rapido elenco degli schemi più usati, con alcune esemplificazioni:

Odi e canzonette in quartine di versi brevi

- quattro settenari piani a rima alterna (abab: Luigi Lamberti, *Il bagno*; Giovanni Meli, *Il canto di Dameta*) o a distici a rima baciata (aabb: Giovanni Fantoni, *Scherzi*, XXII, *Alla cetra*). Stesso schema, ma con ottonari: Carlo Innocenzo Frugoni, *Ritorno dalla navigazione d'amore*; Meli, *Il canto di Polemuni, Lu labbru*; Parini, *Ricordi infantili*.

- quartina doppia di settenari con schema abbc deec (*a, d* sdruccioli e irrelati; *b, e* piani; *c* tronchi). È metro fortunatissimo: Frugoni, *L'accompagnamento della sposa*; Meli, *Il canto di Tirsi*; Parini, *Il brindisi e Alceste*; Fantoni, *Scherzi*, XXIX (*A Palmiro Cidonio*) e XXXVIII (*Il passero canario*). Questi sono i vv. 1-8 del pariniano *Brindisi*:

G. Parini

> Volano i giorni rapidi
> Del caro viver mio:
> E giunta in sul pendio
> Precipita l'età.
>
> Le belle, oimé, che al fingere
> Han lingua così presta
> Sol mi ripeton questa
> Ingrata verità.

Il brindisi si intitola anche un'ode del già ricordato Fantoni (*Varie*, VIII), che adotta il medesimo metro, ma con quinari anziché con settenari. Una variante di questo schema prevede, quale primo verso di ogni strofetta, un settenario piano, che può essere irrelato (Foscolo, *L'inchiesta, La febbre* e altre anacreontiche e canzonette giovanili; in ottonari, Metastasio, *L'estate*) oppure rimato col verso corrispondente della strofetta 'gemella' (abbc addc: Metastasio, *La libertà*; in ottonari, Parini, *Il piacere e la virtù, Le nozze*).

- quartina doppia di settenari con schema abbc defc (*a* piano e irrelato; *b* piani; *d, e, f* sdruccioli e irrelati; *c* tronchi): Rolli, *La neve è alla montagna*; Frugoni, *L'isola amorosa*, da cui ricavo i vv. 1-8:

C.I. Frugoni

> La bella nave è pronta:
> Ecco la sponda e il lido,
> Dove nocchier Cupido,
> Belle, v'invita al mar.
>
> Mirate come l'ancora
> Già da l'arena svelsero
> Mille Amorin, che apprestansi
> Festosi a navigar.

- quartine formate da settenari sdruccioli (irrelati) nelle sedi dispari e settenari piani (tra loro rimati) nelle sedi pari, con schema: abcb. È uno dei metri più diffusi: Parini, *Piramo e Tisbe, A Silvia*; Vincenzo Monti, *Prosopopea di Pericle, Al signor di Montgolfier, Le api panacridi in Alvisopoli*; Ludovico Savioli Fontana se ne servì in tutte le canzonette raccolte negli *Amori* (1765). Da questa silloge, ecco le prime due strofette de *Il passeggio*: L. Savioli Fontana

> Già già, sentendo all'auree
> Briglie allentar la mano,
> Correan d'Apollo i fervidi
> Cavalli all'oceàno;
>
> Me i passi incerti trassero
> Pel noto altrui cammino,
> Che alla città di Romolo
> Conduce il pellegrino.

Imitando il Savioli, il giovanissimo Ugo Foscolo adottò sempre questo metro nella raccolta *Inni ed elegie*, nonché, fra le *Canzonette*, nella *Rosa tarda*.

- quartina doppia di settenari con schema abcd efgd (piani e irrelati i primi tre versi di ogni quartina, tronco l'ultimo, rimato col verso corrispondente della strofetta 'gemella'): Fantoni, *Scherzi*, XXXVI (*A Mirtillo*).
- quartina doppia di settenari con schema abbc deec (*a, d* piani; *b, c, e* tronchi): Frugoni, *L'uccellagione*.
- quartina doppia di settenari con schema abbc ddec (*a* piano e irrelato; *b, d* piani; *e* sdrucciolo e irrelato; *c* tronchi): Paolo Rolli, *Primavera*, da cui si citano i vv. 1-8:

P. Rolli

> Tornasti, o primavera,
> E l'erbe verdi e i fiori
> E i giovanili amori
> Tornarono con te.
>
> E il mio felice stato,
> Teco una volta nato,
> Con dolce tuo rinascere
> Tornò più dolce a me.

- quartina doppia di settenari con schema abcb dede (*a, c* sdruccioli e irrelati; *b, d* piani; *e* tronchi): Parini, *La vita rustica*.
- quartina formata da due settenari piani (rimati) nelle sedi dispari e due settenari tronchi (anch'essi rimati) nelle sedi pari. Schema: abab. Aurelio de' Giorgi Bertola, *La villanella*; Monti, *Per la liberazione d'Italia*. Identico schema, ma con ottonari, in Rolli, *Solitario bosco ombroso*.
- quartina doppia di ottonari con schema abac deec (*a, c* tronchi; *b, d* piani e irrelati; *e* piani): Rolli, *D'un visetto lusinghier*. Una variante

prevede l'impiego di settenari con schema abbc deec (*a, d* piani e irrelati; *c* piani; *b, e* tronchi: Bertola, *La sera*); stesso metro — ma con strofette di tre settenari (il primo dei quali sdrucciolo) e un quinario — nel medesimo Bertola, *Partendo da Posilipo*. Metri affini sono costruiti con quinari: Rolli, *Si ride Amore*, adotta lo schema abbc deec, dove i primi tre versi di ogni tetrastico sono piani, mentre l'ultimo è tronco e rima col verso corrispondente della strofetta 'gemella'; Fantoni, *Scherzi*, XXXIV (*Alla rosa*), impiega lo stesso schema, ma con lo sdrucciolo in prima sede; Ippolito Pindemonte, *La melanconia*, non lascia versi irrelati, così distribuendo le rime: abac dbdc (*c* tronchi, piani tutti gli altri). Schemi simili già si trovano, comunque, nelle *Ariette* del Metastasio (cfr. VII.1.3.).

- quartina costituita da tre settenari piani e un endecasillabo piano, con schema: abaB. Parini, *La caduta*. Una variante (adottata da Frugoni, *Il mattino della sposa*) prevede l'endecasillabo tronco in quarta sede e le strofette riunite a coppie secondo questo schema: abbC deeC (*a, d* irrelati).

- quartina composta da due settenari (nelle sedi dispari) e due endecasillabi (nelle sedi pari). È metro particolarmente caro al Fantoni, che lo utilizza molto spesso nelle *Odi*, sperimentandone diverse varianti: tutti versi sdruccioli (con schema aBaB, opp. aBcB); tutti versi piani (aBaB); piani i settenari, sdruccioli gli endecasillabi (aBaB); tutti sdruccioli nelle strofe dispari, tutti piani nelle strofe pari (sempre aBaB).

- quartine di endecasillabi variamente disposti e rimati: sdruccioli e irrelati i versi dispari, piani e rimati i versi pari (ABCB); *idem*, ma rimati anche i versi sdruccioli (ABAB); piani i versi dispari, sdruccioli i versi pari (schema a rima alterna: ABAB). Metri, anche questi, largamente praticati dallo stesso Fantoni.

Le odi di Giuseppe Parini e quella settecentesca

VII.1.2. Come questi esempi già in parte documentano, al Parini si deve l'adozione, nell'ode, di strutture metriche più ricercate e meno convenzionali, esemplate in parte sui modelli di Bernardo Tasso e di Gabriello Chiabrera. *La tempesta* recupera la strofe pentastica di endecasillabi e settenari piani già cara a Bernardo Tasso (schema: aBbaA); altri componimenti impiegano la stanza esastica tipica del Chiabrera (*La recita dei versi*, endecasillabi e settenari con schema aBaBcC; *La magistratura* e *In morte del maestro Sacchini*, schema: aBbAcC; *La salubrità dell'aria, Il bisogno, L'educazione, La musica*, sei settenari piani con schema: ababcc; tra le poesie varie, *A Delia* e *Ad Orazio* presentano stanze miste di endecasillabi e settenari, rispettivamente con schema ababcC e aBBacC). Quest'ultimo schema, con lieve variante nella disposizione dei versi (aBbAcc), era già stato impiegato, ad esempio, dal Magalotti, nell'ode *La sorbettiera*; larga fortuna ebbe anche lo schema della *Salubrità dell'aria* (ababcc, tutti settenari), adottato, fra molti altri, da Francesco Cassoli (*Alla lucerna*) e dal Meli (*La cicala*, ma in ottonari).

F. Cassoli e
G. Meli

Ricco di versi sdruccioli e tronchi e di rime irrelate — secondo l'esempio della più comune ode-canzonetta settecentesca — è invece il metro de *Il pericolo* (strofette di cinque settenari riunite a coppie, formate da due versi piani rimati in prima e terza sede, due versi sdruccioli irrelati in seconda e quarta sede, un verso tronco in quinta sede, rimato col verso corrispondente della strofetta 'gemella': abcd efegd); un metro assai vicino, ad es., a quello di una lirica fantoniana (*Scherzo*, nelle poesie varie), il cui schema, anch'esso di soli settenari, è: abcdc aefgf (dove, in ogni strofe, sono sdruccioli e irrelati i versi pari, piani i versi dispari).

Struttura analoga, ma più solida e simmetrica, presentano *Il dono* e *Per l'inclita Nice*: strofe esastiche riunite a coppie, formate da cinque settenari seguìti da un endecasillabo; in ogni strofe sono sdruccioli e irrelati i vv. 1, 3, 5, piani e rimati i vv. 2, 4, tronco il v. 6, che rima col verso corrispondente della strofe 'gemella', secondo lo schema: abcbdE fghgiE. Ecco i vv. 1-12 de *Il dono*:

> Queste che il fero Allobrogo
> Note piene d'affanni
> Incise col terribile
> Odiator de' tiranni
> Pugnale, onde Melpomene
> Lui fra gl'itali spiriti unico armò;
>
> Come, oh, come a quest'animo
> Giungon soavi e belle,
> Or che la stessa Grazia
> A me di sua man dielle,
> Dal labbro sorridendomi,
> E dalle luci, onde cotanto può!

Metro identico impiegò, fra gli altri, Luigi Cerretti nell'ode *I rimorsi*, con solo una piccola variante (settenario, e non endecasillabo, alla fine di ogni strofe).

L. Cerretti

Né mancano, nel Parini, schemi più ampi, quasi da 'canzone', anch'essi di ascendenza chiabreresca, come quelli (tutti con soli versi piani) de *L'innesto del vaiuolo* (stanze di 9 vv.: ABbCaddCC), *La laurea* (10 vv.: AbAbcDDcEE) e de *La gratitudine* (10 vv.: AbbAc DDcEE).

Metro più semplice adottò invece il Foscolo nelle sue due odi: la

U. Foscolo

A. de' Giorgi Bertola

strofetta esastica di settenari — sdruccioli e irrelati il secondo e il quarto verso — con schema abacdd (in *All'amica risanata* l'ultimo verso della strofe è endecasillabo). Si tratta, in sostanza, di schemi già pariniani (*A Luigia Pallavicini* ricalca il metro dell'*Educazione*; *All'amica risanata*, quello di *A Delia*: ma in queste odi pariniane anche i vv. 2 e 4 sono piani e tra loro rimati); Foscolo, però, guardava con ogni probabilità anche a un altro poeta da lui molto ammirato in gioventù, il riminese Aurelio de' Giorgi Bertola, che in alcune sue odi (ad esempio in quella *A Nelae*) si era servito del medesimo schema (abacdd), peraltro impiegato già dal Frugoni. Un altro schema caro al Bertola (stanza di sei settenari abcbdd, sdruccioli e irrelati il primo e il terzo verso) era del resto già stato usato dal Foscolo in alcune odi giovanili, *La campagna* (dedicata proprio al Bertola), *A Dante* e *Il mio tempo*. Questo stretto rapporto con la metrica settecentesca caratterizza tutta la produzione foscoliana — non solo quella giovanile —, e ne giustifica l'inserimento all'interno del presente capitolo, dai cui termini cronologici essa in buona parte fuoriesce (e identico discorso vale anche per Vincenzo Monti).

Le 'ariette' di Pietro Metastasio

VII.1.3. Alla radice di molti dei metri elencati nei due paragrafi precedenti stanno (come si è detto) i remoti modelli di Bernardo Tasso e di Gabriello Chiabrera, ai quale risale — a sua volta esemplare per gli altri — anche la produzione di Pietro Metastasio. Le sue celeberrime 'ariette', incluse nei numerosi melodrammi di cui fu autore, adottano infatti, in gran parte, due o tre strofette di tre o quattro versi brevi (dal quinario all'ottonario; ma non è raro neppure il decasillabo), con le più diverse combinazioni di rime (anche irrelate) e di uscite piane, tronche e sdrucciole (ma quasi obbligatoria è la clausola tronca in fine di strofa). Fra i caratteri più interessanti di questi componimenti, si segnala la non infrequente asimmetria strutturale, dovuta alla giustapposizione di strofette non identiche, l'una delle quali è per lo più ottenuta 'decurtando' l'altra di uno o più versi; così avviene nell'esempio che segue, di soli quinari (dal *Romolo ed Ersilia*, atto III, scena IV):

Fra quelle tenere
Dolenti stille,
Che i raggi adombrano
Di tue pupille,
Traluce il merito
Del tuo bel cor.

E quel vezzoso
Volto pietoso
Si fa più amabile
Nel suo dolor.

Qui, la prima strofe, esastica, prevede versi sdruccioli irrelati nelle sedi dispari (vv. 1, 3, 5), versi piani tra loro rimati in seconda e quarta sede, e un verso tronco in conclusione, secondo lo schema: abcbde; mentre la seconda strofetta, tetrastica, constando di due versi piani, di uno sdrucciolo e di uno tronco (con schema: ffge), riproduce la struttura della strofe precedente, decurtata però dei due sdruccioli in prima e terza sede.

Un altro fenomeno interessante è l'introduzione, in alcuni casi, della rima al mezzo nell'ultimo verso, in collegamento col verso precedente; così si verifica nella seguente arietta (dall'*Issipile*, coro finale), costituita da due quartine di ottonari, formate ciascuna da tre ottonari piani e uno tronco, con schema: abac dde(e_4)c; la rima al mezzo cade, ovviamente, in sede quadrisillabica:

> È follia d'un alma stolta
> Nella colpa aver speranza:
> Fortunata è ben tal volta,
> Ma tranquilla mai non fu.
>
> Nella sorte più serena,
> Di se stesso il vizio è pena:
> Come premio è di se stessa,
> Benché oppressa,   la virtù.

Lo schema asimmetrico praticato in svariate ariette è messo a frutto da Metastasio anche in componimenti di più ampio respiro; la lunga ode *La deliziosa residenza imperiale di Schönbrunn*, ad esempio, replica per 182 versi, tutti ottonari, uno schema eptastico formato da un tetrastico (tre versi piani e uno tronco, con schema: abbc) e da un terzetto il cui schema riproduce quello della strofetta precedente, decurtata però del verso iniziale (ddc). Ecco i vv. 1-7 del componimento:

L'ode *La deliziosa residenza imperiale di Schönbrunn*

> Come, Euterpe, al tuo fedele,
> Come mai la cetra usata,
> Polverosa, abbandonata,
> Or di nuovo ardisci offrir?
>
>   Ch'io la tratti, ah, speri invano:
>   Pronta or più non è la mano
>   A rispondere al desir.

Metri affini tornano in vari poeti dell'epoca, come, fra gli altri, Agostino Paradisi, che in alcune odi (*Per un veneto procuratore di San Marco*, *La parola di Dio*) ricorre a stanze eptastiche di settenari, con schema: abcb ded (dove i versi irrelati sono sdruccioli, quelli rimati,

Agostino Paradisi e

_{Luigi Cerretti} piani); o come Luigi Cerretti, che nell'ode *La separazione* si serve di una strofe di nove settenari, costruita giustapponendo una strofetta pentastica e un tetrastico, secondo lo schema: abcbd effd (dove i versi irrelati sono sdruccioli, *b* e *f* piani, *d* tronchi).

_{Il decasillabo settecentesco} Di notevole importanza, inoltre, è l'impiego, in molte ariette metastasiane, di un verso come il decasillabo (nella sua variante ormai 'canonica', l'anapestica, con accenti di 3ª, 6ª e 9ª), in strofe di tre o quattro versi formate da tre versi piani e un verso tronco, con varia disposizione delle rime. Alcuni di questi schemi ebbero larga fortuna, oltre che nel Settecento, anche nel secolo successivo, quando furono ripresi, tra gli altri, da Alessandro Manzoni negli *Inni sacri*, nelle odi e nei cori delle tragedie (MARTELLI 1984, pp. 585-87). È il caso, in particolare, delle strofe tetrastiche con schema ABCD BEEC, che Manzoni (restituendo, in luogo dell'assonanza, la rima fra primo e terzo verso, come aveva fatto Giuseppe Olivi nel suo *Venerdì santo*: ABAC BDDC) utilizzerà ne *La passione*, ma che già il Metastasio aveva adottato, ad esempio, nell'*Achille in Sciro* (atto II, scena VII):

> Lungi lungi fuggite fuggite,
> Cure ingrate, molesti pensieri;
> No, non lice del giorno felice
> Che un istante si venga a turbar.
>
> Dolci affetti, diletti sinceri
> Porga Amore, ministri la Pace,
> E da' moti di gioia verace
> Lieta ogni alma si senta agitar.

Allo stesso modo, lo schema seguìto dal Manzoni nella prima strofa del *Marzo 1821* (quartine a rima ABBC ADDC, con i versi finali di ogni strofetta, al solito, tronchi), si ritrova, oltre che in un coro della tragedia *Ippolito ed Aricia* del Frugoni, in varie ariette metastasiane, ad es. nella festa teatrale *Astrea placata*:

> Ah! del mondo deponga l'impero
> Una volta la diva fallace;
> Ché fin ora del mondo la pace
> Abbastanza l'infida turbò.
>
> Per lei sola dal dritto sentiero
> L'alme incaute rivolsero il piede;
> L'innocenza, l'amore e la fede
> Per lei sola la terra lasciò.

Strofette tetrastiche di decasillabi, con vari schemi di rime, sono d'altra parte frequenti nella librettistica di fine Settecento (e, poi, in quella ottocentesca); basti pensare, nei melodrammi mozartiani su libretti di Lorenzo Da Ponte, a celeberrime arie quali *Non so più cosa son, cosa faccio* (*Nozze di Figaro*, atto I, scena V, schema AABC DDBC, con C tronco), *Non più andrai, farfallone amoroso* (ivi, atto I, scena VIII, schema ABAC DEEC, con C tronco) e *Madamina, il catalogo è questo* (*Don Giovanni*, atto I, scena V, schema ABBC DEEC, sempre con C tronco).

I libretti d'opera

VII.1.4. Una ricca ed interessante sperimentazione formale caratterizza anche la produzione lirica di Giovanni Fantoni, raccolta in gran parte nei due libri delle *Odi* (uscite nel 1782, ma poi incrementate e più volte ristampate negli anni successivi) e negli *Scherzi* (1784). Nei suoi componimenti, il Fantoni dispiega una grande inventiva metrica, adottando ed escogitando i più vari schemi: oltre alla gamma, ricchissima, di strutture tetrastiche (cfr. VII.1.1.), alle numerose prove di metrica classicheggiante (cfr. VII.3.1-2.) e alle poesie che ricorrono a metri tradizionali (sonetti, epistole e sermoni in sciolti, egloghe in terzine, idilli in sestine narrative), è opportuno segnalare il ricorso ad alcune strutture meno comuni, quali, ad es., il terzetto di settenari e endecasillabi, praticato in varie combinazioni. In *Odi* II 21 (*Al vascello «San Giovacchino»*; stesso schema in II 14, *A Luigi Fantoni*), i terzetti, riuniti a coppie, presentano lo schema Aba Cbc, dove *b* è sdrucciolo:

Giovanni Fantoni

Strutture originali nella poesia fantoniana

> Nave, che altera vai del nobil pondo,
> Scorrendo il regno instabile
> Dell'oceàn profondo,
>
> Reca all'etrusco duce, in porto entrando,
> L'austriaca donna amabile
> E il popolar Fernando.
> (vv. 1-6)

Altrove, un'identica struttura viene costruita con soli settenari (*Scherzi* XXV, *Alla farfalla*: piano, però, il verso centrale di ogni terzetto); oppure (*Odi* II 31, *A Giuseppe Piazzini*) i versi, tutti sdruccioli, sono disposti secondo lo schema Abc dBc (con i versi iniziali di ogni terzetto, cioè, irrelati); o ancora, Fantoni ricorre a schemi di soli settenari come aab ccb (con *a* e *c* piani, *b* tronchi: *Scherzi* IX, *Per malattia dell'autore*), aba cdc efe ... (tutti versi piani, irrelato il verso centrale di ogni terzetto: *Scherzi* XIII, *Il compenso d'Amore*, dove però il verso centrale dell'ultimo terzetto riprende la parola-rima del v. 1, *arco*), oppure abc dec (dove i primi due versi di ogni terzetto sono sdruccio-

Le canzonette di G. Fantoni

li e irrelati, mentre il terzo, rimato, è tronco: *Scherzi* XXXVII, *Al marchese G.P., amico infedele*).
Interessanti, poi, sono gli schemi di canzonetta che, alternando ottonari e quadrisillabi, si richiamano all'esempio del Chiabrera (è il caso della XII delle *Varie*, *Alla lucciola entrata in un giardino*, con schema $a_4a_4B_8b_4C_8C_8$); anche se va osservato che Fantoni sostituisce spesso, a due quadrisillabi consecutivi, un quadrisillabo e un pentasillabo ad inizio vocalico, ossia due versicoli ricomponibili alla lettura (grazie all'episinalefe: cfr. IX.1.1.) in un ottonario con rima al mezzo. Così accade, ad esempio, nell'*Introduzione* degli *Scherzi*, il cui schema (ABbc ADdc) è interpretabile anche nel modo seguente: AB(b_4)C AD(d_4)C:

> Mi rispetti il tempo edace,
> Ceda l'arco feritore,
> Ché dell'ore
> Io sono il re.
>
> Non mi può turbar la pace
> Col cangiar che fa degli anni:
> Son gli affanni
> Ignoti a me.
>   (vv. 1-8)

In effetti, per i vv. 3-4 di ogni strofetta, non bisogna parlare di quadrisillabo e di quinario, ma di un ottonario spezzato (onde evidenziare la rima al mezzo): una sorta, insomma, di *trompe-l'oeil*. Lo stesso fenomeno si verifica nello scherzo XI, *L'amante contento*, con schema Aabb, dove il quarto verso di ogni strofetta è un regolare quadrisillabo, mentre i vv. 2-3 sono spesso, rispettivamente, un quadrisillabo e un quinario ad inizio vocalico. In altri casi, l'ottonario risulta dalla combinazione di un trisillabo tronco e di un quinario: si leggano i vv. 31-36 dello scherzo VI *La curiosità punita*, le cui strofette esastiche (di soli versi piani) hanno schema AabBCC, variante della celeberrima struttura ideata dal Chiabrera (AaBCcB, con ottonari e quadrisillabi: cfr. VI.1.1.) e ripresa, tra Sei e Settecento, da un'innumerevole schiera di poeti (cfr. MARTELLI 1984, pp. 582-85):

> Semplicetta! Tu non sai
> Quanti guai
> Minacci, irato,
> Il fanciullo faretrato
> A colui che de' piaceri
> Turba i taciti misteri.

Qui, come si vede, con un altro e più sottile 'trucco', il v. 32 è, preso isolatamente, un quadrisillabo piano, giacché, in fine di verso, i nessi formati da vocale tonica + vocale atona sono bisillabici (cfr. I.2.5.); ma, ricomponendo i vv. 32-33 in un'ottonario con rima al mezzo («quanti guai minacci, irato»), «quanti guai» diviene un trisillabo tronco, poiché il medesimo nesso -*ài* diventa monosillabico all'interno del verso. Identico fenomeno ai vv. 44-45; nelle altre strofette di questo componimento, il secondo e il terzo verso sono o due comuni quadrisillabi piani, oppure un quadrisillabo + un quinario ad inizio vocalico, ricomponibili per episinalefe.

Nella sua produzione, comunque, il Fantoni utilizzò anche metri tradizionali: in particolare, si segnala la sestina narrativa (cfr. VI.3.2.), adottata nei cinque componimenti delle *Notti* e in molti dei diciassette *Idilli* (si tratta di un metro largamente diffuso nel XVIII secolo: in esso, ad esempio, Giambattista Casti, attivo anche come poeta lirico e drammatico, compose i ventisei canti del poema satirico *Gli animali parlanti* e gli *Apologhi*); mentre, in altri *Idilli*, egli ricorre ora allo sciolto (IX, XVII), ora alla terzina (X), ora alla terzina con verso centrale sdrucciolo e irrelato (ABA CDC EFE ecc.: XVI), ora — infine — al metro madrigalesco libero (settenari ed endecasillabi liberamente disposti e rimati: XI). Per l'idillio IV, vedi oltre, VII.3.2.

La sestina narrativa

Recupero di metri tradizionali, ma nella fattispecie affatto desueti, compie talora anche il Parini: è il caso dei frequenti esempi di sonettessa (per cui cfr. V.4.8.) e, ancor più, dell'ode *La primavera*, che, all'andamento della canzonetta — si tratta di tutti settenari — applica lo schema incatenato di un quattrocentesco rimolatino (cfr. IV.3.7.). Le strofette, tetrastiche, sono infatti collegate l'una all'altra secondo questo schema: abbc cdde effg ... yzzy.

VII.1.5. Un sia pur rapido cenno merita pure uno dei testi poetici più celebri del secolo, che ebbe vasta eco anche sotto l'aspetto metrico: la traduzione italiana delle *Poesie di Ossian* eseguita da Melchiorre Cesarotti e primamente edita nel 1763. Nel 1772, l'autore ripubblicò la versione, arricchendola di nuovi testi (quelli che il Macpherson aveva stampato dopo il 1762) e premettendole un importante *Discorso* introduttivo. In esso e nelle osservazioni premesse a uno dei poemi di Ossian, *Comala*, il Cesarotti affrontava il problema metrico, risolvendosi ad adottare l'alternanza, di origine drammatica, di verso sciolto (per le parti narrative) e forme 'chiuse' (per le sezioni liriche).

Melchiorre Cesarotti e la traduzione di Ossian

Per riprodurre, almeno in qualche misura, la grande varietà metrica del testo originale, il Cesarotti non esitava a impiegare, nelle parti di carattere lirico, le strutture più diverse, con uno sperimentalismo formale la cui arditezza resta sconosciuta a gran parte della poesia settecentesca, ma che fece scuola sia presso i traduttori coevi e successivi, sia — talvolta — presso gli autori tragici (cfr., per un esempio, VII.4.1.). Fra gli schemi adottati, oltre a quelli più consueti, come il metro madrigalesco libero (quello della favola pastorale e del melodramma: lasse libere e liberamente rimate di endecasillabi e settenari) e la canzonetta di imitazione chiabreresca e metastasiana (strofette di versi brevi, con abbondanza di rime tronche), si segnalano alcuni recuperi 'eruditi' di forme ormai obsolete, quali l'ottava lirica (lo strambotto quattrocentesco), il ditirambo (cfr. VI.1.2.) e l'endecasillabo frottolato con rima al mezzo (il metro dello gliuommero: cfr. IV.2.6.).

VII.2. Il verso sciolto

VII.2.1. Nei secoli XVI-XVII il verso non rimato, pur godendo di una larga e sempre crescente fortuna, non aveva quasi mai oltrepassato il confine dei generi 'minori' e del teatro; nel Settecento, invece, l'endecasillabo sciolto conosce forse il suo momento di massimo fulgore, ed entra definitivamente e a pieno titolo nella ristretta cerchia dei metri 'illustri' della poesia italiana, occupando gli spazi lasciati aperti dalla progressiva decadenza di forme tradizionali come la canzone e l'ottava rima. Benché da taluni ancora osteggiato in quanto metro contrario alla tradizione italiana (in particolare, da Giuseppe Baretti, ma anche dall'erudito e storico della poesia Francesco Saverio Quadrio), lo sciolto si afferma come uno dei metri caratteristici della poesia settecentesca, poiché su di esso convergono istanze classicistiche già cinquecentesche (che inducono a considerarlo come il più naturale corrispettivo italiano dell'esametro) e suggestioni del razionalismo illuministico, ostile alla rima in quanto artificiosa costrizione formale, nemica del libero svolgersi del pensiero.

La poesia didascalica e la versione poetica — Queste esigenze di fluidità discorsiva e di chiarezza espositiva — cui lo sciolto pareva rispondere nel modo più adeguato — determinano la grande fortuna settecentesca sia del poema o poemetto didascalico, sia della versione poetica in endecasillabi non rimati. Proprio questi due generi, unitamente al teatro (e, in particolar modo, alla tragedia), costituiscono — come già era accaduto nel primo Cinquecento — il terreno d'elezione e la privilegiata 'palestra' del verso sciolto e di quanti si impegnano nel suo perfezionamento tecnico. Molti, e dedicati agli argomenti più diversi, i poemi didascalici composti in questo secolo, spesso sulla scorta delle invenzioni e dei progressi tecnologici: si va dal *Canapaio* di Girolamo Baruffaldi alla *Coltivazione del riso* di Giambattista Spolverini, dalla *Coltivazione de' monti* di Bartolomeo Lorenzi all'*Invito a Lesbia Cidonia* di Lorenzo Mascheroni, ai vari poemetti di Giambattista Roberti (*La moda, Le fragole, Le perle*); al genere può essere ascritto anche il *Giorno* di Giuseppe Parini, che pure presenta un fondamentale carattere satirico. Come in molti di questi poemi, così anche nelle traduzioni gli autori profondono spesso un impegno stilistico e una cura retorica tali da riscattare, rendendolo solo apparente, il carattere e il genere 'umile' di questi prodotti. L'*Invito* del Mascheroni o il *Giorno* del Parini (per citare solo due casi) nascondono una strenua elaborazione stilistica, che nasce dalla convinzione — diffusa nel Settecento — della superiore dignità formale dello sciolto, da più parti considerato ora il più duttile, il più difficile e quindi il più alto tra i metri della nostra poesia. Alle versioni in sciolti non è qui possibile riservare più di un rapido cenno; ma, tra le più note ed importanti, devono essere ricordate almeno quella del lucreziano *De rerum natura* eseguita da Alessandro Marchetti (1717), quelle del *Rape of the lock* di Alexander Pope e del *Paradise Lost* di John Milton condotte, rispettivamente, da Antonio Conti e dal Rolli, e quelle omeriche di cui, fra gli altri, furono autori anche (e i più fortunati) il Pindemonte (*Odissea*) e il Monti (*Iliade*). Quanto alla versione foscoliana dell'*Iliade*, essa, incompiuta, e accompagnata da lunghe riflessioni teoriche, costituisce l'esempio più significativo di come, in quest'epoca, una versione in sciolti potesse ricevere cure degne di un'opera originale, diventando un vero e proprio 'laboratorio' di stile poetico.

VII.2.2. Nelle traduzioni dai lirici, continuano ad essere spesso impiegati metri strofici e rimati; e tuttavia, anche in questo àmbito, tradizionale dominio della rima, lo sciolto comincia a guadagnare terreno. Già l'appena ricordato Antonio Conti, convinto che l'endecasillabo fosse il verso «più sonoro e magnifico che abbia la nostra lirica» (MARTELLI 1984, p. 546), aveva tradotto in sciolti testi lirici quali la *Chioma di Berenice* di Catullo (più tardi fatta italiana, nel medesimo metro, anche dal Foscolo), l'*Inno ai lavacri di Pallade* di Callimaco, carmi di Simonide e di Orazio; mentre il Cesarotti, come si è detto (cfr. VII.1.5.), aveva utilizzato lo sciolto come metro-base nella sua versione delle *Poesie di Ossian*. Proprio sulla scia delle traduzioni, nella poesia settecentesca l'endecasillabo non rimato si afferma, per la prima volta, anche come metro lirico; al Frugoni si suole attribuire il primo impiego dell'endecasillabo sciolto nella produzione lirica originale:

Lo sciolto e la lirica

> Il Frugoni trasportò questo metro dalla poesia didascalica alla lirica e fece di esso un carme a grande orchestra, un componimento che, adattandosi alle mutate esigenze dei tempi, tenesse in molti casi le veci della canzone. Non

l'usò quindi soltanto in 'materie dottrinali', come sentenziavan doversi fare il Menzini e i commentatori della sua *Arte poetica*; ma anche in carmi epitalamici, in canti encomiastici, in elegie funebri, in poemetti natalizi e in molti altri componimenti d'occasione, per cui altri solevan usare i metri dell'ode e della canzone: fece cioè di esso un metro lirico e gli aperse così la via alla maggior fortuna. (CALCATERRA 1920, p. 279)

L'antologia di Saverio Bettinelli

E in effetti, come si diceva, lo sciolto comincia ora a erodere in parte i tradizionali dominii di metri ormai in piena decadenza, quali l'ottava e la canzone 'canonica'; sotto questo aspetto, una tappa fondamentale è costituita dalla celebre raccolta di *Versi sciolti di tre eccellenti moderni autori*, apparsa nel 1757 a Venezia e promossa dal mantovano Saverio Bettinelli, che vi incluse, oltre ai suoi, carmi dello stesso Frugoni e di Francesco Algarotti.

D'altra parte, la situazione del sistema metrico italiano era profondamente mutàta rispetto all'epoca in cui, nel primo Cinquecento, aveva fatto per la prima volta la sua comparsa l'endecasillabo non rimato. Nel XVIII secolo, infatti, lo sciolto è un metro ormai stabilmente entrato nella tradizione formale italiana, già reso glorioso e — soprattutto — già affinato e tecnicamente perfezionato da due secoli di produzione poetica e da autori spesso di primo piano (Tasso, Caro, Chiabrera, Marino); inoltre, l'introduzione e l'affermazione — fra Cinque e Seicento — di forme astrofiche del tutto 'libere' (madrigale, 'recitativo' drammatico, canzone 'a selva' seicentesca), e la contemporanea, progressiva decadenza di molti dei metri strofici tradizionali, facevano dello sciolto, nel Settecento, un metro assai più 'chiuso' (per così dire) di quanto fosse apparso all'epoca del Trissino. Non a caso, nel XIX secolo, il bersaglio dei più accesi sostenitori della forma 'chiusa' (cioè della poesia intesa quale espressione rigorosamente strutturata) non sarà l'endecasillabo sciolto, bensì la canzone 'libera', denominata — dal più illustre fra i suoi cultori — 'leopardiana'.

La riflessione sullo sciolto:

Scipione Maffei e Francesco Algarotti

VII.2.3. Fra i teorici settecenteschi dello sciolto, i più significativi devono essere senza dubbio considerati Scipione Maffei (soprattutto per il saggio *Delle traduzioni italiane*, edito nel 1736), Francesco Algarotti (il cui *Saggio sopra la rima* uscì nel 1752) e Ugo Foscolo, che al verso non rimato e ai problemi tecnici da esso posti dedicò importanti pagine in vari suoi scritti, dalla *Lettera al sig. Fabre — del disegno* al saggio *La letteratura periodica italiana*, dall'articolo *Della 'Gerusalemme Liberata' tradotta in versi inglesi* a quello *Sulla traduzione dell' 'Odissea'*. Per il Maffei come per l'Algarotti, l'endecasillabo sciolto — che si presenta ai loro occhi quale corrispettivo italiano dell'antico esametro — è il più perfetto e il più arduo dei nostri metri, giacché richiede al poeta una sapienza tecnica e una ricchezza concettuale di gran lunga maggiori rispetto alle forme 'chiuse' tradizionali, in cui la rima e la struttura strofica obbligata possono mascherare (come già avevano sostenuto i teorici cinquecenteschi) sia la debolezza del contenuto che la poca cura dello stile.

Foscolo, nella *Lettera al sig. Fabre*, definisce l'endecasillabo — quasi anticipando il Carducci delle *Odi barbare* — un «misero verso»; e gli sforzi suoi e dei suoi contemporanei sono in buona parte rivolti al tentativo di superare l'angusta misura del verso italiano, avvicinandolo per quanto possibile all'ampio respiro e al ritmo maestoso dell'esametro. Gli accorgimenti metrici e stilistico-retorici che egli indica, e che mette in atto nei suoi esperimenti di traduzione dell'*Iliade*, erano già stati teorizzati, in sostanza, dal Maffei: lo scopo era, da un lato, quello di procurare all'endecasillabo la massima varietà ritmica (onde evocare in qualche modo l'analoga mobilità ritmica prodotta, nell'esametro, dal libero avvicendarsi di dattili e spondei e dalla mobilità della cesura), servendosi di frequenti cambiamenti dell'accentazione e di continui spostamenti della cesura; dall'altro, quello di 'ampliare' i ristretti confini del verso, il suo «passo» (come lo chiamerà Carducci), grazie all'abbondanza di sinalefi e, soprattutto, all'*enjambement* (cfr. PLACELLA 1969).

Ugo Foscolo

La sinalefe, legando in una medesima sillaba più vocali contigue, consente di 'allungare' l'endecasillabo, poiché l'abbondanza vocalica così ottenuta contribuisce (come scrive Foscolo trattando *Della 'Gerusalemme Liberata' tradotta in versi inglesi*) «a prolungare la melodia della modulazione, a temperare l'asprezza della rapida articolazione di successive consonanti, e quindi a rimediare per quanto possibile alla misura corta del verso eroico moderno» (imitando inoltre, secondo quanto sostiene altrove lo stesso Foscolo, la ricchezza vocalica delle lingue antiche, segnatamente del greco); dal canto suo, invece, l'*enjambement* (su cui insistono particolarmente il Maffei e l'Algarotti) dilata i confini dell'endecasillabo ben oltre la sua misura, e, in più, presenta — agli occhi dei settecentisti — un marcato carattere arcaizzante, in quanto artificio tipico della poesia classica, particolarmente di quella in esametri. Sotto questo aspetto, un altro procedimento di grande importanza, capace di accrescere la dignità e la maestà del verso (accostandolo ulteriormente all'eroico greco e latino), è la «trasposizione», sulla quale si concentra, soprattutto, l'attenzione del Foscolo: si tratta del ricorso pressoché continuo all'iperbato, cioè all'artificiosa e (rispetto al normale discorso di comunicazione) anomala disposizione delle parole, tipica anch'essa della poesia classica.

Simili artifici caratterizzano, in effetti, la più sorvegliata produzione settecentesca in versi sciolti, soprattutto nella seconda metà del secolo, quando, come afferma lo stesso Foscolo nel saggio sulla *Lette-*

Lo sciolto nelle applicazioni pratiche settecentesche

ratura periodica italiana, «grazie al verso sciolto [...] la letteratura italiana toccò un'epoca distinta e importantissima». In obbedienza ai criteri ora sommariamente delineati, Foscolo compone non solo i suoi travagliati frammenti di versione italiana dell'*Iliade*, ma anche i suoi carmi più celebri, dai *Sepolcri* alle lavoratissime (e incompiute) *Grazie*; e di tutta la riflessione teorica sullo sciolto elaborata nel corso del secolo (oltre che, naturalmente, dell'esempio dei poeti precedenti e coevi) tiene attentamente conto il Parini nei raffinati versi del *Giorno*, la cui ricca elaborazione metrica, stilistica e retorica fu studiata e messa in evidenza dal Carducci in un saggio (*Storia del 'Giorno'*, del 1891-92) ancor oggi per più aspetti insuperato. Fra l'altro, Carducci insisteva sulla capacità del verso pariniano di evocare il modello dell'esametro:

<blockquote>
All'endecasillabo sciolto il Parini seppe far prendere tutte quasi le pose dell'esametro, seppe farlo nella tenuità sua limitata allungare, allargare, snodare, fargli simulare, direi, il passo del gran verso antico: ciò che il Caro, stilista meglio che artista, non aveva, non che osato, ma né anche pensato. Tanto ottenne il Parini, alternando, mischiando, variando di continuo i sei modi dell'endecasillabo. Nell'intero *Meriggio*, credo, non si dà caso che otto versi di seguito abbiano l'accento sulla medesima sillaba.
</blockquote>

Il Carducci, alla fine di questo passo, insiste su un punto di fondamentale importanza: il continuo variare delle accentazioni all'interno del verso e, quindi, l'alternanza — nel corso di un componimento — dei vari tipi di endecasillabo, onde evitare la ripetizione di moduli ritmici fissi e ricorrenti. Nell'àmbito di questa ricerca metrica, un posto di rilievo occupa il ricorso frequente a un particolare tipo di endecasillabo, quello con i due accenti consecutivi sulla sesta e settima sillaba. Si tratta di un verso non certo inedito nella nostra poesia, attestato fin dalle origini, soprattutto nei generi narrativi (cfr. ad esempio Petrarca, *Tr. Cup.* III 79: «Ecco quei che le càrte émpion di sogni»); ma, col Parini e col Foscolo, questo endecasillabo conquista uno spazio progressivamente sempre maggiore (se ne può verificare l'incremento quantitativo nel passaggio dal *Giorno* ai *Sepolcri* e alle *Grazie*), particolarmente nella variante che prevede la sinalefe tra la settima e l'ottava sillaba:

<blockquote>
E di fiori odoràta àrbore amica
Le ceneri di mòlli ómbre consoli.
(*Sepolcri*, vv. 39-40)
</blockquote>

Tale sinalefe, infatti, obbliga a 'rallentare' la pronuncia di queste due sillabe e a mettere in particolare evidenza, pertanto, i due accenti ribattuti. Caratteristiche, quindi, di questo verso sono l'ampiezza solenne del ritmo e l'enfasi marcatamente oratoria, generate dai due accenti interni consecutivi, tali da suddividere nettamente l'endecasillabo in due parti, non senza una sfumatura arcaizzante, «poiché la forte pausa che s'inserisce quasi a metà del verso ha l'effetto di protrarre il primo emistichio e di isolare il secondo, reso simile ai due piedi finali dell'esametro» (BARBARISI 1961, p. XXXIX). Ad avvicinare un simile endecasillabo all'esametro, in effetti, concorrono più fattori: la rigida e precisa bimembrazione, la 'lunghezza' (cioè l'ampiezza melodica e ritmica), la chiusa tronca del primo emistichio («e di fiori odorà-»: la sillaba tonica conclusiva corrisponde alla sillaba lunga su cui spesso termina il primo emistichio dell'esametro) e, soprattutto, la conformazione prosodica del secondo, analoga — appunto — a quella che caratterizza la cadenza finale dell'esametro (purché quest'ultimo non sia spondiaco): ‿ ᴗ ᴗ ‿ ᴗ, «àr bo rea / mì ca».

Ecco, come esempio della ricerca metrica sottesa alle più raffinate prove in sciolti di questo periodo, un breve passo dei *Sepolcri* (vv. 41-50):

Lo sciolto dei Sepolcri

> Sol chi non lascia eredità d'affetti
> Poca gioia ha dell'urna; e se pur mira
> Dopo l'esequie, errar vede il suo spirto
> Fra 'l compianto de' templi acherontei,
> O ricovrarsi sotto le grandi ale
> Del perdono d'Iddio; ma la sua polve
> Lascia alle ortiche di deserta gleba
> Ove né donna innamorata preghi,
> Né passeggier solingo oda il sospiro
> Che dal tumulo a noi manda Natura.

Dove si noteranno i frequenti *enjambements* (che, sia pur con diverso rilievo, interessano molti di questi versi) e la grande ma calibrata varietà ritmica: tre versi sono endecasillabi sicuramente *a minore* (vv. 41, 47, 48), tre altrettanto sicuramente sono *a maiore* (vv. 42, 44, 46), tre — di più incerta e libera interpretazione — hanno accenti ribattuti di sesta e settima (vv. 43 e 49-50, coi quali ultimi, non a caso, si chiude il periodo metrico); mentre un caso a parte è costituito dal v. 45, che, privo di una vera e propria cesura, presenta invece due accenti ribattuti in nona e in decima sede, evidenziati, al solito, dalla sinalefe tra le due sillabe («O ricovrarsi sotto le grandi àle»). Neppur questo è un tipo di verso sconosciuto ai poeti dei secoli precedenti: ma, ancora una volta, ciò che connota Parini e, soprattutto, Foscolo è la frequente adozione di simili endecasillabi con accenti ribattuti, collocati nelle sedi più varie.

VII.3. La metrica classicheggiante

VII.3.1. Il paragrafo sull'endecasillabo sciolto ha già introdotto il discorso relativo alla metrica classicheggiante o 'barbara' che dir si voglia: come si è visto, infatti, lo sciolto, opportunamente elaborato con precisi ed opportuni 'artifici', appariva, agli occhi dei settecentisti, l'unico metro italiano capace di restituire, almeno in qualche misura, l'esametro antico. Nel XVIII secolo, in effetti, la riproduzione dei metri classici — che conosce notevole fortuna — segue quasi esclusivamente il metodo 'analogico' o quello 'sillabico' inaugurato dal Chiabrera, abbandonando gli esperimenti 'prosodici' tentati, in passato, dal Dati, dal Tolomei e dal Campanella. Una qualche diffusione ebbe soltanto il metodo 'prosodico' semplificato proposto e adottato da Ferdinando Caccia, per la poesia latina, nella sua *Antica regola delle sillabe brevi e lunghe* (1741): il suo sistema, che prescriveva di considerare lunghe le sillabe chiuse (uscenti cioè in consonante) e brevi le sillabe aperte (uscenti cioè in vocale), fu applicato all'italiano da Giuseppe Rota e messo in atto, in alcuni carmi, da Giuseppe Celestino Astori e da Lorenzo Mascheroni (PIGHI 1970, p. 403); ma, nonostante l'interesse suscitato presso alcuni letterati — ad esempio, il Cesarotti —, simili esperimenti non ebbero un apprezzabile séguito.

Il fatto è che, come si è anticipato e come l'esempio del verso sciolto già documenta chiaramente, la strada praticata dalla maggioranza dei settecentisti nell'imitazione della metrica classica fu quella della riproduzione 'analogica' e di quella 'sillabica'.

Il modello principale è costituito senza dubbio dal Chiabrera (cfr. VI.4.1-2.), rispetto al quale, tuttavia, i poeti 'classicheggianti' del XVIII secolo tendono, spesso, a semplificare gli schemi metrici, rendendoli più regolarmente ritmici e uniformandoli più rigorosamente alla tradizione italiana. Per l'alcaica, il Chiabrera (cfr. VI.4.2.) aveva adottato due doppi quinari (piani nel primo emistichio, sdruccioli nel secondo) seguìti da un enneasillabo e da un decasillabo (quest'ultimo, con accenti sulle sillabe dispari): il Rolli intervenne su questi ultimi due versi — la cui giustapposizione mal si conciliava con le norme della metrica italiana, che hanno sempre opposto resistenza alla mescolanza di versi imparisillabi (a ritmo per lo più ascendente) e parisillabi (a ritmo generalmente discendente) —, sostituendoli con due settenari piani non rimati:

> Scender che giova da gli avi splendidi
> E al chiuso in arche tant'oro pallido
>   Negar la luce e l'uso
>   Né conoscer piaceri?

In questo modo, la strofe italiana si allontanava sensibilmente dall'originale classico, poiché i due settenari non possono in alcun modo (né sillabicamente, né accentativamente) riprodurre l'alcaico enneasillabo e l'alcaico decasillabo; essi si limitano ad evocare 'analogicamente' la struttura dell'alcaica, contrassegnando la sua interna bipartizione (in base alla quale, a due versi 'lunghi' identici — gli endecasillabi alcaici — fanno séguito due versi più brevi e ritmicamente differenti). Rispetto a quello del Chiabrera, il metro vantava una maggiore scorrevolezza ritmica, e, costituito da soli versi imparisillabi, non infrangeva le strutture interne del nostro sistema metrico; la proposta del Rolli, infatti, incontrò immediato e largo successo, tanto che Giovanni Fantoni pensò di rendere ancora più 'italiano' (e più 'chiuso') il metro facendo rimare i due settenari della strofe, come, ad esempio, nell'ode I 20 (*A Giorgio Nassau Clawering-Cowper*): quella di Giovanni Fantoni

> Nassau, di forti prole magnanima
> No, non morranno quei versi lirici
> Per cui suona più bella
> L'italica favella.
> (vv. 1-4)

Lo stesso Fantoni, del resto, introdusse importanti modifiche, nella medesima direzione, anche in un altro metro 'barbaro', l'asclepiadea terza, resa dal Chiabrera con due doppi quinari (sdruccioli in entrambi gli emistichi), un settenario piano e un settenario sdrucciolo (cfr. VI.4.2.). In alcuni casi, Fantoni collegò con la rima i vv. 2 e 4 (sdruccioli l'uno e l'altro), come, ad esempio, nell'ode I 2, *Ad Andrea Vaccà Berlighieri*: L'asclepiadea di G. Fantoni

> Vaccà, che giovano sospiri e lagrime
> S'oltre la stigia sponda inamabile
> Priego mortal non giunge
> A Pluto inesorabile?
> (vv. 1-4)

Un metro, questo, ripreso, fra gli altri, anche dal giovane Foscolo nell'ode *La sera*.

Altrove (ad esempio, nell'ode I 17, *Alle Muse*), il Fantoni impiega, in terza e in quarta sede, due settenari piani rimati, creando un metro che contamina l'alcaico con l'asclepiadeo terzo: Altre forme 'barbare'

> Dal crin biondissimo rosea Calliope,
> Dei modi lirici maestra ed arbitra,
> Scendi dal lucid'etra
> Con la delfica cetra.

La saffica di G. Fantoni Ampiamente praticata fu anche la saffica, un metro peraltro già da lungo tempo divenuto 'italiano'; il Fantoni, che ne fece largo uso nelle *Odi*, si sforzò tuttavia di riavvicinarla al modello latino con una più precisa, benché parziale, riproduzione sillabico-accentativa. Nei primi tre versi, onde ricalcare, dal punto di vista sillabico, la bipartizione interna dell'endecasillabo saffico (la cui struttura prosodica è: ⏤ ∪ / ⏤ — / ⏤ / ∪ ∪ / ⏤ ∪ / ⏤ ∪), impiegò sempre endecasillabi con accento di 4ª (cioè *a minore*, oppure ancipiti), affinché il primo emistichio di ogni verso coincidesse con un quinario piano, e fosse rispettata — come nell'originale — la cesura dopo la quinta sillaba; nel secondo emistichio — onde riprodurre sillabicamente il secondo emistichio del verso latino — Fantoni adottò un senario piano, o, ma più di rado, un settenario piano, la cui sillaba iniziale potesse fondersi per sinalefe (come talora si verifica anche nel saffico latino) con l'ultima del primo emistichio. Dal punto di vista accentativo, egli si premurò, sia nel primo emistichio dell'endecasillabo che nel quinario, di far cadere l'accento sulla sillaba iniziale (sempre lunga nell'originale), spostandolo solo raramente sulla seconda; mentre, nel secondo emistichio dell'endecasillabo, il ritmo *a minore* (accenti di a 4ª, 8ª e 10ª) riproduce la struttura del secondo emistichio del saffico latino («la vocàl cortìna» = «color èst avàris» = ∪ ∪ / ⏤ ∪ / ⏤ ∪). Allo stesso modo, nel quarto verso della strofe, il prevalente ricorso al quinario con accenti di 1ª e 4ª consente di ricalcare la conformazione dell'adonio: «Splèndeat ùsu» = ⏤ ∪ ∪ ⏤ ∪.

Ecco l'esempio oraziano (*Carm.* II 2, vv. 1-4; per lo schema metrico, cfr. IV.1.2.) di cui mi sono fin qui servito:

> Nullus argento color est avaris
> Abdito terris, inimice lamnae
> Crispe Sallusti, nisi temperato
> Splendeat usu.

Ed ecco, del Fantoni (la cui saffica, secondo CARDUCCI 1871, p. 220, «non ha da invidiar nulla per armonia alla latina»), le prime tre strofe dell'ode *A Fille siciliana* (I 24):

> Sereno riede il pampinoso autunno,
> Alle donzelle e agli amator gradito:
> Erran sui colli del Vesevo ignito
> Bacco e Vertunno.
>
> Versan le Driadi dal canestro pieno
> L'uve mature; satirel caprino
> Mentre le calca nel fumoso tino,
> Dorme Sileno;

> Russando ride, e voci incerte e rotte
> Forma col labbro da cui cola il mosto;
> Intanto fiuta l'asinel nascosto
> Dietro una botte.

Dove le uniche 'anomalie' ritmiche si rilevano ai vv. 1, 9 e 11, endecasillabi con l'accento sulla seconda anziché sulla prima sillaba. Tutte le saffiche fantoniane sono rimate, e gli schemi adottati sono quello a rima chiusa (ABBa, come nell'esempio ora riportato) o quello a rima alterna (ABAb); va detto comunque che egli rinuncia alla rima nel tradurre, in metro saffico italiano, una saffica di Orazio (*Carm.* I 10; la versione è compresa tra le poesie varie), a differenza del Foscolo, che con schemi rimici traduce alcune saffiche di Saffo e di Orazio.

Una variante degna di nota della saffica, praticata dal Foscolo, prevede l'impiego, nei primi tre versi di ogni strofe, di altrettanti doppi quinari (anziché degli endecasillabi): talora (ad esempio nell'ode I), i vv. 1 e 3 sono sdruccioli nel primo emistichio e piani nel secondo, mentre il v. 2 presenta entrambi gli emistichi piani (schema: ABBa):

<small>Varianti foscoliane della saffica</small>

> O versi teneri, volate a Clori;
> E se temete, chiamate aita
> Dai vanni rapidi di quell'ardita
> Schiera d'Amori.
> (vv. 1-4)

In altri casi, tutti i tre doppi quinari hanno identica struttura, risultando sdruccioli nel primo emistichio e piani nel secondo; così accade nell'ode VII, che ha schema ABAb:

> Irene candida, lascia le piume,
> T'affretta a cogliere leggiadri fiori
> Or ch'Alba fulgida spande il suo lume
> Co' nuovi albori.
> (vv. 1-4)

Il Foscolo (che in gioventù praticò alacremente i metri 'barbari') adottò, comunque, anche lo schema tradizionale della saffica, seguendo fedelmente l'esempio del Fantoni riguardo alla conformazione ritmica dei tre endecasillabi e del quinario.

VII.3.2. Un altro metro classicheggiante che ebbe notevole fortuna fu il falecio, restituito sillabicamente («Cui dóno lèpidum nòvum libèllum»: lettura ben diversa da quella metrica, che prevede il dattilo in seconda sede: — ⏑ — ⏑ ⏑ — ⏑ — ⏑ — ⏑) con un doppio quinario, sdrucciolo nel primo emistichio e piano nel secondo. Il Rolli escogitò,

Il falecio di Paolo Rolli nei suoi *Endecasillabi*, una variante strofica di questo metro, riunendo i versi in terzetti così strutturati:

> Gioite, o Grazie, scherzate, Amori,
> Non ha il mio bene più il volto pallido,
> Tutti vi tornano gli almi colori.
> Amori e Grazie voi già tornate
> Alle sue gote, a gli occhi lucidi
> Pieni d'imperio e di pietate.

Come si vede, in ogni terzetto sono veri e propri faleci, rimati, solo i vv. 1 e 3, mentre il verso centrale, irrelato, inverte l'ordine degli emistichi, anteponendo il quinario piano a quello sdrucciolo (schema ABA CDC EFE ecc.). Fra coloro che adottarono tale metro, si segnalano il Pindemonte (nella tragedia *Arminio*) e il giovanissimo Foscolo, nell'ode *Il piacere* e nella versione di un carme dell'umanista Giovanni Pontano («Sei tutta veneri se ridi, o Clori»: da *Hendecasyllabi*, II 8).

Il doppio quinario nella poesia settecentesca Il doppio quinario, d'altronde, è un verso diffusissimo nel Settecento, e deve in gran parte la sua fortuna alle suggestioni classicheggianti che evoca. L'ode II 12 del Fantoni (*Al barone Luigi d'Isengard*), ad esempio, consta di 30 doppi quinari sdruccioli in entrambi gli emistichi e 'sciolti' da rima:

> Prole germanica, nata sul ligure
> Mare, che in carcere fra i monti mormora
> Deponi il comico socco ed assiditi.
> (vv. 1-3)

Si tratta degli stessi versi con cui egli riproduce gli asclepiadei minori (i primi due versi del sistema asclepiadeo terzo). In un'altra ode fantoniana (II 16, *A Francesco Sproni*), la strutturazione in distici, l'esplicita dichiarazione dell'autore (che parla di «giambici modi») e l'intonazione polemico-satirica del componimento (scritto *contro i primi navigatori aerei*) potrebbero far pensare piuttosto alla riproduzione analogica di un metro giambico (come, ad esempio, il sistema epodico); quello che interessa è comunque che i doppi quinari sdruccioli sono raggruppati in distici a rima baciata:

> Sproni, di fervidi pensier, dall'animo,
> Stabil ne' dubbii casi, magnanimo
> Ascolta i giambici modi del Lazio,
> Sacri alla fervida cetra d'Orazio.
> (vv. 1-4)

Varianti di tali metri sono, nel Fantoni, gli schemi di odi come la II 37 *A Nice veneta* (doppi quinari — piani nel primo emistichio, sdruccioli nel secondo — riuniti in distici a rima baciata) e la II 41 *A Melchiorre Cesarotti* (distici non rimati composti da un endecasillabo piano seguìto da un endecasillabo sdrucciolo o da un doppio quinario, piano nel primo emistichio e sdrucciolo nel secondo).

Il Fantoni si misurò anche col sistema asclepiadeo secondo, che prevede strofe tetrastiche formate da tre asclepiadei minori e un gliconeo. Un esempio oraziano si può ricavare da *Carm.* I 24 (trascrivo la prima strofe, col relativo schema metrico): L'asclepiadea seconda di G. Fantoni

Quis desiderio sit pudor aut modus	ˊ _ ˊ ∪ ∪ ˊ / ˊ ∪ ∪ ˊ ∪ ᵕ
Tam cari capitis? Praecipe lugubris	ˊ _ ˊ ∪ ∪ ˊ / ˊ ∪ ∪ ˊ ∪ ᵕ
Cantus, Melpomene, cui liquidam pater	ˊ _ ˊ ∪ ∪ ˊ / ˊ ∪ ∪ ˊ ∪ ᵕ
Vocem cum cithara dedit.	ˊ _ ˊ ∪ ∪ ˊ ∪ ᵕ

Fantoni riprodusse tale metro con tre doppi quinari sdruccioli in entrambi gli emistichi e con un settenario sdrucciolo (che, nella cadenza finale, imita accentativamente l'uscita del gliconeo: «Vòcem cùm cithará dedit = «Le nude grazie e *Vènere*»). Ecco i vv. 1-4 dell'ode I 3 *A Maurizio Solferini*, che adotta lo schema a rima alterna:

> Morde l'Erìdano più basso l'argine,
> Carezza Zeffiro l'erbette tenere,
> Scherzando seggono sul verde margine
> Le nude grazie e Venere.

Un altro sistema asclepiadeo, il quarto, è invece imitato dal Rolli nell'ode *Al nobiluomo Giorgio Dalrymple*. L'originale latino consta di distici formati da un gliconeo e da un asclepiadeo minore: cfr., ad esempio, Orazio, *Carm.* III 9, vv. 1-4: L'asclepiadea quarta di Paolo Rolli

Donec gratus eram tibi	ˊ _ ˊ ∪ ∪ ˊ ∪ ᵕ
Nec quisquam potior bracchia candidae	ˊ _ ˊ ∪ ∪ ˊ / ˊ ∪ ∪ ˊ ∪ ᵕ
Cervici iuvenis dabat,	ˊ _ ˊ ∪ ∪ ˊ ∪ ᵕ
Persarum vigui rege beatior.	ˊ _ ˊ ∪ ∪ ˊ / ˊ ∪ ∪ ˊ ∪ ᵕ

Il Rolli adotta, al solito, un settenario sdrucciolo per il gliconeo, e, per l'asclepiadeo minore, un comune endecasillabo piano, senza alcuna rima:

> Girar la lepre timida
> Sempre non lunge dal natìo cespuglio
> Vedi, o Giorgio; e le impavide
> Belve gir ai lontan boschi e montagne.

Un metro del genere deve essere considerato, almeno quanto al secondo verso di ogni distico, analogico: l'endecasillabo piano — che corrisponde peraltro all'asclepiadeo, perché quest'ultimo può interpretarsi come un endecasillabo (anche se sdrucciolo) — è introdotto soprattutto perché, in qualità di 'verso lungo', può evocare per analogia (unito al settenario) la struttura esterna del sistema asclepiadeo quarto. Parzialmente analogica, si è visto, è anche l'alcaica dello stesso Rolli e del Fantoni; e il medesimo Fantoni si servì ripetutamente di metri 'analogici' onde imitare, in particolar modo, il distico elegiaco latino.

Il 'distico elegiaco' di G. Fantoni

Nell'ode II 15, che è un'autentica elegia (*A Cinara etrusca*), l'alternanza di esametro e pentametro è resa con la successione di un endecasillabo sdrucciolo e di un endecasillabo piano, riuniti in quartine con schema ABCB (dove, cioè, rimano solo i versi piani):

> Che pretendi da me, sprezzata Cinara,
> Se tutto gioco dal destin si muta?
> Lagnati con gli Dei, che ti serbarono
> Alla vergogna dell'età canuta.
> (vv. 1-4)

Altre volte, Fantoni ricorre a due versi differenti, servendosi di un endecasillabo piano e di un decasillabo piano (con accenti di 3ª, 6ª e 9ª), raggruppati in quartine a rima alterna ABAB; ecco i vv. 1-4 dell'ode II 39, *Ad un ministro*:

> Canti Belforte il ciel ridente e molle
> E di Chiaia la tepida sponda,
> E sacro all'ombra di Sincero il colle,
> Che si specchia superbo nell'onda.

Nell'idillio IV (*Il lampo*), egli aveva adottato, invece, il distico di endecasillabi piani a rima baciata, già utilizzato nel XVI secolo, per l'epigramma, da Luigi Alamanni.

Il sistema epodico di G. Fantoni

Un altro metro 'analogico' di ispirazione classicheggiante, infine, è il distico (raddoppiato in tetrastici a rima alterna AbAb) costituito da endecasillabo piano + settenario piano, che arieggia il sistema epodico e che, largamente impiegato dal Fantoni, sarà uno dei metri più usati, giustappunto, nei carducciani *Giambi ed epodi* (cfr. VIII.3.1.).

VII.4. *Poesia drammatica*

La tragedia

VII.4.1. Nel genere tragico, la proposta metricamente più interessante fu quella avanzata da Pier Jacopo Martello (1665-1727), che, nelle sue numerose tragedie, adottò — a imitazione dell'alessandrino francese — il doppio settenario (o verso 'martelliano'), riunito — come nel corrispondente verso francese — in distici a rima baciata (in questo metro, fra l'altro, Carlo Goldoni compose le sue commedie in versi). Nella tragedia, tuttavia, il metro prevalente resta di gran lunga l'endecasillabo sciolto: numerose sono le tragedie (come quelle dell'Alfieri e come la *Merope* di Scipione Maffei) interamente scritte in puri versi sciolti.

fra verso martelliano ed

endecasillabo sciolto

Un caso a sé, invece, costituiscono i brani polimetrici nel *Saul* di Vittorio Alfieri (atto III, scena IV, vv. 913-1042), che intendono riprodurre — o meglio, evocare — la poesia lirica dei *Salmi* di David, al quale i passi in questione sono assegnati: due ottave; una canzone 'regolare' — a parte la chiave, anomala — di endecasillabi, settenari e quinari (due stanze con schema: ABc$_7$BAc$_7$ADe$_5$De$_5$FGFG); una canzonetta di settenari e quinari piani (tre strofette con struttura circolare: ABBACDCDEEffA); due 'ariette' di stampo metastasiano: la prima di quinari sdruccioli (irrelati) e tronchi (rimati tra loro), con schema abc dec, la seconda costituita da due strofette asimmetriche (l'una di quattro senari piani e uno tronco, l'altra di tre quinari sdruccioli e uno tronco, secondo lo schema: ABBAC defc); una breve sezione in terzine dantesche di decasillabi anapestici (accenti di 3ª, 6ª, 9ª); un tetrastico di settenari e quinari piani a rima alterna (AbAb); infine, una parte costituita da dodici endecasillabi 'frottolati' con rima al mezzo, cui segue una 'coda' formata da un settenario (che rima con l'ultimo degli endecasillabi) e da due endecasillabi a rima baciata. Una polimetria, questa, che — nella sua grande varietà e, in particolare, nel ricorso all'endecasillabo 'frottolato' — denuncia chiaramente la sua dipendenza dalla versione delle *Poesie di Ossian* eseguita dal Cesarotti; lo stesso Alfieri, nella *Vita*, dichiara esplicitamente che la traduzione cesarottiana fu, per quanto attiene alla versificazione, uno dei principali modelli delle sue tragedie, ed afferma di aver appreso la tecnica del verso sciolto dallo studio dell'*Ossian* del Cesarotti e degli esametri di Virgilio.

I brani lirici nel *Saul* di V. Alfieri

VII.4.2. Tipica del melodramma, come più volte si è detto, è l'alternanza di recitativi (corrispondenti alle parti narrative) e di arie o ariette, corrispondenti alle sezioni liriche. I recitativi adottano o l'endecasillabo sciolto o il metro madrigalesco libero; l'aria o arietta si serve dei più diversi schemi di canzonetta (o ode o anacreontica che dir si voglia), con predilezione per le strofette brevi, ricche di versi sdruccioli e tronchi (cfr. VII.1.1-3.). Una forma affine al melodramma è la *cantata*, pure riservata all'esecuzione musicale, e anch'essa ampiamente praticata nel Settecento, ad opera, soprattutto, di poeti quali

Il melodramma

La cantata

il Rolli e il Metastasio. La cantata è, formalmente, una sorta di piccolo melodramma, e consta di una, due o tre arie precedute e/o seguite da uno, due o tre recitativi; fra le cantate del Metastasio, ad esempio, *La tempesta* prevede un recitativo introduttivo in endecasillabi sciolti (17 versi — fra i quali è inframmezzato anche un settenario, il v. 7, rimato col precedente endecasillabo — chiusi da un distico a rima baciata), cui segue un'arietta (due tetrastici di ottonari tronchi e piani, con schema: abbc dedc, tronchi il primo e il quarto verso della prima strofe e il quarto verso della seconda strofe, irrelati i v. 1 e 6), un nuovo recitativo (stavolta in metro madrigalesco libero, con sparse rime e distico finale — endecasillabo + settenario — a rima baciata) e un'arietta conclusiva (due tetrastici di settenari tronchi e piani, con schema: abbc deec, tronchi i versi finali di ogni strofetta).

La norma, nel pieno Settecento, prevede, per la cantata, la conclusione con un'aria (in epoca precedente si trovano, invece, anche cantate che si chiudono col recitativo, e nelle quali, anzi, la distinzione fra le due parti — recitativo e aria — non è sempre netta); non vige, al contrario, una precisa regola per quanto concerne l'inizio, che può prevedere tanto un recitativo (come nell'esempio ora ricordato) quanto un'aria, come in un'altra cantata metastasiana, *Il sogno*. Essa si apre con un'arietta di ottonari (schema aab ccb; piani i primi due versi di ogni strofetta, tronco il terzo), cui fa séguito un ampio recitativo (vv. 7-38) in metro madrigalesco libero (con numerose rime e ben tre distici conclusivi a rima baciata) e, infine, un'altra arietta, composta da una strofe pentastica e da una tetrastica, ambedue di settenari piani e tronchi (schema: aabbc dedc; tronchi i vv. 1, 2, 5, 9). Ecco il testo:

Il sogno di P.
Metastasio

 Pur nel sonno almen talora
Vien colei che m'innamora
Le mie pene a consolar.
 Rendi, Amor, se giusto sei,
Più veraci i sogni miei,
O non farmi risvegliar.

 Di solitaria fonte
Sul margo assiso al primo albore, o Fille,
Sognai d'esser con te. Sognai, ma in guisa
Che sognar non credei. Garrir gli augelli,
Frangersi l'acque e susurrar le foglie
Pareami udir. De' tuoi begli occhi al lume,
Come suol per costume,
Fra' suoi palpiti usati era il cor mio.
Sol nel vederti, òh Dio!
Pietosa a me qual non ti vidi mai,
Di sognar qualche volta io dubitai.

Quai voci udii! Che dolci nomi ottenni,
Cara, da' labbri tuoi! Quali in quei molli
Tremuli rai teneri sensi io lessi!
Ah se mirar potessi
Quanto splendean più belle
Fra i lampi di pietà le tue pupille,
Mai più crudel non mi saresti, o Fille.
Qual io divenni allora,
Quel che allora io pensai, ciò che allor dissi,
Ridir non so. So che sul vivo latte
Della tua mano io mille baci impressi;
Tu d'un vago rossor tingesti il volto.
Quando improvviso ascolto
D'un cespuglio vicin scuoter le fronde:
Mi volgo, e mezzo ascoso
Scopro il rival Fileno
Che, d'invido veleno
Livido in faccia, i furti miei rimira.
Fra la sopresa e l'ira
Avvampai, mi riscossi in un momento,
E fu breve anche in sogno il mio contento.

  Partì con l'ombra, è ver,
  L'inganno ed il piacer;
  Ma la mia fiamma, oh Dio!
  Idolo del cor mio,
  Con l'ombra non partì.

  Se mai per un momento
  Sognando io son felice,
  Poi cresce il mio tormento
  Quando ritorna il dì.

VIII. L'OTTOCENTO

VIII.1. *Le forme della poesia romantica*

VIII.1.1. *La 'rivoluzione' romantica è solo in parte anche rivoluzione formale.*

Di fatto, innovazioni metriche di grande rilevanza compaiono soltanto sul finire del XIX secolo, col recupero degli antichi metri romanzi, con la metrica barbara carducciana (e pascoliana), e — tra Otto e Novecento — coi primi esempi di verso libero. Ma, in larga misura, la poesia ottocentesca si muove, sul piano formale, nel solco di quella del secondo Settecento, sviluppando tendenze già operanti presso i poeti neoclassici. Ad esempio, si è già detto (cfr. VII.1.3., e MARTELLI 1984, pp. 585-87) che la cosiddetta 'strofe romantica' poco o nulla differisce da metri largamente praticati fin da Metastasio, e che quindi non è esatto attribuire alla poesia ottocentesca l'introduzione, nell'ode, «di versi lunghi molto ritmici, come il decasillabo e il dodecasillabo» (ELWERT 1973, p. 160). I metri manzoniani di un inno sacro come *La Passione* e di un'ode civile come *Marzo 1821* sono ampiamente attestati nella lirica settecentesca; anche la strofe di decasillabi del celeberrimo *Giuramento di Pontida* di Giovanni Berchet (XAAB YCCB, con il quarto e l'ottavo verso tronchi, e il primo e il quinto irrelati) vanta più di un precedente nel XVIII secolo, da quello di Saverio Mattei (che tale metro aveva impiegato nella sua traduzione del quinto salmo) a quello di Lorenzo Da Ponte (ad es., nell'aria di Leporello *Madamina, il catalogo è questo* nel *Don Giovanni* mozartiano: cfr. VII.1.3.). [*La strofe romantica e l'eredità settecentesca*]

Per rimanere a Manzoni, d'altronde, i suoi legami formali con la poesia del tardo Settecento sono evidenti, e non solo nella produzione giovanile, che appare più direttamente aderente ai canoni neoclassici: si pensi all'ode *Qual su le Cinzie cime* (strofette esastiche di endecasillabi e settenari con schema aBaCDd, sdruccioli e irrelati il secondo e il quarto verso, da confrontare con gli schemi di ode del Bertola e del Foscolo descritti in VII.1.2.); ai sermoni e alle epistole in sciolti; al poemetto mitologico in sciolti *Urania*. Dei cinque *Inni* [*I metri della poesia manzoniana sacra e*] *sacri* (1812-22), a parte la già ricordata *Passione* (in decasillabi), tre ricorrono a schemi tradizionali di ode-canzonetta: strofe di sette o otto versi, settenari (*Il Natale* e *La Pentecoste*) o ottonari (*La Risurrezione*), con le consuete rime tronche finali (rispondentisi ogni due strofe) e con i consueti sdruccioli irrelati (assenti solo nella *Risurrezione*).

Ne *Il nome di Maria*, invece, Manzoni impiega la strofe tetrastica composta da tre endecasillabi e un settenario (versi piani, con schema a rima alterna ABAb): variante, attestata già nel Cinquecento, di quella saffica che è uno dei metri canonici impiegati, fin dal Medioevo, dall'innografia cristiana.

civile Né diversa è la situazione nella poesia civile, dove, a parte due canzoni di rigida e massiccia fattura tradizionale (*Aprile 1814* e l'incompiuta *Il proclama di Rimini*), secondo il tipico gusto neoclassico (basti pensare alla monumentale canzone foscoliana *Bonaparte liberatore*, con stanze di 26 versi), e la già menzionata *Marzo 1821*, spicca il metro

Il Cinque maggio e dell'ode *Il cinque maggio*: diciotto strofette esastiche di settenari, costituite da tre versi sdruccioli irrelati (nelle sedi dispari), due versi piani rimati tra loro (il secondo e il quarto) e un verso tronco (l'ultimo), che rima con l'ultimo della strofa o delle strofe 'gemelle' (le strofe si collegano con questo artificio, infatti, a gruppi di quattro o a gruppi di due).

i precedenti di Luigi Cerretti: l'*Ancella* e l'*Invito* Ora, un simile schema (abcbde fghgie) non manca di precedenti, ed è identico, in particolare, a quello impiegato dal poeta modenese Luigi Cerretti (1738-1808) nell'ode *All'ancella*. Ciò è tanto più significativo, in quanto un'altra ode del medesimo Cerretti, *L'invito*, di struttura solo leggermente diversa (non 6 + 6, ma 6 + 5 o 5 + 6, dove la strofe pentastica è ottenuta decurtando del terzo sdrucciolo quella esastica, secondo lo schema abcbde fghge, oppure abcbd efgfhd) presenta singolari contatti con *Il cinque maggio*. Ecco, confrontate (e il rilievo è di Francesco Bausi), la prima strofe dell'ode manzoniana e la quinta di quella del Cerretti (vv. 23-28):

> Ei fu. Siccome immobile,
> Dato il mortal sospiro,
> Stette la spoglia immemore
> Orba di tanto spiro,
> Così percossa, attonita,
> La terra al nunzio sta.

> Tomba straniera in Calcide
> Dell'esul stagirita
> Coprì la spoglia esanime;
> Né sorte più gradita
> Di Sofronisco al figlio
> L'ingrata Atene offrì.

Il metro, come si vede, è identico; e veramente difficile sembra poter imputare al caso i contatti testuali tra i due componimenti, soprattutto quella «spoglia esanime» (di Aristotele), alla fine del terzo verso,

Il secondo coro dell'*Adelchi* proprio come la «spoglia immemore» di Napoleone. La stessa strofa esastica di settenari fu adottata dal Manzoni anche nel coro del

IV atto della tragedia *Adelchi* (*Sparsa le trecce morbide*), e molto simile ad essa è anche il metro dell'inno sacro *Il Natale*, dove, in luogo del terzo verso sdrucciolo, compaiono due versi piani tra loro rimati, secondo lo schema: abcbdde; mentre *La Pentecoste* adotta stanze di otto versi ottenute aggiungendo, allo schema de *Il cinque maggio*, due settenari piani a rima baciata dopo l'ultimo verso sdrucciolo (schema: abcbdeef; l'ultimo verso, qui come ne *Il Natale* e secondo la consuetudine, è tronco e rima col verso corrispondente della strofe 'gemella'). *Il Natale*

La Pentecoste

Caratteri più marcatamente 'romantici' ha invece il metro del primo coro dell'*Adelchi* (*Dagli atri muscosi, dai fòri cadenti*), che adotta il doppio senario (dodecasillabo), strutturato in strofe esastiche con schema AABCCB (dove A e C sono piani, mentre B è tronco nel secondo emistichio): un verso che, sull'esempio manzoniano, sarà largamente impiegato nella ballata romantica (cfr. il paragrafo seguente). Si rammenti, comunque, che strofe di senari — semplici — erano state più volte adottate dai lirici settecenteschi, e soprattutto dal Metastasio. Il primo coro dell'*Adelchi*

VIII.1.2. Anche uno dei generi più caratteristici della poesia ottocentesca, la cosiddetta *ballata romantica* o *romanza*, non si distacca formalmente, in sostanza, dagli schemi lirici di matrice neoclassica: si tratta, appunto, non tanto di una forma metrica, quanto di un genere, individuato prevalentemente da componenti tematiche. La ballata romantica (che non ha niente in comune né con la ballata antica, né con quella cinquecentesca, trattandosi di un genere più narrativo che lirico) si ispira infatti, nella maggior parte dei casi, al modello delle ballate nordiche care al Romanticismo, caratterizzandosi — al pari di queste — per la predilezione accordata a temi storico-leggendari (spesso con precise implicazioni patriottiche) di ambientazione medievale o, comunque, di carattere popolare. Sul piano più strettamente metrico, tuttavia, questa ballata non presenta connotati ben definiti, e può assumere gli aspetti più diversi, adottando peraltro, nella maggior parte dei casi, gli schemi e le movenze dell'ode settecentesca: strofette brevi di versi brevi, semplici schemi di rime, propensione ai ritmi scanditi e cadenzati (come quelli, in particolare, dell'ottonario e del decasillabo), ricorso frequente, in fine di periodo metrico o di strofe, al verso tronco. La ballata romantica

e gli schemi metrici dell'ode settecentesca

Giovanni Berchet, uno dei primi e più alacri cultori italiani del genere, impiega ad esempio, nelle *Romanze*, strofette esastiche di ottonari con schema aba cbc (tronchi il quarto e il sesto verso) nella *Clarina*, con schema abc adc ne *Il romito del Cenisio* (sdruccioli e irrelati il secondo e il quinto verso, tronchi il terzo e il sesto); tetrastici formati da tre settenari (il primo piano, gli altri due tronchi con rima fissa in -*or* per tutto l'arco della lirica) e un quinario piano, con schema Giovanni Berchet: *La Clarina*, *Il romito del Cenisio*, *Il trovatore*

ABBa (le ultime due strofe presentano le stesse rime delle prime due, di cui sono una variante e una ripresa, secondo una tecnica tipica della ballata romantica), ne *Il trovatore*, di cui riporto le prime due strofe (si osservi come il terzo e il quarto verso si ricompongano, alla lettura, in un perfetto endecasillabo piano *a maiore*):

> Va per la selva bruna
> solingo il trovator
> domato dal rigor
> della fortuna.
>
> La faccia sua sì bella
> la disfiorò il dolor;
> la voce del cantor
> non è più quella.

Un metro, quest'ultimo, molto simile a quello già adottato dal Metastasio in tante sue ariette, come, ad esempio, in quella che segue (dal *Romolo ed Ersilia*, atto III, scena I); l'unica differenza rispetto al Berchet risiede nel fatto che le strofette sono doppie e presentano uno schema rimico leggermente diverso (abbc addc):

> Respira al solo aspetto
> del porto, che lasciò,
> chi al porto non sperò
> di far ritorno.
> A tutti è dolce oggetto,
> dopo il notturno orror,
> quel raggio precursor
> che annuncia il giorno.

Il poemetto e la ballata polimetrici

La produzione del Berchet esemplifica egregiamente anche il poemetto e la ballata polimetrici, che trovano uno dei loro modelli (non solo metrici) nella traduzione cesarottiana delle *Poesie di Ossian* (cfr. VII.1.5.): nei *Profughi di Parga* (1819-20) domina il decasillabo (organizzato in strofe di sei o di otto versi, o disposto in terzine incatenate), ma gli squarci lirici sono contrassegnati da un metro di 'arietta' metastasiana (tetrastici di senari con schema abcb, sdruccioli e irrelati il primo e il terzo verso, tronchi e rimati il secondo e il quarto);

Le *Fantasie*

più ricco il campionario delle *Fantasie*, che, oltre al consueto decasillabo, esibiscono strofette di settenari, strofe esastiche di doppi senari (identiche a quelle del primo coro dell'*Adelchi*: cfr. VIII.1.1.), e, ancora, autentiche ariette alla Metastasio (doppie quartine di quinari, con schema abcd efgd, con i primi tre versi di ogni strofetta sdruccioli e irrelati, il quarto tronco). Identici metri, variamente alternati, il Berchet adotta nel tradurre (1810) le ballate comprese nel romanzo

Il Vicario di Wakefield di Oliver Goldsmith, mentre, nella versione delle *Vecchie romanze spagnuole* (1837), ricorre esclusivamente alla quartina di ottonari con schema abcb (dove il primo e il terzo verso, piani, sono irrelati, mentre il secondo e il quarto, rimati, possono essere piani o tronchi).

Il veneziano Luigi Carrer (1801-50), oltre ai metri del Berchet, adottò spesso nelle sue ballate un verso tipicamente settecentesco come il doppio quinario (piano in entrambi gli emistichi), organizzato in strofe esastiche, con schema AABBCC (*La sorella*) oppure ABABCC (*La vendetta*, dove la rima C è tronca e sempre in -*ì*, e dove l'ultima strofetta è identica alla prima, salvo una lievissima variante nell'attacco). Affine è anche il metro de *Il lamento*, che adotta strofe pentastiche composte da quattro doppi quinari (con rima al mezzo fra il terzo e il quarto) e un quinario semplice, che — a mo' di ritornello — si mantiene identico o quasi in tutto il componimento, secondo una tecnica di derivazione popolaresca cara al Carrer (la si riscontra anche nelle due liriche sopra ricordate); lo schema è: AAB(b$_5$)Cc. *Jerolimina* consta di distici a rima baciata formati da un endecasillabo e un quinario, mentre *Glicera* impiega un diffusissimo metro settecentesco, la doppia quartina di settenari (piani i primi tre, tronco il quarto) con schema: abbc addc. Altre ballate (*La sposa dell'Adriatico*, *Il cavallo d'Estremadura*) ricorrono invece alla quartina di ottonari, piani nelle sedi dispari e tronchi in quelle pari, secondo lo schema: abab.

Fra gli altri autori ottocenteschi di ballate, si ricordano Giovanni Prati (*Ballate*, *Canti per il popolo*, *Canti politici*, che esibiscono la consueta varietà metrica), Niccolò Tommaseo (che, oltre ai metri tradizionali del genere — ad es. il dodecasillabo ne *L'esule*, l'ottonario ne *La foresta* —, praticò, in *Mane, Thecel, Phares*, il novenario tronco, organizzato in distici a rima baciata) e Giosuè Carducci (che adotta doppie quartine di ottonari ne *La leggenda di Teodorico*, doppie quartine di novenari in *Jaufré Rudel*).

Luigi Carrer e il modello settecentesco

Giovanni Prati e Niccolò Tommaseo

Giosuè Carducci

VIII.1.3. Un'altra delle tipiche forme della poesia ottocentesca italiana, la *canzone libera* (detta anche *leopardiana* dal nome del suo più illustre cultore), si riconnette direttamente a modelli e a precedenti sei-settecenteschi. Giacomo Leopardi esordisce, come Foscolo e Manzoni, misurandosi con i metri più tradizionali e diffusi della lirica neoclassica; questa acerba produzione sarà poi rinnegata dal poeta, ma è degno di nota, in un canto della maturità come *Il risorgimento* (1828), il recupero di uno dei più diffusi schemi settecenteschi, la doppia quartina di settenari abbc deec (con il primo verso di ogni quartina sdrucciolo e irrelato, il secondo e il terzo piani, il quarto tronco e rimato a due a due con quello corrispondente della strofe successiva: cfr. VII.1.1.).

Giacomo Leopardi

Il risorgimento e la canzonetta settecentesca

Le canzoni giovanili: All'Italia

Caratteristiche dell'apprendistato neoclassico sono anche le mastodontiche canzoni giovanili, con cui già si erano misurati Foscolo e Manzoni: *All'Italia*, del 1815, consta di sette stanze di 20 versi ciascuna, strutturate secondo il modello della canzone seicentesca praticata, ad esempio, da Vincenzo da Filicaia (cfr. VI.2.1.), con fronte e sirma indivise, distinte metricamente ma sintatticamente collegate (giacché la conclusione della fronte non coincide con la fine di un periodo logico), e con alcuni versi irrelati (due per ogni stanza, qui di séguito segnalati col corsivo). Le stanze dispari presentano lo schema: ABc*d*ABC eFGeFHGIh*I*MiM; la struttura di quelle pari, al contrario, corrisponde al seguente e in parte diverso schema: AbCDaBD EFgEfHgIHLMiM.

Sopra il monumento di Dante e Nelle nozze della sorella Paolina

Poco differente è la conformazione delle canzoni *Sopra il monumento di Dante* e *Nelle nozze della sorella Paolina*: in esse, l'adozione di schemi diversi nelle varie stanze (così come in *All'Italia*) ricalca una tecnica già attestata nella poesia italiana dei primi secoli (ad esempio nel Duecento in Chiaro Davanzati, cfr. II.1.3.; nel Quattrocento in Angelo Galli, cfr. IV.3.1.), ma che Leopardi desumeva probabilmente da esempi cinque, sei e settecenteschi a lui più vicini e più noti (anche se Carducci 1902, p. 80, riteneva sensibile, in queste prime canzoni leopardiane, l'influenza della canzone di Pandolfo Collenuccio da poco scoperta: cfr. IV.2.1.). Le dodici stanze della canzone *Ad Angelo Mai* (1820), invece, hanno tutte identica struttura, costituita da una fronte pentastica indivisa e asimmetrica (con la rima iniziale irrelata) e da una sirma rigorosamente organizzata in due volte tetrastiche seguìte dalla *combinatio*; il tutto secondo lo schema AbCBC DeFGDeFGHH. Sulla medesima linea si muove *A un vincitore nel pallone* (1821), che recupera una maggiore semplicità e compostezza, accostandosi al modello petrarchesco: dimensioni contenute (per la prima volta, Leopardi scende sotto i 100 versi), stanze di identica struttura, fronte divisa in due piedi di tre versi (benché asimmetrici), una sola rima irrelata (come già, peraltro, in *Nelle nozze della sorella Paolina* e in *Ad Angelo Mai*).

Ad Angelo Mai

A un vincitore nel pallone

Questa è la stanza d'apertura, che cito segnalando i vari periodi metrici:

> Di gloria il viso e la gioconda voce,
> Garzon bennato, apprendi,
> E quanto al femminile ozio sovrasti
>   La sudata virtude. Attendi attendi,
> Magnanimo campion (s'alla veloce
> Piena degli anni il tuo valor contrasti
>   La spoglia di tuo nome), attendi e il core
> Movi ad alto desio. Te l'echeggiante

Arena e il circo, e te fremendo appella
Ai fatti illustri il popolar favore;
Te rigoglioso dell'età novella
Oggi la patria cara
Gli antichi esempi a rinnovar prepara.

Lo schema (AbC BAC DEFDFgG) appare esemplato su uno dei più tipici schemi di canzone dantesca e petrarchesca e, in particolare, su quelli di RVF CXXIX (*Di pensier in pensier, di monte in monte*): ABC ABC c DEeDFF, e RVF CCCLXVI (*Vergine bella, che di sol vestita*): ABC BAC CddCEf(f₅)E. Con la prima, la canzone leopardiana ha in comune il numero di settenari (due per stanza) e l'estensione complessiva (65 versi, come anche RVF CXXVI, *Chiare, fresche et dolci acque*, e come la dantesca *Io son venuto al punto de la rota*, tutte dotate di schema identico a RVF CXXIX: dal computo si esclude il congedo, assente in Leopardi); con la seconda, la disposizione delle rime nei piedi e la conclusione con settenario + endecasillabo.

Maggiore libertà strutturale presentano *Bruto minore* e *Alla primavera*, le cui stanze, pur fornite tutte del medesimo schema, non sono divisibili neppure approssimativamente in fronte e sirma, e sono ricchissime di rime irrelate: nove nella prima canzone (stanza di quindici versi con schema: AbCDCEfG*h*ILH*mn*N; in corsivo i versi rimati) e undici nella seconda (stanza di diciannove versi, con schema: a*B*CD-*b*EFGHGiLmNOp*N*QQ). Il modello è qui costituito da certe canzoni seicentesche (cfr. gli esempi di Ciro di Pers in VI.2.2.), in cui l'unico elemento strutturante, che permette di delimitare la strofe, è rappresentato dal distico conclusivo a rima baciata; anche *Alla sua donna* (1823) è costruita in questo modo, con strofe di undici versi (qui, però, con disposizione variabile di stanza in stanza, eccezion fatta per il primo, sempre settenario) parcamente e liberamente rimati (in ogni stanza tre versi sono irrelati e, tra questi, sempre l'ottavo), chiuse sempre da due endecasillabi a rima baciata. Questa tecnica viene ancor più rigorosamente adottata da Leopardi nell'*Ultimo canto di Saffo* (1822), dove le strofe (tutte di diciotto versi) sono formate da sedici endecasillabi sciolti seguìti da un distico (settenario + endecasillabo) a rima baciata. Si tratta, in sostanza, di un carme in endecasillabi sciolti, interrotti a intervalli regolari da una 'clausola' rimata, con un procedimento già attestato nel XVI e nel XVII secolo (cfr., per la tecnica analoga messa in atto dal Rucellai e dallo Strozzi, dall'Imperiali e dal Chiabrera, V.5.1. e VI.3.3.).

Contemporaneamente a queste liriche, Leopardi si misurava anche, del resto, col puro endecasillabo sciolto (*L'infinito, La sera del dì di festa, Alla luna*, 1819; *Il sogno*, 1819-20; *La vita solitaria*, 1821), che

Bruto minore e *Alla primavera*

Alla sua donna

L'Ultimo canto di Saffo

I primi *Idilli* e lo sciolto

appartengono al genere dell'*idillio*, già praticato in sciolti, ad es., da Giovanni Fantoni alla fine del Settecento (cfr. VII.1.4.). Lo sciolto fu impiegato da Leopardi anche in alcuni componimenti successivi (*Le ricordanze*, *Aspasia*), ma il metro da lui prediletto nei grandi idilli della maturità fu la 'canzone libera', adottata per la prima volta in *A Silvia* (1828). Si tratta di una successione di strofe di varia estensione, costituite da endecasillabi e settenari liberamente disposti e rimati, con abbondanza di versi irrelati. Il modello solitamente evocato è quello della 'canzone a selva' del seicentista Alessandro Guidi (cfr. VI.2.1.); in realtà, i massicci organismi del Guidi, in cui prevalgono gli endecasillabi, hanno poco in comune con i più elastici ed agili canti leopardiani, e il riferimento più pertinente — non solo sul piano formale — è quello al metro madrigalesco libero proprio della favola pastorale e del melodramma, impiegato dal Marino in gran parte degli idilli della *Sampogna* (cfr. VI.3.1.). Lo osservava già il Carducci, che suggeriva, tra le possibili ascendenze, anche quella della 'canzone libera' di Vincenzo Monti *Pel giorno onomastico della sua donna*, del 1826 (64 endecasillabi e settenari non divisi in strofe, con libera disposizione di versi e con poche rime, in prevalenza baciate):

La canzone libera leopardiana e i suoi modelli

Negli ultimi dieci canti, a cominciare da *Silvia* (1825 [in realtà, 1828]), passando per il *Canto notturno d'un pastore* e finire alla *Ginestra*, la poesia s'è liberata non d'ogni struttura ma d'ogni limite ritmico, il psicologismo si abbandona a un colloquio sciolto e solitario con sé stesso, non nella selva pindarica del Guidi, la cui conformazione gli sarebbe stata d'impaccio o almeno gli sarebbe suonata come una stonatura in tanta desolazione, ma nell'idillio recitativo, a cui forse servì di mossa l'addio del Monti *alla sua donna* (1826). (CARDUCCI 1902, p. 81)

Il Canto notturno

Nonostante si tratti di una forma 'libera', la canzone leopardiana non è priva, in genere, di una sua, sia pur sotterranea, solidità strutturale, ottenuta tramite la calibrata disposizione di versi e rime nei punti 'nodali' del componimento. Nel *Canto notturno*, ad esempio, le varie stanze presentano, oltre alle rime 'musicali' (prevalentemente baciate, o comunque a distanza di un verso), una rima obbligata conclusiva in *-ale*, dall'evidente funzione strutturante; rima che il congedo (vv. 133-43) ripropone tre volte, all'inizio («ale», in rima con «animale» e «assale» dei vv. 131-32, che concludono l'ultima stanza), al v. 141 («quale») e — circolarmente — alla fine («natale»):

    Forse s'avess'io l'*ale*
    Da volar su le nubi,
    E noverar le stelle ad una ad una,
    O come il tuono errar di giogo in giogo,

Più felice sarei, dolce mia greggia,
Più felice sarei, candida luna.
O forse erra dal vero,
Mirando all'altrui sorte, il mio pensiero:
Forse in qual forma, in *quale*
Stato che sia, dentro covile o cuna,
È funesto a chi nasce il dì *natale*.

Accanto alla rima *-ale*, si osservi, pure ripetuta tre volte, la rima *-una* (vv. 135, 138, 142: *una, luna, cuna*) e quella baciata ai vv. 139-40 (*vero : pensiero*), che conferiscono al congedo — anche in virtù della loro calcolata disposizione — una qualche coesione formale (due soltanto sono i versi irrelati, vv. 134 e 136).

In alcuni canti, la strutturazione si rivela particolarmente studiata e complessa; è il caso, fra gli altri (cfr. MONTEVERDI 1967), di *A se stesso*, che consta di una stanza isolata (16 vv.):

A se stesso

>Or poserai per sempre,
>Stanco mio cor. Perì l'inganno estremo
>Ch'eterno io mi credei. Perì. Ben sento,
>In noi di cari inganni,
>Non che la speme, il desiderio è spento.
>Posa per sempre. Assai
>Palpitasti. Non val cosa nessuna
>I moti tuoi, né di sospiri è degna
>La terra. Amaro e noia
>La vita, altro mai nulla; e fango è il mondo.
>T'acqueta omai. Dispera
>L'ultima volta. Al gener nostro il fato
>Non donò che il morire. Omai disprezza
>Te, la natura, il brutto
>Poter che, ascoso, a comun danno impera
>E l'infinita vanità del tutto.

Alla scarsità delle rime e all'estrema tortuosità ritmico-sintattica (dovuta ai quasi continui *enjambements*) si contrappone qui la limpida scansione della strofe in tre periodi sintattici e metrici, che occupano, nell'ordine, i vv. 1-5, 6-10 e 11-16. Ciascun periodo si apre con un settenario e con una sorta di *refrain* iniziale variato: «Or poserai per sempre» (v. 1), «Posa per sempre» (v. 6), «T'acqueta omai» (p. 11). I primi due periodi, forniti di identica conformazione, constano di cinque versi così disposti: 1 settenario, 2 endecasillabi, 1 settenario, 1 endecasillabo; il terzo periodo, di sei versi, presenta la medesima struttura, con l'aggiunta di un endecasillabo conclusivo. Leopardi, come si vede, recupera la struttura triadica tipica della stanza di canzone tradizionale (fronte divisa in due piedi + sirma); una struttura cui egli stesso, nello *Zibaldone*, ricollegava — come già aveva fatto Girolamo Muzio nel XVI sec. — lo schema dell'ode pindarica (strofe e antistrofe uguali, seguite da un epodo di diversa conformazione: cfr. V.4.3., e MARTELLI 1984, p. 527). La solidità dell'organismo è poi ribadita dalle tre rime presenti nel componimento, una all'inizio (vv. 3 e 5, *sento*: *spento*), le altre due — al solito — verso la fine (vv. 11 e 15, *dispera*: *impera*; vv. 14 e 16, *brutto*: *tutto*).

VIII.1.4. Carducci, con la consueta acutezza, parlava, riguardo a Leopardi, di una «forma senza forma»:

> La poesia in fine si è scavata con la insistenza del pensiero, assiduo, continuo, roditore, una forma senza forma, quasi alveo di torrente chiuso e sotterraneo, in cui travolgere e disperdere il dolore terminante nel nulla. (CARDUCCI 1902, p. 81)

Giosuè Carducci e il gusto della struttura

Molti anni prima, scrivendo a Domenico Gnoli il 4 febbraio 1877, Carducci aveva però duramente criticato la canzone leopardiana, definendola uno «sbaglio estetico», e, biasimando «il periodo divincolantesi delle armonie libere miste», aveva interpretato il «discioglimento delle strofe» come un «segno di decadimento». Nella stessa lettera, inoltre, tesseva (in polemica con lo Gnoli, recente autore di un articolo su *La rima e la poesia italiana*) l'elogio della rima e indicava nei poemetti di Aleardo Aleardi («negazione impersonata della potenza lirica») il degenere prodotto degli esperimenti metrici leopardiani. Quando scriveva questa lettera, Carducci aveva appena terminato la composizione della lirica *Alla rima* (poi divenuta la prima delle *Rime nuove*), in cui, per esaltare l'insostituibile funzione poetica della rima, aveva ritenuto opportuno adottare uno dei metri più diffusi della poesia italiana sei-settecentesca, a partire da Chiabrera (che l'aveva derivato da Ronsard: cfr. VI.1.1.): strofette esastiche di ottonari e quadrisillabi con schema AaBCcB:

> Ave o rima! Con bell'arte
> Su le carte
> Te persegue il trovatore;
> Ma tu brilli, tu scintilli,
> Tu zampilli
> Su del popolo dal cuore.
> (vv. 1-6)

Né deve trascurarsi il fatto che nello stesso metro Carducci componesse l'ultima lirica delle medesime *Rime nuove*, il *Congedo*, che è — come *Alla rima* — una dichiarazione di poetica.

Raccolte carducciane quali gli *Juvenilia*, i *Levia Gravia*, i *Giambi ed epodi* (nonché buona parte delle *Rime nuove*), sono d'altra parte caratterizzate dal continuo e polemico recupero di forme metriche neoclassiche e, in genere, tradizionali, con annessa esibizione di strofette rimate, versi tronchi e sdruccioli, metri barbari: il tutto in contrapposizione alla dominante tendenza romantica verso la 'forma aperta' e la dissoluzione delle strutture. Limitandoci agli *Juvenilia* (le due successive raccolte utilizzano, in sostanza, il medesimo repertorio metrico), accanto a pochi componimenti astrofici (in sciolti o in metro madrigalesco libero), dominano le 'forme chiuse': oltre al sonetto, metri classicheggianti di derivazione settecentesca (cfr. VIII.3.1.); forme della più antica tradizione lirica (cfr. VIII.2.2.); odi-canzonette di pura imitazione chiabreresca e neoclassica. Tra questi ultimi metri, si segnalano la quartina 'savioliana' (*A Febo Apolline, Brindisi, Primavera cinese*, ecc.: si tratta di una strofetta di quattro settenari, con i versi dispari sdruccioli e irrelati, quelli pari piani e rimati: cfr. VII.1.1.); il tetrastico di settenari ed endecasillabi piani alternati con schema aBaB (*A Neera*); la strofe esastica impiegata dal Bertola e dal Foscolo in *All'amica risanata* (*Canto di primavera*; si tratta di cinque settenari e un endecasillabo con schema abacdD: cfr. VII.1.2.); la doppia quartina di ottonari con schema abbc addc (piani, in ogni tetrastico, i primi tre versi, tronco il quarto: *Alla croce di Savoia*); la doppia quartina di settenari con schema abbc deec (in ogni tetrastico, il primo verso è sdrucciolo e irrelato, il secondo e il terzo sono piani e tra loro rimati, il quarto è tronco: *Il plebiscito*).

Metri siffatti, del resto, compaiono con frequenza anche nella produzione di altri poeti ottocenteschi, schierati, con Carducci, dalla parte della 'forma chiusa' e del recupero della tradizione formale italiana: alludo, in modo particolare, a Niccolò Tommaseo, a Giuseppe Giusti e a Giacomo Zanella, quest'ultimo accomunato a Carducci anche dall'aspra polemica contro la canzone libera leopardiana (la cui strofa «ignava, a guisa d'angue / Dilombato, or s'accorcia ed or s'allunga»), che egli consigliava di lasciare «a' flosci / Schifi intelletti» (cfr. MARTELLI 1984, p. 611: le citazioni sono tratte dal sermone zanelliano in sciolti *Ad Elena e Vittoria Aganoor*). La 'forma chiusa': Niccolò Tommaseo, Giuseppe Giusti e Giacomo Zanella

VIII.1.5. Proprio all'opera poetica dello Zanella, per il suo notevole interesse metrico, è giusto dedicare qui qualche rapida osservazione. Oltre alle più consuete forme settecentesche (odi e canzonette, con le ben note, varie combinazioni di versi brevi e lunghi, sdruccioli e tronchi, rimati e irrelati), a metri tradizionali come lo sciolto e la terza rima, alle molte saffiche, si segnalano le varianti apportate alla sestina narrativa, praticata nella forma tradizionale (*Per certi filologi tedeschi*), ma anche in quelle, insolite, con tutti ottonari (*Gli anni*), Le forme poetiche di Giacomo Zanella con *incipit* settenario (aBABCC: *Sopra un anello, Per gli ossari in San Martino e Solferino, A mia madre*), con due settenari in prima e in terza sede (aBaBCC: *Pel monumento dei caduti nella battaglia di Monte Berico*); l'incompiuta corona di sonetti *Astichello* (1884-88), di cui restano 96 pezzi (dei 100 che, a quanto sembra, avrebbe dovuto comprendere); la novella in versi *Il piccolo calabrese* (1871), in ottave, che si inserisce all'interno di un genere ricco di precedenti (nello stesso metro l'avevano praticato, ad esempio, Giambattista Casti, con le sue *Novelle galanti*, nel Settecento, e, nel primo Ottocento, Tommaso Grossi con l'*Ildegonda*).

VIII.2. *Il recupero degli antichi metri romanzi*

VIII.2.1. Nel quadro del medesimo «atteggiamento antiromantico precocemente professato e mai dimesso da Carducci» (GAVAZZENI 1990, p. 207) si colloca anche il recupero antiquario ed erudito delle forme romanze, ossia il reimpiego di metri della più antica tradizione italiana, spesso non più ripresi dopo i primi secoli. La priorità cronologica di questa operazione spetta al Tommaseo, che fin dagli anni '30 ricorre a forme ormai desuete, come la ballata minore, riesumata in *Libertà*. *A un fuoruscito, infermo a morte*, del 1835 (schema: XX ABABBX, tra i più diffusi nel Trecento); ecco la ripresa e la prima stanza:

Niccolò Tommaseo

>Vivi, infelice, vivi. Ancor non hai
>Né conosciuto né sofferto assai.
>Tal si rimane augel cui straziate abbia
>Piombo crudel le giovanette piume.
>Di rei felloni la codarda rabbia
>Del natio ciel t'invidia il dolce lume:
>Fra cuori ignoti e fra straniere brume
>Senza requie né mèta errando vai.

Nello stesso anno, Tommaseo componeva *Napoleone*, un perfetto madrigale di conio petrarchesco (ABA CBC DE DE: cfr. RVF LIV); *Per giovanetta che va sposa al Brasile*, una ballata stravagante di settenari (schema: xyzyz abbc addc ceez: ripresa + cinque stanze); la canzone *Fine dell'errore*, che riproduce fedelmente — variando solo lo schema del congedo — la struttura della petrarchesca *Se 'l pensier che mi strugge* (RVF CXXV); e la canzone *Felicità*. *Ad una vecchia*, sul raro schema di RVF CCVI, *S'i' 'l dissi mai* (ABBA AcccA, ma senza riprodurne il meccanismo di rotazione delle rime nelle varie stanze: cfr. III.1.3.).

Non sono datate, invece, due ottave isolate (*Una lagrima, Fede e carità*), impiegate, a mo' di rispetto, come metro lirico; né un'altra canzone a ballo, *A giovanetta* (ballata grande: ritornello + tre strofe, con schema cavalcantiano: Xyyz ABABBccz); né *L'educazione*, sonetto caudato di specie alquanto rara (con la coda costituita da un distico di endecasillabi a rima baciata). Una forma di 'arcaismo' può essere considerata anche l'adozione continuata in alcuni componimenti, da parte del Tommaseo, di particolari varianti dell'endecasillabo, come lo sdrucciolo (in *Le forme*, del 1851, che consta di 43 endecasillabi sdruccioli) e come il dattilico (quello, cioè, con accenti sulla 4ª, 7ª e 10ª sillaba); quest'ultimo, largamente diffuso nei primi secoli della nostra poesia e dotato di un ritmo marcato e fortemente scandito, è non a caso impiegato (in distici a rima baciata, e con «soluzioni ritmiche e lessicali» affini a quelle di un Pulci: MARTELLI 1984, p. 602) in alcune parti di *Montaperti*, un'azione drammatica composta nel 1833. Lo stesso Tommaseo, del resto, nel III libro delle *Memorie poetiche*, ha lasciato testimonianza del suo interesse per questo tipo di verso, ricordando come, giovanetto, si fosse applicato a registrare tutti «i versi di Dante che posano sopra la settima».

VIII.2.2. È tuttavia il Carducci, a partire soprattutto dalle *Rime nuove*, a dedicarsi con assiduità al recupero degli antichi metri romanzi, nell'àmbito di un programma poetico che mirava alla riscoperta delle autentiche (e 'popolari') radici della nostra tradizione, e che si affiancava a un poderoso lavoro storico di scavo e di ricerca (avviato dallo stesso Carducci e proseguito dai suoi scolari) intorno alle forme 'primarie' della metrica italiana e, in genere, alla poesia dei primi secoli. Già le prime raccolte carducciane, dominate dalla volontà di misurarsi con ogni tipo di forma metrica, comprendono alcuni esperimenti di questo genere: si pensi, negli *Juvenilia*, a canzoni 'regolari', di fattura non neoclassica ma petrarchesca, come *A Enrico Pazzi* e *Alla memoria di D.C.* (quest'ultima, in uno schema quasi uguale a quello di RVF XXIII: ABC ABC C DEeDFGHHGFFII); alla *Lauda spirituale* (ripresa + sette stanze + ripresa, con schema: xyXY ABAB BBcC); ai sonetti caudati e alle sonettesse (di specie più comune, con la coda formata da un settenario e due endecasillabi a rima baciata) che occupano quasi per intero il V libro della raccolta. Né si trascurino, nei *Levia Gravia*, le ballate comprese in *Poeti di parte bianca* (*Amor mi sforza di dover cantare*, ballata minore di ascendenza cavalcantiana: X(x_5)Y ABAB BY, 13 stanze; *Luce d'amore che 'l mio cor saluta*, ballata mezzana di imitazione dantesca: XYY ABAB BY, 12 stanze); il serventese (nella forma del capitolo quadernario: ABbC CDdE EFfG ... XYyZ Z) adottato nei quattro semicori di giovani e di fanciulle in *Le nozze*; i tre madrigali 'trecenteschi' (schema: ABB ACC DD) di *In un albo* (ma il Carducci li struttura e li stampa come se fossero

Giosuè Carducci e la tradizione formale delle origini

una varietà del rispetto toscano: ABBACCDD).

Forme siffatte, come si anticipava, diventano ben più numerose nelle *Rime nuove*, dove pure trovano ancora largo spazio i metri neoclassici dei libri giovanili. Ai metri già esperiti nelle raccolte precedenti (ballata: *Rosa e fanciulla*, *Ballata dolorosa*, quest'ultima su schema di Lapo Gianni; madrigale: *Vignetta*) si devono aggiungere il rispetto toscano (ABABCCDD: tre strofe in *Serenata* e in *Mattinata*, due in *Dipartita* e in *Disperata*); la lauda-ballata di struttura 'zagialesca' (*Ninna nanna di Carlo V*, in endecasillabi: AAAX BBBX CCCX ecc.); la corona di sonetti (*Ça ira*, 12 sonetti che occupano per intero il VII libro della silloge); la strofe esastica chiabreresca di ottonari e quadrisillabi (*Alla rima*, *Congedo*: cfr. VIII.1.4.); e, soprattutto, la prestigiosa e artificiosa sestina lirica in *Notte di maggio*, che deriva due parole-rima da Dante (*verde*, *colli*) e quattro da Petrarca (*notte*, *onde*, *luna*: RVF CCXXXVII; *stelle*: RVF XXII), adottando, nel congedo, lo schema (A)B(C)D(E)F, caro allo stesso Petrarca (cfr. RVF CXLII, CCXIV, CCXXXVII, CCXXXIX, CCCXXXII). Tutti esperimenti, questi, che «non sono mero recupero di strutture strofiche», giacché l'imitazione della poesia delle origini non tocca il solo dato metrico, coinvolgendo anzi «anche alcuni elementi tematici e lessicali che, per la loro stereotipia, più agevolmente si erano depositati nella memoria del filologo» (CAPOVILLA 1978, p. 105).

Il rondò di *Rime e ritmi*

VIII.2.3. Nelle ultime raccolte, Carducci abbandona questa strada: fa eccezione solo la prima lirica di *Rime e ritmi*, *Alla signorina Maria A.*, che è un rondò in settenari, di schema ab aaab ab, esemplato su quelli inseriti da Antonio Da Tempo nella sua *Summa* (cfr. III.5.2.), non a caso ripubblicata — dopo la *princeps* cinquecentesca — a Bologna nel 1869:

> O piccola Maria,
> Di versi a te che importa?
>
> Esce la poesia,
> O piccola Maria,
> Quando Malinconia
> Batte del cor la porta.
>
> O piccola Maria,
> Di versi a te che importa?

Come il giudice padovano, anche Carducci costruisce il suo rondò su due sole rime e sull'insistita ripetizione di una sorta di ritornello (di cui, nell'unica strofetta, viene ripreso però il solo verso iniziale).

Da ricordare qui — per quanto non si possa parlare di un vero e proprio recupero antiquario (la forma risale al massimo al sec. XVIII) — è lo *stornello*. A parte altri tipi (cfr. Cirese 1988, pp. 155-73), quello che riguarda la storia delle forme letterarie consta di tre versi, un quinario (generalmente occupato da un'invocazione, di solito a un fiore) e due endecasillabi, secondo lo schema: aBA (dove B consuona con A). Notissimo lo stornello che conclude *Rime e ritmi*:

Lo stornello

> Fior tricolore,
> Tramontano le stelle in mezzo al mare
> E si spengono i canti entro il mio core.

Sulla strada tracciata dal Carducci si mosse un'ampia schiera di discepoli, amici ed imitatori, esasperandone sovente la lezione e spingendosi ben oltre il maestro nella riproduzione antiquaria ed erudita degli antichi metri. Impossibile sarebbe, in questa sede, dar conto, anche sommariamente, di tutti coloro che si dedicarono alla riesumazione di tali metri: un posto a parte, tra costoro, occupa comunque Severino Ferrari, le cui raccolte (prime fra tutte i *Bordatini*, del 1885, e *Il secondo libro dei Bordatini*, dell'anno successivo) sono in buona parte costituite da ballate, madrigali e rispetti di vario schema, ma sempre esemplati — anche nello spirito e nello stile — sui modelli due, tre e quattrocenteschi.

Severino Ferrari

Nella *Prefazione ai metri antichi* (che apre la silloge dei *Versi raccolti e ordinati*, uscita nel 1892), il Ferrari allinea, nell'ordine, un madrigale (ABB CDD CC), una ballata grande (XYYX ABAB BDDX) e uno strambotto (ABABABCC), cui seguono due quartine di endecasillabi a rima alterna (la *romanella*, metro popolareggiante caro anche al Carducci): il tutto si configura come un autentico manifesto di poetica, imperniato sui modelli della poesia due-trecentesca, di Petrarca e di Poliziano, dai quali i metri italiani — secondo il Ferrari — hanno derivato, rispettivamente, la «freschezza», la «aurea politezza» e i «modi adorni». Degni di nota, nella ricca produzione del Ferrari, sono in particolare i recuperi dell'ottava siciliana (ABABABAB, ad esempio in *Ma che cosa rimestano in granaio*, dal *Secondo libro dei Bordatini*, II 17) e della barzelletta quattrocentesca o ballata di ottonari (ad esempio *Ora con l'alba rosata*, ivi, II 18; schema: xyyx ababbccx).

Sorvolando su altri epigoni carducciani quali Guido Mazzoni e Giovanni Marradi (che pubblicò nel 1895 cinquanta *Ballate moderne*), è opportuno ricordare come la voga dei metri antichi abbia lasciato cospicue tracce nella produzione di Pascoli e di D'Annunzio. Il primo Pascoli, quello di *Myricae* (ma anche quello, più tardo, del *Diario autunnale*, composto nel 1907 e collocato in appendice ai *Canti di Castelvecchio*), si misura spesso con ballate, madrigali, rispetti toscani

Il recupero delle antiche forme romanze nel Pascoli

e siciliani, denunciando i suoi debiti formali nei confronti delle ricerche e della poesia dell'amico e compagno di studi Severino Ferrari (che gli aveva dedicato i primi *Bordatini*). Sembra derivare direttamente dal Ferrari, in particolare, la predilezione pascoliana per strutture di dimensioni ridotte, prime fra tutte le ballate minori, piccole o addirittura minime, riesumate di frequente proprio dall'autore dei *Bordatini*. Si veda, ad esempio — da *Myricae* — la ballata minore di tutti ottonari *Notte di neve*, con schema y(y$_4$)z ababbz:

> Pace! grida la campana,
> ma lontana, fioca. Là
> un marmoreo cimitero
> sorge, su cui l'ombra tace:
> e ne sfuma al cielo nero
> un chiarore ampio e fugace.
> Pace! pace! pace! pace!
> nella bianca oscurità.

Naturalmente, come già questo piccolo esempio documenta, il recupero delle forme antiche si attua, nella poesia pascoliana, su fondamenti e con obiettivi ben diversi da quelli su cui riposava e che guidavano la poesia di un Ferrari: nelle *Myricae*, infatti, non conta tanto il recupero erudito e nostalgico di certe forme, quanto il loro impiego in un contesto semantico e psicologico del tutto moderno ed originale, sì da determinare una sorta di intenzionale 'dissonanza' (già avvertita — ma negativamente giudicata — dal Croce) tra metro da una parte e contenuto dall'altra.

Pascoli, del resto, lungi dal condividere — sotto questo aspetto — i 'furori' antiquari di tanti carducciani, non manca di introdurre negli antichi metri alcuni tratti innovativi spiccatamente personali: si pensi — limitatamente alla ballata — all'instaurazione di inediti e spesso sottili rapporti tra ripresa e mutazioni (nell'esempio sopra citato, le due sezioni sono sintatticamente collegate per mezzo di un vistoso *enjambement*) e tra ripresa e volta (sempre in *Notte di neve*, si osservi come l'attacco del v. 7 riproduca quello del primo verso). Né meno interessante è, in *Patria* e ne *Il morticino*, la costruzione di inedite

La 'collana' di ballate

'collane' di ballate, con schema (in settenari): z ababz cdcdz; y efefy ghghy; dove, come spesso accade in Pascoli, non c'è però corrispondenza tra periodi metrici e periodi sintattici (la ripresa della seconda ballata — y — conclude infatti il periodo sintattico avviato con la seconda stanza della prima ballata, cosicché tra le due ballate non c'è una netta separazione). Invece, ne *Il nunzio* (tre ballate monostrofiche: z ababz; y cdcdy; z efefz) l'organicità dell'insieme è assicurata dall'adozione della medesima rima z nella ripresa della prima e della terza ballata (con, in aggiunta, l'inversione chiastica delle parole interessate da tale rima: *rombo*: *bombo* nella prima ballata, *bombo*: *rombo* nella seconda).

Un diverso spirito anima le numerose prove 'arcaizzanti' di Gabriele D'Annunzio, che, nei suoi libri giovanili (*L'Isottèo*, *La Chimera*, *Il poema paradisiaco*) spinge i suoi recuperi antiquarî al limite della falsificazione. Da una parte, infatti, egli riesuma forme rare o al tutto obsolete: la sestina (con ben quattro esemplari), la nona rima (mai più comparsa nella nostra poesia dopo il trecentesco poemetto *L'intelligenza* — cfr. III.4.3. —, ma in quegli stessi anni riproposta anche dal Marradi, *Sotto la rôcca*, e da Diego Angeli, *La madonna della neve*), il sonetto doppio (scomparso dopo Dante: cfr. II.2.2.), il sonetto minore (cfr. III.4.7.), il rondò (esemplato sui modelli francesi di François Villon e Clement Marot), la lassa di decasillabi epici (*Canzone di Caprera*; per il decasillabo epico, praticato anche da Pascoli nella versione italiana della *Chanson de Roland*, cfr. II.5.2.); dall'altra, procede, in questi e in più consueti metri (ballate, madrigali, sonetti caudati), all'imitazione e, non di rado, al calco stilistico, tematico e lessicale dei modelli antichi (e basti ricordare, nell'*Isottèo*, la ballata *Trionfo d'Isaotta*, fatta, come egli stesso afferma, «Alla maniera di Lorenzo de' Medici»).

Le prove arcaizzanti di D'Annunzio

Identica natura presentano anche i recuperi caratteristici della *Francesca da Rimini* (la cui dedica *Alla divina Eleonora Duse* impiega un regolare schema di canzone petrarchesca in endecasillabi: ABCABC CDEEDFF) e, più tardi, della *Parisina* (dove l'argomento detta a D'Annunzio il ricorso a molteplici e disparati metri arcaici — ottave, ballate, laudi, cacce, frottole, e altri —, nell'intento di rievocare il «più manieristico dei medioevi»: MARTELLI 1984, p. 608).

Lo «sfarzoso collezionismo» metrico dannunziano (CAPOVILLA 1978, p. 128) ha poco in comune sia con gli interessi filologico-eruditi e folklorici dei carducciani, sia con la reinterpretazione e rivisitazione moderna delle forme antiche compiuta dal Pascoli; nel giovane D'Annunzio, piuttosto, trova una delle sue più smaglianti manifestazioni il tipico gusto decadente (diffuso soprattutto in Francia, e non solo in àmbito letterario) per la rievocazione di raffinate atmosfere medioevali e, in particolare, cortesi e cavalleresche, con particolare predilezione (fin da Dante Gabriele Rossetti) per lo stilnovismo. Più interessante, e certo più gravido di conseguenze nell'evoluzione della poesia novecentesca, è l'atteggiamento nei confronti dei metri arcaici esibito in *Alcione*, dove non si può più, propriamente, parlare di recupero antiquario, giacché le forme antiche vengono spesso sottoposte a una destrutturazione che — pur non impedendone, in genere, la riconoscibilità — ne altera profondamente i connotati (cfr. IX.1.6.).

Il 'collezionismo metrico' di D'Annunzio

VIII.3. La metrica 'barbara'

VIII.3.1. Fino alle carducciane *Odi barbare*, le prove ottocentesche di metrica classicheggiante non si discostano dalla più consueta tradizione settecentesca. Lo stesso Carducci, nei versi giovanili e in raccolte come *Juvenilia*, *Levia gravia* e *Rime nuove*, ricorre con frequenza a metri barbari rimati quali la saffica, l'alcaica fantoniana (cfr. VII.3.1.), i sistemi asclepiadei, guardando principalmente al modello del Fantoni; così come dal medesimo Fantoni desume uno dei metri più frequenti dei *Giambi ed epodi*, il doppio distico (epodico, appunto) di endecasillabi e settenari piani alternati, con schema AbAb (cfr. VII.3.2.; ma il metro era stato ripreso, fra gli altri, anche dal Tommaseo e da Alessandro Poerio). Al Tommaseo si deve pure un recupero dell'esametro 'prosodico' (lungo la linea che dal Dati e dal Tolomei aveva condotto, nel Settecento, al Mascheroni), utilizzato in *Elena*, del 1835.

Sempre di derivazione neoclassica, e specialmente fantoniana, sono anche certi metri 'analogici' di cui il Tommaseo si serve onde imitare il distico elegiaco latino: il distico di endecasillabi a rima baciata (ripreso anche dal Carducci nella *Licenza* degli *Juvenilia* e in una versione da von Platen, RN, CI, *Il pellegrino davanti a Sant Just*) e il distico formato da due endecasillabi dattilici, il primo piano e il secondo tronco o ambedue piani (a rima baciata o in quartine a rima alterna o con altri schemi rimici).

Le Odi barbare   La svolta, come si è detto, fu segnata dalle *Odi barbare*, il cui primo libro apparve nel 1877, ma che, nella redazione definitiva in due libri, uscirono nel 1893. In realtà, l'operazione non era, nei suoi principî ispiratori, nuova: Carducci, mettendo da parte i metri settecenteschi e fantoniani (impiegati solo in poche liriche delle *Odi barbare*, quali *In una chiesa gotica*, sistema asclepiadeo secondo, e *Ruit hora*, sistema epodico), si era sforzato di recuperare, nell'imitazione delle strofe classiche, una maggiore aderenza ai modelli, ricollegandosi al metodo sillabico propugnato e seguìto dal Chiabrera (cfr. VI.4.2.), e affiancando, alla stesura delle *Odi*, un accurato lavoro di ricerca e di edizione intorno ai metri barbari quattro-cinquecenteschi, culminato, nel 1881, nella pubblicazione dell'antologia *La poesia barbara nei secoli XV e XVI* (una silloge analoga Carducci aveva progettato

Le Odi *fra tradizione e innovazione*   anche per la poesia barbara sei-settecentesca). Come Chiabrera, quindi, il Carducci delle *Odi* rinuncia alla rima e non esita a impiegare — per meglio riprodurre quelli latini — versi 'anomali' o comunque poco diffusi nella tradizione italiana, né si preoccupa di evitare la combinazione di versi di solito considerati ritmicamente incompatibili. Così accade, ad esempio, nell'alcaica, che, nella sua seconda parte, era stata resa dal Rolli, 'analogicamente', con due settenari piani (poi rimati dal Fantoni), mentre Carducci, nelle *Odi*, torna a riprodurla secondo lo schema chiabreresco, con un novenario in terza sede e, in quarta, un decasillabo non sempre anapestico (cioè con accenti regolari di 3ª, 6ª, 9ª: cfr. VI.4.2.). Tra la realizzazione del Chiabrera (*Canzoni in lode del sommo pontefice Urbano VIII*, I, vv. 1-4):

> Scuoto la cetra, pregio d'Apolline,
> che alto risuona; vo' che rimbombino
> Permesso, Ippocrene, Elicona,
> seggi scelti dalle ninfe Ascree.

e quella carducciana (*Ideale*, vv. 1-4) non c'è alcuna sostanziale differenza:

> Poi che un sereno vapor d'ambrosia
> de la tua coppa diffuso avvolsemi,
> o Ebe con passo di dea
> trasvolata sorridendo via.

L'unica variante che Carducci talora introduce riguarda il quarto verso della strofe, l'alcaico decasillabo, che Chiabrera rende sempre con un decasillabo trocaico (accenti sulla 1ª, 3ª, 5ª, 7ª e 9ª sillaba) e che nelle *Odi barbare* riceve, come si è detto, accentazioni variabili, contentandosi evidentemente il Carducci di una semplice trasposizione sillabica dell'originale: accanto a quello trocaico chiabreresco (come nell'appena citata prima strofe di *Ideale*) troviamo così decasillabi della più varia struttura, compresi quelli 'canonici' con accenti sulla 3ª, 6ª e 9ª sillaba, ma compresi anche quelli che, in virtù degli accenti sulla 1ª, 4ª, 7ª e 9ª sillaba («cùspidi ràpide sàlïènti»: *Ideale*, v. 20), ricalcano perfettamente, sul piano accentativo, la struttura del verso latino corrispondente (dipodia dattilica + dipodia trocaica: $\_\cup\cup/\_\cup\cup/\_\cup/\_\cup$). Per alcuni metri, poi, nessuna differenza sussiste, a parte la soppressione della rima, tra il primo Carducci e quello delle *Odi*, come sottolinea PIGHI 1970, pp. 404-405, mettendo a confronto un'asclepiadea terza rimata del Carducci adolescente (*Primi versi* — 1851 —, 100, vv. 13-16, schema fantoniano XAya: cfr. VII.3.1.):

> E 'l verno, onde orridi l'ardue flagellano
> Tirrene pomici Noti inamabili,
>   Forse a me dan supremo
>   Le Parche inesorabili;

e una, senza rima e di stretta imitazione chiabreresca (cfr. VI.4.2.), compresa nelle *Odi barbare* (*Su l'Adda*, del 1873, vv. 61-64):

> Tra' pingui pascoli sotto il sole aureo
> tu con l'Erídano scendi a confonderti:
> precipita a l'occaso
> il sole infaticabile.

Poesia barbara e 'forma chiusa'

Identico è il caso della saffica, che, senza le rime, mantiene la sua inconfondibile fisionomia (tre endecasillabi + un quinario). Infatti, mentre in buona parte dei maggiori metri italiani (e, soprattutto, in quelli omometrici) la rima svolge una funzione strutturale indispensabile (giacché su di essa si fonda essenzialmente l'identità della strofe), nei metri classicheggianti la disposizione fissa dei vari tipi di verso è di per sé sufficiente a dar forma alla strofe. Di ciò Carducci era ben consapevole, tanto che, nella già ricordata lettera allo Gnoli del 4 febbraio 1877 (l'anno in cui, come si è detto, escono le prime *Odi*), poneva la perfetta equivalenza tra strofe rimate e strofe non rimate: «chi non vuol più strofe rimate, faccia strofe classiche senza rime». La metrica barbara, quindi, doveva apparirgli come una manifestazione tra le più perfette della 'forma chiusa', fondata com'era non sul 'puntello' della rima, ma sulla «oggettiva spazialità della strofe» (MARTELLI 1984, p. 592).

VIII.3.2. La novità autentica era rappresentata, nelle *Odi*, dall'esametro e dal pentametro, i due versi antichi che, a causa della loro estensione, non avevano mai trovato una soddisfacente riproduzione italiana. Carducci non segue il metodo prosodico (poco prima ripreso, come si è detto, dal Tommaseo), ma estende anche a questi metri il metodo sillabico-accentativo del Chiabrera, che mai si era misurato con l'esametro e col pentametro. Ora, essendo tali versi caratterizzati da un numero variabile di sillabe (da 13 a 17 l'esametro, da 12 a 14 il pentametro), anche la loro trasposizione sillabica in italiano può prevedere soluzioni molteplici e diverse.

L'esametro e

In Carducci, il primo emistichio dell'esametro è reso con un verso che oscilla tra la misura minima di un quinario e quella massima di un ottonario piano (quest'ultimo, con accento di quarta); il secondo emistichio corrisponde invece a un verso che va dall'ottonario piano al decasillabo, e che è sempre accentato in modo da produrre la cadenza finale $\angle \cup \cup / \angle \cup$ (= sdrucciolo + piano) tipica dell'esametro. Le varie combinazioni impiegate, comunque, non sono arbitrarie, poiché ricalcano sempre precisi modelli latini; resta il fatto che, senza dubbio, una simile riproduzione risulta alquanto approssimativa e generica: «la ragione ritmica che lega i due membri, oltre la cadenza

⏑ ⏕ ⏕ ⏑ ⏑ normale del secondo, è principalmente la successione *a minore*. [...] Inoltre la seconda parte è normalmente 'accentativa', ed è quella che rievoca grosso modo l'originaria struttura» (PIGHI 1970, p. 419). Ecco i primi tre versi di *Una sera di San Pietro*, con la distinzione dei due emistichi:

> Ricordo. Fulvo il sole / tra i rossi vapori e le nubi
> calde al mare scendeva, / come un grande clipeo di rame
> che in barbariche pugne / corrusca ondeggiando, poi cade.

La forma prevalente allinea un settenario piano (variamente accentato) e un novenario con accenti sulla 2ª (o 3ª), 5ª e 8ª sillaba. Altre odi, tuttavia, presentano soluzioni diverse: gli esametri di *Fuori alla certosa di Bologna* hanno tutti come secondo emistichio un novenario, ma, come primo, un ottonario dattilico (accenti di 1ª o 2ª, 4ª e 7ª; solo al v. 5 l'ottonario è accentato di quinta, mentre il primo emistichio del v. 1, «Oh caro a quelli che escon», diventa ottonario solo con una dialefe dopo *che*); ecco tre esempi:

Bacio di luce che inonda / la terra, mentre alto ed immenso (v. 3);
E tutto è fiamma ed azzurro. / Da l'alpe là giù di Verona (v. 9);
V'agita il candido velo, / e i ricci commove scorrenti (v. 13).

In *All'aurora* le varianti sono numerose, e interessano quasi tutte le combinazioni possibili; eccone un rapido campionario:

6 + 8: «Ti sente e con gelido / fremito destasi il bosco» (v. 3: il senario è sdrucciolo, l'ottonario dattilico);
6 + 9: «Ma l'uom che tu svegli / a oprar consumando la vita» (v. 13, e v. 17);
6 + 10: «Allora gli Asvini / gemelli cavalieri del cielo» (v. 31);
7 + 8: «Tu sorridendo lasci / caderti i veli leggiadri» (v. 25, e vv. 21, 55, 65, 69);
7 + 9: «Corre da i paschi baldo / vèr' l'alte fluenti il poledro» (v. 9, e vv. 11, 27, ecc.);
7 + 10: «Ancor pensoso ammira / come già t'adoravan su 'l monte» (v. 15, e vv. 33, 43, ecc.);
8 + 9: «Mentre ne l'umida foglia / pispigliano garruli i nidi» (v. 5, e v. 41: l'ottonario è dattilico).

Nel pentametro, il primo emistichio è riprodotto con un verso di misura compresa tra il quinario e il settenario piani; il secondo emistichio, che in latino ha struttura obbligata e comprende sempre sette sillabe (⏕ ⏑ ⏑ / ⏕ ⏑ ⏑ / ⏓), viene restituito di norma con un settenario piano. I tipi più comuni (ricavo gli esempi da *Nella piazza di San Petronio*) sono:

il pentametro

7 + 7: «E del solenne tempio / la solitaria cima» (v. 6, e vv. 10 e 20);
5 + 7: «E il colle sopra / bianco di neve ride» (v. 2, e vv. 4, 8, 12, 16).

Non mancano però altre combinazioni, sillabicamente anomale:

5 + 6: «Perché mi mandi / lugubri messaggi» (*Pe 'l Chiarone di Civitavecchia*, v. 40);
7 + 7t: «Amare? Il fato passa / ed abbassa. — Ma tu» (*Pe 'l Chiarone*, v. 28). Benché abnorme sul piano sillabico, questo verso consente, nel secondo emistichio, di riprodurre accentativamente la cadenza del pentametro latino, con la caratteristica uscita tronca: Pascoli, infatti, adotterà sempre la finale tronca nel secondo emistichio del pentametro 'italiano' (cfr. VIII.3.5.);
7 + 7s: «Ville, città, castelli / emergono com'isole» (*Fuori alla Certosa di Bologna*, v. 6).

Da tutto ciò emerge come la riproduzione 'sillabica' del pentametro sia ancora più imprecisa di quella dell'esametro, la cui seconda parte riesce spesso a ricalcare accentativamente la struttura del secondo emistichio (o almeno della cadenza finale) dell'originale. Il distico elegiaco carducciano, quindi, presenta una conformazione piuttosto elastica e risulta fondato su pochi e semplici elementi costitutivi: «la ragione ritmica del distico 'sillabico' sta soltanto nell'alternarsi d'un verso bimembre, con la cadenza 'accentativa' quasi costante $\angle \cup \cup \angle \cup$ e le due successioni *a minore* e *a syllabis ad accentus* sopra descritte, con un altro verso bimembre, dove la cadenza $\angle \cup \cup \angle \cup$ è rara, e la successione è spesso *ab eodem*, più volte *a minore*, raramente *a maiore*» (Pighi 1970, pp. 421-22). Si dovrà comunque ammettere che, nell'esametro e nel distico, più ancora di quanto non avvenga negli altri metri 'barbari' carducciani, l'evocazione e l'imitazione della poesia classica scaturisce — più che dal dato propriamente metrico — da altri e vari fattori, fra i quali la ridotissima 'cantabilità' del verso (ottenuta anche attraverso l'alta frequenza di accidenti come la dieresi e la dialefe) e, perfino, la suggestione esercitata dalla stessa disposizione tipografica dei versi. Si rilegga, per verificare su un caso concreto quanto si è detto, un'intera e breve elegia come *Nella piazza di San Petronio*:

Nella piazza di San Petronio

> Surge nel chiaro inverno la fosca turrita Bologna,
>   e il colle sopra bianco di neve ride.
>
> È l'ora soave che il sol morituro saluta
>   le torri e 'l tempio, divo Petronio, tuo;
>
> le torri i cui merli tant'ala di secolo lambe,
>   e del solenne tempio la solitaria cima.

> Il cielo in freddo fulgore adamàntino brilla;
> e l'aër come velo d'argento giace
> su 'l fòro, lieve sfumando a torno le moli
> che levò cupe il braccio clipeato degli avi.
>
> Su gli alti fastigi s'indugia il sole guardando
> con un sorriso languido di vïola,
> che ne la bigia pietra nel fòsco vermiglio mattone
> par che risvegli l'anima de i secoli,
>
> e un desio mesto pe 'l rigido aëre sveglia
> di rossi maggi, di calde aulenti sere,
> quando le donne gentili danzavano in piazza
> e co' i re vinti i consoli tornavano.
>
> Tale la musa ride fuggente al verso in cui trema
> un desiderio vano de la bellezza antica.

Dove, a parte tutto il resto, si noterà l'abbondanza di dieresi (*aër*, *aëre*, *vïola*) e di dialefi (secondo emistichio del v. 11, «s'indugia il sole guardando», novenario con dialefe tra *indugia* e *il*; secondo emistichio del v. 15, «pe 'l rigido aëre sveglia», novenario con dialefe tra *rigido* e *aëre*).

Va detto, comunque, che, nel passaggio dalle prime alle seconde *Odi barbare* (e poi a *Rime e ritmi*), Carducci andò ricercando una sempre maggiore 'regolarità' nella confezione dell'esametro e del pentametro (fissati, in prevalenza, sulle misure 7 + 9 e 7 + 7), spingendosi, nell'elegia *Nevicata* (ultima delle *Barbare*, prima del congedo e delle versioni), fino alla quasi perfetta riproduzione accentativa, che prevede, nel pentametro, i due emistichi tronchi (settenario + ottonario):

> Lenta fiocca la neve / pe 'l cielo cinerëo: gridi,
>   suoni di vita più / non salgon da la città.
>   (vv. 1-2)

VIII.3.3. Un altro aspetto importante delle *Odi barbare* risiede nella riproduzione di metri 'rari', che mai o quasi mai erano stati trasposti in italiano. Ecco i principali: Altri metri delle *Barbare*

- sistema alcmanio. Consta di un esametro e di un tetrametro dattilico catalettico (Orazio, *Carm.* I 7), ed è riprodotto in *Courmayeur* con distici, riuniti a coppie, formati da un esametro e un novenario piano con accenti di 2ª, 5ª e 8ª:

> Conca in vivo smeraldo tra foschi passaggi dischiusa,
> o pia Courmayeur, ti saluto.
> (vv. 1-2)

Il tetrametro dattilico catalettico ($\angle\ \overline{\cup\cup}\ \angle\ \overline{\cup\cup}\ \angle\ \cup\cup\ \_\ \underline{\cup}$) oscilla tra le nove e le undici sillabe; il tipo di nove sillabe (con due spondei, cioè, in prima e in seconda sede) è statisticamente minoritario in Orazio (solo due esempi in *Carm.* I 7, i vv. 4 «insignis aut Thessala Tempe» e 24 «sic tristis affatus amicos»). Sirio Caperle, nella sua versione delle odi oraziane (pubblicata nel 1907), lo rese, più fedelmente, con un endecasillabo piano.

- sistema piziambico primo. Consta di un esametro e di un dimetro giambico (Orazio, *Epod.* 14), ed è riprodotto in *Sirmione* e nella seconda parte di *Cadore* (in *Rime e ritmi*) con un esametro e un settenario sdrucciolo:

> Ecco: la verde Sirmio nel lucido lago sorride,
> fiore de le penisole.
> (*Sirmione*, vv. 1-2)

La struttura del dimetro giambico è $\cup\ \angle\ \cup\ \angle\ \cup\ \angle\ \cup\ \underline{\cup}$; il settenario sdrucciolo ne fornisce un equivalente accentativo perfetto solo se i suoi accenti cadono sulle sillabe pari (ad es. *Sirmione*, v. 16: «Salò le braccia candide», cfr. Orazio, *Epod.* 14, v. 2: «oblivionem sensibus»), cosa che Carducci non osserva sistematicamente.

- sistema piziambico secondo. Consta di un esametro e di un trimetro giambico (Orazio, *Epod.* 16), ed è riprodotto in *Le due torri* con un esametro e un endecasillabo sdrucciolo:

> Io d'Italia dal cuor tra impeti d'inni balzai
> quando l'Alpi di barbari snebbiarono.
> (vv. 1-2)

Tradizionale la restituzione del trimetro giambico con l'endecasillabo sdrucciolo, che, al solito, ricalca fedelmente l'originale, sul piano accentativo, qualora i suoi accenti cadano sulle sillabe pari (es. *Le due torri*, v. 12: «a l'ondeggiante rossa croce italica»).

- sistema archilocheo quarto. Consta di un trimetro giambico e di un elegiambo (Orazio, *Epod.* 11) ed è riprodotto in *Saluto italico* con un endecasillabo sdrucciolo e un doppio settenario, piano nel primo emistichio e sdrucciolo nel secondo:

> Molosso ringhia, o antichi versi italici,
> ch'io col batter del dito seguo o richiamo i numeri.
> (vv. 1-2)

L'elegiambo è composto da un trimetro dattilico catalettico *in syllabam*

(‿ ◡ ◡ ‿ ◡ ◡ ⸺) e da un dimetro giambico (◡ ‿ ◡ ‿ ◡ ‿ ◡ ⸺): «Scribere versiculos / amore percussum gravi» (Orazio, *Epod*. 11, v. 2). L'equivalente carducciano ne fornisce un corrispettivo puramente sillabico nel primo emistichio, parzialmente accentativo nel secondo.

Ovviamente, il peso che, all'interno delle *Odi barbare*, hanno metri di questo genere è molto limitato. Le poesie composte secondo questi sistemi metrici si configurano quindi, in definitiva, come esperimenti isolati.

VIII.3.4. Confinati, fino ad allora, nel limbo degli esperimenti eruditi (nonostante il successo di alcuni tentativi settecenteschi), i metri barbari conoscono sul finire dell'Ottocento — grazie a Carducci, che vi ricorse anche in varie liriche della sua ultima raccolta, *Rime e ritmi* — una grande fortuna, suscitando al tempo stesso accese polemiche e discussioni; come disse lo Gnoli, «dopo l'apparizione delle *Odi barbare*, quel ch'era pellegrina erudizione di tabaccosi eruditi, divenne scienza elegante di giovani profumati» (GNOLI 1883, p. 394, con probabile riferimento a D'Annunzio). Impossibile, qui, sarebbe dar conto di quei poeti che, sulla scia del Carducci, si misurarono con la riproduzione sillabico-accentativa dei metri classici; almeno un cenno deve tuttavia essere riservato proprio al giovane D'Annunzio, che in *Primo vere* (1880) e nel *Canto novo* (1882), all'indomani dell'uscita delle prime *Odi barbare*, recupera puntigliosamente, una per una, tutte le forme carducciane.

La poesia 'barbara' del giovane D'Annunzio

Ma il metodo adottato da Carducci non mancò, come si è accennato, di sollevare dubbi e polemiche. A parte l'ostilità manifestata da chi (ignorando i precedenti del Chiabrera e, in genere, della poesia barbara dei secoli passati) gridò allo scandalo davanti alla soppressione della rima al di fuori dell'endecasillabo sciolto e alla creazione di versi e sistemi strofici 'anomali', è importante sottolineare come alcuni letterati e poeti, anche di primo piano, esprimessero riserve a proposito di certe soluzioni carducciane e proponessero strade almeno in parte diverse. Le perplessità maggiori, com'è intuibile, furono provocate dall'esametro e dal pentametro, la cui trasposizione italiana era affidata a versi composti del tutto inediti e non uniformi. Vale la pena leggere le osservazioni che lo Gnoli proponeva nel saggio *Vecchie odi barbare e traduzioni d'Orazio*:

Le polemiche sulla metrica 'barbara'

Domenico Gnoli: teoria e

Finalmente abbiamo gli esametri e i pentametri, senza numero determinato di sillabe, senza accenti a sedi determinate. Questa è questione affatto distinta dalle precedenti, trattandosi di vedere se possa darsi metro senza metro, cioè misura senza misura. I distici latini avevano la loro misura da cui non potevano allontanarsi d'un pelo. Non si misurava a sillabe ma a piedi;

e data l'equipollenza di due brevi con una lunga, esso era costantemente composto di sei piedi uguali o equivalenti. Dallo spondeo al dattilo correva la differenza che corre da una lira a due mezze lire. Il Tolomei e gli altri antichi tentarono di assoggettare l'italiano alle stesse leggi. Ma nell'esametro del Carducci qual'è la misura? Di qui non si esce: o convien dire che possa stare un verso senza misura, una metrica senza metro, e allora non dico altro; ovvero convien mostrare quale sia questo metro, questa misura ne' distici di Carducci, e mi do subito per vinto al mio illustre amico. Né vale, a parer mio, la ragione da esso accennata, che cioè le sue Odi siano «composte e armonizzate di versi e di accenti italiani». Egli è vero che i suoi esametri e pentametri si possono decomporre in versi italiani; ma l'accoppiamento libero di versi di varia natura, senza alcuna legge che ne determini esattamente i ritorni, è fuori della misura, è fuori del dominio della metrica. Anche la prosa si può, salvo qualche rara parola, dividerla e scomporla in versi, e nondimeno rimane prosa. Converrebbe, a me pare, che ciascuna unità, cioè ogni esametro e pentametro, avesse la sua legge certa di misura e d'accenti. (GNOLI 1883, pp. 388-90)

pratica Coerentemente con questa posizione (in verità, tutt'altro che priva di fondamento: basti, al riguardo, rinviare all'acuta disamina dei metri barbari eseguita da PIGHI 1970), lo Gnoli, nelle sue poesie, coniò un distico elegiaco di fattura estremamente regolare, come quello de *Il primo capello bianco*, dove l'esametro è costituito da un senario + un ottonario dattilico, mentre il pentametro risulta dalla combinazione di un senario + un settenario. Non meno regolare è anche l'esametro impiegato in *Tristezze* (che riprende dalla carducciana *Courmayeur* il sistema alcmanio: esametro + novenario), formato sempre da un senario (accentato sulla 2ª e 5ª) e da un novenario (accentato sulla 2ª, 5ª e 8ª).

Anche nel trattare gli altri metri barbari, lo Gnoli ricerca una regolarità superiore a quella del Carducci: ad esempio, opta per il metodo accentativo integrale nell'alcaica *Inverno*, dove l'alcaico enneasillabo è reso sempre con un novenario giambico («cacciàndo innànzi l'àtre nùbi»: «silvaè labòrantès gelùque» = ᵕ ‿ ᵕ _ _ ‿ ᵕ ‿ ᵕ) e l'alcaico decasillabo corrisponde sempre a un decasillabo con accenti di 1ª, 4ª, 7ª e 9ª («sóffio di bòrea lùngo, grève»: «flùmina cònstiterìnt acùto» = ‿ ᵕ ᵕ ‿ ᵕ ᵕ ‿ ᵕ ‿ ᵕ):

Ricordi i campi tepidi, lucidi?
Or su pel monte scote le roveri
cacciando innanzi l'atre nubi
soffio di borea lungo, greve.
(vv. 1-4)

In altri casi, tuttavia, lo Gnoli non rifiuta soluzioni, per così dire, opposte, tornando alla rima e recuperando, ad esempio, lo schema dell'alcaica fantoniana (con i due settenari piani rimati conclusivi), come in *Ad metalla*.

Tornando all'esametro, una sua variante 'regolare' fu coniata da Enrico Thovez nel suo *Poema dell'adolescenza*, edito nel 1901, dove prevale un verso doppio costituito da due ottonari dattilici:

<small>L'esametro di Enrico Thovez</small>

> La neve scese: si stende / attorno, uguale, infinita.
> Mi siedo qui: tutto tace. / È tutto gelo, candore
> Intatto e uguale, silenzio. / Laggiù dal fondo del piano
> Un fil di fumo si eleva / in lente spire per l'aria,
> Vanisce in alto, si perde / nel vasto immenso: è la pace,
> È l'infinito, me pure / l'immensità chiama a sé.
> (*Fantasma*, vv. 1-6)

VIII.3.5. Riserve nei confronti dei metri delle *Odi barbare*, comunque, furono presto avanzate anche nella cerchia dei più fedeli amici ed allievi del Carducci, e, in particolare, da Giuseppe Chiarini e da Guido Mazzoni (cfr. PAPINI 1988, pp. XVI-XVII), alla competenza e ai suggerimenti dei quali, peraltro, lo stesso Carducci (come testimonia l'epistolario) si affidò ripetutamente nella revisione delle *Odi*. Chiarini e Mazzoni ritenevano necessaria, nella riproduzione dei metri classici, una maggiore 'regolarità' sillabica e ritmica (soprattutto, ma non solo, nell'esametro e nel pentametro), da ottenere limitando il numero delle combinazioni ammesse e ricercando il più possibile la corrispondenza 'accentativa' con gli originali; onde esemplificare tale metodo, essi pubblicarono nel 1882 gli *Esperimenti metrici*, che raccolgono (preceduta da un'importante prefazione del Chiarini) un'antologia di versioni poetiche dal greco e dal latino.

<small>Giuseppe Chiarini e Guido Mazzoni</small>

Un ancor maggior rigore metrico caratterizza la posizione di Angelo Solerti, il cui *Manuale di metrica classica italiana ad accento ritmico* (1886), muovendo da analoghe critiche al metodo sillabico delle *Odi barbare*, introduce la distinzione tra metrica 'barbara' (di tipo carducciano, fondata sugli accenti grammaticali del verso latino) e metrica 'classica' italiana (ossia 'accentativa'), che rispetta le arsi dei versi latini, facendole corrispondere a sillabe toniche. Il *Manuale* del Solerti non mancò di influenzare, in modo particolare, Giovanni Pascoli, che, pur elogiando gli esperimenti carducciani, attuò una profonda 'riforma' dei suoi metri barbari. Nella lunga lettera-trattato a Giuseppe Chiarini (interlocutore, come si capisce, non certo scelto a caso), Pascoli formulava, riguardo alle *Odi barbare*, un giudizio affine a quello dello Gnoli, distinguendo però tra «ritmo proprio» (quello dei versi italiani impiegati per riprodurre i versi latini) e «ritmo riflesso» (quello dei versi latini, evocato — alla memoria del lettore colto — dal lessico, dal contenuto, dalla disposizione tipografica):

<small>Il *Manuale* di Angelo Solerti

Giovanni Pascoli:

'ritmo proprio' e 'ritmo riflesso'</small>

io percepiva in quelle odi due ritmi: uno proprio; uno, per così dire, riflesso. Era ciò che il poeta voleva: due ritmi. E il ritmo proprio di per sé non sarebbe stato piacevole, o almeno non così piacevole come è nei versi nostrani. Ché sebbene le serie fossero nostrane, quinari, settenari, novenari, decasillabi (una sola specie di decasillabi eccettuata), pure la successione e l'accoppiamento delle serie erano nuovi e magari discordi. Ma c'era il ritmo riflesso. [La lettera fu pubblicata postuma nel 1925]

Secondo Pascoli, la metrica barbara carducciana ha una sua «base razionale e storica», perché i versi «corrispondono alla pronunzia grammaticale dei versi antichi»; nondimeno, egli attribuisce il fascino 'arcaico' di tali metri alla prodigiosa abilità del Carducci (e di D'Annunzio) nell'evocare, appunto, di riflesso (anche attraverso la suggestione del contenuto, dello stile, del lessico) gli originali latini: ed è ovvio che egli sconsigli l'imitazione di un simile metodo:

Pensavo e penserei che i metri barbari s'avessero a chiamare carducciani, e dovessero lasciarsi a lui solo, e cessare in lui, per continuare nei secoli la loro vita inconsumabile ma singolare. E ai giovani che si provano nel campo dell'arte, mi sembra ora di dover dire che non si consumino in vani tentativi. Il Carducci o il D'Annunzio sono riusciti, più e meno, a un'opera d'incantesimo, di cantare a un modo e essere intesi in un altro, e di rappresentare il presente e farci apparire in lontananza il passato; ma sono maghi essi, e i nostri giovani né sono né devono cercar di essere.

Pascoli temeva che i metri carducciani, nelle mani di artefici meno abili e meno cólti, conducessero ad esiti abnormi; temeva, in altre parole, che il ritmo «proprio» (non piacevole, e talora discorde) prendesse il sopravvento su quello «riflesso». Né, d'altra parte, condivideva la soluzione proposta anticamente dal Tolomei e dai sostenitori del metodo prosodico 'puro', poiché un tale metodo non rispettava gli accenti grammaticali delle parole, sacrificandoli agli accenti ritmici; il metodo teorizzato da Pascoli nella lettera al Chiarini (il cui titolo è *Della metrica neoclassica*) può definirsi, piuttosto, 'prosodico-accentativo', giacché mirava a far coincidere accento ritmico e accento grammaticale, introducendo al tempo stesso la distinzione tra sillabe lunghe e brevi (operata sulla base di un metodo estremamente complesso, ma fondato essenzialmente sul principio dell'allungamento delle sillabe toniche).

L'esametro e In tal modo, la riproduzione dei versi antichi si faceva assai più rigorosa: l'esametro pascoliano, infatti, è composto quasi sempre da un ottonario dattilico + un novenario con accenti di 2^a, 5^a e 8^a:

E gli dicesti gemendo / tu, guerreggiatore del carro,
Patroclo: «Achille Pelide, / di molto il più forte di tutti,

> Non adirarti: ché tale / dolore ha sforzato gli Achei:
> Ché in verità tutti quanti / già erano prima i più bravi,
> Giacciono dentro le navi, / feriti o da lungi o da presso:
> È Dïomede, il valente / Tidide, ferito da lungi,
> Sono Odisseo chiara-lancia e / l'Atride feriti da presso.
> <div align="right">(trad. da <i>Iliade</i>, XVI, vv. 20-26)</div>

L'ottonario e il novenario dattilici consentono di riprodurre efficacemente il ritmo e la struttura dell'esametro, poiché, congiungendosi, danno vita ad una perfetta esapodia dattilica:

> E gli di / cesti ge / mendo tu, / guerreggia / tore del / carro

Il pentametro, invece, è generalmente restituito con due ottonari dattilici, il secondo dei quali tronco: *il pentametro pascoliani*

> Vedi, fratello, che resta, / ecco, una tomba di te!

Ma la struttura prosodica del verso latino impone di considerare e di scandire come tronco anche il primo emistichio, congiungendone — mediante sinalefe — l'ultima sillaba alla prima del secondo emistichio:

> Vedi, fra / tello, che / re / staecco, una / tomba di / te!
> (trad. da Catullo, CI, v. 2)

Talora, comunque, Pascoli sostituisce i dattili con gli spondei, variando la struttura del verso; nell'esempio seguente (da Orazio, *Sat.* I 9, 1-3)

> Passeggiavo per Via Sacra e — come è mio uso —
> non so che cosette rimuginavo distratto.
> Piombami sopra un cotale che conoscevo di nome,

la ricchezza di piedi bisillabici — cioè di spondei — corrisponde a quella che caratterizza il testo originale:

> Ibam forte Via Sacra, sicut meus est mos,
> Nescio quid meditans nugarum, totus in illis:
> Accurrit quidam notus mihi nomine tantum.

In particolare, il primo esametro della versione pascoliana presenta una struttura (spondeo, dattilo, due spondei, dattilo) perfettamente ricalcata su quella del primo verso oraziano:

> Pas seg / gia vo per / Vi a / Sa crae / co meè mio / u so
> Ī bām / fŏr tĕ Vī / ā Sā / crā, sī / cūt mĕ ŭs / est mos.

Pascoli, comunque, utilizzò l'esametro e il distico solo nelle traduzioni dal greco e dal latino, e mai nelle raccolte di versi originali; l'unico componimento redatto in esametri italiani, *Anticlo*, fu dallo stesso Pascoli riscritto in endecasillabi sciolti, e in quest'ultima veste inserito nei *Poemi conviviali*. Di tutti i metri barbari, peraltro, Pascoli fece sempre, nella sua poesia, un uso molto parco, con la sola eccezione della strofe saffica (sempre rimata). Un caso a parte è costituito dalla saffica inclusa in *Solon* (primo componimento dei *Conviviali*) e da due saffiche comprese in *Odi e inni* (*Convito d'ombre* e *Crisantemi*), in cui la riproduzione del metro originale è condotta secondo il metodo prosodico-accentativo adottato nelle versioni; l'endecasillabo saffico, pertanto, è reso (come già aveva proposto il Solerti nel suo *Manuale*) con un endecasillabo 'anomalo', accentato sulla 1ª, 3ª, 5ª, 8ª e 10ª sillaba, onde ricalcare la struttura ritmica del verso latino:

La saffica pascoliana

> M'è lon / ta no / dal le ric / ciu te / chio me
> (*Solon*, v. 49)

Ecco un'intera strofe (ivi, vv. 49-52):

> M'è lontano dalle ricciute chiome,
> quanto il sole; sì, ma mi giunge al cuore,
> come il sole: bello, ma bello come
>   sole che muore.

Solo la rima (cui Pascoli non rinuncia mai — sciolto a parte, ovviamente — nella poesia italiana) differenzia un tale metro da quello adottato nel tradurre, ad esempio, un'ode di Orazio (*Carm.* I 38, vv. 1-4):

> Io non voglio aromi di Persia; sdegno
> le ghirlande unite con fil di tiglio:
> non andarmi in caccia di rose, ancora
>   vive sul bronco.

Altri metri 'barbari' nella poesia pascoliana

Con questa tecnica, Pascoli riproduce, nelle sue versioni, anche altri metri, quali l'alcaica e l'asclepiadea; metri coi quali, però, non si misura nella poesia italiana, se non in alcune loro varianti 'analogiche'. Un'alcaica fantoniana, *Ida*, fu relegata tra le *Poesie varie* (cfr. I.7.3.); un'originale variante di tale metro (con due novenari a rima baciata — anziché due settenari — in terza e quarta sede) è invece impiegata con frequenza in *Odi e inni* (i novenari possono essere ambedue dattilici, come ne *L'ultimo frutto*, o il primo giambico e il secondo dattilico, come in *A riposo*):

> Vada e riposi, dunque: dimentichi
> l'erte fatali che fulminavano
> la terza Italia, ai dì migliori
> montante co' suoi tre colori.
> (*A riposo*, vv. 1-4)

Talvolta (*L'aurora boreale*) i primi due versi sono endecasillabi piani, anziché doppi quinari piano-sdrucciolo, e le rime sono ABab (con i due novenari entrambi giambici). Sempre in *Odi e inni*, si trovano numerose altre 'variazioni' di metri classicheggianti, anche se spesso è difficile stabilire quale sia il metro latino cui ricondurle. La strofe composta da tre endecasillabi piani e un novenario giambico piano (rime ABAb) sembra una variante della saffica (con novenario, in luogo del quinario, in quarta sede: *Il dovere*) o (PIGHI 1970, p. 427) del sistema asclepiadeo secondo; la medesima incertezza può riproporsi per la strofe di tre novenari piani e un senario piano (rime ABAb: *Il sepolcro*, ma già, nei *Canti di Castelvecchio*, *La bicicletta*). Nel caso de *La piccozza*, invece (due doppi quinari piani-sdruccioli + un senario e un novenario a rima baciata) l'alternativa è tra l'alcaica e il sistema asclepiadeo terzo (MARTELLI 1984, p. 598).

IX. IL NOVECENTO

IX.1. Innovazioni primo-novecentesche

IX.1.1. La profonda rivoluzione metrica novecentesca ha le sue radici nello sperimentalismo di Pascoli, di D'Annunzio e di altri poeti attivi tra la fine del XIX e l'inizio del XX secolo. Nella loro produzione, infatti, si affermano le due tendenze che caratterizzeranno, dal punto di vista formale, tutta la poesia del Novecento: da una parte, la tendenza alla completa 'libertà' metrica, che trova la sua più evidente realizzazione nell'impiego del verso libero; dall'altra, la ricerca di nuove 'regole' compositive, atte a costruire (sia pur in perpetua dialettica con la versificazione libera) inedite ma non per questo meno rigorose forme 'chiuse'. Le due tendenze, che — come si è ripetuto più volte — connotano tutta l'evoluzione della poesia italiana a partire dal Cinquecento, non si escludono necessariamente a vicenda; spesso, anzi, convivono nei medesimi autori, oppure ne contrassegnano diverse fasi poetiche, diverse raccolte, o addirittura diverse sezioni di una medesima opera. Forma aperta e forma chiusa

Le innovazioni pascoliane sono di natura completamente diversa rispetto a quelle di D'Annunzio e di altri contemporanei, e del tutto diversa — pertanto — è anche l'influenza da esse esercitata sulla poesia del XX secolo. Pascoli, infatti, non mette in discussione la rima, non pratica il verso libero, adotta ancora forme tradizionali (compresi i più ardui schemi 'barbari'), recupera metri 'arcaici', predilige le strutture strofiche regolari. I suoi esperimenti, sorretti da una raffinatissima tecnica metrica e ispirati in molti casi al modello della poesia greco-latina, non tendono alla dissoluzione del nostro sistema metrico, ma puntano anzi ad arricchirlo di nuove e spesso peregrine soluzioni, nella direzione di un'accentuata, rigorosa e talora ossessiva 'chiusura' formale, cui il poeta sembra guardare come all'unico e all'ultimo baluardo da opporre alla disgregazione dell'io e del mondo. Pascoli
Pascoli e la forma chiusa

Ecco una sintesi dei fenomeni più rilevanti:
1) introduzione della *rima ipermetra*: tale rima interessa una parola La rima ipermetra,

piana e una parola sdrucciola che, se privata dell'ultima sillaba, rimerebbe perfettamente con quella piana (ad es. *apprèssati : essa; tàcita : tenaci*). In Pascoli, a questa rima si accompagnano sempre due fenomeni, che tendono a sanarne l' 'irregolarità': se il verso successivo a quello concluso dalla parola sdrucciola comincia per vocale, si ha

l'episinalefe e *episinalefe*, cioè l'ultima sillaba del verso sdrucciolo si congiunge tramite sinalefe con la prima del verso seguente:

> Sorridile, guardala; appress*ati*
> *a* mamma, ch'ormai non ha più,
> per vivere un poco ancor essa,
> che il poco di fiato ch'hai tu!
> (CC, *Il sogno della vergine*, IV, vv. 13-16)

In questo caso, la scansione dei due versi è: «Sorrìdile, guàrdala; apprèssa / ti a màmma, ch'ormài non ha più». Se, invece, il verso sdrucciolo è seguìto da un verso che inizia per consonante, quest'ultimo risulta mancante della prima sillaba, che viene sostituita dall'ultima la sinafìa sillaba del verso precedente (*sinafìa*):

> o quella che illumina taci*ta*
> tombe profonde — con visi
> scarniti di vecchi; tenaci
> di vergini bionde sorrisi.
> (CC, *La poesia*, IV, vv. 11-14)

L'ultima sillaba del v. 11 (-*ta*) si computa come prima del v. 12, il quale, così, riacquista la misura (e, conseguentemente, il ritmo) regolare del novenario dattilico («ta tómbe profónde — con vìsi»). Episinalefe e sinafìa, artificî desunti dalla poesia latina, sono usate molto raramente nella poesia novecentesca; la rima ipermetra invece, ha conosciuto enorme fortuna (è molto frequente, ad esempio, nei poeti crepuscolari e nel giovane Montale degli *Ossi di seppia*). Il fenomeno, tuttavia, non è importante solo in se stesso, ma anche in quanto costituisce una delle più appariscenti manifestazioni della tipica tendenza pascoliana a complicare, a volte con recuperi peregrinamente cólti, il quadro ferreo delle leggi metriche.

Mobilità degli accenti 2) Mobilità degli accenti. Pascoli ricorre spesso, in liriche omometriche, al mutamento e all'alternanza di accentazioni diverse, corrispondenti talora a schemi ritmici del tutto difformi e — secondo la tradizione italiana — inconciliabili. Il caso più evidente e più noto è quello del novenario (un verso che, già tornato in auge grazie alla metrica barbara, conosce con Pascoli il suo momento di maggior fortuna): nei *Canti di Castelvecchio*, ad esempio, *Il ritorno delle bestie* consta di sei strofe tetrastiche che comprendono ciascuna tre novenari trocaici (accenti sulla 1ª, 3ª, 5ª e 8ª, talora 1ª, 3ª, 6ª e 8ª) e un comune novenario dattilico; ne *Il gelsomino notturno*, i primi due versi di ogni strofa sono dattilici, gli altri due a base trocaica:

> E s'aprono i fiori notturni
> nell'ora che penso a' miei cari.
> Sono apparse in mezzo ai viburni
> le farfalle crepuscolari.
> (vv. 1-4)

Nelle strofe, sempre tetrastiche, de *Il poeta solitario*, sono invece novenari dattilici i versi dispari, e trocaici i versi pari; ne *Il primo cantore* e in *In viaggio* si alternano ben tre tipi di novenario, il dattilico, il trocaico e il giambico (accenti di 2ª, 4ª, 6ª e 8ª).

Ecco la strofe d'apertura de *Il primo cantore*, con l'indicazione dei diversi tipi di novenario:

Il primo a cantare d'amore	(datt.)
chi è?	
Non si vede un boccio di fiore,	(troc.)
Non ancora un albero ha mosso;	(troc.)
la calta sola e il titimalo	(giamb.)
verdeggia su l'acqua del fosso:	(datt.)
e tu già canti, o saltimpalo,	(giamb.)
sicceccé... sicceccé...	

Simili alternanze riguardano talvolta anche l'ottonario (*La tovaglia*) e il decasillabo (*Imbrunire*).

In genere, la disposizione dei vari tipi ritmici di un medesimo verso è soggetta a precise leggi, cosicché essa assume una chiara funzione strutturante, documentata anche, talora, dalla resa tipografica delle strofe: nell'esempio, sopra riportato, del *Gelsomino notturno*, i vv. 3-4 appaiono staccati — in virtù della marginatura spostata — dai vv. 1-2 (come se si trattasse di versi sillabicamente differenti), e la strofa risulta pertanto nettamente bipartita. In ogni strofe de *Il primo cantore*, i sei novenari sono equamente ripartiti fra le tre varianti ritmiche (due dattilici, due trocaici, due giambici), e fissa è la collocazione dei versi: vv. 1 e 6, dattilici; vv. 3 e 4, trocaici; vv. 5 e 7, giambici. Le uniche due infrazioni si verificano nell'ultima delle quattro strofe, dove il v. 5 («Frùlla, o fàlce, fòrti su l'àli») è un novenario trocaico anziché — come nelle altre strofe — giambico, mentre il v. 7 è sì un novenario giambico, ma con inversione di battuta nel primo piede, cioè con accento sulla prima e non sulla seconda sillaba, e conseguente attacco dattilico («Frùllano i nuòvi sàltimpàli»). Nelle nove strofe

La funzione strutturante

di *In viaggio* (ciascuna costituita da cinque novenari seguìti da un ritornello quinario sempre uguale, «Ave Maria»), la regolarità è fornita dalla contrapposizione, in sedi fisse, di novenari dattilici (i vv. 1-3 di ogni strofe) e non dattilici (i vv. 2, 4 e 5, trocaici o giambici).

<small>Versi anisosillabici</small> 3) Anisosillabismo, cioè alternanza, in una stessa strofe, di versi che differiscono solo per una o due sillabe e che possono essere ricondotti ad un medesimo tipo ritmico fondamentale. Ne *La squilletta di Caprona* si alternano, in strofe tetrastiche, novenari giambici e ottonari trocaici:

> Un'ombra va col tintinnio
> di quel vecchio campanello;
> e l'ombra passa lungo il rio,
> gira il piccolo castello.
> (vv. 9-12)

I due versi, in realtà, sono ritmicamente omologhi, se consideriamo i novenari come ottonari con anacrusi monosillabica, o — viceversa — gli ottonari come novenari giambici con un 'tempo vuoto' iniziale. Nel caso specifico, trascurando la prima sillaba del novenario (che, non a caso, è spesso costituita da un monosillabo atono), esso si sovrappone perfettamente all'ottonario trocaico: «ómbra và col tìntinnìo» : «dì quel vècchio càmpanèllo». Il principio è il medesimo su cui sembrano fondarsi molte manifestazioni dell'anisosillabismo delle origini (cfr. II.5.1.), ma è qui applicato con tale esattezza e tale rigore da far divenire l'anomalia un elemento decisamente formante. In varie liriche di *Myricae* (*La felicità*, *Sorella*, *X agosto*, ecc.) l'alternanza interessa decasillabi anapestici e novenari dattilici, altri due versi, cioè, che possono essere ricondotti al medesimo schema ritmico:

> Io la inseguo per monti, per piani,
> nel mare, nel cielo: già in cuore
> io la vedo, già tendo le mani,
> già tengo la gloria e l'amore.
> (*La felicità*, vv. 1-4)

Dove, interpretando la prima sillaba del decasillabo come anacrusi, si ottengono due novenari dattilici: «la inséguo per mónti, per piàni»: «nel màre, nel cièlo: già in cuòre».

<small>L'inno pascoliano *Ad Antonio Fratti*</small> Più complesso il caso dell'inno *Ad Antonio Fratti* (in *Odi e inni*), una pindarica (cfr. V.4.3.) nelle cui strofe e antistrofe si alternano ottonari dattilici, novenari dattilici, senari (con accenti, naturalmente, di 2^a e 5^a), endecasillabi dattilici: tutti versi, come si vede, acco-

munati dal ritmo dattilico, e quindi facilmente sovrapponibili. Il novenario, rispetto all'ottonario, ha soltanto una sillaba in più in anacrusi: «quàndo, quel giórno, la frónte / *vol*gésti alla lùce lontàna» (vv. 3-4); il senario è un ottonario con due tempi vuoti iniziali: «*Era* sui cùlmini o fòrte»: «l'auròra... o la mòrte»; l'endecasillabo dattilico si può interpretare come un ottonario dattilico accresciuto, alla fine, di tre sillabe («èra, tra i càntici délla *dïana*») o come un novenario dattilico con una anacrusi bisillabica («*era*, tra i càntici délla dïana»). Lo schema metrico è il seguente:

$$a_8 b_8 b_8 c_9 C_{11} a_6 \quad d_8 e_8 e_8 f_9 F_{11} d_6 \quad G_{11} h_6 G_{11} h_6 i_8 l_9 i_8 l_9$$

Questa è la prima triade (si noti, nell'antistrofe, la rima ipermetra ai vv. 8-9, e la conseguente sinafìa ai vv. 9-10):

> Era sui culmini, o forte,
> era l'aurora sul monte,
> quando, quel giorno, la fronte
>   volgesti alla luce lontana?
> era, tra i cantici della dïana,
>   l'aurora... o la morte?
>
> Chi discendeva a quell'ora
> per le boscaglie di querci
> col calpestìo d'un esercito
>   grande sopra aride frondi?
> chi salutarono i rombi profondi?
>   la morte... o l'aurora?
>
> Ché tu sapevi dal vate Acarnane,
>   la sorte qual era.
> Egli gittò nelle sacre fontane
>   la pietra sua nera.
> Disse: — Adornatevi, eroi;
>   cingete ai capelli le bende!
> ché con l'aurora tra voi
>   la morte dimane discende. —

L'organismo, come ognuno vede, è di straordinaria raffinatezza e complessità, e rappresenta senza dubbio una delle prove più alte e ardue della 'forma chiusa' pascoliana; ed è evidente, in una lirica di questa natura, l'influenza della metrica classica e la volontà di trasferire in italiano alcuni dei suoi principî fondamentali (nella fattispecie, sostituendo al criterio sillabico quello dei 'piedi', in questo caso del dattilo).

4) Non è da trascurare, infine, benché non riguardi esclusivamente l'aspetto metrico, l'opera profonda di 'svecchiamento' condotta da

Altri aspetti della

'modernità' pascoliana

Pascoli sul piano prosodico: basti qui ricordare la drastica riduzione di figure metriche quali la dialefe e la dieresi (riportate in auge dalle *Odi barbare* e dalla produzione 'arcaizzante' di fine Ottocento); la ricerca — secondo un principio enunciato nella lettera al Chiarini — della assoluta concordanza tra accento ritmico e accento grammaticale nel verso (contro la sfasatura dei due piani ammessa, sia pur entro precisi limiti, dalla tradizione); l'eliminazione delle rime tronche (di derivazione neoclassica) ottenute per troncamento 'artificiale' (amor, cuor, ecc.) e il ricorso solo a quelle 'naturali' (monosillabi tonici, parole di per sé tronche).

IX.1.2. L'influsso che la metrica pascoliana ha esercitato sulla poesia novecentesca è considerevole, ma certo più limitato e circoscritto rispetto a quello di D'Annunzio. Se quest'ultimo, infatti, apre — sotto molti aspetti — le porte della libertà metrica, Pascoli sembra agire piuttosto sui poeti maggiormente legati alla tradizione formale italiana, quali (oltre, in alcuni casi, lo stesso D'Annunzio), Gozzano, Montale e certi crepuscolari. Gozzano recupera da Pascoli, soprattutto, l'anisosillabismo, l'uso del novenario variamente accentato e la terza rima (tipicamente pascoliana, ad esempio, è quella de *I colloqui*, nella raccolta omonima, del 1911: tre serie di quattro terzine ciascuna, con un verso di chiusa per ogni serie); in Montale, particolarmente negli *Ossi di seppia*, larghissimo è l'impiego della rima ipermetra (e, in àmbito retorico, dei giochi fonici — armonie imitative, allitterazioni, ecc. — di chiara derivazione pascoliana).

Pascoli e Gozzano

In tutti questi casi, e in altri analoghi, il recupero della metrica pascoliana si rivela tuttavia, per così dire, tendenzioso (un po' come accade con l'esametro 'barbaro' di Carducci: cfr. IX.2.3.): in genere, infatti, viene meno quella calcolata regolarità con cui Pascoli sempre metteva in opera i suddetti accorgimenti e procedimenti metrici. Così, nel Novecento, alla rima ipermetra non si accompagnerà mai, o quasi mai, la sinafia; i novenari variamente accentati non saranno soggetti a precise leggi di alternanza e di disposizione; l'anisosillabismo si sottrarrà ai rigorosi meccanismi ritmico-sillabici escogitati dal Pascoli. Allo stesso modo, la combinazione di ritmi 'discordi' (ascendenti e discendenti) e di versi che la tradizione italiana non ammetteva come compatibili (ottonario e novenario, decasillabo e novenario, endecasillabo e senario, ecc.), nonché la creazione di inediti sistemi strofici, saranno per lo più svincolate dai loro reali presupposti tecnici e culturali (di matrice essenzialmente classica e 'barbara'), e la loro 'anomalia' rispetto alla tradizione più vulgata sarà interpretata come occasione per infrangerne le leggi senza seguire neppure quelle che il Pascoli vi aveva introdotto.

IX.1.3. La poesia dannunziana, dopo le raccolte giovanili (dominate dai metri barbari e dai recuperi delle antiche forme romanze), si apre a decisive innovazioni metriche nelle *Laudi* (*Maia, Elettra, Alcyone, Merope*, 1899-12), nella direzione della libera reinvenzione delle forme e degli enti tradizionali (strofe, metri, versi, ecc.). Per quanto riguarda il verso, la novità principale, in questa fase, è costituita dalla libera alternanza — in molti componimenti — di versi di varia misura (ma tutti riconducibili a moduli ritmico-sillabici tradizionali), senza rime o liberamente rimati o assonanzati. Composizioni di questo genere furono definite dallo stesso D'Annunzio «strofe lunghe» (*L'onda*, vv. 101-102: «Musa, cantai la lode / della mia Strofe Lunga»; questa e tutte le liriche citate in séguito fanno parte di *Alcyone*); ecco la prima delle «strofe lunghe» che costituiscono *Meriggio* (ventisette versi, di misura oscillante tra il quinario e l'ottonario):

L'esperienza metrica dannunziana

La 'strofe lunga'

(Meriggio)

A mezzo il giorno
sul Mare etrusco
pallido verdicante
come il dissepolto
bronzo dagli ipogei, grava
la bonaccia. Non bava
di vento intorno
alita. Non trema canna
su la solitaria
spiaggia aspra di rusco,
di ginepri arsi. Non suona
voce, se ascolto.
Riga di vele in panna
verso Livorno
biancica. Pel chiaro
silenzio il Capo Corvo
l'isola del Faro
scorgo; e più lontane,
forme d'aria nell'aria,
l'isole del tuo sdegno,
o padre Dante,
la Capraia e la Gorgona.
Marmorea corona
di minaccevoli punte,
le grandi Alpi Apuane
regnano il regno amaro
dal loro orgoglio assunte.

Si parla solitamente, a proposito di liriche come queste, di verso libero; in realtà, un simile metro non rappresenta, in termini generali, una vera e propria novità nella storia della nostra poesia, soprattutto in considerazione del fatto che alla sua base stanno versi quinari e settenari, spesso ipermetri o ipometri in grazia di un anisosillabismo tanto esteso quanto sapientemente controllato. I presupposti strutturali della «strofe lunga» non differiscono da quelli di metri tradizionali come il madrigale libero cinquecentesco, il recitativo drammatico, la canzone a selva, la canzone libera leopardiana, tutte forme che senza dubbio costituirono modelli più o meno consapevoli e cogenti della 'strofe lunga' dannunziana, e che sono adottate anche in *Alcyone* (*L'aedo senza lira*, ad esempio, consta di endecasillabi e settenari liberamente disposti e rimati). Già in questi metri era ammessa la possibilità — ampiamente sfruttata da D'Annunzio — che due o più versi brevi consecutivi si ricomponessero, alla lettura, in un verso lungo (cfr., nella strofe sopra riportata, gli endecasillabi perfetti prodotti dalla somma dei vv. 14-15 e 20-21).

La 'strofe lunga', di fatto, scaturisce — come già si è accennato — dal trattamento diffusamente anisosillabico dei versi che costituiscono i metri ora menzionati: se di verso libero volessimo continuare a parlare, quindi, dovremmo più propriamente parlare, specificando, di 'verso libero anisosillabico' (per la fortuna novecentesca di tale verso, cfr. IX.2.1.). Un chiaro esempio di anisosillabismo è fornito anche dalla *Sera fiesolana*, dove, in un contesto metrico tradizionale (endecasillabi, novenari, settenari e quinari), compaiono versi 'lunghi' che corrispondono, in realtà, a due tipi di endecasillabo (se così può essere definito) 'dilatato':

(*La Sera fiesolana*)

- endecasillabi regolari caratterizzati o dall'aggiunta, dopo la conclusione della misura canonica, di un'appendice 'fuori battuta' (v. 4, «silenzioso e ancor s'attarda a l'opra *lenta*»: con *silenzïoso* pentasillabo), o da un'anacrusi bi- o trisillabica, che PINCHERA 1966, p. 109, definisce «prefisso ritmico» (v. 9, «*cèrule* e par che innanzi a sé distenda un velo»; l'*enjambement* col verso precedente consiglia questa interpretazione, benché sia possibile anche considerare «un velo» come appendice trisillabica dell'endecasillabo «cèrule e par che innanzi a sé distenda»). A quest'ultima specie appartengono i versi che si aprono con l'invocazione alla Sera:

> *o Sera, e* pe' tuoi grandi umidi occhi ove si tace (v. 16);
>
> *o Sera, e* pel cinto che ti cinge come il salce (v. 33);
>
> *o Sera, e* per l'attesa che in te fa palpitare (v. 50).

Tutti versi che presentano l'anacrusi trisillabica (o prefisso ritmico che dir si voglia) «o Sera, e».

- endecasillabi 'crescenti' per l'inserimento di una sillaba nel corpo

del verso. È il fenomeno che PINCHERA 1966, p. 104, definisce «iper- L'ipertrofia
trofia ritmica»: «per ipertrofia ritmica intendiamo l'alterazione di un ritmica
ritmo mediante l'inclusione (si potrebbe dire l'innesto) di una sillaba
in più, quasi una sillaba in sovrannumero». Si leggano i vv. 35-42:

> Io ti dirò verso quali reami
> d'amor ci chiami il fiume, le cui fonti
> eterne a l'ombra de gli antichi rami
> *parlano nel mistero sacro dei monti*;
> e ti dirò per qual segreto
> le colline su i limpidi orizzonti
> *s'incurvino come labbra che un divieto*
> chiuda, e perché la volontà di dire
> [...]

I versi in corsivo sono ipermetri, ma conservano, ben riconoscibile, il ritmo dell'endecasillabo *a maiore*; per recuperarlo sarebbe sufficiente espungere (con un ideale punto sottoscritto, come nelle edizioni moderne della poesia dei primi secoli) le vocali finali di *mistero* e di *incurvino*: «parlano nel mistero sacro dei monti» (endecasillabo 'foscoliano' di 6ª e 7ª); «s'incurvino come labbra che un divieto» (endecasillabo giambico con accenti sulle sillabe pari). Ovviamente, la pertinenza di una simile 'lettura' metrica è confermata dalla presenza, nel passo in esame, di numerosi endecasillabi 'canonici'; anzi, parrebbe legittimo interpretare anche il v. 39, novenario con accenti di 4ª, 6ª e 8ª, come un endecasillabo *a minore* mancante dell'ultima posizione: «e ti dirò per qual segreto ⏊ ⏑ » (con accenti, analogamente al v. 37, di 4ª, 8ª e 10ª). Il che sembra confermato dal fatto che, a parte il v. 6 (collocato dopo un altro novenario), tutti i novenari della lirica (vv. 5, 10, 39, 46) sono situati immediatamente dopo o prima di un endecasillabo ipermetro, a mo' — potremmo dire — di 'compensazione' sillabica. E tale compensazione è perfetta nel caso dei vv. 4-5:

> silenzioso e ancor s'attarda a l'opra *lenta*
> su l'alta scala che s'annera,

dove il v. 5, novenario, si trasforma in un regolare endecasillabo *a maiore* se ad esso si premettono le due sillabe conclusive (*lenta*) dell'endecasillabo ipermetro precedente (v. 4). Stessa cosa avviene ai vv. 9-10 («cerule e par che innanzi a sé distenda *un velo* / ove il nostro sogno si giace»), dove però, annettendo *un velo* al novenario che segue, si ottiene un anomalo endecasillabo con accento di 5ª.

I ditirambi di **IX.1.4.** Un caso a sé, in *Alcyone*, costituiscono i quattro ditirambi.
Alcyone Uno di essi (il IV) adotta fedelmente il metro dell'idillio mariniano (endecasillabi e settenari liberamente rimati e serie di sciolti, talora continuatamente sdruccioli, riservati di solito al discorso diretto); il secondo, invece, si organizza sulla regolare alternanza di un endecasillabo e un settenario entrambi sdruccioli, recupero di un metro epodico, ma anche della frottola volgare, la cui concitazione ed il cui *obscurisme* potevano forse apparire a D'Annunzio congeniali al carattere del ditirambo; quanto agli altri due, il poeta ricorre alla libera alternanza di versi di varia misura, ora (nel primo) con maggiore aderenza al modello rediano (compreso l'uso, prescritto da Aristotele, di parole composte), ora — nel terzo — con suggestioni di varia provenienza (esametro, prosa ritmata delle origini, ecc.).

Infrazione e **IX.1.5.** La tendenza verso l'infrazione (e, talvolta, la dissoluzione)
strutturazione: della metrica tradizionale non è però disgiunta, in molti casi, da una ricerca di strutturazione e di simmetria, che conferisce allora alla «strofe lunga» una 'regolarità' sconosciuta alle forme astrofiche tradizionali. Le rime, ad esempio, non hanno sempre e soltanto una funzione timbrico-musicale, ma assumono, spesso, anche una valenza struttura-
la rima, le; è il caso, in particolare, delle rime che — come avviene spesso nella canzone libera tradizionale, nell'idillio mariniano e nel recitativo drammatico — concludono le singole strofe (si veda, nella prima strofa del *Meriggio* sopra riportata, le rime *Gorgona : corona* ai vv. 22-23 e *punte : assunte* ai vv. 24-27; non di rado, come in *Intra du' Arni* e ne *I tributarii*, ogni strofe termina con uno o più distici a rima baciata; ecc.) o che le collegano a mo' di *coblas capcaudadas* (cfr. II.1.3.), come nelle prime sette strofe del *Ditirambo I* (fra la settima e l'ottava la rima è sostituita dallo sdrucciolo) e nelle due strofe de *L'ippocampo* (dove i primi due versi della seconda riprendono, in ordine inverso, le rime dei due versi finali della prima).
l'isostrofismo Dal punto di vista strofico, una funzione decisamente strutturante ha l'assunzione di una misura fissa: tutte le strofe hanno la medesima ampiezza, ad esempio, in *Intra du' Arni* (25 vv. ciascuna), *La pioggia nel pineto* (32 vv.), *Vergilia anceps* (17 vv.), *Meriggio* (27 vv.) ecc.; talora, alle strofe seguono uno o due versi isolati, a mo' di congedo, che rimano tra loro o riprendono rime della precedente strofe (*I cam-*
(il caso della *melli*, *Meriggio*, *L'onda*, ecc.). L'isostrofismo caratterizza anche la *Laus*
Laus vitae e *vitae*, costituita da 400 strofe di ventuno versi ciascuna, suddivise in ventuno canti di varia estensione. Anzi, questa così complessa struttura ha, nelle intenzioni di D'Annunzio, una funzione decisamente numerologica e simbolica: cfr. (citati anche da BELTRAMI 1991, p. 134) i vv. 7918-21 («Tre volte sette: la strofe / qual triplicata sampogna

/ di canne ineguali risuona / con l'arte di Pan meriggiante»); e questo si dovrà tener presente anche per altri componimenti, come, ad esempio, le ballate de *Il fanciullo* (cioè Pan), che sono sette come sette sono le canne della siringa divina.

del *Fanciullo*),

IX.1.6. Analoghi fenomeni, oltre che in quello del verso, occorrono anche nell'àmbito delle forme metriche. D'Annunzio continua a servirsi anche dei metri tradizionali (sonetto, canzone, madrigale, ballata, terzina, saffica, endecasillabo sciolto), sottoponendoli però spesso a innovazioni formali che non ne impediscono certo la riconoscibilità, ma ne alterano comunque — in maniera talvolta profonda — le caratteristiche. Di questa tecnica lo stesso D'Annunzio parla, a proposito della lirica *Undulna*, in una celebre pagina del *Libro segreto*:

le forme metriche:

tradizione e innovazione

(il caso di *Undulna*):

E perché mai nella ode e lode di sé medesma Undulna s'elegge un numero noto, la stanza di quattro versi, la quartina alterna del Chiabrera ch'è una specie dimestica di Gabriello? Per far della vetustà nota una modernità ignota, una invenzione novissima, anzi, la più gemmante novellizia ne' giardini del mare.

Ecco le prime due strofe della lirica:

> Ai piedi ho quattro ali d'alcèdine,
> ne ho due per mallèolo, azzurre
> e verdi, che per la salsèdine
> curvi sanno errori dedurre.
>
> Pellùcide son le mie gambe
> come la medusa errabonda,
> che il puro pancrazio e la crambe
> difforme sorvolano e l'onda.

Sono, in tutto, 32 quartine a rima alterna: un metro affermatosi, appunto, col Chiabrera, e diffusissimo dopo di lui, ma 'reinventato' da D'Annunzio, che lo pratica non con i versi consueti (endecasillabo e settenario), ma con un novenario di ascendenza pascoliana (come dimostra l'alternanza di varie accentazioni, pur nella prevalenza del ritmo dattilico).

«Far della vetustà nota una modernità ignota, una invenzione novissima»: la libera reinvenzione delle forme tradizionali — allo scopo di rinnovarle e rinvigorirle dall'interno — è una delle tecniche in cui D'Annunzio eccelle, tracciando una via che sarà tra le più battute dai poeti del Novecento (cfr. IX.3.). I metodi più spesso usati, anche simultaneamente, sono due:

«vetustà nota e modernità ignota»

1) alterazioni ritmico-musicali (sostituzione dell'assonanza alla ri-

ma, adozione di versi di vario tipo in luogo di quelli tradizionalmente impiegati, anisosillabismo);
2) alterazioni strutturali (soppressione della rima pur nella conservazione tipografica della struttura strofica; variazioni nella struttura rimica dei metri).

<small>Alterazioni ritmico-musicali: rima e assonanza,</small>

Per quanto concerne il primo fenomeno, basterà citare, da una parte, i molti componimenti in cui la rima, pur non del tutto assente, viene sostituita spesso dall'assonanza (così avviene, ad esempio, nelle ballate de *Il fanciullo*, nelle terzine di endecasillabi della quarta parte de *L'oleandro*, nei *Madrigali dell'Estate*, in buona parte dei sonetti che compongono *La corona di Glauco*, ecc.); dall'altra, a liriche come la

<small>verso e forma strofica,</small>

già ricordata *Undulna* e come *Versilia*, in cui il tradizionale metro della quartina — a rima alterna o chiusa — è praticato con inconsueti novenari 'pascoliani' (cioè variamente accentati). Questi due ultimi

<small>l'anisosillabismo</small>

componimenti forniscono anche esempi di anisosillabismo, introducendo talora, tra i novenari, dei decasillabi — prevalentemente, ma non solo anapestici — e in un caso (*Undulna*, v. 58) un ottonario dattilico (versi, cioè, interpretabili come 'varianti', rispettivamente anacrusiche e catalettiche, del novenario), con una tecnica di evidente derivazione pascoliana ma senza la calcolata regolarità che nel Pascoli questo procedimento assume sempre grazie all'episinalefe e alla sinafìa (cfr. IX.1.1.).

<small>Alterazioni strutturali:</small>

Più complessa la tipologia del secondo fenomeno. Liriche come *Furit aestus*, *Terra, vale!*, *Stabat nuda aestas*, *Altius egit iter* sono scritte in

<small>l'ottava e</small>

ottave di endecasillabi prive di rima: che il metro sia esemplato sulla tradizionale ottava è dimostrato anche dal fatto che, spesso, gli ultimi due versi costituiscono un periodo logico autonomo e fungono — come nell'ottava lirica ed epico-narrativa — da conclusione epigrammatica.

<small>la terzina non rimate</small>

Il policefalo e *L'asfodelo* constano di terzine non rimate di endecasillabi (nel secondo caso, concluse, come nella terza rima vera e propria, da un verso isolato); nelle terzine di endecasillabi de *Gli in-*

<small>o parzialmente rimate</small>

dizii, invece, rimano solo i versi dispari di ogni terzetto, e il verso centrale risulta irrelato. Ne *L'oleandro* si trovano, senza rime, strofe

<small>(il caso dell'*Oleandro*, quello de *La spica*</small>

di otto e di nove versi (in quest'ultimo caso, forse a imitazione della nona rima, praticata altrove da D'Annunzio: cfr. VIII.2.3.). Di grande interesse il caso de *La spica*, una 'canzone' di sette stanze di identica struttura: dieci versi (sei endecasillabi, tre settenari, un endecasillabo), con una sola rima, che interessa il sesto e il decimo verso. Questa la prima stanza:

> Laudata sia la spica nel meriggio!
> Ella s'inclina al Sole che la cuoce,
> verso la terra onde umida erba nacque;

s'inclina e più s'inclinerà domane
verso la terra ove sarà colcata
col gioglio ch'è il malvagio suo *fratello*,
con la vena selvaggia
col cìano cilestro
col papavero ardente,
cui l'uom non seminò, in un *mannello*.

La struttura, eccezion fatta per l'aggiunta di un endecasillabo nella prima parte, è quella della canzone petrarchesca *S'i' 'l dissi mai* (RVF CCVI), le cui sei stanze hanno schema: ABBA AcccA (cfr. III.1.3.). D'Annunzio abolisce le rime, ma conserva quella tra gli ultimi due endecasillabi; inoltre, sempre a imitazione del modello petrarchesco (che prevede *coblas capcaudadas* di due in due stanze), riprende, al primo verso della terza strofe, la rima (nella fattispecie, anzi, la parola-rima) dell'ultimo verso della strofe precedente (*resta* : *resta*). Fra i recuperi dell'antica tradizione toscana dovrà essere annoverata, al v. 10, la dialefe (regolare in quell'àmbito, ma eccezionale per la moderna poesia) dopo *seminò*.

Alterazioni del normale schema rimico, invece, si hanno ne *L'otre*, che consta di 78 quartine di endecasillabi a rima chiusa, in cui la rima è talora sostituita dalla semplice assonanza, e in cui alcune quartine presentano un diverso schema rimico: ad esempio, la quartina XXV, vv. 97-100, è monorima e consta di tutti endecasillabi tronchi.

e quello dell'*Otre*)

IX.1.7. La tendenza alla 'forma chiusa' si manifesta in D'Annunzio — oltre che nell'isostrofismo delle 'strofi lunghe' e nel recupero innovativo di metri tradizionali — nella creazione di inediti, e talora complessi, organismi formali. Sempre in *Alcyone*, *Bocca d'Arno* consta di cinque strofe di undici versi l'una (endecasillabi e settenari liberamente disposti e rimati), tutte seguìte da una 'cobboletta' o ritornello di struttura fissa: settenario (rimato con l'ultimo verso della strofe che precede) + tetrastico a rima (o assonanza) chiusa (abba: quinario, settenario, 'decasillabo' variamente accentato, settenario). Le liriche comprese nella serie *Sogni di terre lontane* adottano strofe incatenate, a mo' di rimolatino (cfr. IV.2.7.), di cinque e (alternatamente) otto endecasillabi, cui segue un endecasillabo isolato di chiusa; il primo verso di ogni strofe rima sempre con l'ultimo della strofe precedente, e così fa anche il verso di chiusa.

Altra forma dannunziana è la strofe esastica di endecasillabi su due rime (ABBABA), che deriverà non tanto dalla sestina narrativa (giocata su tre rime), quanto dalla sirma del sonetto. Il metro, utilizzato in una lirica della *Chimera* (*L'esperimento*), fu ripreso e largamente impiegato da Guido Gozzano, che lo adottò per la prima volta nella *Si-*

Organismi formali di nuova creazione (il caso di *Bocca d'Arno*,

quello di *Sogni di terre lontane* e

quello della *Chimera*)

gnorina Felicita (1909), modificando però talora la struttura rimica (cfr. MARTELLI 1984, pp. 608-609).

IX.2. Il verso libero

'Verso' e
'metro'

IX.2.1. Il verso libero presenta una duplice configurazione: in quanto *verso*, si identifica con un verso di ampiezza sillabica e di accentazione variabili e del tutto libere, non coincidente con nessuna delle misure canoniche e quindi normalmente eccedente l'endecasillabo; in quanto *metro*, consiste nella libera alternanza di versi di ogni genere (in prevalenza liberi, ma anche misti a versi tradizionali), privi di rime o irregolarmente rimati e disposti in strofe di ampiezza variabile. In questo caso, si potrebbe parlare, più precisamente, di *metrica libera* e di *metro libero* (cfr. MENGALDO 1988, p. 562).

Distinguiamo preliminarmente, per ragioni soprattutto di comodità e di chiarezza espositiva (giacché, nei fatti, la distinzione non è sempre agevole), quattro tipi di verso libero:

1) verso libero 'anisosillabico';
2) verso libero 'composto';
3) verso libero 'prosastico';
4) verso libero 'colico'.

Il verso libero
'anisosillabico':

D'Annunzio,

Pascoli,

IX.2.2. La dannunziana 'strofe lunga' esemplifica, come si è detto, quello che potremmo definire verso libero 'anisosillabico'; un verso la cui fortuna è molto larga nella poesia del XX secolo. Come già abbiamo visto in D'Annunzio (IX.1.3.), il verso anisosillabico si configura come un verso regolare 'dilatato' o 'decurtato' di una o due sillabe. L'identificazione di un verso siffatto non è sempre pacifica: perché si possa parlare di verso tradizionale 'camuffato' è necessario che il verso conservi (nell'attacco, nella clausola o nella struttura complessiva) l'andamento ritmico del 'modello' (ad esempio, l'endecasillabo); e che, nel componimento in questione o nella sezione che interessa, tornino con significativa insistenza altri versi analoghi o, ancor più, versi che coincidano perfettamente col modello. Le due circostanze, come abbiamo visto, si verificano nella *Sera fiesolana* di D'Annunzio, dove il procedimento anisosillabico interessa l'endecasillabo e il novenario.

Taluno potrebbe essere tentato di ricondurre questo tipo di anisosillabismo al modello pascoliano (IX.1.1), dove l'alternanza di versi di varia misura può dare l'impressione di una labilità e di una mutevolezza delle strutture. Ma, nel Pascoli, tutto questo è ferreamente regolato e tende anzi ad inglobare in forme quanto mai complesse e rigorose una 'materia' che altrimenti sfuggirebbe al dominio dell' 'artefice'. Qui, invece — e già in certo D'Annunzio —, si tratta della consapevolezza che nessuna fissità e rigidità astratta di forme può strutturare un oggetto che, pur non obliterandole del tutto, le infrange costantemente, le altera, le 'deforma'.

Uno dei più noti casi di anisosillabismo novecentesco — ma, secondo un CONTINI in questo caso difficilmente condivisibile (1970, p. 593), «non intenzionale» — caratterizza i distici di doppi novenari dattilici, con gli emistichi a rima chiusa (a)B(b)A, in cui Guido Gozzano compone *L'amica di nonna Speranza* (in *La via del rifugio*, del 1907); gli emistichi, infatti, risultano sovente ipometri o per anacrusi della sillaba iniziale, come nel secondo emistichio del v. 2: «i fiori in cornice (le buone *cose di pessimo gusto!*)»; o per 'caduta' di una sillaba interna, come nel secondo emistichio del v. 11 («il gran lampadario vetusto *che pende in mezzo al salone*»), dove manca — a meno di supporre una dura dialefe d'eccezione tra *pende* e *in* — una sillaba dopo *pende*. Ecco i primi quattro versi del componimento (segnalo con un asterisco le sillabe 'mancanti' e separo, per chiarezza, i due emistichi di ciascun verso; al primo emistichio del v. 1, l'ipometria scompare se si effettua una dialefe — poco probabile, però — tra *e* e *il*):

Gozzano (*L'amica di nonna Speranza*),

Loreto impagliato e il * busto / d'Alfieri, di Napoleone,
i fiori in cornice (le buone / * cose di pessimo gusto!)

* il caminetto un po' tetro, / le scatole senza confetti,
i frutti di marmo protetti / * dalle campane di vetro.

In realtà, Gozzano sente giustamente come affini l'ottonario e il novenario dattilici: in questo, preceduto dal Pascoli dei *Canti di Castelvecchio*, al quale certamente guarda come a modello, ma rinunciando alla puntigliosa regolarità nell'alternanza dei due versi.

I versi anisosillabici sono frequentissimi nella poesia del Novecento (anche trascurando i non pochi casi in cui devono essere imputati alla scarsa competenza metrica degli autori); essi abbondano, in particolare, in quei poeti che, da Montale a Quasimodo, adottano in prevalenza una metrica «moderatamente libera» (secondo la definizione di CONTINI 1970, p. 593). In linea di principio, è sempre il contesto che induce a optare per l'interpretazione anisosillabica; si consideri il primo degli *Ossi* montaliani:

Montale (*Non chiederci la parola*)

Non chiederci la parola che squadri da ogni lato
l'animo nostro informe, e a lettere di fuoco
lo dichiari e risplenda come un croco

perduto in mezzo a un polveroso prato.

Ah l'uomo che se ne va sicuro,
agli altri ed a se stesso amico,
e l'ombra sua non cura che la canicola
stampa sopra uno scalcinato muro!

Non domandarci la formula che mondi possa aprirti,
sì qualche storta sillaba e secca come un ramo.
Codesto solo oggi possiamo dirti,
ciò che *non* siamo, ciò che *non* vogliamo.

I versi-base sono il doppio settenario e l'endecasillabo: in ciascuna delle due coppie di doppi settenari collocate all'inizio della prima e della terza quartina, il secondo verso (vv. 2 e 10) è regolare, mentre il primo (vv. 1 e 9) presenta una sillaba eccedente («Non chieder*ci* la parola»; «Non domandar*ci* la formula»: si noti il parallelismo dei due emistichi); degli endecasillabi, sono regolari quelli della prima e della terza quartina (vv. 3-4 e 11-12) e l'ultimo della seconda quartina (v. 8), mentre risultano ipometri o ipermetri i vv. 5-7. Nel v. 5 si riconosce il ritmo dell'endecasillabo *a minore* con accenti di 4ª, 8ª e 10ª, e risulta mancante una posizione all'interno del verso (dopo la terza o la quinta o la settima sillaba). Il v. 7 è, altrettanto chiaramente, un endecasillabo sdrucciolo *a maiore* dilatato con l'inserzione di una posizione in eccedenza nel secondo emistichio (ad es.: «e l'ombra sua non cùra *che* la canìcola»). Il v. 6 è un novenario giambico: ma, alla luce del contesto metrico, potrebbe essere interpretato o come un endecasillabo *a maiore* (ritmicamente identico al v. 7) decurtato di due posizioni nel secondo emistichio («agli àltri ed a se stésso * * amìco»), o come un endecasillabo *a minore* con due tempi vuoti iniziali (« * * agli àltri ed a se stésso amico»). Inoltre, si osservi la finezza con cui, nella seconda quartina, Montale 'compensa' (con una tecnica già dannunziana: cfr. il caso de *La sera fiesolana*, IX.1.3.) i due endecasillabi ipometri (vv. 5 e 6) con un endecasillabo ipermetro immediatamente successivo (v. 7). La strofe, infine, si conclude con un endecasillabo del tutto regolare, anche se variamente interpretabile.

Il tredecasillabo

Govoni

Un caso a parte di 'endecasillabo dilatato' è costituito dal tredecasillabo, un verso piano di tredici sillabe che abbonda nella produzione giovanile di Corrado Govoni e — tra i poeti successivi — nel Montale degli *Ossi*. Un componimento govoniano come *Oro appassito e lilla smontata* (in *Fuochi d'artifizio*, 1905) consta interamente di quartine di tredecasillabi a rima alterna:

In una sera di Settembre. Era spiovuto

ed il cielo sembrava fresco come un giglio.
L'aria fluttuava morbida come un velluto.
Un uovo d'anatra scorreva nel Naviglio.
(vv. 1-4)

Uno dei più diretti antecedenti di un verso siffatto è certo l'*alexandrin libéré* dei simbolisti francesi (MENGALDO 1988, p. 564), giacché anche il tredecasillabo appare come un doppio settenario con un emistichio ipometro (6 + 7 o 7 + 6, in genere).

IX.2.3. Il verso libero 'composto', ossia costituito dalla somma di due o più versi italiani tradizionali (benché non sempre regolarmente accentati), si afferma, tra Otto e Novecento, soprattutto grazie ad una certa interpretazione dell'esametro e del pentametro coniati dal Carducci 'barbaro'. Quest'ultimo (contrariamente a quanto affermò, in un celebre saggio, Alfredo Gargiulo) non fu certo mosso, nelle *Odi barbare*, dall'aspirazione a una «forma senza forma», né, tanto meno, costruendo i suoi esametri e i suoi distici 'sillabici', intese aprir la via al verso libero: il suo, anzi, era un esperimento classicheggiante finalizzato alla trasposizione, in italiano, di metri la cui oggettiva 'spazialità' rendeva ai suoi occhi superfluo il ricorso alla rima (cfr. IX.3.1.). Tuttavia, la varietà di soluzioni e di combinazioni ammessa da Carducci nell'esametro (e, in misura minore, nel pentametro) apparve fin dall'inizio ad alcuni poeti (dallo Gnoli al Pascoli) foriera di possibili 'degenerazioni' lungo la strada della 'libertà' metrica; in effetti, la costruzione di inediti versi lunghi risultanti dall'accostamento di misure diverse poteva diventare (e diventò), una volta dimenticate le ragioni profonde dell'operazione carducciana e obliterato il generale carattere arcaico-classicheggiante delle *Odi barbare*, un incentivo alla sperimentazione del verso libero, che veniva così ad acquistare un illustre antecedente italiano da affiancare ai più diretti modelli europei (i simbolisti francesi) e americani (Walt Whitman).

Una simile interpretazione della ricerca metrica condotta nelle *Odi barbare* è evidente nel saggio critico-polemico *Il pastore, il gregge e la zampogna* (1910) di Enrico Thovez e, ancor più, negli scritti di Gian Pietro Lucini, primo fra tutti il volume *Ragion poetica e programma del verso libero* (1908). Lucini addita in Carducci, e soprattutto nel Carducci 'barbaro', uno degli anticipatori e degli antesignani della nuova metrica, definendolo il «nobile istigatore» dei suoi esperimenti formali e indicando nel verso libero il punto d'arrivo di un processo tutto 'italiano', le cui tappe fondamentali sono costituite, a suo avviso, dal carme foscoliano, dalla canzone libera leopardiana e dalle *Odi*

Il verso libero 'composto'

Esametro e pentametro nelle Barbare carducciane

Il modello carducciano: Enrico Thovez e Gian Pietro Lucini barbare carducciane. Le *Revolverate* (1909), pur prevalentemente composte in versi liberi, denunciano la dipendenza dal modello metrico del Carducci: oltre alle riprese del metro saffico e alla frequenza con cui ricorrono versi di chiara derivazione 'barbara' (come i doppi quinari, sdruccioli in uno o in entrambi gli emistichi), importa soprattutto rilevare come a monte del verso libero luciniano stia una particolare interpretazione del distico elegiaco del Carducci, visto che esso si presenta, nella maggior parte dei casi, alla stregua di un verso composto affine (se non identico) all'esametro e al pentametro 'sillabici' (cfr. PINCHERA 1966, pp. 103-12).

In alcuni casi, Lucini rispetta fedelmente le leggi dell'esametro carducciano: «stringerli in fascio nel gambo spinoso ed acerbo» (quinario + novenario dattilico); «or l'uomo agricoltore spargendo sementa sul campo» (settenario + novenario dattilico); «sciupata ed elegante pel lungo peregrinare» (settenario + ottonario dattilico); né mancano distici elegiaci in piena regola: «E se la patria attese la fiaccola accesa a vittoria / nell'ora che il destino suonava al movimento» (esametro 7 + 9; pentametro 7 + 7). Sviluppando questo metodo, Lucini adotta combinazioni inedite, *ab eodem* (ad es. «Conosco, Fifì, la visione che vaga nel fumo azzurrino», 9 + 9; «E il poeta filosofo impartiva ai volontarii la benedizione», 11 + 11), *a maiore* («Oh, notti tremende ed insonni: vane delizie nei sogni», 9 + 8; «E la dolce carezza a me piovente dalli occhi indagatori», 11 + 7) e *a minore* («ai mille becchi de' candelabri di cristallo e d'oro», 5 + 11; «ma il gallo protervo incresta il nervo della sua sapienza», 6 + 11). Infine, alcuni versi risultano dalla combinazione di versi doppi 'barbari' e versi tradizionali: «vibran, tra i vortici della bufera, i giorni consacrati al divenire» (doppio quinario col primo emistichio sdrucciolo e il secondo piano + endecasillabo); «mi dolgo; è lievito del tempo antico ed abolito» (doppio quinario sdrucciolo-piano + quinario piano assonanzato col secondo emistichio del doppio quinario); «Lontane appaiono le cime candide delli Appennini» (doppio quinario sdrucciolo + quinario piano). Questi due ultimi versi possono, più semplicemente, essere considerati tripli quinari; d'altra parte, il verso 'lungo' di Lucini scaturisce talora dalla reiterazione della misura quinaria: «Non ci badare, tutto è passato; sono momenti di debolezza» (due doppi quinari).

D'Annunzio   Un verso libero di questo tipo è ampiamente praticato anche da D'Annunzio, con una varietà di combinazioni non diversa da quella del Lucini e con le medesime, indubbie ascendenze carducciane. È il caso, ad esempio, dell'esametro adottato nella cosiddetta 'grande strofe', un metro di derivazione francese (talora già impiegato da Carducci), caratterizzato dalla combinazione regolata di versi lunghi (doppi o liberi) e versi brevi (in prevalenza quinario, settenario e novenario), riuniti in strofe di breve respiro e variamente rimati (cfr. PIGHI 1970, II). D'Annunzio, come Lucini, conia esametri carducciani 'regolari' («e alle vergini valli guidando le torme dei fiumi», 7 + 9: *Elettra, Alle montagne*, v. 17; «il mattino balzò come la gioia di mille titani», ottonario trocaico + novenario dattilico: *Elettra, Canto augurale*, v. 4); versi doppi di varia natura («Con le sue bave disperse dalla procella eternale», due ottonari dattilici; «E ti diede i suoi tuoni e i suoi raggi il tuo Dio, cui tu alzasti nel canto», due decasillabi dattilici: *Elettra, A Dante*, vv. 9 e 32); versi lunghi *a maiore* («O padre fecondatore dei piani, re violento, atroce», 11 + 6: *Maia, L'annunzio*, v. 52).

Questo verso libero ricorre con una certa frequenza anche nelle raccolte di Eugenio Montale: l'*Epigramma* (seconda delle *Poesie per Camillo Sbarbaro*, negli *Ossi di seppia*) recupera — e il titolo è già significativo in questo senso — l'esametro del Thovez (doppio ottonario dattilico), sostituendo talora, in uno dei due emistichi, l'ottonario col settenario (anche sdrucciolo); il quinto degli 'ossi' brevi, *Ripenso il tuo sorriso*, è una 'variazione libera' del distico elegiaco sillabico (con i versi riuniti in quartine a rima alterna o chiusa); *Bibe a Ponte all'Asse* (nelle *Occasioni*), esemplata su due elegie 'barbare' carducciane (RR, *L'ostessa di Gaby*, e OB, *Roma*, vv. 5-6), consta di due distici elegiaci 'anomali', ma riconducibili al modello della metrica barbara (cfr. MENGALDO 1988, pp. 560-61):

> Bibe, ospite lieve, la bruna tua reginetta di Saba
> mesce sorrisi e Rùfina di quattordici gradi.
> Si vede in basso rilucere la terra fra gli àceri radi
> e un bimbo curva la canna sul gomito della Greve.

I due distici saranno così interpretabili: v. 1, esametro (novenario dattilico + ottonario dattilico); v. 2, pentametro (settenario sdrucciolo + settenario piano); v. 3, esametro (ottonario giambico sdrucciolo + novenario dattilico); v. 4, pentametro (due ottonari giambici).

Montale

IX.2.4. Il verso libero 'prosastico' è quello più lontano dalla struttura dei versi italiani tradizionali, giacché non corrisponde a nessuno dei moduli 'canonici', non può essere scomposto in versi regolari, non può essere interpretato come variazione di un endecasillabo o di un altro verso tradizionale, non presenta tracce neppur labili di uno schema ritmico. Questo verso fa la sua comparsa alla fine dell'Ottocento (si trova già ampiamente attestato nei poeti simbolisti antologizzati in VIAZZI 1981), sull'esempio — principalmente — del 'poema in prosa'

Il verso libero 'prosastico'

Ascendenze straniere (i' *poème en*

prose; francese e della poesia di Whitman (le cui *Leaves of Grass* uscirono
Whitman) in prima edizione nel 1855); ma non manca un indiretto precedente
italiano, costituito dai cosiddetti 'semiritmi', cioè da quei componimenti (a metà tra la poesia e la prosa) in cui il testo appare suddiviso
in 'segmenti' non riconducibili ai ritmi e alle misure dei versi canonici. La tecnica era stata primamente adottata dal Tommaseo nelle traduzioni italiane dei *Canti del popolo greco* e dei *Canti illirici*: traduzioni interlineari (o, come si dice oggi, 'alineari') in cui ogni verso del
testo originale è restituito «con un rigo di prosa, ma di una prosa che
tenta di assumere una configurazione ritmica, eco del ritmo dell'originale» (BELTRAMI 1991, p. 133). Ecco un esempio (*L'imprecazione*,
dai *Canti del popolo greco*, vv. 1-5):

e indigene
(Tommaseo)

> Bella lucente luna, che vai al tramonto,
> salutami chi amo, chi rubò l'amor mio.
> E' mi baciava, e diceva: mai ti abbandonerò.
> E ora mi abbandonò come canna nel campo,
> come chiesa interdetta, come città depredata.

L. Capuana Il metodo del Tommaseo fu ripreso da Luigi Capuana nei *Semiritmi*
(1888), che costituiscono il primo esempio italiano di 'poesia in pro-
ed altri sa'; e di questo verso libero 'prosastico' fornirono esempi, nei primi
anni del Novecento, poeti quali Sergio Corazzini, Adolfo de Bosis,
futuristi come Filippo Tommaso Marinetti (che, con le «parole in libertà», teorizza e pratica una poesia in cui l'alternanza dei diversi
corpi e caratteri tipografici assume una valenza semantica e strutturale preponderante), Paolo Buzzi e Ardengo Soffici, e anche il tardo
D'Annunzio (ad esempio nel *Notturno*). Un esempio quanto mai eloquente di questo tipo di verso è fornito dai versi 'prosastici' (veri e
propri 'semiritmi', al limite del 'poema in prosa') dei *Chimismi lirici*
A. Soffici di Soffici (1915):

> Dissolversi nella cipria dell'ordinotte
> Con l'improvviso clamore dell'elettricità del gas dell'acetilene e delle altre luci
> Fiorite nelle vetrine
> Alle finestre e nell'areoplano del firmamento
> Le scarpe che trascinano gocciole di diamanti e d'oro lungo i marciapiedi
>   [primaverili
> Come le bocche e gli occhi
> Di tutte queste donne pazze di isterie solitarie.
>   (*Crocicchio*, vv. 1-7)

Il falso verso IX.2.5. Molti tipi di versificazione in apparenza 'liberi' si rivelano
libero spesso, comunque, sottoposti a precisi (anche se non sempre immediatamente evidenti) schemi ritmici, cosicché non è esatto parlare, ri-

guardo ad essi, di verso propriamente libero. Leggiamo un brano dai *Canti orfici* di Dino Campana (la raccolta, uscita nel 1914, comprende anche sezioni in prosa):

> Ma un giorno
> Salirono sopra la nave le gravi matrone di Spagna
> Da gli occhi torbidi e angelici
> Dai seni gravidi di vertigine. Quando
> In una baia profonda di un'isola equatoriale
> In una baia tranquilla e profonda assai più del cielo notturno
> Noi vedemmo sorgere nella luce incantata
> Una bianca città addormentata
> Ai piedi dei picchi altissimi dei vulcani spenti.
> (*Viaggio a Montevideo*, vv. 18-26)

Che Campana si muova all'interno di un quadro metrico tradizionale dimostrano, oltre ai versi regolari (ottonario sdrucciolo ad attacco giambico, v. 20; decasillabo anapestico, v. 25), i versi doppi (due novenari dattilici, v. 19; due ottonari dattilici, v. 22), i versi lunghi 'composti' di derivazione 'barbara' e di gusto dannunziano (endecasillabo dattilico + novenario dattilico, v. 23; senario sdrucciolo anomalo [con accento di 3ª anziché di 2ª] + settenario piano, v. 24), endecasillabi camuffati (v. 21, un endecasillabo dattilico reso ipermetro dalle sillabe finali — da eseguirsi, alla lettura, 'rubate' — degli sdruccioli *gravidi* e *vertigine*). Si tratta di una versificazione 'mista', insomma, assai meno 'libera' di quanto possa a prima vista sembrare, per la persistenza di elementi tradizionali (versi canonici, parallelismi, rime — cfr. *incantata* : *addormentata*, vv. 24-25) e per la presenza, sottesa ma evidente, di un preciso schema ritmico-musicale, costituito, nel caso presente, dal dominante movimento dattilico (quasi tutti i versi, brevi e lunghi, sono dattilici — eccezion fatta per il v. 20 — o hanno un ritmo riconducibile a quello dattilico, come il decasillabo del v. 25).

È questa, come si vede, la natura di un verso che, pur non isosillabico né risultante dalla combinazione di due versi tradizionali, appare tuttavia vincolato a un preciso schema ritmico, dipendente dalla disposizione regolata degli *ictus*. Si tratta di un verso, cioè, organizzato (a somiglianza dell'esametro e del pentametro 'barbari', che sono certo gli antecedenti di una simile versificazione) in 'piedi' metrici, nel quale importa non la misura sillabica, ma il cadenzato ritorno di un certo numero di 'tempi forti' e di cellule ritmiche. Si suole parlare, a questo riguardo, di versificazione 'colica', fondata non sulla regolarità delle misure sillabiche, ma sulla divisione del verso in unità ritmiche (*cola*, appunto) costituite da un gruppo di parole (o meglio, di sillabe) dotato di un accento principale (PINCHERA 1966, p. 124).

La versificazione 'colica'

Il verso a base ternaria di A. Palazzeschi

Se i piedi variano quanto al numero, ma presentano sempre un'identica struttura ritmico-sillabica, il verso assume un andamento fortemente scandito; ad esempio, nel seguente verso di Aldo Palazzeschi (: *riflessi*, v. 10, da *Poesie*, 1925) «imprónte sfumàte di lùci, di nébbie: riflèssi», assistiamo all'iterazione, per cinque volte, di una «cellula trisillabica ad ictus centrale, ovvero schema atona-tonica-atona» (MENGALDO 1988, p. 565), corrispondente al piede chiamato anfibraco ($\cup - \cup$). Una tecnica del genere è tipica del primo Palazzeschi, che costruisce interi componimenti con versi di misura variabile, ma tutti imperniati sulla ripetizione insistita di un'identica cellula ritmica di base. Ovviamente, questo tipo occorre solo in presenza di un ritmo ternario: infatti, senari e novenari non sono in realtà versi autonomi, ma nient'altro che ternari doppi e, rispettivamente, tripli; così il doppio senario nient'altro è, in effetti, che un ternario quadruplo. In altre parole, per quanto tali versi si allunghino, si tratta sempre ed invariabilmente di ternari.

e di C. Pavese

Non diversa, in sostanza, è la struttura di uno dei più celebri 'versi lunghi' novecenteschi, quello che Cesare Pavese impiegò — a partire da *I mari del Sud* (1931) — nelle liriche raccolte in *Lavorare stanca* (I ed. 1936, II ed. 1943). Il verso pavesiano — anch'esso fondato su un ritmo ternario — è, in linea di massima, una successione di piedi anapestici (un verso cioè che, nella sua prima parte, ha — raggiungendola pienamente o meno — la misura del decasillabo); e tale successione può essere seguìta — se il verso è piano o sdrucciolo — da una o, rispettivamente, due sillabe atone. Ecco i vv. 1-3 di *Dopo*:

> La collina è distesa e la pioggia l'impregna in silenzio.
> Piove sopra le case: la breve finestra
> s'è riempita di un verde più fresco e più nudo.

Sono, nell'ordine, una pentapodia e due tetrapodie anapestiche. Si tratta, anche in questo caso, di un verso fortemente cadenzato, di carattere — secondo Pavese — essenzialmente epico-narrativo; onde fuggire la monotonia ritmica, Pavese ricorre con una certa frequenza alla variante costituita dall'introduzione, nella sequenza anapestica, di 'anomali' piedi bisillabici. Quest'ultimo accorgimento caratterizza soprattutto i più tardi componimenti della raccolta, come *Paesaggio VIII*:

> I ricordi cominciano nella sera
> sotto il fiato del vento a levare il volto
> e ascoltare la voce del fiume. L'acqua
> è la stessa, nel buio, degli anni morti.

Sono i vv. 1-4 della lirica: tetrapodie anapestiche in ciascuna delle quali l'ultimo piede risulta decurtato di una sillaba: «I ricòr / di comìn / ciano nél / la * sé / ra». Riguardo al verso pavesiano, c'è chi ne ha indicato i modelli nell'esametro di Thovez o nella metrica di Whitman; più fondati, tuttavia, sembrano i riferimenti da un lato al decasillabo tradizionale (che è una tripodia anapestica), dall'altro all'esametro 'barbaro', soprattutto pascoliano (l'anapesto, in fondo, non è che «un dattilo a rovescio»: DI GIROLAMO 1976, p. 186).

Altro è il verso libero in cui, diversamente da quanto avviene, ad esempio, nei versi di Palazzeschi e di Pavese, varia la struttura ritmicosillabica dei piedi (o *cola* che dir si voglia), ma costante resta il loro numero in ogni verso della sequenza; si producono, così, versi la cui ragione ritmica è costituita dal ritorno di un numero fisso di accenti principali (*ictus* o tempi forti), sul modello di versi quali il doppio settenario o il doppio ottonario (di tipo dattilico, come quello impiegato dal Thovez: cfr. VIII.3.4.). Ecco un esempio dai *Poemi lirici* di Riccardo Bacchelli (1914; cfr. MENGALDO 1988, p. 565), in cui il verso iniziale è, appunto, un regolare doppio settenario:

> Il vìso d'una dònna, i biòndi lineaménti,
> i suoi òcchi lìquidi nell'intàtta e càlma
> fórma, la bellézza vi si riconósce e la sensualità
> ne emàna come appetìre una pèsca. Tra la gènte
> al sóle, appàrsa e sparìta se n'e andàta.

IX.2.6. Verso libero e metro libero costituiscono le più importanti innovazioni formali della poesia novecentesca: innovazioni dalla portata rivoluzionaria, tali non solo da sconvolgere l'assetto plurisecolare del nostro sistema metrico, ma addirittura da imporre una radicale revisione delle stesse idee di 'metrica' e di 'poesia'. I punti da sottolineare, al riguardo, sono soprattutto due:

1) il rifiuto, in larghi settori della produzione novecentesca, dei versi metricamente 'regolati' e conformi a modelli canonici, fa sì che gli indicatori di segmentazione (gli *a capo*, insomma) divengano, in molti casi, l'unico tratto distintivo della poesia. In passato, la divisione del testo poetico in segmenti — ossia in versi — obbediva a precise regole metriche, che determinavano sia la costruzione dei versi, sia la loro disposizione in sequenza, e che consentivano al lettore l'agevole riconoscimento dell'opera come opera di poesia, nonché l'identificazione dei segmenti stessi e delle strutture in cui si organizzavano. Pertanto, a rigor di logica, la poesia tradizionale non necessitava, per essere individuata nella sua specificità, degli indicatori esterni di segmentazione (*a capo*, lettera maiuscola ad inizio di verso, sbarrette verticali,

La rivoluzione metrica del Novecento

Gli indicatori di segmentazione metrica nella poesia tradizionale ecc.): in virtù della misura fissa dei versi e della precisa disposizione delle rime, un sonetto potrebbe essere riconosciuto, da un lettore appena appena esperto, anche se scritto di séguito, senza separazione grafica dei versi.

Il discorso non cambia con i componimenti in endecasillabi sciolti; qualche incertezza potrebbe sorgere invece di fronte a poesie non strofiche eterometriche e con rime solo saltuarie. A causa dell'affinità ritmica tra endecasillabo e settenario, ad esempio, due versi come i 49-50 della leopardiana *A Silvia* («Anche perìa fra poco / La speranza mia dolce: agli anni miei»: settenario + endecasillabo), potrebbero, se scritti di séguito, essere segmentati in maniera diversa (anche a causa dell'assenza di rime), e cioè endecasillabo + settenario: «Anche perìa fra poco la speranza / mia dolce: agli anni miei».

e in quella contemporanea

Tuttavia, è solo col vero e proprio verso libero che l'indicatore di separazione diviene essenziale al fine di individuare la segmentazione di un testo in versi e in organismi strofici, nonché, spesso, al fine di riconoscere come 'poesia' un prodotto letterario. Mancando, infatti, in gran parte dei casi, qualsiasi regolarità nella costruzione del verso e della strofe, e qualsiasi continuità e sistematicità nell'impiego della rima, al lettore non è lasciato altro strumento se non l'*a capo* onde identificare con esattezza la segmentazione del testo. Anche qualora certi caratteri dell'opera informassero sulla sua natura poetica e non prosastica (uso di un certo linguaggio e di certe immagini, ricorso sporadico a rime e a versi regolari, ecc.), neppure il lettore più esperto potrebbe, in assenza degli *a capo* e degli spazi bianchi interstrofici, ricostruire in proprio l'assetto metrico del componimento. Anzi, chi facesse affidamento sulle sue conoscenze di metrica tradizionale, potrebbe facilmente cadere in errore: in mancanza degli *a capo* verrebbe spontaneo, ad es., leggere la celeberrima *Soldati* di Giuseppe Ungaretti

> Si sta come
> d'autunno
> su gli alberi
> le foglie

come se fosse costituita da un distico di canonici settenari piani: «Si sta come d'autunno / su gli alberi le foglie» (cfr. PAZZAGLIA 1990, p. 10).

'Prosa' e 'poesia' del Novecento

2) il rifiuto, nei componimenti in versi liberi, di una 'norma' universalmente accettata, erode uno dei fondamenti costitutivi del sistema metrico. Se nella versificazione libera «il progetto sul quale si fonda l'architettura del testo poetico è ogni volta individuale, e in esso ogni

misura rientra per una scelta contingente, non perché imposta dalla grammatica della forma metrica» (BELTRAMI 1991, pp. 135-36), ciò significa che viene meno quella componente di 'convenzionalità', quel 'patto' tra poeta e lettore (fondato sull'accettazione di precise 'regole del gioco') che rappresenta il presupposto insostituibile della metrica tradizionale.

Ciò non comporta né che il verso libero sia 'prosa', né che (salvo il caso dei 'semiritmi' e del 'poema in prosa') sia del tutto privo di 'metro', così come la musica atonale e quella dodecafonica restano 'musica' pur rifiutando la tonalità. D'altra parte, il verso libero viene spesso definito (con termine di derivazione musicale) «atonale»: in effetti, crisi del sistema metrico tradizionale e crisi del sistema tonale seguono, tra Otto e Novecento, binari paralleli, e la metrica libera affonda le sue radici in quello stesso àmbito simbolista (di ascendenza soprattutto franco-belga) da cui scaturisce, nel medesimo periodo, la 'rivoluzione' di Claude Debussy. Quest'ultimo, non per nulla, è indicato da Montale tra i principali esponenti della temperie culturale in cui nacquero gli *Ossi* (uno dei quali, *Minstrels*, si ispira direttamente all'omonimo *prelude* per pianoforte del compositore francese); e *A Claude Debussy* il futurista Paolo Buzzi intitolò una sua ampia 'ode' in versi liberi (224 vv.), «pensata durante la prima rappresentazione italiana di *Pelleas e Melisanda* al teatro della Scala (1908)».

La poesia 'atonale'

La stessa espressione 'metro libero' è una sorta di ossimoro e di contraddizione in termini, nella misura in cui «metro» non può non significare un complesso di norme deputate a 'regolarizzare' il ritmo poetico sulla base di moduli precisi e ricorrenti. Come si è visto, il verso libero 'anisosillabico' (IX.2.2.) e quello 'colico' (IX.2.5.) ubbidiscono a princìpi metrici tutt'altro che rigidi, ma sempre chiaramente riconoscibili, e sono molto meno 'liberi' di quanto possa a prima vista sembrare. In questo caso, 'verso libero', non significa certo 'assenza di regole', ma continua e personale reinvenzione delle regole tradizionali, che, quindi, continuano ad agire come termine di riferimento ed oggetto di rielaborazione; cosicché si dovrà parlare non più *del* sistema metrico, ma di tante 'metriche' quanti sono i poeti e, addirittura, quante sono le raccolte (e, al limite, le poesie, visto che ogni componimento in metro libero costituisce un *unicum* formale). Se, per la poesia del passato, parlare di metrica di Petrarca, del Tasso o di Foscolo ha senso solo in quanto ci si proponga di evidenziare il margine personale di movimento che ogni poeta si riserva all'interno del comune sistema metrico, ben altro valore e significato ha, nella poesia novecentesca, fare riferimento, ad esempio, alla metrica di Montale, di Ungaretti o di Pavese, o (limitatamente, per esempio, a Montale) alla metrica degli *Ossi*, delle *Occasioni* o della *Bufera*: ogni

Il Novecento e l'idea di *unicum* metrico

poeta, ogni libro, ogni componimento ha una sua propria e diversa ragione metrica, e — in genere — gli elementi comuni sono meno cospicui e rilevanti delle innovazioni e dei tratti personali.

IX.3. *Forma aperta e forma chiusa*

Forma aperta
e forma chiusa
in Ungaretti

e in Montale

IX.3.1. La poesia novecentesca, oltre che dal verso libero, è però caratterizzata, in molti suoi prodotti, dalla ricerca di forme e di strutture rigorosamente (benché 'originalmente') 'chiuse'. Le due tendenze, come abbiamo accennato, sono spesso compresenti e cooperanti: già in D'Annunzio appare evidente la volontà di contemperare, nei medesimi testi, l'anomalia di certe soluzioni formali con la ferrea regolarità di altre. Se alcuni poeti (quali, ad es., Marino Moretti, Camillo Sbarbaro, Umberto Saba) non si distaccano, in sostanza, da una versificazione di stampo prettamente tradizionale, in molti altri autori forma aperta e forma chiusa rappresentano due distinti momenti, due tappe diacronicamente successive dell'itinerario poetico: è il caso, ad esempio, dell'esperienza di Ungaretti, col passaggio dalla metrica sensibilmente libera e «molecolare» dell'*Allegria di naufragi* del 1919 («che disgrega il verso tradizionale in versicoli, frantumando il discorso in una serie di monadi verbali sillabate quasi come attonite interiezioni liriche»: MENGALDO 1981, p. 384) a quella del *Sentimento del tempo* (1933) e — in genere — delle raccolte successive, dove il poeta, esplicitamente ricollocandosi nel solco della tradizione lirica petrarchesca e leopardiana (in linea con le coeve tendenze 'neoclassiche'), recupera le canoniche misure dell'endecasillabo e del settenario (oltre che del novenario), organizzandole in strutture strofiche più complesse e 'regolari' (fino alla ripresa, come vedremo, di una tra le più illustri forme 'chiuse' tradizionali, la sestina lirica). Un percorso per certi versi analogo a quello ungarettiano fu compiuto, comunque, da molti altri poeti novecenteschi, quali, ad es., Vincenzo Cardarelli, Arturo Onofri e Salvatore Quasimodo.

Anche Montale sperimentò, nel passaggio dagli *Ossi di seppia* (1925) alle *Occasioni* (1939), un non dissimile itinerario (tanto che a CONTINI 1938, p. 45, l'essenza della seconda raccolta montaliana parve subito consistere nella «aspra ma decisiva vittoria della forma sulla psicologia»); ma, fin dalle prime prove, la sua poesia non esce, in sostanza, dal solco della grande tradizione lirica italiana, limitandosi ad esperire soluzioni 'moderatamente' libere che non intaccano i capisaldi della forma poetica (verso, strofe, e anche rima). Più che di evoluzione, in Montale è opportuno parlare di varia sperimentazione delle due forme — aperta e chiusa —, sempre, tuttavia, nell'àmbito di una metrica di impostazione tradizionale. Le tre prime raccolte montaliane ospitano, in posizione centrale, una sezione caratterizzata da brevi liriche di struttura calibrata e, pur nelle frequenti infrazioni, rigorosa, con rime incaricate di una decisa funzione strutturante e con prevalenza della classica strofe tetrastica (gli *Ossi di seppia* nella raccolta omonima, i *Mottetti* nelle *Occasioni*, i *'Flashes' e dediche* nella *Bufera*, del 1956; in *Satura*, del 1971, questa funzione, benché siano in apertura di libro, è svolta dalle due serie di *Xenia*). Le altre sezioni ospitano poesie di varia natura, che alle forme chiuse (frequenti specialmente nelle *Occasioni*) alternano componimenti di più disteso respiro (in endecasillabi sciolti — talora 'allungati' —, in endecasillabi e settenari, in versi lunghi dalla vaga movenza esametrica) con più rare rime e prevalente andamento narrativo, meditativo e discorsivo, di ascendenza (soprattutto negli *Ossi*, e, degli *Ossi*, in *Mediterraneo* e in *Meriggi e ombre*) essenzialmente leopardiana. La ricerca di forme più rigorosamente strutturate si fa particolarmente evidente, comunque, nelle *Occasioni*: in esse, i *Mottetti* si segnalano per l'esclusivo ricorso a versi canonici (in genere endecasillabi, settenari e quinari), a fitti intrecci di rime e di rapporti fonici (con valore ad un tempo 'architettonico' e musicale), a strofe brevi — spesso simmetricamente disposte — di tre o quattro versi, che recuperano talora lo schema della saffica. Così avviene, ad es., nella seconda strofe del mottetto X, che adotta, come altri, la limpida misura della doppia quartina:

La 'forma' delle *Occasioni*

> Perché tardi? Nel pino lo scoiattolo
> batte la coda a torcia sulla scorza.
> La mezzaluna scende col suo picco
> nel sole che la smorza. È giorno fatto.
>
> A un soffio il pigro fumo trasalisce,
> si difende nel punto che ti chiude.
> Nulla finisce, o tutto, se tu fòlgore
> lasci la nube.

Dove, oltre alla rima ipermetra *scoiattolo : fatto* (vv. 1 e 4) e alla complessa rete di rime e assonanze, si osservi il camuffamento degli schemi rimici (ABBA nella prima quartina, CDCD nella seconda, con assonanza in D), ottenuto collocando la terza rima in posizione interna (*smorza*, v. 4, in sede settenaria; *finisce*, v. 7, in sede quinaria).

Altre liriche delle *Occasioni* si strutturano in più ampi organismi strofici (a prevalenza endecasillabica), che rievocano — talvolta, anche nei titoli — forme della nostra più illustre tradizione: a parte *Stanze* (di cui fra poco), quattro strofe di otto versi presentano *Punta del Me-*

Tradizione e innovazione nella lirica di Montale

sco e *Nuove stanze*; di quattro stanze esastiche consta *Sotto la pioggia*; mentre la struttura esterna di *Corrispondenze* (un tetrastico + due strofe di otto versi, con identica disposizione di endecasillabi e settenari nella prima parte) ricorda quella di una ballata grande. Nella *Bufera*, la *Ballata scritta in una clinica* (in ottonari e novenari) presenta una struttura modellata su certi precedenti illustri e, per esempio, su *Le Memnonidi* dei pascoliani *Poemi conviviali*: infatti, come in questo componimento le strofe, distici all'inizio, crescono progressivamente di un verso fino a raggiungere la misura del pentastico per poi tornare gradualmente, con speculare simmetria, al distico; così, nella ballata montaliana, l'ampiezza delle strofe aumenta progressivamente di un verso (ma con omissione del distico: 1, 3, 4, 5, 6, 7), per poi ridiscendere con movimento corrispondentemente identico (6, 5, 4, 3, 1). Sempre nella *Bufera*, spiccano i sonetti 'shakespeariani' (o 'elisabettiani') *Nel sonno*, *Gli orecchini*, *La frangia dei capelli*... e *Il ventaglio*, con schema ABAB CDCD EFEF GG o ABBA CDDC EFFE GG (i versi sono endecasillabi, le rime sono spesso imperfette). Gli ultimi libri di Montale, infine (a partire da *Satura*), si caratterizzano per il frequente ricorso a forme «grottescamente chiuse» (MARTELLI 1984, p. 619), in cui le fitte rime e la rigida strutturazione acquistano una prevalente valenza parodistica, in linea con la dominante intenzione 'satirica' di questa ultima fase poetica montaliana.

e di altri contemporanei

IX.3.2. In Montale, si è detto, l'aspirazione alla forma chiusa si traduce più volte nel recupero, spesso solo allusivo, dei metri tradizionali. Né è, questo, un caso isolato: la poesia novecentesca, in effetti, continua a ricorrere con frequenza agli schemi della tradizione, pur sottoponendoli, spesso, a una 'revisione' profonda, che mira o alla disgregazione 'parodistica' e 'ironica' del metro (inteso come simbolo e incarnazione di una obsoleta tradizione poetica), o — viceversa — alla sua 'rivitalizzazione', al suo 'svecchiamento' (onde eliminare le incrostazioni di una pratica secolare e ormai ripetitiva, riguadagnando al metro una sorta di 'verginità' atta ad accogliere i contenuti della nuova poesia).

La ballata

Il madrigale

La terzina

La *ballata* sopravvive in poeti primo-novecenteschi come Corazzini, Fausto Maria Martini, Gozzano e Nino Oxilia, giungendo fino a Saba (cfr. CAPOVILLA 1978, pp. 135-45). Il *madrigale*, con varie soluzioni metriche, torna spesso nella produzione, al solito, di Saba, ma fa la sua comparsa anche in Moretti e persino in un poeta non interessato ai metri tradizionali come Sandro Penna (CAPOVILLA 1982, pp. 226-28). La *terzina*, regolare o alterata nell'incatenamento delle rime, gode pure di una certa fortuna, da Gozzano a Corazzini, da Bacchelli a Fortini, da Saba a Bertolucci (CAPOVILLA 1982, p. 226); il recupero più noto del metro dantesco (ma, per i poeti del Novecento, sarebbe meglio dire 'pascoliano') è quello tentato da Pier Paolo Pasolini ne *Le ceneri di Gramsci*, dove la rima è sostituita spesso dall'assonanza o da altre relazioni foniche, e i versi sono di misura variabile (benché gravitanti per lo più intorno all'endecasillabo):

La 'terzina' di P.P. Pasolini

> Solo l'amare, solo il conoscere
> conta, non l'aver amato,
> non l'aver conosciuto. Dà angoscia
> il vivere di un consumato
> amore. L'anima non cresce più.
> Ecco nel calore incantato
> della notte che piena quaggiù
> tra le curve del fiume e le sopite
> visioni della città sparsa di luci, [...]
> (*Il pianto della scavatrice*, I, vv. 1-9)

La *canzone* è praticata, come forma canonica, da Guido Gozzano in *Paolo e Virginia* (*I colloqui*), dieci stanze di diciassette versi ciascuna (endecasillabi e settenari) con schema fisso nei primi dodici versi (ABCABC cDEEDE) e variabile negli ultimi cinque (due settenari e tre endecasillabi, variamente disposti e rimati). Uno schema di grande complessità, per certi aspetti assimilabile a quello della canzone tradizionale, caratterizza le *Stanze* di Montale (1927, incluse nelle *Occasioni*), che presentano quattro strofe di dieci versi ciascuna, fittamente rimati (anche al mezzo) e rigidamente strutturati (otto endecasillabi e due settenari nella prima stanza, nove endecasillabi e un settenario nella seconda, soli endecasillabi nella terza e nella quarta: cfr. MARTELLI 1984, pp. 618-19). Più difficile scorgere il rapporto che collega alla canzone tradizionale la lirica (strofe tetrastiche, esastiche ed octostiche di endecasillabi variamente rimati, concluse da un terzetto a rima AAB) che Ungaretti pur intitolò *Canzone* (*La terra promessa*, 1950): a meno che egli non pensasse alla canzone-ode seicentesca (cfr. VI.1.2.).

La 'canzone' in G. Gozzano,

in Montale,

in Ungaretti

Nell'àmbito della canzone, un caso particolarmente interessante è costituito dalla *Serenata di piazza D'Azeglio* (1934), composta da un Mario Luzi appena ventenne e inclusa l'anno dopo nella raccolta *La barca*. La lirica consta di cinque strofe esastiche, in ciascuna delle quali occorrono ottonari in prima, quarta e sesta sede, decasillabi in seconda e quinta sede, e un quinario in terza (ottonari e decasillabi sono variamente accentati e presentano qualche sporadico caso di anisosillabismo). È evidente che, trasferito dalle rime alla misura dei versi, il meccanismo riproduce quello che regolò la canzone a stanze *unisso-*

La 'canzone a stanze *unissonans*' in M. Luzi

nans (cfr. II.1.3.); ed è probabile che il modello al quale Luzi (che si misura anche con altre forme tradizionali) si ispira, sia quello della petrarchesca *Verdi panni* (cfr. III.1.3.), anch'essa — fra l'altro — in stanze esastiche.

La sestina *lirica*, confermando la sua vitalità (paragonabile solo a quella del sonetto), è ripresa da Emanuele Sella (*L'Empirea Sfera*, ne *L'eterno convito*, 1918) e poi da Ungaretti (*Recitativo di Palinuro* — ne *La terra promessa* —, dove il congedo segue uno schema anomalo, ma già praticato fin dal tardo Trecento: una parola-rima nel primo verso, tre nel secondo, due nel terzo) e da Franco Fortini (*Sestina per Firenze*).

Ma la forma tradizionale più diffusa nel nostro secolo resta sempre il *sonetto*, al quale mai, fino ai nostri giorni, sono venute meno le attenzioni e le cure dei poeti, e che è diventato — sull'esempio carducciano — oggetto di elogi (in quanto 'forma' per eccellenza) nei componimenti di D'Annunzio (*Il sonetto d'oro*, nell'*Intermezzo*), Arturo Graf (*Il sonetto*, nelle *Danaidi*, del 1897) e Gozzano (*Elogio del sonetto*, nelle *Poesie sparse*). Impossibile sarebbe elencare qui tutti i poeti novecenteschi che — rispettandone la struttura canonica oppure apportandovi più o meno cospicue innovazioni relative sia ai versi, sia alle rime — si sono misurati col sonetto, da Saba a Caproni, da Montale (nella variante elisabettiana) a Carlo Betocchi, da Govoni a Corazzini, da Gozzano ad Alfonso Gatto, da Campana a Luzi, a Zanzotto. Almeno un cenno dovrà però essere riservato proprio ad Andrea Zanzotto, che ne *Il galateo in bosco* (1978) fa spazio a un inedito *Ipersonetto*, cioè a una corona di quattordici sonetti (più uno di *premessa* e uno di *postilla*, come in una delle più celebri corone antiche, quella di Folgore da San Gimignano), tanti quanti sono i versi del sonetto: una sorta, per così dire, di 'acrostico metrico', che costituisce il più arduo e perfetto riconoscimento novecentesco del sonetto inteso come 'forma delle forme' e archetipo stesso dell'espressione poetica.

Il sonetto non conosce eclisse neppure nella più recente produzione: basti ricordare l'*Ipocalisse* di Nanni Balestrini (sottotitolo: *49 sonetti*; 1986, ma datati «Provenza 1980-83») e i *Trenta sonetti* di Pier Carlo Ponzini (1991). In queste raccolte, dell'antica e gloriosa forma restano solo le vestigia, le apparenze esteriori: Balestrini e Ponzini adottano versi liberi (brevi e brevissimi nel primo caso, lunghi nel secondo) privi di rime (o comunque irregolarmente e sporadicamente rimati) e non organizzati in strofe; a qualificare come 'sonetti' tali poesie basta l' 'aurea' misura, sempre rigorosamente rispettata, dei quattordici versi. Ecco il n. 22 dei sonetti dell'*Ipocalisse*:

rimane poco
l'angolo e il braccio

sguardo e azzurro
nel vetro veloce
qualche passo
verso
notturna
calde salendo
un po' di vento
sventola o variopinta
la insieme
istante
nel riflesso
distante

Si potrebbe parlare, a proposito di questo componimento, di una sorta di 'sonetto minore' (o, per dir meglio, 'minimo'): un metro che tra Otto e Novecento aveva conosciuto una certa fortuna (sonetti in versi brevi e brevissimi — fino al bisillabo! — si trovano, oltre che in D'Annunzio, tra le rime di poeti quali Arturo Graf, Sergio Corazzini, Gustavo Botta e Girolamo Comi). Il senso profondo di simili esperimenti, tuttavia, è certamente ben altro: e si rimane incerti se attribuire loro una valenza ironico-critica (e, quindi, polemica) nei confronti della nostra più illustre tradizione poetica (non sfugga, nella raccolta di Balestrini, il riferimento alla Provenza, terra di illustre memoria petrarchesca) o, viceversa, interpretarli come estremi, deformati recuperi del più glorioso dei nostri metri. In effetti, il sonetto, per certi poeti del nostro tempo, è ormai il simbolo non solo della 'forma' poetica e della poesia *tout court*, ma anche — di conseguenza — dello stesso *lógos*, della comunicazione razionale, del pensiero; e la ripresa dell'antico metro, disgregato, frantumato, ridotto a un esangue fantasma ma ancora riconoscibile e (in qualche misura) 'funzionante', non ha soltanto un valore poetico. Oltre che misurarsi con una tradizione letteraria al tempo stesso opprimente e ineludibile, scrivere un sonetto (e sia pure un 'relitto' di sonetto) significa compiere un estremo atto di fiducia nelle capacità conoscitive della Ragione.

Sotto questo aspetto, di grande rilevanza è l'esperienza poetica di Andrea Zanzotto, la cui poesia — soprattutto negli ultimi libri — denota la strenua volontà di 'geometrizzare' il disordine delle apparenze, perseguendo «la assoluta formalizzazione del vivente in un'oggettivazione che, pur nella durezza dei suoi incastri, denuncia la propria natura di pura sintassi, anche se assurda e stravolta» (MARTELLI 1984, p. 619). Ecco, a mo' di esempio, la parte conclusiva di *Cliché*, prima poesia de *Il galateo in bosco*:

L'esperienza di A. Zanzotto

Partiva il circo la mattina presto —
furtivo, con un trepestio di pecorelle.

> Io perché (fatti miei), stavo già desto.
> Io sapevo dell'alba in partenza, delle
> pecorelle del circo sotto le stelle.
> Partenza il 19, S. Giuseppe,
> a raso a raso il bosco, la brinata, le crepe.

Questa parte giunge al termine di un'ampia sezione in versi liberi 'lunghi' (alternati a pochi versi tradizionali) non strutturati stroficamente, una sorta di 'recitativo' cui fa séguito l' 'aria'; in effetti, il brano conclusivo presenta la compattezza strutturale di una vera e propria 'strofe' (formata da un tetrastico + un terzetto), con tanto di versi regolari (o quasi) e fitto intreccio di rime. Lo schema rimico è ABAB BCC (con C rima imperfetta: *Giuseppe* : *crepe*); i versi sono o del tutto canonici (endecasillabi, vv. 1, 3, 6; doppio šettenario, v. 7) o anisosillabici (endecasillabo ipermetro, v. 2; doppio settenario ipometro nel secondo emistichio, vv. 4 e 5); il risultato, cui concorre in modo determinante — come spesso nella poesia di Zanzotto — la disposizione tipografica, è una forma vistosamente chiusa e 'geometrica', cui alcuni particolari (una parola 'vuota' come *delle* in rima, la rima al mezzo interstrofica *delle* : *pecorelle*) conferiscono un sapore caricaturale e grottesco non dissimile da quello dell'ultima produzione montaliana.

BIBLIOGRAFIA
(a cura di Francesco Bausi)

La presente bibliografia si divide in tre sezioni: nella prima (*Testi*) sono elencate le edizioni dalle quali sono stati ricavati i componimenti e gli esempi citati in questo volume; la seconda ospita una scelta di *Trattati, manuali e dizionari* di metrica italiana; nella terza (*Studi*) si segnalano — suddividendoli per argomento — alcuni saggi utili ad un primo approfondimento delle principali questioni metriche. La seconda e la terza sezione non hanno alcuna pretesa di esaustività: nella scelta dei titoli, sono stati in genere privilegiati i saggi più recenti e quelli di maggior impegno e interesse storico-documentario, limitando di proposito lo spazio concesso a quella produzione teorica (di impostazione soprattutto strutturalista e formalista) la cui grande abbondanza — in particolare negli anni '60 e '70 — non è sempre direttamente proporzionale all'utilità. Per ulteriori indicazioni, comunque, si rimanda alle ricche bibliografie contenute nei seguenti contributi: R. CREMANTE - M. PAZZAGLIA, *La metrica*, Bologna 1974 (II ediz. 1976), pp. 473-518 (= CP); C. DI GIROLAMO, *Teoria e prassi della versificazione*, Bologna 1976, pp. 199-219; M. PAZZAGLIA, *Rassegna di studi di metrica italiana*, in «Lettere Italiane», XXIX (1977), pp. 207-32; M. RAMOUS, *La metrica*, Milano 1984, pp. 253-69; M. PAZZAGLIA, *Manuale di metrica italiana*, Firenze 1990, pp. 195-202; S. ORLANDO, *Manuale di metrica italiana*, Milano 1993, pp. 237-56. Dal 1978, inoltre, esce la rivista «Metrica» (a tutt'oggi ne sono stati pubblicati cinque numeri), che ospita rassegne e recensioni di contributi specificamente riservati ad argomenti metrici.

I. TESTI

ALBERTI LEON BATTISTA, *Rime e versioni poetiche*, a cura di G. GORNI, Milano-Napoli 1975.

ALFIERI VITTORIO, *Opere*, a cura di M. FUBINI e A. DI BENEDETTO, Milano-Napoli 1977.

ALIGHIERI DANTE, *La commedia secondo l'antica vulgata*, a cura di G. PETROCCHI, 4 voll., Milano 1966-67.

— *De vulgari eloquentia*, a cura di P.V. MENGALDO, in DANTE ALIGHIERI, *Opere minori*, II, Milano-Napoli 1979, pp. 3-237 (= DVE).

— *Rime*, a cura di G. CONTINI, Torino 1946².
— *Vita nuova*, a cura di D. DE ROBERTIS, Milano-Napoli 1980.
ANTONIO DA FERRARA, *Rime*, a cura di L. BELLUCCI, Bologna 1967.
ANTONIO DA TEMPO, *Summa Artis Rithimici Vulgaris Dictaminis*, a cura di R. ANDREWS, Bologna 1977.
ARIOSTO LUDOVICO, *Opere minori*, a cura di C. SEGRE, Milano-Napoli 1954.
— *Orlando Furioso*, a cura di C. SEGRE, Milano 1976.
— *Satire*, edizione critica a cura di C. SEGRE, Torino 1987.
BACCHELLI RICCARDO, *Poemi lirici*, Bologna 1914.
BALESTRINI NANNI, *Ipocalisse. 49 sonetti. Provenza 1980-83*, Milano 1986.
BEMBO PIETRO, *Prose della volgar lingua, Gli asolani, Rime*, a cura di C. DIONISOTTI, Torino 1966.
BERCHET GIOVANNI, *Opere*, a cura di E. BELLORINI, Bari 1911-12, 2 voll.
BERTOLA DE' GIORGI AURELIO, *Poesie*, 6 voll., Ancona 1815.
BOCCACCIO GIOVANNI, *Tutte le opere*, a cura di V. BRANCA, voll. II (*Filostrato, Teseida delle nozze di Emilia, Comedia delle ninfe fiorentine*, a cura di V. BRANCA, A. LIMENTANI, A.E. QUAGLIO, Milano 1964) e III (*Amorosa visione, Ninfale fiesolano, Trattatello in laude di Dante*, a cura di V. BRANCA, A. BALDUINO, P.G. RICCI, Milano 1974).
BOIARDO MATTEO MARIA, *Opere volgari*, a cura di P.V. MENGALDO, Bari 1962.
BRACCESI ALESSANDRO, *Soneti e canzone*, a cura di F. MAGNANI, Parma 1983.
CAMPANA DINO, *Canti orfici*, in ID., *Opere e contributi*, a cura di E. FALQUI, Firenze 1973, vol. I.
CAMPANELLA TOMMASO, *Poesie*, a cura di M. VINCIGUERRA, Bari 1938.
CARDUCCI GIOSUÈ, *Odi barbare*, edizione critica a cura di G.A. PAPINI, Milano 1988.
— *Poesie 1850-1900*, Bologna 1924 (GE = *Giambi ed epodi*, RN = *Rime nuove*, OB = *Odi barbare*).
CAVALCANTI GUIDO, *Rime. Con le rime di Jacopo Cavalcanti*, a cura di D. DE ROBERTIS, Torino 1986.
CECCO D'ASCOLI, *L'acerba*, a cura di A. CRESPI, Ascoli Piceno 1927.
Chanson de Roland, edizione critica a cura di C. SEGRE, Milano-Napoli 1971.
CHIABRERA GABRIELLO, *Rime*, 3 voll., Milano 1807-1808.
CIRO DI PERS, *Poesie*, a cura di M. RAK, Torino 1978.
COMPAGNI DINO (attribuito a), *L'intelligenza*, a cura di V. MISTRUZZI, Bologna 1928.
CONTI GIUSTO DE', *Il canzoniere*, a cura di L. VITETTI, Lanciano 1918, 2 voll.
Dal simbolismo al Decò, antologia poetica a cura di G. VIAZZI, Torino 1981.
D'ANNUNZIO GABRIELE, *Poesie*, a cura di F. RONCORONI, Milano 1982.
DAVANZATI CHIARO, *Rime*, edizione critica a cura di A. MENICHETTI, Bologna 1965.

FANTONI GIOVANNI, *Poesie*, a cura di G. LAZZERI, Bari 1913.
FERRARI SEVERINO, *Tutte le poesie*, a cura di F. FELCINI, Bologna 1966.
FILICAIA VINCENZO DA, *Poesie e lettere*, Firenze 1864.
FOSCOLO UGO, *Poesie e carmi*, a cura di F. PAGLIAI, G. FOLENA e M. SCOTTI (*Opere*, Edizione Nazionale, I), Firenze 1985.
— *Tragedie e poesie minori*, a cura di G. BEZZOLA (*Opere*, Edizione Nazionale, II), Firenze 1961.
FRANCESCO DA BARBERINO, *Documenti d'amore*, a cura di F. EGIDI, Roma 1902-27, 4 voll.
GIACOMO DA LENTINI, *Poesie*, edizione critica a cura di R. ANTONELLI, Roma 1979.
GIUSTINIAN FRANCESCO, *Poesie edite e inedite*, a cura di B. WIESE, Bologna 1883.
GNOLI DOMENICO, *Poesie edite ed inedite*, Torino-Roma 1907.
GOVONI CORRADO, *Poesie 1903-1959*, Milano 1961.
GOZZANO GUIDO, *Poesie*, a cura di E. SANGUINETI, Torino 1973 (VR = *La via del rifugio*).
GROTO LUIGI, *Rime*, Venezia 1592.
GUIDI ALESSANDRO, *Poesie approvate*, a cura di B. MAIER, Ravenna 1981.
GUITTONE D'AREZZO, *Poesie*, a cura di F. EGIDI, Bari 1940.
JACOPONE DA TODI, *Laude*, a cura di F. MANCINI, Bari 1974.
LEOPARDI GIACOMO, *Canti. Edizione critica e autografi*, a cura di D. DE ROBERTIS, Milano 1984, 2 voll.
Lirici del Cinquecento, a cura di L. BALDACCI, Milano 1984.
Lirici del Settecento, a cura di B. MAIER, Milano-Napoli 1959.
Lirici marinisti, a cura di G. GETTO, Torino 1962.
Lirici toscani del Quattrocento, a cura di A. LANZA, Roma 1973-75, 2 voll.
LUCINI GIAN PIETRO, *Revolverate e Nuove revolverate*, a cura di E. SANGUINETI, Torino 1975.
MANZONI ALESSANDRO, *Tutte le opere*, a cura di M. MARTELLI, Firenze 1973 (rist. 1988).
MARINO GIOVAMBATTISTA, *Idilli favolosi*, a cura di G. BALSAMO-CRIVELLI, Torino 1923.
— *Opere*, a cura di A. ASOR ROSA, Milano 1967.
— *Poesie varie*, a cura di B. CROCE, Bari 1913.
Marino e i marinisti, a cura di G.G. FERRERO, Milano-Napoli 1954.
MARTELLI LUDOVICO, *Opere*, Firenze 1548.
MEDICI LORENZO DE', *Ambra*, a cura di R. BESSI, Firenze 1986.
— *Canzoniere*, edizione critica a cura di T. ZANATO, Firenze 1991.
— *Comento de' miei sonetti*, edizione critica a cura di T. ZANATO, Firenze 1991.
— *Opere*, a cura di P. ORVIETO, Roma 1992, 2 voll.

— *Simposio*, edizione critica a cura di M. Martelli, Firenze 1966.

Metastasio Pietro, *Tutte le opere*, a cura di B. Brunelli, Milano 1947-54, 5 voll.

Montale Eugenio, *L'opera in versi*, edizione critica a cura di R. Bettarini e G. Contini, Torino 1980 (OS = *Ossi di seppia*).

Monte Andrea, *Rime*, a cura di F.F. Minetti, Firenze 1979.

Palazzeschi Aldo, *Le poesie*, a cura di S. Antonielli, Milano 1971.

Parini Giuseppe, *Il giorno*, edizione critica a cura di D. Isella, Milano-Napoli 1969.

— *Le odi*, edizione critica a cura di D. Isella, Milano-Napoli 1975.

Pascoli Giovanni, *A Giuseppe Chiarini. Della metrica neoclassica*, in Id., *Prose*, a cura di A. Vicinelli, Milano 1946, I, pp. 904-76 (I ediz. in Giovanni Pascoli, *Antico sempre nuovo*, Bologna 1925).

— *Canti di Castelvecchio*, a cura di G. Nava, Milano 1983 (= CC).

— *Myricae*, edizione critica a cura di G. Nava, Firenze 1974, 2 voll.

— *Le poesie*, a cura di E. Bianchetti e A. Vicinelli, Milano 1950 (PV = *Poesie varie*).

Pasolini Pier Paolo, *Le poesie*, Milano 1975.

Pavese Cesare, *Poesie*, a cura di M. Mila, Torino 1961.

Petrarca Francesco, *Canzoniere*, testo critico e introduzione di G. Contini, annotazioni di D. Ponchiroli, Torino 1964 (= RVF).

— *Triumphi*, a cura di M. Ariani, Milano 1988.

La poesia barbara nei secoli XV e XVI, a cura di Giosuè Carducci, Bologna 1881 (rist. anast. con presentazione di E. Pasquini, Bologna 1985).

Poesia italiana del Novecento, a cura di P. Gelli e G. Lagorio, Milano 1980, 2 voll.

Poesia del Seicento, a cura di C. Muscetta e P.P. Ferrante, Torino 1964, 2 voll.

Poesia del Settecento, a cura di C. Muscetta e M.R. Massei, Torino 1967, 2 voll.

Poesie musicali del Trecento, a cura di G. Corsi, Bologna 1970.

Poeti del Dolce stil nuovo, a cura di M. Marti, Firenze 1969.

Poeti del Duecento, a cura di G. Contini, Milano-Napoli 1960, 2 voll.

Poeti italiani del Novecento, a cura di P.V. Mengaldo, Milano 1978.

Poeti minori dell'Ottocento, a cura di L. Baldacci e G. Innamorati, Milano-Napoli 1958-63 (2 voll.).

Poeti minori del Trecento, a cura di N. Sapegno, Milano-Napoli 1952.

Poliziano Angelo, *L'Orfeo, con il testo critico dell'originale e delle successive forme teatrali*, a cura di A. Tissoni Benvenuti, Padova 1986.

— *Rime*, edizione critica a cura di D. Delcorno Branca, Firenze 1986.

— *Stanze*, a cura e con una postfazione di M. Martelli, Alpignano 1979.

PULCI LUIGI, *Morgante e Lettere*, a cura di D. DE ROBERTIS, Firenze 1984.
— *Opere minori*, a cura di P. ORVIETO, Milano 1986.
Rimatori del Trecento, a cura di G. CORSI, Torino 1969.
Le rime della Scuola siciliana, a cura di B. PANVINI, Firenze 1962.
ROLLI PAOLO, *Liriche*, a cura di C. CALCATERRA, Torino 1926.
SACCHETTI FRANCO, *Il libro delle rime*, a cura di F. BRAMBILLA AGENO, Firenze 1990.
SANNAZARO JACOPO, *Opere volgari*, a cura di A. MAURO, Bari 1961.
SERAFINO AQUILANO, *Die Strambotti*, a cura di B. BAUER-FORMICONI, München 1967.
STROZZI IL VECCHIO GIOVAMBATTISTA, *Madrigali inediti*, a cura di M. ARIANI, Urbino 1975.
STROZZI LORENZO, *Commedie*, a cura di A. GAREFFI, Ravenna 1980.
TASSO BERNARDO, *Rime*, a cura di P. SERASSI, Bergamo 1749 (2 voll.).
TASSO TORQUATO, *Opere*, a cura di B. MAIER, Milano 1963-64, 2 voll.
Teatro delle corti padane, a cura di A. TISSONI BENVENUTI e M.P. MUSSINI SACCHI, Torino 1983.
Il teatro italiano. II. La tragedia del Cinquecento, I, a cura di M. ARIANI, Torino 1977.
Testi del primo Certame coronario. Edizione e saggio di commento, Tesi di dottorato di ricerca di L. BERTOLINI, Università degli Studi di Bologna, 1988-89.
Testi napoletani del '400, a cura di A. ALTAMURA, Napoli 1953.
THOVEZ ENRICO, *Il poema dell'adolescenza*, a cura di S. JACOMUZZI, Torino 1979.
TOLOMEI CLAUDIO, *Versi et regole de la nuova poesia toscana*, Roma 1539.
TOMMASEO NICCOLÒ, *Opere*, a cura di M. PUPPO, Firenze 1968, 2 voll.
TRISSINO GIAN GIORGIO, *La poetica*, in *Trattati di poetica e retorica del Cinquecento*, a cura di B. WEINBERG, Bari 1970, I, pp. 23-158 (divisioni I-IV) e II, pp. 7-90 (divisioni V-VI).
— *La Sofonisba*, Roma 1524.
UNGARETTI GIUSEPPE, *Vita d'un uomo. Tutte le poesie*, a cura di L. PICCIONI, Milano 1970.
ZANELLA GIACOMO, *Le poesie*, a cura di G. AUZZAS e M. PASTORE STOCCHI, Vicenza 1988.
ZANZOTTO ANDREA, *Il galateo in bosco*, Milano 1978.

II. TRATTATI, MANUALI, DIZIONARI

Affò I., *Dizionario precettivo, critico ed istorico della poesia volgare*, Milano 1777 (II ed. 1824).
Balbi F., *Della versificazione italiana*, Milano 1881.
Beltrami P.G., *La metrica italiana*, Bologna 1991.
Casini T., *Le forme metriche italiane*, Firenze 1890[2].
Elwert W.Th., *Versificazione italiana dalle origini ai giorni nostri*, trad. it., Firenze 1981 (ed. origin. München 1968).
Fraccaroli G., *D'una teoria razionale di metrica italiana*, Torino 1887.
Guarnerio P.E., *Manuale di versificazione italiana*, Milano 1913 (nuova ediz.).
Liberatore V., *Metrologia delle forme poetiche italiane antiche, classiche e moderne*, Napoli 1887.
Marchese A., *Dizionario di retorica e stilistica*, Milano 1978.
Mari G., *Riassunto e dizionarietto di metrica italiana, con saggi dell'uso dantesco e petrarchesco*, Torino 1901.
Memmo F.P., *Dizionario di metrica italiana*, Roma 1983.
Menichetti A., *Metrica italiana. Fondamenti metrici, prosodia, rima*, Padova 1993.
Munari R., *Ritmica e metrica razionale italiana*, Milano 1891 (rist. anast. Milano 1986).
Orlando S., *Manuale di metrica italiana*, Milano 1993.
Pazzaglia M., *Manuale di metrica italiana*, Firenze 1990.
Ramous M., *La metrica*, Milano 1984.
Santagostini M., *Il manuale del poeta*, Milano 1988.
Spongano R., *Nozioni ed esempi di metrica italiana*, Bologna 1966.
Zambaldi F., *Il ritmo dei versi italiani*, Torino 1874.

III. STUDI

1. TEORIA METRICA

Agosti S., *Il testo poetico. Teoria e pratiche di analisi*, Milano 1972.
Barberi Squarotti G., *Problemi di metrica*, in Id., *Metodo, stile, storia*, Milano 1962, pp. 109-38.
Beccaria G.L., *Significante ritmico e significato*, in Id., *L'autonomia del significante. Figure del ritmo e della sintassi: Dante, Pascoli, D'Annunzio*, Torino 1975, pp. 23-89.
Bertinetto P.M., *Ritmo e modelli ritmici. Analisi computazionale delle funzioni periodiche della versificazione dantesca*, Torino 1973; e la relativa recensione di C. Di Girolamo in «Medioevo Romanzo», I (1974), pp. 459-65.

— *Strutture soprasegmentali e sistema metrico*, in «Metrica», I (1978), pp. 1-54.
— *Strutture prosodiche dell'italiano*, Firenze 1981, soprattutto le pp. 219-46.
— *Autonomia e relazionalità della metrica*, in «Annali della Scuola Normale Superiore di Pisa», Cl. di Lettere, s. III, XVIII (1988), pp. 1387-409.
BLASUCCI L., *Metrica e poesia*, in ID., *Studi su Dante e Ariosto*, Milano-Napoli 1969, pp. 177-200.
BRIK O., *Ritmo e sintassi (materiali per uno studio del discorso in versi)*, in *I formalisti russi*, a cura di Tz. TODOROV, Torino 1968, pp. 151-85 (parzialmente riprodotto in CP, pp. 179-86).
CAMILLI A., *I fondamenti della prosodia italiana*, in ID., *Pronuncia e grafia dell'italiano*, Firenze 1965 (III ed.), pp. 239-79.
CAPOVILLA G., *Metricologia*, in *Dizionario critico della letteratura italiana*, diretto da V. BRANCA, nuova ed., III, Torino 1986, pp. 169-76.
CHATMAN S., *A Theory of Meter*, The Hague 1965 (parzialmente riprodotto in CP, pp. 99-108).
COHEN J., *Struttura del linguaggio poetico*, trad. it. Bologna 1974 (parzialmente riprodotto in CP, pp. 67-78).
CORDA F., *Il punto sulla metrica italiana*, Cagliari 1969.
CRISARI M. - D'ADDIO W., *Caratteristiche prosodiche dell'italiano*, in «Homo loquens», I (1967), pp. 3-23.
DI GIROLAMO C., *Questioni metriche. La teoria di Halle e Keyser e le sue possibili applicazioni italiane*, in «Belfagor», XXXI (1976), pp. 224-31.
— *Teoria e prassi della versificazione*, Bologna 1976.
FASANI R., *Poesia e fonetica*, in «Italianistica», IX (1980), pp. 499-504.
FRASER G.S., *Metre, Rhyme and Free Verse*, London 1970.
FUBINI M., *Ritmo e metro*, in ID., *Metrica e poesia. Lezioni sulle forme metriche italiane. Dal Duecento al Petrarca*, Milano 1975^3, pp. 13-78.
FURLAN F., *Per una teoria del verso italiano*, in «Eidos», V (1991), 8, pp. 4-25.
GASPAROV M., *Storia del verso europeo*, Bologna 1993.
GROSS H., *The Structure of Verse. Modern Essays on Prosody*, New York 1966.
GUIRAUD P., *La versification*, Paris 1978^3 (parzialmente riprodotto in CP, pp. 55-60).
HALLE M. - KEISER S.J., *Metrica*, in *Enciclopedia*, IX, Torino 1980, pp. 254-84.
Il verso europeo. Atti del seminario di metrica comparata (4 maggio 1994), a cura di F. STELLA, prefazione di C. LEONARDI, Firenze 1995.
JAKOBSON R., *Poetica e poesia. Questioni di teoria e analisi testuali*, trad. it., Torino 1985.
KIMSATT W.K., *The Verbal Icon. Studies in the Meaning of Poetry*, Lexington 1954 (parzialmente riprodotto in CP, pp. 193-98).
LEVI A., *Della versificazione italiana*, Genova 1931.
LOTMAN JU.M., *La struttura del testo poetico*, trad. it., Milano 1972.
MALAGOLI G., *L'accentazione italiana*, Firenze 1946.
MENICHETTI A., *Problemi della metrica*, in *Letteratura italiana*, III/1. *Le forme del testo. Teoria e poesia*, Torino 1984, pp. 349-90.
— *Per un nuovo manuale di metrica italiana*, in «Metrica», IV (1986), pp. 7-19.
PAZZAGLIA M., *Ricerche sulla versificazione*, in ID., *Teoria e analisi metrica*, Bologna 1974, pp. 3-56.

— *Problemi d'una lettura ritmemica*, in «Metrica», II (1981), pp. 207-26.
— *Metrica*, in *Guida allo studio della letteratura italiana*, a cura di E. Pasquini, Bologna 1985, pp. 99-123.
Pighi G.B., *Studi di ritmica e metrica*, Torino 1970.
Sansone G.E., *Dalla struttura metrica al ritmo poetico*, in «Trimestre», IV (1970), pp. 703-709.
— *Le trame della poesia. Per una teoria funzionale del verso*, Firenze 1988.
Segre C., *I segni e la critica*, Torino 1969.
Seidel W., *Il ritmo*, trad. it., Bologna 1987.
Tavani G., *Per una lettura «ritmemica» dei testi di poesia*, in «Teoria e Critica», I (1972), pp. 19-70.
— *Strutture formali e significato in poesia*, in *Studi in onore di Natalino Sapegno*, Roma 1973, I, pp. 121-43.
Valentini A., *La rima, la forma e la struttura*, Roma 1971.
Zumthor P., *La strutturazione poetica*, in Id., *Lingua e tecniche poetiche nell'età romanica*, trad. it., Bologna 1973, pp. 57-78 (parzialmente riprodotto in CP, pp. 199-210).
— *Du rythme à la rime*, in Id., *Langue, texte, énigme*, Paris 1975, pp. 125-43.

2. STORIA DELLA METRICA ITALIANA

Bartolomeo B., *Storia della metrica e storia della poesia. Rassegna di studi*, in «Lettere Italiane», XLVII (1995), pp. 290-311.
Beltrami P.G., *Profilo storico della metrica italiana*, in Id., *La metrica italiana*, cit., pp. 67-138.
Calcaterra C., *Poesia e canto. Studi sulla poesia melica italiana e sulla favola per musica*, Bologna 1951.
Capovilla G., *I primi trattati di metrica italiana (1332-1518). Problemi testuali e storico-interpretativi*, in «Metrica», IV (1986), pp. 109-46.
Flamini F., *Per la storia di alcune antiche forme poetiche italiane e romanze*, in Id., *Studi di storia letteraria italiana e straniera*, Livorno 1895, pp. 109-96.
— *Le origini e la storia delle antiche forme poetiche italiane in relazione con la metrica neolatina*, Università di Padova 1898-99 (dispense universitarie).
— *Notizia storica dei versi e metri italiani dal Medioevo ai tempi nostri*, Livorno 1919.
Gorni G., *Le forme primarie del testo poetico*, in *Letteratura italiana*, III/1, cit., pp. 439-518 (poi in G. Gorni, *Metrica e analisi letteraria*, Bologna 1993, pp. 15-134).
Martelli M., *Le forme poetiche italiane dal Cinquecento ai nostri giorni*, ibid., pp. 519-620.
Pernicone V., *Storia e svolgimento della metrica*, in *Tecnica e teoria letteraria*, Milano 1948, pp. 237-77.
Quadrio Francesco Saverio, *Della storia e della ragione d'ogni poesia*, Bologna 1739-52 (7 voll.).
Sesini U., *Musicologia e poesia. Raccolta di studi sul ritmo e sulla metrica del Medio Evo*, Bologna 1971.

3. TECNICA METRICA

ANTONELLI R., *Ripetizione di rime, «neutralizzazione» di rimemi?*, in «Medioevo Romanzo», V (1978), pp. 169-206.

BERTINETTO P.M., *Echi del suono ed echi del senso. Implicazioni semantiche in rima*, in «Parole e Metodi», III (1972), pp. 47-57.

CAMILLI A., *Dieresi e sineresi in italiano*, in «Lingua Nostra», XVI (1955), pp. 89-91.

— *Il segno della dieresi nel verso*, ibid., XIX (1958), pp. 24-26.

CARDUCCI GIOSUÈ, *La rima e la poesia italiana volgare*, in ID., *Opere*, Edizione Nazionale, VIII, Bologna 1936, pp. 3-39.

CREMANTE R., *Nota sull'enjambement*, in «Lingua e Stile», II (1967), pp. 377-91.

D'OVIDIO F., *Dieresi e sineresi nella poesia italiana*, in ID., *Versificazione romanza. Poetica e poesia medievale*, Napoli 1932, I, pp. 9-75.

FASANI R., *Legami lessicali*, in «Studi e Problemi di Critica Testuale», XXI (1980), pp. 165-79.

FLORA F., *La rima*, Bologna 1942.

GNOLI D., *La rima e la poesia italiana*, in ID., *Studi letterari*, Bologna 1883, pp. 177-239.

GORNI G., *Chi ha paura della zeppa?*, in «Fabrica», II (1987), pp. 41-60 (ora in ID., *Metrica e analisi letteraria*, cit., pp. 275-93).

LEONETTI P., *Storia della tecnica del verso italiano*, Napoli 1934-38, 2 voll. in 3 tomi (I, *Gli elementi della tecnica*, 1934; II.1, *La tecnica del verso dialettale popolaresco dei primordi*, 1934; II.2, *La tecnica del verso italiano dei poeti d'arte anteriori al Dolce stil nuovo*, 1938).

LEPSCHY G.C., *Note su accento e intonazione con riferimento all'italiano*, in «Word», XXIV (1968), pp. 270-85.

MENICHETTI A., *Rime per l'occhio e ipometrie nella poesia romanza delle origini*, in «Cultura Neolatina», XXVI (1966), pp. 5-95.

NAPOLI D.J., *A Note on Synalepha and Stress Maxima*, in «Poetics», XVI (1975), pp. 401-10.

PARODI E.G., *Rima siciliana, rima aretina e rima bolognese* (1913), in ID., *Lingua e letteratura. Studi di teoria linguistica e di storia dell'italiano antico*, a cura di G. FOLENA, Venezia 1957, I, pp. 152-88.

POZZI G., *La rosa in mano al professore*, Freiburg 1974.

— *Poesia per gioco: prontuario di figure artificiose*, Bologna 1984.

SHAPIRO M., *Sémiotique de la rime*, in «Poétique», V (1974), pp. 501-19.

STEFANINI R., *Figure retoriche nel verso e in rima*, in «Italica», XLVIII (1971), pp. 367-89.

TADDEO E., *Enjambement e 'periodo lungo': divergenze*, in ID., *Il manierismo letterario e i lirici veneziani del tardo Cinquecento*, Roma 1974, pp. 233-37.

TOMASEVSKIJ B.V., *Sul verso*, in *I formalisti russi*, cit., pp. 187-204 (parzialmente riprodotto in CP, pp. 81-88).

ZAPPULLA G., *Imprecisioni ed arbitrî nelle regole sulla sineresi e la dieresi*, in «Italica», XXXV (1958), pp. 266-73.

4. VERSI

AVALLE D'A.S., *Preistoria dell'endecasillabo*, Milano-Napoli 1963 (parzialmente riprodotto in CP, pp. 243-46).

— *Le origini della versificazione moderna*, Torino 1979.

— *Paralogismi aritmetici nella versificazione tardo-antica e medievale*, in *Metrica classica e linguistica. Atti del colloquio, Urbino 3-6 ottobre 1988*, a cura di R.M. DANESE, F. GORI, C. QUESTA, Urbino 1990, pp. 495-526.

BELTRAMI P.G., *Endecasillabo, décasyllabe e altro*, in «Rivista di Letteratura Italiana», VIII (1990), pp. 465-513.

BURGER M., *Recherches sur la structure et l'origine des vers romans*, Genève-Paris 1957.

CAPOVILLA G., *Appunti sul novenario*, in *Tradizione / traduzione / società. Saggi per Franco Fortini*, a cura di R. LUPERINI, Roma 1989, pp. 75-88.

CASELLA M., *Endecasillabi di dodici sillabe?*, in «Studi Danteschi», XXIV (1939), pp. 79-109.

D'OVIDIO F., *Sull'origine dei versi italiani*, in ID., *Versificazione romanza. Poetica e poesia medievale*, cit., I, pp. 131-261.

FASANI R., *Endecasillabo e cesura*, in «Studi e Problemi di Critica Testuale», XXXVI (1988), pp. 5-21; poi in ID., *La metrica della Divina Commedia e altri saggi di metrica italiana*, Ravenna 1992, pp. 69-90.

MIGLIORINI B., *Un tipo di versi ipometri*, in *Studi e problemi di critica testuale. Convegno di studi di Filologia italiana nel centenario della Commissione per i testi di lingua*, Bologna 1961, pp. 193-201.

MONTEVERDI A., *Problèmes de versification romane*, in *Actes du Xe Congrès international de linguistique et philologie romanes (Strasbourg 1962)*, Paris 1965, pp. 33-54.

PIROTTI U., *L'endecasillabo dattilico*, in ID., *L'endecasillabo dattilico e altri studi di letteratura italiana*, Bologna 1979, pp. 7-66.

SANSONE G.E., *Appunti sul tredecasillabo e sull'endecasillabo ipermetro*, in «Giornale Storico della Letteratura Italiana», CXXVIII (1951), pp. 176-83.

— *Per un'analisi strutturale dell'endecasillabo*, in «Lingua e stile», II (1967), pp. 179-97.

SCHERILLO M., *Ancora sugli endecasillabi di dodici sillabe*, in FRANCESCO PETRARCA, *Il Canzoniere*, a cura di M. SCHERILLO, Milano 1918, pp. 79-86.

SERRETTA M., *Endecasillabi crescenti nella poesia italiana delle origini e nel Canzoniere del Petrarca*, Milano 1938.

SESINI U., *L'endecasillabo: struttura e peculiarità*, in «Convivium», XI (1939), pp. 545-70.

VARANINI G., *Di un tipo di versi tronchi*, in «Lingua Nostra», XXIX (1968), pp. 36-40.

5. METRI E GENERI

- Ballata

CAPOVILLA G., *Le ballate del Petrarca e il codice metrico due-trecentesco. Casi di connessioni interne e di monostrofismo nella ballata italiana «antica»*, in «Giornale Storico della Letteratura Italiana», CLIV (1977), pp. 238-60.

— *Occasioni arcaicizzanti della forma poetica italiana fra Otto e Novecento: il ripristino della ballata antica da Tommaseo a Saba*, in «Metrica», I (1978), pp. 95-145.

DE MALDÉ E., *La ballata in Italia*, Roma 1911.

FUBINI M., *La ballata*, in ID., *Metrica e poesia*, ecc., cit., pp. 90-118.

GORNI G., *Note sulla ballata*, in «Metrica», I (1978), pp. 219-24 (ora in ID., *Metrica e analisi letteraria*, cit., pp. 243-49).

— *Altre note sulla ballata*, in «Metrica», II (1981), pp. 83-102 (ora in ID., *Metrica e analisi letteraria*, cit., pp. 219-42).

MEIERHANS L., *Die Ballata*, Bern 1956.

- Canzone

BIADENE L., *Il collegamento delle stanze mediante la rima nella canzone italiana dei secoli XIII e XIV*, Firenze 1885.

— *La forma metrica del commiato nella canzone italiana dei secoli XIII e XIV*, in *Miscellanea di filologia e di linguistica dedicata alla memoria di N. Caix e U.A. Canello*, Firenze 1886, pp. 357-72.

— *Il collegamento delle due parti principali della stanza per mezzo della rima nella canzone italiana dei secoli XIII e XIV*, in *Scritti varî di filologia dedicati a E. Monaci*, Roma 1901, pp. 21-36.

— *La rima nella canzone italiana dei secoli XIII e XIV*, in *Raccolta di studii critici dedicata ad Alessandro D'Ancona*, Firenze 1901, pp. 719-39.

CORSO C., *La metrica della canzone*, Palermo 1904.

FUBINI M., *La canzone*, in ID., *Metrica e poesia*, ecc., cit., pp. 119-46.

GORNI G., *Ragioni metriche della canzone, tra filologia e storia*, in *Studi di filologia e di letteratura italiana offerti a Carlo Dionisotti*, Milano-Napoli 1973, pp. 15-24 (ora in G. GORNI, *Metrica e analisi letteraria*, cit., pp. 207-217).

— *La canzone*, in ID., *Le forme primarie del testo poetico*, cit., pp. 439-72.

- Egloga

CORTI M., *Il codice bucolico e l'«Arcadia» del Sannazaro*, in «Strumenti Critici», VI (1968), pp. 141-67.

DE ROBERTIS D., *L'ecloga volgare come segno di contraddizione*, in «Metrica», II (1981), pp. 61-80.

KENISTON H., *Verse Forms of the Italian Eclogue*, in «The Romanic Review», XI (1920), pp. 170-86.

- Frottola

CIAN V., *«Motti» inediti e sconosciuti di Pietro Bembo*, Venezia 1888, pp. 95-101.

Jeppesen Kn., *La frottola*, København 1968-70.
Orvieto P., *Sulle forme metriche della poesia del non-senso (relativo e assoluto)*, in «Metrica», I, pp. 203-18.
Russell R., *Senso, nonsenso e controsenso nella frottola*, in *Generi poetici medievali*, Napoli 1982, pp. 141-67.
Stegagno Picchio L., *Frottola*, in *Enciclopedia dello spettacolo*, V, Roma 1975, coll. 743-47.
Verhulst S., *La caccia nella frottola*, in *Studi in onore di Giovanni Montagna*, Leuven 1985, pp. 167-78.
— *Note per una nuova impostazione delle ricerche sulla frottola*, in «Studi e Problemi di Critica Testuale», XXXVII (1988), pp. 117-35.
— *La frottola (XIV-XV sec.): aspetti della codificazione e proposte esegetiche*, Gent 1990; con la relativa recensione di A. Pancheri in «Rivista di Letteratura Italiana», IX (1991), pp. 331-38.

- *Lauda*

Liuzzi F., *La lauda e i primordi della melodia italiana*, Roma 1934.
Mancini F., *Lauda*, in *Dizionario Critico della Letteratura Italiana*, cit., II, 1986, pp. 548-53.
Roncaglia A., *Nella preistoria della lauda: ballata e strofa zagialesca*, in *Il Movimento dei Disciplinati nel settimo centenario del suo inizio (Perugia 1260). Convegno Internazionale, Perugia 25-28 settembre 1960*, Spoleto 1962, pp. 460-75 (parzialmente riprodotto in CP, pp. 309-18).

- *Madrigale*

Biadene L., *Madrigale*, in «Rassegna Bibliografica della Letteratura Italiana», VI (1898), pp. 329-36.
Capovilla G., *Materiali per la morfologia e la storia del madrigale antico, dal ms. Vaticano Rossi 215 al Novecento*, in «Metrica», III (1982), pp. 159-252 (con ricca bibliografia).
Martini A., *Ritratto del madrigale poetico fra Cinque e Seicento*, in «Lettere Italiane», XXXIII (1981), pp. 529-48.
Roche J., *The Madrigal*, London 1972.
Schulz-Buschaus U., *Das Madrigal. Zur Stilgeschichte der italienischen Lyrik zwischen Renaissance und Barock*, Berlin-Zürich 1969.

- *Metri barbari*

Balduino A., *Barbara, metrica*, in *Dizionario Critico della Letteratura Italiana*, cit., I, 1986, pp. 191-94.
Geymonat M., *Osservazioni sui primi tentativi di metrica quantitativa italiana*, in «Giornale Storico della Letteratura Italiana», CXLIII (1966), pp. 378-89.
Gnoli D., *La poesia barbara nei secoli XV e XVI*, in Id., *Studi letterari*, cit., pp. 391-414.
Martelli M., *La metrica barbara*, in Id., *Le forme poetiche italiane*, ecc., cit., pp. 591-601.

MAZZONI G., *Per la storia della strofe saffica*, Padova 1894.
PASQUINI E., *Presentazione* alla rist. anast. de *La poesia barbara nei secoli XV e XVI*, a cura di GIOSUÈ CARDUCCI, cit., pp. V-XXII.
PIGHI G.B., *Poesia barbara e illusioni metriche*, in ID., *Studi di ritmica e metrica*, cit., pp. 403-32.
VERGARA G., *La poesia barbara: come e quando*, in «Misure Critiche», VI (1976), 18, pp. 71-91.
— *Sulla metodologia della poesia barbara, ibid.*, VII (1977), 23-24, pp. 5-41.
— *Guida allo studio della poesia barbara italiana*, Napoli 1978.

- *Ode*

CARDUCCI GIOSUÈ, *Dello svolgimento dell'ode in Italia* (1902), in ID., *Opere*, Edizione Nazionale, XV, Bologna 1944, pp. 3-81.
MADDISON C., *Apollo and the Nine. A History of the Ode*, London 1960.
SANESI I., *Per la storia dell'ode*, in *Miscellanea di studi critici edita in onore di Arturo Graf*, Bergamo 1903, pp. 603-19.

- *Ottava*

BALDUINO A., «*Pater semper incertus*». *Ancora sulle origini dell'ottava rima*, in «Metrica», III (1982), pp. 107-59.
— *Le misteriose origini dell'ottava rima*, in *I cantari. Struttura e tradizione. Atti del Convegno Internazionale di Montreal, 19-20 marzo 1981*, a cura di M. PICONE e M.L. BENDINELLI PREDELLI, Firenze 1984, pp. 25-48.
BLASUCCI L., *Fubini e le lezioni inedite sull'ottava*, in «Annali della Scuola Normale Superiore di Pisa», Cl. di Lettere, s. III, XIX (1989), pp. 131-56.
DIONISOTTI C., *Appunti su antichi testi*, in «Italia Medioevale e Umanistica», VII (1964), pp. 77-131 (parzialmente riprodotto in CP, pp. 329-38).
GORNI G., *Un'ipotesi sull'origine dell'ottava rima*, in «Metrica», I (1978), pp. 79-94 (ora in ID., *Metrica e analisi letteraria*, cit., pp. 153-170).
— *Postilla sull'ottava e sulla terza rima*, in ID., *Metrica e analisi letteraria*, cit., pp. 295-301.
LIMENTANI A., *Struttura e storia dell'ottava rima*, in «Lettere Italiane», XIII (1961), pp. 20-77.
RONCAGLIA A., *Per la storia dell'ottava rima*, in «Cultura Neolatina», XXV (1965), pp. 5-14.

- *Satira*

MARTELLI M., *La satira fra terza rima e sciolto*, in ID., *Le forme poetiche italiane*, ecc., cit., pp. 567-74.
STELLA GALBIATI G.M., *Per una teoria della satira fra Quattro e Cinquecento*, in «Italianistica», XVI (1987), pp. 9-37.

- *Serventese*

CIOCIOLA C., *Un'antica lauda bergamasca (per la storia del serventese)*, in «Studi di Filologia Italiana», XXXVII (1979), pp. 33-87.

MEDIN A., *Per la storia del sirventese italiano*, in «Atti dell'Istituto Veneto di Scienze, Lettere ed Arti», LXXXIII (1913-14), pp. 1435-40.

PINI C., *Studio intorno al serventese italiano*, Lecco 1893.

- *Sestina*

CARDUCCI GIOSUÈ, *Della sestina* (1885), in ID., *Opere*, Edizione Nazionale, XXVIII, Bologna 1938, pp. 3-4.

CARROLL C.W. - ORR W.F., *On the Generalization of the Sestina*, in «Delta», V (1975), pp. 32-44.

DI GIROLAMO C., *Forma e significato della parola rima nella sestina*, in ID., *Teoria e prassi della versificazione*, cit., pp. 155-67.

FRASCA G., *La furia della sintassi. La sestina in Italia*, Napoli 1992.

FUBINI M., *La sestina*, in ID., *Metrica e poesia*, ecc., cit., pp. 299-316.

JENNI A., *La sestina lirica*, Bern 1945.

RIESZ J., *Die Sestine. Ihre Stellung in der literarischen Kritik und ihre Geschichte als lyrisches Genus*, München 1971; e la relativa recensione di G.B. SPERONI in «Metrica», I (1978), pp. 303-305.

RONCAGLIA A., *L'invenzione della sestina*, in «Metrica», II (1981), pp. 3-41.

- *Sonetto*

ANTONELLI R., *L'«invenzione» del sonetto*, in *Miscellanea di studi in onore di Aurelio Roncaglia*, Modena 1989, pp. 35-75.

BIADENE L., *Morfologia del sonetto nei secoli XIII-XIV*, Torino 1888 (rist. anast. Firenze 1977). Parzialmente riprodotto in CP, pp. 291-300.

FUBINI M., *Il sonetto*, in ID., *Metrica e poesia*, ecc., cit., pp. 147-67.

GETTO G., *Immagine del sonetto*, in ID., *Immagini e problemi di letteratura italiana*, Milano 1966, pp. 11-47.

GORNI G., *Il sonetto*, in ID., *Le forme primarie del testo poetico*, cit., pp. 472-87.

MENICHETTI A., *Implicazioni retoriche nell'invenzione del sonetto*, in «Strumenti Critici», IX (1975), pp. 1-30.

MÖNCH W., *Das Sonett: Gestalt und Geschichte*, Heidelberg 1955.

MONTAGNANI C., *Appunti sull'origine del sonetto*, in «Rivista di Letteratura Italiana», IV (1986), pp. 9-64.

PAGNINI M., *Il sonetto. Saggio teorico e critico sulla polivalenza funzionale dell'opera poetica*, in «Strumenti Critici», VIII (1974), pp. 41-64.

SANTAGATA M., *Dal sonetto al canzoniere. Ricerche sulla preistoria e la costituzione di un genere*, Padova 1979 (II ed. 1989).

WILKINS E.H., *The Invention of the Sonnet*, in ID., *The Invention of the Sonnet and Other Studies in Italian Literature*, Roma 1959, pp. 11-39 (parzialmente riprodotto in CP, pp. 279-90).

- *Stornello*

CIRESE A.M., *Revisione di nozioni correnti: lo stornello*, in *Studi in onore di*

Carmelina Naselli, Catania 1968, pp. 87-103; ora in *Ragioni metriche. Versificazione e tradizioni orali*, Palermo 1988, pp. 155-73.

- *Strambotto*

CIRESE A.M., *Note per una nuova indagine sullo strambotto delle origini romanze, della società quattro-cinquecentesca e della tradizione orale moderna*, in «Giornale Storico della Letteratura Italiana», CXLIV (1967), pp. 1-54 e 491-566 (parzialmente riprodotto in CP, pp. 339-48); ora col titolo *Gli strambotti dalle origini romanze alla tradizione orale moderna*, in ID., *Ragioni metriche. Versificazione e tradizioni orali*, cit., pp. 35-153.

D'ARONCO G., *Guida bibliografica allo studio dello strambotto, con un'antologia dei componimenti più discussi*, Modena 1951.

LI GOTTI E., *Precisazioni sullo strambotto*, in «Convivium», n.s., III (1949), pp. 698-708.

PAGLIARO A., *I primordi dello strambotto e la lirica popolare in Sicilia*, in ID., *Forma e tradizione*, Palermo 1972, pp. 29-60.

- *Terzina*

FUBINI M., *La terzina dopo Dante*, in ID., *Metrica e poesia*, ecc., cit., pp. 201-13.

GAVAZZENI F., *Approssimazioni metriche sulla terza rima*, in «Studi Danteschi», LVI (1984), pp. 1-82.

GORNI G., *Postilla sull'ottava e sulla terza rima*, cit., pp. 301-10.

- *Verso sciolto*

MARTELLI M., *L'epica: endecasillabo sciolto e ottava rima*; *Le versioni poetiche e l'endecasillabo sciolto*; *L'endecasillabo sciolto e la poesia didascalica*; *La satira fra terza rima e sciolto*, in ID., *Le forme poetiche italiane*, ecc., cit., pp. 530-74.

MATERASSI A., *Per la storia del verso sciolto in Italia: saggio*, Firenze 1909.

SANSONE G.E., *Per la storia dell'endecasillabo sciolto*, in «Convivium», n.s., I (1948), pp. 895-901.

- *Canzoniere e «libro di poesia»*

DANZI M., *Petrarca e la forma «canzoniere» fra Quattro e Cinquecento*, in *Lezioni sul testo. Modelli di analisi letteraria per la scuola*, a cura di E. MANZOTTI, Brescia 1992, pp. 73-115.

GORNI G., *Il canzoniere*, in ID., *Le forme primarie del testo poetico*, cit., pp. 504-18.

Il libro di poesia dal copista al tipografo, a cura di M. SANTAGATA e A. QUONDAM, Modena 1989.

LONGHI S., *Il tutto e le parti nel sistema di un canzoniere*, in «Strumenti Critici», XIII (1979), pp. 265-300.

SANTAGATA M., *Dal sonetto al canzoniere. Ricerche sulla preistoria e la costituzione di un genere*, cit.

TESTA E., *Il libro di poesia. Tipologie e analisi macrotestuali*, Genova 1983.

6. LA METRICA NEI SECOLI E NEGLI AUTORI

- Il Duecento e Dante

Antonelli R., *Rima equivoca e tradizione rimica nella poesia di Giacomo da Lentini*, in «Bollettino del Centro di Studi Filologici e Linguistici Siciliani», XIII (1977), pp. 20-126.
— *Repertorio metrico della Scuola poetica siciliana*, Palermo 1984.
Avalle D'A.S., *Le origini della quartina monorima di alessandrini*, in *Saggi e ricerche in memoria di Ettore Li Gotti*, Palermo 1962, I, pp. 119-60.
— *Sintassi e prosodia nella lirica italiana delle origini*, Torino 1973.
— *La rima «francese» nella lirica italiana delle origini*, in *Scritti in onore di Caterina Vassallini*, raccolti da L. Barberi, Verona 1974, pp. 29-43.
Beccaria G.L., *L'autonomia del significante. Figure dantesche*, in Id., *L'autonomia del significante*, ecc., cit., pp. 114-35 (parzialmente riprodotto in CP, pp. 395-402).
Beltrami P.G., *Sul metro della «Divina Commedia»: sondaggi per un'analisi sintattica*, in «Studi Mediolatini e Volgari», XXIV (1976), pp. 7-72.
— *Prosodia e distribuzioni lessicali nella «Divina Commedia»*, in «Metrica», I (1978), pp. 187-201.
— *Metrica, poetica, metrica dantesca*, Pisa 1981.
— *Cesura epica, lirica, italiana: riflessioni sull'endecasillabo di Dante*, in «Metrica», IV (1986), pp. 67-107.
Calenda C., *Appartenenze metriche ed esegesi. Dante, Cavalcanti, Guittone*, Napoli 1995.
Camilli A., *La metrica italiana preletteraria*, in «Lettere Italiane», V (1953), pp. 194-203.
Ciafardini E., *Dieresi e sineresi nella «Divina Commedia»*, in «Rivista d'Italia», XIII (1910), pp. 888-919.
— *Dialefe e sinalefe nella «Divina Commedia»*, ibid., XVII (1914), pp. 465-516.
Contini G., *Esperienze d'un antologista del Duecento poetico italiano*, in *Studi e problemi di critica testuale*, ecc., cit., pp. 241-72 (parzialmente riprodotto in CP, pp. 247-56).
Di Girolamo C., *Regole dell'anisosillabismo*, in Id., *Teoria e prassi della versificazione*, cit., pp. 119-35.
Enciclopedia dantesca, Roma 1970-78, 5 voll. e *Appendice* (= ED); in particolare le seguenti voci: *Assonanza* (I. Baldelli), *Ballata* (I. Baldelli-R. Monterosso), *Canzone* (I. Baldelli-R. Monterosso), *Cesura* (G.L. Beccaria), *Concatenatio* (M. Pazzaglia), *Congedo* (I. Baldelli), *Dialefe, Diastole, Dieresi* (G.L. Beccaria), *Diesis* (R. Monterosso), *Endecasillabo, Rima* (I. Baldelli), *Ripresa* (M. Pazzaglia), *Serventese, Sestina, sestina doppia, Settenario, Sonetto, sonetto doppio, Terzina* (I. Baldelli).
Fasani R., *La metrica della Divina Commedia*, in *La metrica della Divina Commedia e altri saggi*, ecc., cit., pp. 11-68.
Folena G., *Siciliani*, in *Dizionario Critico della Letteratura Italiana*, cit., III, 1986, pp. 180-81.

FUBINI M., *Il metro della «Divina Commedia»*, in ID., *Metrica e poesia*, ecc., cit., pp. 168-200.

GORNI G., *Sull'origine della terzina e altre misure. Appunti di metrica dantesca*, in «Metrica», II (1981), pp. 43-60.

— *Coscienza metrica di Dante: terzina e altre misure*, in *Il nodo della lingua e il Verbo d'Amore. Studi su Dante e altri duecentisti*, Firenze 1981, pp. 187-215.

JEANROY A., *La «sestina doppia» de Dante et les origines de la sextine*, in «Romania», XLII (1913), pp. 481-89.

LEONARDI L., *Sonetto e terza rima (da Guittone a Dante)*, in *Omaggio a Gianfranco Folena*, Padova 1993, pp. 337-51.

LISIO G., *Studio sulla forma metrica della canzone italiana nel secolo XIII*, Imola 1895.

— *L'arte del periodo nelle opere volgari di Dante Alighieri*, Bologna 1902, pp. 113-20 (riprodotto in CP, pp. 319-28).

MARI G., *La sestina di Arnaldo e la terzina dantesca*, in «Rendiconti dell'Istituto Lombardo di Scienze e Lettere», s. II, XXXII (1899), pp. 953-85 (parzialmente riprodotto in CP, pp. 301-308).

MENICHETTI A., *Rime per l'occhio e ipometrie nella poesia romanza delle origini*, cit.

— *Contributi ecdotici alla conoscenza dei Siculo-toscani*, in «Studi e Problemi di Critica Testuale», II (1971), pp. 40-71.

— *Metrica e stile in Guittone*, in «Rassegna Europea di Letteratura Italiana», III (1994), pp. 147-59.

MONACI E., *Sulla strofa del «Contrasto» di Ciullo d'Alcamo*, in «Rivista di Filologia Romanza», II (1875), pp. 113-16.

PARODI E.G., *La rima e i vocaboli in rima nella «Divina Commedia»*, in ID., *Lingua e letteratura*, ecc., cit., pp. 203-84 (parzialmente riprodotto in CP, pp. 389-94).

PAZZAGLIA M., *Il verso e l'arte della canzone nel «De vulgari eloquentia»*, Firenze 1967.

— *Note sulla metrica delle prime canzoni dantesche*, in ID., *Teoria e analisi metrica*, cit., pp. 57-75.

RONCAGLIA A., *Sul «divorzio tra musica e poesia» nel Duecento italiano*, in *L'Ars Nova italiana del Trecento. Atti del IV Convegno internazionale*, Certaldo 1978, pp. 365-97.

SANTANGELO S., *Le tenzoni poetiche nella letteratura italiana delle origini*, Genève 1928.

SCAGLIONE A., *Periodic Syntax and Flexible Metre in the «Divina Commedia»*, in «Romance Philology», XXI (1967-68), pp. 1-22.

SOLIMENA A., *Repertorio metrico dello Stil Novo*, Roma 1980.

TROVATO P., *Sulla rima imperfetta per assonanza nella poesia delle origini (con un'ipotesi per Cino, «Degno son io»)*, in «Medioevo Romanzo», XII (1987), pp. 337-52.

WLASSICS T., *Interpretazioni di prosodia dantesca*, Roma 1972.

- *Il Trecento*

BALDUINO A., *Ancora su un'edizione delle rime di maestro Antonio da Ferrara*, in «Lettere Italiane», XXIII (1971), pp. 79-85.

— *Premessa ad una storia della poesia trecentesca*, ibid., XXV (1973), pp. 3-36.

BIANCHI D., *Di alcuni caratteri della verseggiatura petrarchesca*, in «Studi Petrarcheschi», VI (1956), pp. 81-121.

BIGI E., *La rima del Petrarca*, in ID., *La cultura del Poliziano e altri studi umanistici*, Pisa 1967, pp. 30-40 (parzialmente riprodotto in CP, pp. 403-408).

— *Le ballate del Petrarca*, in «Giornale Storico della Letteratura Italiana», CLI (1974), pp. 481-93.

BRASOLIN M.T., *Proposta per una classificazione metrica delle cacce trecentesche*, in *L'Ars Nova italiana del Trecento. Atti del IV Convegno internazionale*, cit., pp. 83-105.

BRUGNOLO F., *Libro d'autore e forma-canzoniere: implicazioni petrarchesche*, Accademia Patavina di Scienze, Lettere e Arti, Lectura Petrarce, XI, 1991, Padova-Firenze 1992, pp. 259-90.

CAPOVILLA G., *Note sulla tecnica della ballata trecentesca*, in *L'Ars Nova italiana del Trecento. Atti del III Convegno internazionale*, Certaldo 1975, pp. 107-47.

— *Le ballate del Petrarca e il codice metrico due-trecentesco. Casi di connessioni interne e di monostrofismo nella ballata italiana «antica»*, cit.

— *I madrigali (LII, LIV, CVI, CXXI)*, in «Atti e Memorie della Accademia Patavina di Scienze, Lettere ed Arti», XCV (1982-83), pp. 449-84.

— *Un sistema di indicatori metrici nell'originale del «Canzoniere» petrarchesco*, in *Il libro di poesia dal copista al tipografo*, cit., pp. 103-109.

ELWERT W.TH., *Rime e figure retoriche nelle «canzoni sorelle» del Petrarca: «Chiare, fresche e dolci acque» (126) e «Se 'l pensier che mi strugge» (125)*, in «Lettere Italiane», XXXIV (1982), pp. 309-27.

— *La varietà metrica e tematica delle canzoni del Petrarca in funzione della loro distribuzione nel «Canzoniere»*, in *Miscellanea di studi in onore di Vittore Branca*, I, *Dal Medioevo al Petrarca*, Firenze 1983, pp. 389-409.

FUBINI M., *La metrica del Petrarca*, in ID., *Metrica e poesia*, ecc., cit., pp. 214-98.

GOLDIN D., *Un gioco poetico di società: i «mottetti» di Francesco da Barberino*, in «Giornale Storico della Letteratura Italiana», CL (1973), pp. 259-91.

LABANDE-JEANROY TH., *La technique de la chanson dans Pétrarque*, in *Pétrarque. Mélanges de littérature et d'histoire*, Paris 1928, pp. 143-214.

LI GOTTI E., *L'«Ars Nova» e il madrigale*, in «Atti della R. Accademia di Scienze, Lettere e Arti di Palermo», s. IV, IV (1944), pp. 339-89.

— *Il madrigale nel '300*, in «Poesia», III-IV (1946), pp. 44-56 (parzialmente riprodotto in CP, pp. 319-28).

MARROCCO W.TH., *The Fourteenth-Century Italian Cacce*, Cambridge (Mass.), 1942.

MAZZONI G., *Due epistole del sec. XIV in endecasillabi sciolti. Questioni metriche*, in *Studi editi dalla Università di Padova a commemorare l'VIII centenario della origine della Università di Bologna*, III, Padova 1888, *Memorie*, pp. 1-19.

MENICHETTI A., *Sulla figura di sinalefe/dialefe nel «Canzoniere» di Petrarca: l'incontro fra nessi bivocalici finali e vocale iniziale della parola seguente*, in «Studi Petrarcheschi», n.s., I (1984), pp. 40-50.

MILAN G., *Esperienze di metrica trecentesca nel «Trattato e arte deli rithimi volgari» di Gidino da Sommacampagna*, in *Omaggio a Gianfranco Folena*, cit., pp. 633-53.

PANCHERI A., *«Col suon chioccio». Per una frottola 'dispersa' attribuibile a Francesco Petrarca*, Padova 1993.

PELOSI A., *La canzone italiana del Trecento*, in «Metrica», V (1990), pp. 3-162.

PESTELLI G., *Ars Nova*, in *Dizionario Critico della Letteratura Italiana*, cit., I, 1986, pp. 152-55.

PICONE M., *Boccaccio e la codificazione dell'ottava*, in *Boccaccio: secoli di vita. Atti del Congresso Internazionale: Boccaccio 1975. Università di California, Los Angeles 17-19 ottobre 1975*, a cura di M. COTTINO-JONES e E.F. TUTTLE, Ravenna 1977, pp. 53-65.

PIRROTTA N., *Per l'origine e la storia della caccia e del madrigale trecentesco*, in «Rivista Musicale Italiana», XLVIII (1946), pp. 305-23 e XLIX (1947), pp. 121-42.

VANOSSI L., *Identità e mutazione nella sestina petrarchesca*, in *Studi di filologia romanza e italiana offerti a Gianfranco Folena dagli allievi padovani*, Modena 1980, pp. 281-99.

WILKINS E.H., *The Making of the «Canzoniere» and other Petrarchan Studies*, Roma 1951.

— *La formazione del «Canzoniere»*, in ID., *Vita del Petrarca*, a cura di R. CESERANI, Milano 1964, pp. 335-89.

- *Il Quattrocento*

BALDUINO A., *Appunti sul petrarchismo metrico nella lirica del Quattrocento e primo Cinquecento*, in «Musica e Storia», III (1995), pp. 227-78.

BARTOLOMEO B., *Le forme metriche della «Bella Mano» di Giusto de' Conti*, in «Interpres», XII (1992), pp. 7-56.

BESSI R., *Un nuovo esperimento metrico quattrocentesco: l'inedito sonetto «Donna ti chiamo» di Marabottino di Tuccio Manetti*, in «Interpres», XII (1992), pp. 303-308.

BIANCARDI G., *Esperimenti metrici del primo Quattrocento: i polimetri di Giusto de' Conti e Francesco Palmario*, in «Italianistica», XXI (1992), pp. 651-78.

CAPOVILLA G., *Accertamenti sul testo e sulla struttura del «Compendio ritimale» di Francesco Baratella*, in «Metrica», II (1981), pp. 123-38.

CARRAI S., *Un esperimento metrico quattrocentesco (la terzina lirica) e una poesia dell'Alberti*, in «Interpres», V (1983-84), pp. 34-45.

— *Machiavelli e la tradizione dell'epitaffio satirico tra Quattro e Cinquecento*, in «Interpres», VI (1985-86), pp. 200-13.

CONTI R., *Strutture metriche del canzoniere boiardesco*, in «Metrica», V (1990), pp. 163-205.

DIONISOTTI C., *Ragioni metriche del Quattrocento*, in «Giornale Storico della Letteratura Italiana», LXIV (1947), pp. 1-34.

— *Fortuna del Petrarca nel Quattrocento*, in «Italia Medioevale e Umanistica», XVII (1974), pp. 61-113.

GHINASSI GH., *Il volgare letterario nel Quattrocento e le «Stanze» del Poliziano*, Firenze 1957 (parzialmente riprodotto in CP, pp. 409-12).

GORNI G., *Nuove rime di Leon Battista Alberti*, in «Studi di Filologia Italiana», XXX (1972), pp. 225-50.

— *Appunti metrici e testuali sulle rime di Alessandro Sforza*, in «Giornale Storico della Letteratura Italiana», CLII (1975), pp. 222-33.

MENGALDO P.V., *La lingua del Boiardo lirico*, Firenze 1963 (parzialmente riprodotto in CP, pp. 413-16).

MILANI M., *Le origini della poesia pavana*, in *Storia della cultura veneta*, a cura di G. ARNALDI e M. PASTORE STOCCHI, III/1, Vicenza 1980, pp. 369-412.

PARENTI G., *Un gliommero di Pietro Jacopo De Jennaro: «Eo non agio figli né fittigli»*, in «Studi di Filologia Italiana», XXXVI (1978), pp. 321-65.

PEIRONE C., *Storia e tradizione della terza rima. Poesia e cultura nella Firenze del Quattrocento*, Torino 1990.

PRALORAN M. - TIZI M., *Nanure in ottave. Metrica e stile dell'«Innamorato»*, Pisa 1988.

SANTAGATA M., *La lirica aragonese. Studi sulla poesia napoletana del secondo Quattrocento*, Padova 1979.

— *La lirica feltresco-romagnola del Quattrocento*, in «Rivista di Letteratura Italiana», II (1984), pp. 53-106.

SCAGLIONE A., *Contributo alla questione del «rodundelus» del Boiardo*, in «Giornale Storico della Letteratura Italiana», CXXVIII (1951), pp. 313-16.

TANTURLI G., *Note alle «Rime» dell'Alberti*, in «Metrica», II (1981), pp. 103-21.

- Il Cinquecento

BAUSI F., *«Imitar col canto chi parla». Verso sciolto e 'recitar cantando' nell'estetica cinquecentesca*, in «Bibliothèque d'Humanisme et Renaissance», LI (1989), pp. 553-68.

BERTINETTO P.M., *Il ritmo della prosa e del verso nelle commedie dell'Ariosto*, in *Ludovico Ariosto: lingua, stile e tradizione. Atti del Congresso organizzato dai Comuni di Reggio Emilia e Ferrara, 12-16 ottobre 1974*, a cura di C. SEGRE, Milano 1976, pp. 347-78.

BIGI E., *Appunti sulla lingua e sulla metrica del «Furioso»*, in ID., *La cultura del Poliziano*, ecc., cit., pp. 164-86.

— *Aspetti stilistici e metrici delle «Rime» dell'Ariosto*, in «La Rassegna della Letteratura Italiana», LXXIX (1975), pp. 46-52.

BLASUCCI L., *Osservazioni sulla struttura metrica del «Furioso» (con una nota sull'enumerazione)*, in ID., *Studi su Dante e Ariosto*, cit., pp. 73-112.

CASTOLDI M., *Un caso di interferenza tra madrigale e ballata. Da «Quando viveva in pene» di Niccolò Amanio al coro finale del «Re Torrismondo» di Torquato Tasso*, in «Lettere Italiane», XLV (1993), pp. 252-66.

CERVETTI P., *Una lirica del Cinquecento poco nota: la 'sestina caudata' di Luigi Groto*, in «Italianistica», XV (1986), pp. 285-88.

CESARI G., *Le origini del madrigale cinquecentesco*, in «Rivista Musicale Italiana», XIX (1912), pp. 1-134 e 380-428.
CONTINI G., *Come lavorava l'Ariosto* (1937), in ID., *Esercizi di lettura*, Torino 1974, pp. 232-41.
DAMIAN M., *Struttura dei madrigali michelangioleschi*, in *Omaggio a Gianfranco Folena*, cit., II, pp. 905-20.
DANIELE A., *Teoria e prassi del madrigale libero nel Cinquecento (con alcune note sui madrigali musicati da Andrea Gabrieli)*, in *Andrea Gabrieli e il suo tempo. Atti del Convegno*, a cura di F. DEGRADA, Firenze 1987, pp. 75-169.
FERRONI G. - QUONDAM A., *La «locuzione artificiosa». Teoria ed esperienza della lirica a Napoli nell'età del manierismo*, Roma 1973.
FLORIANI P., *Il modello ariostesco. La satira classicistica nel Cinquecento*, Roma 1988.
FUBINI M., *Osservazioni sul lessico e sulla metrica del Tasso. II. L'‘enjambement’ nella «Gerusalemme Liberata»*, in ID., *Studi sulla letteratura del Rinascimento*, Firenze 1971, pp. 230-41 (parzialmente riprodotto in CP, pp. 421-26).
— *Gli enjambements nel «Furioso»*, ibid., pp. 241-47.
GUERRIERI CROCETTI C., *Giovan Battista Giraldi e il pensiero critico del secolo XVI*, Milano 1932.
LONGHI S., *Lutus. Il capitolo burlesco nel Cinquecento*, Padova 1983.
NERI F., *Il verso drammatico (dal Nardi allo Strozzi)*, in «Giornale Storico della Letteratura Italiana», CXIX (1942), pp. 1-31.
OSSOLA C., *Dantismi metrici nel «Furioso»*, in *Ludovico Ariosto: lingua, stile e tradizione*, cit., pp. 65-94.
QUONDAM A., *La poesia duplicata. Imitazione e scrittura nell'esperienza del Trissino*, in *Convegno di studi su Giangiorgio Trissino (Vicenza, 31 marzo - 1 aprile 1979)*, a cura di N. POZZA, Vicenza 1980, pp. 67-109.
ROMEI D., *«Pas vobis, brigate»: una frottola ritrovata di Pietro Aretino*, in «La Rassegna della Letteratura Italiana», XC (1986), pp. 429-73.
STEADMAN J.M., *Verse without Rhyme: Sixteenth Century Italian Defences of Versi Sciolti*, in «Italica», XLI (1964), pp. 384-402.
TISSONI BENVENUTI A., *La tradizione della terza rima e l'Ariosto*, in *Ludovico Ariosto: lingua, stile, tradizione*, cit., pp. 303-13.
TUROLLA E., *Dittologia e enjambement nell'elaborazione dell'«Orlando Furioso»*, in «Lettere Italiane», X (1958), pp. 1-20.

- *Il Seicento*

BERTONE G., *Per una ricerca metricologica su Chiabrera*, Genova 1991.
ELWERT W. TH., *La poesia lirica italiana del Seicento*, Firenze 1967.
LIMENTANI U., *La satira nel Seicento*, Milano-Napoli 1961.
MAUGAIN G., *Ronsard en Italie*, Paris 1926.
MONETI C., *La canzonetta. Sue origini. Relazioni con gli anacreontici stranieri. La canzonetta del Chiabrera e del Rinuccini*, Roma 1907.
NERI F., *Il Chiabrera e la Pléiade francese*, Torino 1920 (parzialmente riprodotto in CP, pp. 349-58).

OLIVIERI G., *L'imitazione classica e le innovazioni metriche di Gabriello Chiabrera. Nota critica*, Girgenti 1900.

POZZI G., *Ludicra mariniana*, in «Studi e Problemi di Critica Testuale», VI (1973), pp. 132-62.

TADDEO E., *Genesi, cronologia e metrica degli idilli della «Sampogna»*, in «Studi Seicenteschi», IV (1963), pp. 15-29.

- *Il Settecento*

BARBARISI G., *Introduzione* a UGO FOSCOLO, *Esperimenti di traduzione dell'Iliade*, parte I, edizione critica a cura di G.B., Firenze 1961, pp. XIX-CXXVIII.

BECCARIA G.L., *I segni senza ruggine. Alfieri e la volontà del verso tragico*, in «Sigma», X (1976), pp. 107-51.

BELTRAMI P.G., *Appunti e ricerche sul metro della «Caduta»*, in «Giornale Storico della Letteratura Italiana», CXLVIII (1971), pp. 334-57.

BERARDI C., *La questione della rima e dello sciolto nel secolo XVIII*, in «Rassegna Critica della Letteratura Italiana», XIV (1909), pp. 145-53.

BETTI F., *Un'articolazione evolutiva del Settecento: i «Versi sciolti di tre eccellenti moderni autori»*, in «Forum Italicum», VI (1972), pp. 43-56.

BONALUMI G., *L'endecasillabo dei «Sepolcri». Appunti e ricognizioni*, in «Versants», I (1981), pp. 75-92.

BRIZI B., *Metrica e musica verbale nella poesia teatrale di Pietro Metastasio*, in «Atti dell'Istituto Veneto di Scienze, Lettere ed Arti», Classe di scienze morali, lettere ed arti, CXXXI (1972-73), pp. 679-740.

CALCATERRA C., *Storia della poesia frugoniana*, Genova 1920.

CAMERINO G.A., *Dalla «Cleopatra» al «Filippo». La versificazione alfieriana nella sua formativa*, in «Critica Letteraria», III (1975), pp. 22-41.

CARDUCCI GIOSUÈ, *La lirica classica nella seconda metà del secolo XVIII* (1871), in ID., *Opere*, Edizione Nazionale, XV, Bologna 1936, pp. 145-235 (parzialmente riprodotto in CP, pp. 427-30).

— *Storia del «Giorno»* (1891-92), in ID., *Opere*, Edizione Nazionale, XVII, Bologna 1937, soprattutto le pp. 260-61 e 272-89.

FUBINI M., *Metrica e poesia del Settecento*, in ID., *Saggi e ricordi*, Milano-Napoli 1971 (parzialmente riprodotto in CP, pp. 359-64).

GRONDA G., *Osservazioni su uno schema metrico insolito: Frugoni, Bertola, Foscolo*, in ID., *Le passioni della ragione. Studi sul Settecento*, Pisa 1988, pp. 105-20.

— *Tra musica e melodramma: la cantata dal Lemene al Metastasio*, ibid., pp. 121-54.

ISELLA D., *L'officina della «Notte» e altri studi pariniani*, Milano-Napoli 1968, soprattutto le pp. 48-52 (parzialmente riprodotto in CP, pp. 431-34).

MACRÍ O., *Semantica e metrica dei «Sepolcri» del Foscolo. Con uno studio sull'endecasillabo*, Roma 1978; e la relativa recensione di A. BRUNI in «Metrica», V (1990), pp. 262-69.

MILAN G., *Metro e ritmo nei «Sepolcri» di Ugo Foscolo*, in «Atti dell'Istituto

Veneto di Scienze, Lettere ed Arti», Classe di scienze morali, lettere ed arti, CXXXIX (1980-81), pp. 123-42; e la relativa recensione di M. BARBERA in «Metrica», V (1990), pp. 269-73.

PLACELLA V., *Le possibilità espressive dell'endecasillabo sciolto in uno scritto di Scipione Maffei*, in «Filologia e Letteratura», XV (1969), pp. 144-73.

RAGNI F.D., *Le «Odi barbare» d'un settecentista*, in «Atti dell'Accademia di Udine», s. V, VII (1927-28).

SOLERTI A., *La poesia barbara di Labindo*, in GIOVANNI FANTONI, *Le odi*, a cura di A. SOLERTI, Torino 1887.

- *L'Ottocento*

CAPOVILLA G., *Lingua e metro nella sperimentazione 'barbara'*, in ID., *Fra le carte di Castelvecchio. Studi pascoliani*, Modena 1989, pp. 203-32.

— *Per le «Odi barbare»*, in «Rivista di Letteratura Italiana», VIII (1990), pp. 337-436.

CHIARINI G., *I critici italiani e la metrica delle «Odi barbare»*, Bologna 1878.

CONTINI G., *Il linguaggio di Pascoli* (1958), in *Varianti e altra linguistica. Una raccolta di saggi (1938-1968)*, Torino 1970, pp. 219-45.

— *Innovazioni metriche fra Otto e Novecento* (1969), *ibid.*, pp. 587-99.

DE LOLLIS C., *Saggi sulla forma poetica italiana dell'Ottocento*, Bari 1929 (poi in ID., *Scrittori d'Italia*, a cura di G. CONTINI e V. SANTOLI, Milano-Napoli 1968).

DEVOTO G., *Problemi delle traduzioni pascoliane*, in *Studi per il centenario della nascita di Giovanni Pascoli pubblicati nel cinquantenario della morte*, Bologna 1962, II, pp. 57-67.

D'OVIDIO F., *La versificazione delle «Odi barbare»*, in *Miscellanea di studi critici edita in onore di A. Graf*, cit., pp. 9-52.

ELWERT W.TH., *Lo svolgimento della forma metrica nella poesia lirica italiana dell'Ottocento*, in ID., *Saggi di letteratura italiana*, Wiesbaden 1970, pp. 146-66 (parzialmente riprodotto in CP, pp. 365-72).

GARGIULO A., *Ragioni metriche: Carducci*, in ID., *Letteratura italiana del Novecento*, Firenze 1940, pp. 253-59 (parzialmente riprodotto in CP, pp. 445-48).

GAVAZZENI F., *Carducci e la metrica*, in «Metrica», V (1990), pp. 207-37.

MARTELLI M., *L'influenza della metrica classica nella poesia leopardiana*, in *Leopardi e il mondo antico. Atti del V Convegno internazionale di studi leopardiani*, Firenze 1982, pp. 493-96.

MONTEVERDI A., *Scomposizione del canto «A se stesso»*, in ID., *Frammenti critici leopardiani*, Napoli 1967, pp. 123-36 (parzialmente riprodotto in CP, pp. 439-44).

PAPINI G.A., *Chiarini, Mazzoni e le «Odi barbare» del Carducci*, Firenze 1960.

— *Formazione del Carducci 'barbaro'*, in «Convivium», XXXVI (1968), pp. 1-79.

— *Recuperi e sperimentazioni metriche*, in G. CARDUCCI, *Odi barbare*, edizione critica a cura di G.A. PAPINI, cit., pp. XI-XIX.

SANSONE G.E., *La struttura ritmica dell'«Infinito»*, in «Forum Italicum», IV (1970), pp. 331-57; poi in ID., *Le trame della poesia*, ecc., cit., pp. 123-47.

STAMPINI E., *Le «Odi barbare» di Giosuè Carducci e la metrica latina: studio comparativo*, Torino 1881.
VALGIMIGLI M., *Dattili e spondei*, in ID., *Pascoli*, Firenze 1956, pp. 23-35.

- *Il Novecento*

AVALLE D'A.S., *Tre saggi su Montale*, Torino 1970.
BARBERI SQUAROTTI G., *Montale, la metrica e altro*, in ID., *Gli inferi e il labirinto. Da Pascoli a Montale*, Bologna 1974, pp. 195-268.
— *Fra metro e ritmo: situazioni e problemi della metrica del Novecento*, in «Metrica», IV (1986), pp. 182-208.
BECCARIA G.L., *Metrica e sintassi nella poesia di Giovanni Pascoli*, Torino 1970.
— *Quando prevale il significante. Disseminazione e «senso» del suono nel linguaggio poetico di Giovanni Pascoli*; *Compromessi tra significanti. Tradizione e innovazione nelle figure ritmico-sintattiche pascoliane*, in ID., *L'autonomia del significante*, ecc., cit., pp. 209-84.
BERTONI A., *Dai simbolisti al Novecento. Le origini del verso libero italiano*, Bologna 1995.
BIGI E., *La metrica delle poesie italiane del Pascoli*, in *Studi per il centenario della nascita di Giovanni Pascoli*, cit., II, pp. 29-56.
BORDIN M., *Il sonetto in bosco. Connessioni testuali, metrica, stile nell'«Ipersonetto» di Zanzotto*, in «Quaderni Veneti», XVIII (1993), pp. 95-178.
BRUGNOLO F., *La metrica delle poesie friulane di Pasolini*, in *Pier Paolo Pasolini. L'opera e il suo tempo*, a cura di G. SANTATO, Padova 1983, pp. 21-65.
CAMERINO G.A., *Alle origini dell'«Ultima passeggiata». Metrica e varianti*, in *Nel centenario di «Myricae»*, Firenze 1991, pp. 19-37.
COLETTI V., *Per uno studio della rima nella poesia italiana del Novecento*, in «Metrica», IV (1986), pp. 209-23.
CRIVELLI M.P., *La metrica di Pier Paolo Pasolini*, in BECCARIA G.L., *Metrica e sintassi nella poesia di Giovanni Pascoli*, cit., pp. 251-69.
DAVOLI G. - MARAZZINI C., *Osservazioni sul sonetto nella poesia italiana del '900*, ibid., pp. 235-43.
DI GIROLAMO C., *Il verso di Pavese*, in ID., *Teoria e prassi della versificazione*, cit., pp. 183-96.
EBANI N., *Il «Gelsomino notturno» nelle carte pascoliane*, in *Studi di filologia e di letteratura italiana offerti a Carlo Dionisotti*, Milano-Napoli 1973, pp. 453-501.
ESPOSITO E., *Metrica e poesia del Novecento*, Milano 1992.
FOLENA A.L.-TIOLI M.E., *Simmetria e circolarità nella metrica del secondo Saba*, in «Studi Novecenteschi», 1991, 41, pp. 103-22.
FORTINI F., *Metrica e libertà*, *Verso libero e metrica nuova*, *Su alcuni paradossi della metrica moderna*, in ID., *Saggi italiani*, Bari 1974, pp. 301-14, 315-23, 324-31.
GAVAZZENI F., *Le sinopie di «Alcyone»*, Milano-Napoli 1980.
GIANNANGELI O., *Il significante metrico in Montale*, in «Dimensioni», XIII (1969), pp. 15-49.

GIRARDI A., *Metrica e stile del primo Saba (1900-1912)*, in «Rivista di Letteratura Italiana», II (1984), pp. 243-95.
— *Metri di Giorgio Caproni*, in ID., *Cinque storie stilistiche*, Genova 1987, pp. 99-134.
GUGLIELMINETTI M., *Racconto e canto nella metrica di Pavese*, in ID., *Struttura e sintassi del romanzo italiano del primo Novecento*, Milano 1964, pp. 203-16.
JENNI A., *Pascoli tecnico*, in *Studi per il centenario della nascita di Giovanni Pascoli*, cit., II, pp. 9-28.
LAVEZZI G., *Occasioni variantistiche per la metrica delle prime tre raccolte montaliane*, in «Metrica», II (1981), pp. 159-72.
MARAZZINI C., *Revisione ed eversione metrica. Appunti sul sonetto nel Novecento*, in «Metrica», II (1981), pp. 189-205.
MARTELLI M., *Una giovane parca di Eugenio Montale*, in «Comparatistica», I (1989), pp. 117-32; poi in ID., *Le glosse dello scoliasta*, Firenze 1991, pp. 27-42.
MENGALDO P.V., *La tradizione del Novecento. Da D'Annunzio a Montale*, Milano 1975.
— *La tradizione del Novecento. Nuova serie*, Firenze 1987.
— *Questioni metriche novecentesche*, in *Forme e vicende. Per Giovanni Pozzi*, Padova 1988, pp. 555-98; poi in ID., *La tradizione del Novecento (terza serie)*, Torino 1991, pp. 27-74 (con ricca bibliografia sulla metrica novecentesca).
NOFERI A., *L'«Alcyone» nella storia della poesia dannunziana*, Firenze 1945.
PAZZAGLIA M., *Figure metriche pascoliane: i novenari di Castelvecchio* e *Semantica e metrica del 'Diario autunnale' del Pascoli*, in ID., *Teoria e analisi metrica*, cit., pp. 77-128 e 129-56.
— *La strofe lunga di «Alcyone»*, ibid., pp. 157-220.
— *Appunti sul verso libero*, ibid., pp. 221-61.
PIGHI G.B., *La «grande strofe» dannunziana*, in ID., *Studi di ritmica e metrica*, cit., pp. 433-45.
PINCHERA A., *L'influsso della metrica classica sulla metrica italiana del Novecento (da Pascoli ai 'novissimi')*, in «Quaderni Urbinati di Cultura Classica», I (1966), pp. 97-127.
SITI W., *Saggio sull'endecasillabo di Pasolini*, in «Paragone», 270 (1972), pp. 39-61.
TAVANI G., *Analisi ritmemica di una poesia di Pavese*, in «Metrica», II (1981), pp. 173-87.
VISCHI L., *La rima ipermetra del Pascoli*, in *Omaggio a Giovanni Pascoli nel centenario della nascita*, Milano 1955, pp. 247-49.

INDICE ANALITICO
(a cura di Francesco Bausi)

I numeri in neretto segnalano la trattazione generale dell'argomento; le trattazioni specifiche sono rintracciabili attraverso tre ordini di sotto-voci interne, i primi due individuabili grazie alle marginature rientrate, il terzo grazie al corsivo. Nelle sotto-voci (di qualsiasi ordine) il trattino fa le veci, naturalmente, del lemma principale o (nelle sotto-voci di secondo e terzo ordine) della sotto-voce principale immediatamente superiore. Alcune voci sono caratterizzate dalla suddivisione in due blocchi (separati da uno spazio bianco) delle relative sotto-voci interne: quelle del primo blocco (preceduto dalla sigla [*t.*], 'teoria') riguardano gli aspetti teorico-tecnici, quelle del secondo (preceduto dalla sigla [*s.*], 'storia') gli aspetti storici dell'oggetto in questione (ad es. la canzone). Nel primo blocco le sotto-voci sono ordinate alfabeticamente, nel secondo cronologicamente, onde poter seguire con facilità l'evoluzione e la storia dell'oggetto stesso. Nelle altre voci, le sotto-voci sono sempre ordinate alfabeticamente. Nei rinvii, i due punti indicano la sotto-voce cui si deve fare riferimento (ad es., «Stanza isolata, vedi Canzone :monostrofica», indica che il rinvio è alla voce «Canzone» e alla sotto-voce «monostrofica», collocata — in quanto relativa all'aspetto tecnico del metro — nel primo blocco). Le informazioni supplementari talora fornite, tra parentesi, dopo i numeri di pagina, non riguardano i numeri di pagina che precedono l'ultimo punto e virgola; ad es., nella voce «Sonetto — Ottocento, Carducci, 243; 246 (corona)», si intende che della corona di sonetti in Carducci è trattato solo a p. 246.

Accento, **22-29**
  accenti interni (mobili), 23
  accenti principali, 26
  accenti ribattuti, 27
  — grammaticale, 12, 24, 25
  — metrico (o ritmico), 12, 24, 26
    numero e disposizione degli accenti metrici, 27
  — sintagmatico, 24, 25
  concordanza tra accento ritmico e accento grammaticale nel Pascoli, 270
  discrepanza tra accento ritmico e accento grammaticale, 24, 25
  ritrazione, 28
  ultimo accento (fisso) del verso, 23

Acrostico, vedi Sonetto :acrostico
Adonio, 224
Aferesi, 20
Alcaica, **154**
  Carducci, 250, 251
  Chiabrera, 201, 202
  Fantoni, 223
  Gnoli, 258, 259
  Pascoli, 262, 263
    variata, 262, 263
  Rolli, 222, 223
Alcaico decasillabo, **202**
  Carducci, 251
  Chiabrera, 202
  Gnoli, 258
Alcaico endecasillabo, **201**

INDICE ANALITICO

Chiabrera, 201
Alcaico enneasillabo, **201**
 Chiabrera, 201, 202
 Gnoli, 258
Alcmanio, sistema, 255, 256, 258
 Carducci, 255, 256
 Gnoli, 258
Alessandrino, vedi Doppio settenario
Alexandrin libéré, 281
Anacreontica, vedi Ode-canzonetta
Anacrusi, 36
Anapesto, 35
Ancipite, sillaba, 12
Anisometriche, forme, 42
Anisosillabismo, **35**, **66**
 [*t.*] — apparente, 67, 68
  — e accidenti fonetici, 68

 [*s.*] Duecento, 66-71
  anisosillabismo nella poesia di consumo, 68
  a. nella poesia lirica, 68
  caratteri e manifestazioni, 66, 67
  Novecento, 270, 279, 280
  D'Annunzio, 272, 273, 276
  endecasillabo anisosillabico, 272, 273
  Gozzano, 270
  Montale, 280
  Pascoli, 268
  vedi anche Endecasillabo ipermetro (crescente)
Antistrofe, 161
Apocope, 20, 21
 — nella lirica sette-ottocentesca, 21
Archilocheo quarto, sistema, 256, 257
 Carducci, 256, 257
Aria, vedi Arietta
Arietta, **194**, 210-12, 229
 Metastasio, 210-12
  arietta in decasillabi anapestici, 212
  asimmetrie interne, 210, 211
  struttura, 210
Arsi, 24
Ars Nova, 104
Asclepiadea quarta, **227**, **228**
 Rolli, 227, 228
Asclepiadea seconda, **227**

Carducci, 250
Fantoni, 227
Pascoli, 263 (variata)
Asclepiadea terza, **223**
 Carducci, 251
 Chiabrera, 202
 Fantoni, 223
 Pascoli, 263 (variata)
 Renieri, 154
 Varchi, 156
Asclepiadeo minore, **154**
 Chiabrera, 202
Assonanza, 32, 33
 — in luogo della rima in D'Annunzio, 275, 276
 — nella poesia del Duecento, 77

Ballata (canzone a ballo), **59-61**
 [*t.*] — grande, 60
  ballata-madrigale, 119, 120, 126, 127
  — mezzana, 60
  — minima, 60
  — minore, 60
  — monostrofica, 49, 60, 96
  — 'nuda', 60
  — piccola, 60
  — romantica, vedi Ballata romantica
  — stravagante, 60
  — 'vestita', 60
  — zagialesca, 60
  ballatetta, 60
  collegamento rimico di ripresa e volta, 59
  corona di ballate, 248, 249
  mutazioni, 59
  numero delle stanze, 60
  replicazione, 61
  rime irrelate nella b., 61
  ripresa o ritornello, 61
  sirma o volta, 59
  versi della b., 61

 [*s.*] origine della ballata, 59-60
  Duecento, 60, 61
  Gianni Alfani, 61 (con replicazione)
  Cavalcanti, 60, 61

324   INDICE ANALITICO

Dante, 61, 78, 80, 81
   nel DVE, 78, 80
   con novenari, 81
   Onesto da Bologna, 61 (in decasillabi)
   Trecento, 96
   Petrarca, 96
   monostrofismo, 96
   Quattrocento, 135
   Francesco Alberti, 129
   Leon Battista Alberti, 126, 127 (ballata-madrigale)
   Boiardo, 118, 119; 119-120 (ballata-madrigale)
   Braccesi, 129
   Giusto de' Conti, 121
   Lorenzo de' Medici, 127 (ballata-madrigale)
   Cinquecento, 162, 163
   ballata come ode pindarica nel Muzio, 157
   Bembo, 162, 163
   Firenzuola, 163
   Seicento
   Chiabrera, 179
   Ottocento, 244-49
   Carducci, 245, 246
   D'Annunzio, 249
   Ferrari, 247
   Pascoli, 247-49
   Tommaseo, 244, 245
   Novecento, 292
   Corazzini, 292
   D'Annunzio, 249
   Gozzano, 292
   Martini, 292
   Oxilia, 292
   Saba, 292
Ballata (nell'ode pindarica), 161
Ballata romantica (romanza), **235-37**
— polimetrica, 236
Berchet, 235, 236
Carducci, 237
Carrer, 237
Prati, 237
rapporti con l'ode settecentesca, 235
Tommaseo, 237
Ballatetta, 60 (vedi anche Ballata)
Barbara, metrica, **122-25, 153-57,** 197-203, 222-28, 250-63
[t.] analogico, metodo, 149, 155-57, 197, 222, 250, 262
prosodico, metodo, 122, 123, 153, 197, 198, 222, 250
prosodico-accentativo, metodo, 260, 262
sillabico, metodo, 171, 198, 222
sillabico-accentativo, metodo, 20

[s.] Quattrocento, 122-24
   esametro del Dati, 123, 124
   pentametro dell'Alberti, 124
   prosodico, metodo, 122, 123
   saffica del Dati, 124, 125
Cinquecento, 153-57
   analogico, metodo, 155-57
   asclepiadea terza del Renieri, 154
   esametro del Baldi, 155
   esametro di Francesco Patrizi da Cherso, 154
   metrica classica e metrica italiana, 157
   prosodico, metodo, del Tolomei, 153
   saffica di Galeotto del Carretto, 169
   nel teatro, 170, 171
Seicento, 197-203
   alcaica del Chiabrera, 201, 202
   asclepiadea terza del Chiabrera, 203
   distico elegiaco del Campanella, 197, 198
   giambici, versi, nel Chiabrera 198-201
   saffica del Campanella, 203
   trocaici, versi, nel Chiabrera, 198-201
Settecento, 222-28
   alcaica del Fantoni, 223
   alcaica del Rolli, 222, 223
   analogico, metodo, 222
   asclepiadea quarta del Rolli, 227, 228
   asclepiadea seconda del Fantoni, 227

asclepiadea terza del Fantoni,
   223
distico elegiaco del Fantoni,
   228
epodico, sistema, del Fantoni,
   228
falecio del Rolli, 225, 226
prosodico, metodo, 222
saffica del Fantoni, 224, 225
saffica del Foscolo, 225
sillabico, metodo, 222
Ottocento, 250-59
alcaica dello Gnoli, 258
alcaica fantoniana dello Gnoli,
   259
alcmanio, sistema, dello
   Gnoli, 258
analogico, metodo, del
   Tommaseo, 250
Carducci, 250-257
   alcaica, 250, 251
   alcaica fantoniana, 250
   alcmanio, sistema, 255, 256
   archilocheo quarto, sistema,
      256, 257
   asclepiadea seconda, 250
   asclepiadea terza, 251, 252
   distico elegiaco, 254, 255
   epodico, sistema, 250
   esametro,252, 253, 255
   metrica barbara e forma
      chiusa, 252
   metrica barbara e verso
      libero, 281
   pentametro, 252-255
   piziambico primo, sistema,
      256
   piziambico secondo, sistema,
      256
   saffica, 250, 252
   sillabico, metodo, 250
   sillabico-accentativo, metodo,
      252
Chiarini, 259
D'Annunzio, 257
distico elegiaco dello Gnoli,
   258
distico elegiaco del
   Tommaseo, 250

epodico, sistema, del Poerio,
   250
epodico, sistema, del
   Tommaseo, 250
esametro dello Gnoli, 258
esametro del Thovez, 259
esametro del Tommaseo, 250
Mazzoni, 259
Pascoli, 259-63
   alcaica, 262
   alcaica fantoniana, 262; 263
      (variata)
   contaminati, metri, 263
   distico elegiaco, 262
   esametro, 260-62
   pentametro, 261
   prosodico-accentativo,
      metodo, 262
   ritmo proprio e ritmo riflesso,
      259, 260
   saffica, 262
pentametro dello Gnoli, 258
prosodico, metodo, del
   Tommaseo, 250
Solerti, 259
Barzelletta, **135**
— quattrocentesca, 135
Ferrari, 247
Battuta, 39
Breve, sillaba, 12

Caccia, **105, 106**
— trecentesca, 105, 106
D'Annunzio, 249
Cantare, 103
Cantata, 194, 229, 230
— seicentesca, 194
— settecentesca, 229, 230
Cantilena, 88 (in Dante)
Canto, 88 (vedi anche Terza rima)
Canto carnascialesco, **135, 136**
— quattrocentesco, 135, 136
Marino, 193
Canzone, **47-49**
[*t.*] — monostrofica (cobla esparsa), 49
antenata del sonetto, 54
chiave (diesi, concatenatio), 48
congedo (commiato), 49, 50
— doppio, 49

— irrazionale, 49
— parzialmente irrazionale, 50
— siciliano, 49
— toscano, 49
fronte, 47
— asimmetrica, 100, 101
— indivisa, 100, 131, 132, 184, 187
numero dei versi della stanza, 49
numero delle stanze, 49
piedi, 47
sirma (sirima), 47
— indivisa, 47
stanza, 47
struttura, 47-49
stanze *unissonans*, 53
volte, 47

[*s.*] Duecento, 50-53
collegamento tra le stanze, 53
combinazioni dei versi, 51, 52
Dante, 79-81
la c. secondo il DVE, 78, 79
c. trilingue (discordo), 81
la combinatio, 79
la concatenatio, 79
le 'petrose', 81, 82
struttura, 79
tratti arcaici, 81
fronte indivisa, 53
Giacomo da Lentini, 50
piedi, estensione dei, 51, 52
piedi-volte, rapporto, 52-53
prestilnovisti toscani, 51
struttura della stanza, 52, 53
versi, 50
Trecento, 99-101
caratteri tematici, 101
la 'disperata', 101
Firenze, 99
fronte indivisa, 100
Italia settentrionale, 100
libri di rime, 101
Petrarca, 92-95
canzone a stanze unissonans, 93, 94
c. frottola (c. frottolata), 95
caratteri, 92, 93

Sacchetti, 101
Saviozzo, 100
Toscana, 100
Quattrocento, 131-33
Antonio di Meglio, 131
Pietro Andrea de' Bassi, 131
Boiardo, 119
canzone contaminata con terza rima e madrigale, 120
Braccesi, 129
Collenuccio, 131
Giusto de' Conti, 121
Domenico da Prato, 131
Angelo Galli, 131, 132
Lorenzo de' Medici, 127, 128, 133
Niccolò da Correggio, 128
Cinquecento, 157
Bembo, 159-60
c. come ode pindarica nel Muzio, 157
c. non rimata di Ludovico Martelli, 161, 162
Seicento, 186-89, 191, 192
Chiabrera, 183-86
canzone-ode, 184
combinazione di versi parisillabi e imparisillabi, 184, 185
fronte indivisa, 184
ode-canzone, 185
ode pindarica, 185, 186
stanze con versi irrelati, 184
stanze esastiche, 184
stanze tetrastiche, 184
stanze unissonans, 185
Ciro di Pers, 189-91
Filicaia, 187
Guidi, 187-89
Marino, 192
Menzini, 191, 192
Settecento, 205
c. neoclassica, 234
Foscolo, 234
Ottocento, 238, 239, 244, 245
Carducci, 245
Leopardi, 238, 239
Manzoni, 234

INDICE ANALITICO 327

Tommaseo, 244
Novecento, 293
D'Annunzio, 249, 276, 277
Gozzano, 293
Luzi, 293, 294
Ungaretti, 293
anzone a ballo, vedi Ballata
anzone a selva, vedi Canzone libera
anzone libera, **187, 188**
Guidi, 187-89
Leopardi, 237, 240-42
caratteri, 240, 241
Carducci, giudizio di, 242
modelli, 240
Zanella, giudizio di, 243
anzone libera leopardiana, vedi
Canzone libera :Leopardi
anzone-ode, 184 (vedi anche Ode;
Ode-canzone)
anzone pindarica, vedi Ode pindarica
anzone sestina, vedi Sestina lirica
anzonetta, **157**
[*t.*] caratteri, 157
rapporti con la canzone
tradizionale, 157
rapporti con l'ode, 157

[*s.*] Quattrocento, 132
Giustinian, 132
Cinquecento, 157
Seicento, 178-82
Chiabrera, 178-82
*in distici di settenari a rima
baciata*, 182
in forma di ballata, 179
in strofette di versi brevi,
178, 180, 181
versi, 178, 179
versi piani irrelati, 181
versi tronchi e sdruccioli,
179-181
Settecento, 214-16
Fantoni, 214, 215
in ottonari e quadrisillabi,
214, 215
nell' 'Ossian' del Cesarotti,
216
Ottocento, 237, 243
Leopardi, 237

Zanella, 243
Canzoniere, **97**
— quattrocentesco, 143
Boiardo, 117-18
Braccesi, 129
Giusto de' Conti, 121
Petrarca, 97-99
modelli, 98
struttura, 98
Capitolo, vedi Capitolo ternario
Capitolo quadernario, 90, 109, 110
— trecentesco, 109, 110
forma di serventese, 90
Poliziano, 110
Capitolo ternario, **88**
[*t.*] caratteri, 88

[*s.*] Trecento, 110
Quattrocento, 121, 122, 137,
138
nella bucolica, 137, 138
nei 'canzonieri', 137
la 'disperata' in ternari, 137
Giusto de' Conti, 121, 122
Cinquecento, 167
nella poesia burlesca, 167
Caribetto, vedi Discordo
Caribo, vedi Discordo
Catalessi, 36
— *in disyllabum*, 36
— *in syllabam*, 36
Certame coronario, 122, 123
Cesura, **38**
— femminile, 69
— maschile, 69
— nei versi doppi, 38
Chiave, vedi Canzone :chiave
Cobbola (cobboletta), 112, 277
Cobla esparsa (stanza isolata), vedi
Canzone :monostrofica
Coblas capcaudadas, 53
Coblas capdenals, 53
Coblas capfinidas, 53
Coblas doblas, 53
Coblas unissonans, 53
Collana di sonetti, vedi Corona di
sonetti
Combinatio, vedi Canzone :Dante
Commedia, 168-171, 229

cinquecentesca, 168-171
— polimetrica, 168, 169
in metro barbaro, 170-71
in sciolti, 169
in sciolti sdruccioli, 171
settecentesca, 229
in doppi settenari (martelliani), 229
Commiato, vedi Canzone :congedo
Concatenatio, vedi Canzone :chiave
Congedo, vedi Canzone :congedo
Consonanza, 32, 33
Contraballata (nell'ode pindarica), 161
Contrasto, 65, 132
— duecentesco, 65
Giustinian, 132
Corona di sonetti, **59**
Carducci, 246
Cenne da la Chitarra, 59
il *Fiore*, 59
Folgore da San Gimignano, 59
Zanella, 244
Zanzotto, 294

Dattilo, 34
Decasillabo, **23, 24, 39**
— ad accenti mobili (nel Pascoli), 267
— alcaico, vedi Alcaico decasillabo
— anapestico, 27, 39
— nelle ariette di Metastasio, 212
— nei libretti d'opera settecenteschi, 213
Berchet, 233, 236
Manzoni, 233
poesia romantica, 233
— epico francese, 35
D'Annunzio, 249
— e endecasillabo ipermetro, 69
Pascoli, 249
— trocaico, 27, 39
Carducci, 251
Decima rima, 108
canzone di Auliver, 108
Dialefe, **12-14, 16**
— d'eccezione, 15
regole, 14, 15
riduzione della d. in Pascoli, 270

Diastole, 24
Dieresi, 12, **16-20**
funzione significante, 19, 20
regole, 17-19
riduzione della d. in Pascoli, 270
segnalazione grafica, 18
Diesi, vedi Canzone :chiave
Dimetro giambico, 199, 256, 257
Dipodia, 171
Discordo (caribo, caribetto), 62, 63
Disperata, vedi Canzone :Trecento;
Capitolo ternario :Quattrocento;
Terza Rima :Quattrocento
Distico, **41**
— di endecasillabi a rima baciata
negli idilli del Fantoni, 228
— di endecasillabi negli epigrammi
dell'Alamanni, 157
Distico elegiaco, 156, 228, 250, 254, 255, 258, 262
Carducci, 254, 255
Fantoni, 228
Gnoli, 258
Montale (variato), 283
Pascoli, 262
Tommaseo, 250
Ditirambo, **182, 183**
caratteri, 183
Cesarotti, 216
Chiabrera, 182, 183
D'Annunzio, 274
Redi, 183
Dodecasillabo, vedi Doppio senario
Doppio novenario, 40
— anisosillabico, in Gozzano, 279
Doppio ottonario, 40
Doppio quinario, 40
Settecento, 226
Doppio senario (dodecasillabo), 40
Manzoni, 235
poesia romantica, 233
Doppio settenario, 40, 229
commedia del Settecento, 229
— anisosillabico, in Montale, 280
— in distici a rima baciata, 64, 182
Chiabrera, 182
Duecento, 64
— in quartine monorime nel
Duecento, 64

INDICE ANALITICO 329

— ipometro, vedi Tredecasillabo
tragedia del Settecento, 229
̗loga, 127, 137, 138, 151-53, 195, 213
Alberti, 127 (in terza rima)
— in sciolti nel Seicento, 195
— in sdruccioli nel Quattrocento, 138
— in terza rima, 137, 138, 195, 213
— nel Quattrocento, 137, 138
— nel Seicento, 195
Fantoni, 213
— polimetrica nel Quattrocento, 140
Giusto de' Conti, 122
Bernardo Tasso, 151-53
in terzine 'allentate', 151
in strofette incatenate, 151-53
egia, 121, 122, 127, 156
Alberti, 127
Giusto de' Conti, 121, 122
— cinquecentesca, 156
egiambo, 256
ısione, 20
ɪistichio, 38, 40
ɪdecasillabo, **22-23, 36-38**
— alcaico, vedi Alcaico endecasillabo
— a maiore, 37, 38
— a minore, 37, 38
— ancipite, 38
— anisosillabico
  D'Annunzio, 272, 273
  Montale, 280
— bisdrucciolo, 23
— come trimetro giambico nel
  Chiabrera, 200
— con accenti di sesta e settima, 27
  Settecento, 220, 221
— con accento di quinta, 25
  Duecento, 72-74
  Pascoli (come e. saffico), 262
— con cesura femminile, 69
— con rima al mezzo, vedi
  Endecasillabo :frottolato
— crescente, vedi Endecasillabo
  :ipermetro
— dattilico, 36
  Tommaseo, 245
— dilatato, 272
  D'Annunzio, 272

— falecio, vedi Falecio
— frottolato, 140, 141, 145
  Cesarotti, 216
  farsa, 145
  gliuommero, 141
  Marino, 194
— nella canzone duecentesca, 50-52
— piano, 22, 23
— saffico, vedi Endecasillabo saffico
— sdrucciolo, 23
  commedia del Cinquecento, 171
  egloga del Quattrocento, 138
  sestina di Angelo Galli, 133
  Tommaseo, 245
— tronco, 23
ictus consecutivi nell'e., 27, 28
individuazione degli ictus nell'e., 24, 25
ipermetro (crescente), 68-71
  D'Annunzio, 272, 273
  Giacomo da Lentini, 70, 71
  Monte Andrea, 68-70
origine, 35
politonia, 37
i tre tipi fondamentali, 36
Endecasillabo saffico, 224
Endecasillabo sciolto (sciolto), **147**
preistoria, 64, 113, 148
Cinquecento, 147-51, 171, 173, 174
compromesso tra sciolto e rima, 151, 168, 169
generi minori, 150
generi nuovi, 150
poesia epica, 149, 150
polemiche, 173, 174
sciolto e esametro, 149, 156
sciolto e trimetro giambico, 171
teatro, 168, 169
teoria, 148, 149
Seicento, 195-97
sciolto e rima nel Chiabrera, 195-97
sciolto e rima nell'Imperiali, 196
Settecento, 216-221, 229
artifici metrici e retorici, 219, 220
Foscolo, 220, 221
idilli del Fantoni, 215
Parini, 220

poema didascalico, 216, 217
riflessione teorica, 218
sciolto come esametro, 218, 219
sciolto come metro lirico, 217, 218
traduzioni, 217
tragedia, 229
Ottocento, 239, 240, 243
Carducci, 243
Leopardi, 239, 240
Zanella, 243
Enjambement, **29-31**
— attenuato, 30
— come significante metrico, 29-31, 44
— interstrofico, 30
— e lettura dei versi, 30, 31
— e sciolto settecentesco, 219
interazione di ritmo e sintassi nell'e., 31
poesia delle origini, 29
rejet (rigetto), 30
Enneasillabo, vedi Novenario
— alcaico, vedi Alcaico enneasillabo
Epentesi, 20, 21
— e verso sdrucciolo, 21
Epigramma, 156, 157
Alamanni, 156, 157
Episinalefe, 266
— e rima ipermetra, 266
Fantoni, 214
Pascoli, 266
Epistola in sciolti, vedi Sermone
Epitaffio satirico quattrocentesco, 142, 143
Epitalamio, 150, 195
— cinquecentesco (in sciolti), 150
Marino (in metro madrigalesco libero), 195
Epitesi, 20, 21
— nella poesia delle origini, 21
Epodico, sistema 228, 250
Carducci, 250
Fantoni, 228
Poerio, 250
Tommaseo, 250
Epodo (nell'ode pindarica), 161
vedi anche Epodico, sistema
Esametro, **122-124**

Alberti, 123
Baldi, 155
Carducci, 252, 253, 255
Dati, 122-124
Gnoli, 258
Pascoli, 260-62
Francesco Patrizi da Cherso, 155
Thovez, 259, 283
Tommaseo, 250
Eterometriche, forme, vedi Anisometriche, forme

Falecio, 154, 225, 226
Rolli, 225, 226 (in terzetti)
Farsa, 145
Favola mitologica, 150
— in ottave, 150
— in sciolti, 150
Favola pastorale, 172, 173, 192 (in metro madrigalesco libero)
Ferecrateo, 154, 202, 203
Chiabrera, 202, 203
Forma aperta e forma chiusa, 41, 147 243, 265, 277, 290-92, 295, 296
[t.] forme aperte, 41
forme chiuse, 41

[s.] Cinquecento, 147
Ottocento,
Carducci, 243
Giusti, 243
Tommaseo, 243
Zanella, 243
Novecento, 265, 290, 291
D'Annunzio, 277
Montale, 290-92
Pascoli, 265
Ungaretti, 290
Zanzotto, 295, 296
Forma poetica e contenuto, 42, 43
Fronte, vedi Canzone :fronte; Sonetto :fronte
Frottola, **106-108**
[t.] canzone-frottola (o frottolata) in Petrarca, 95
caratteri metrici e tematici, 106
— e capitolo quadernario, 168
— ed egloga polimetrica, 140
— e satira, 107

— e serventese duato, 140
non-senso relativo, 106
rima mnemonica, 107
[s.] Trecento, 106-108
   Petrarca (canzone-frottola), 95
   Sacchetti, 107
   Quattrocento, 140, 141, 145
   Alberti, 127
   frottola ed egloga polimetrica, 140
   f. e mariazo, 145
   Pulci, 140
   Cinquecento, 167, 168
   Aretino, 167, 168
   Novecento, 249
   D'Annunzio, 249
vedi anche Endecasillabo :frottolato

Giambo, 34
Giustiniana, 132
Gliconeo, 154, 227
Gliuommero (gliommero), 141
Grande strofe dannunziana, 282, 283

Ictus, 24
— consecutivi, 27, 28
— e parole 'vuote', 26, 27
— principali, 37
— secondari, 37
libera disposizione degli ictus nella poesia duecentesca, 71
posizione degli i. nel verso, 24, 25, 27-29
Idillio, 192-94, 213, 215
Fantoni (in sestine narrative), 213, 215
Marino (in metro madrigalesco libero), 192-94
Imparisillabo, vedi Verso :versi imparisillabi
Inarcatura, 29 (vedi anche Enjambement)
Indicatori di segmentazione, 287, 288
— nella poesia del Novecento, 288
— nella poesia tradizionale, 287, 288
Inversione di battuta, 39
Ipermetria, 35
— apparente, 22, 35, 36

Ipersonetto (di Zanzotto), 294
Ipertrofia ritmica, vedi Endecasillabo :ipermetro
Ipometria, 35
Isocolia, 113
Isometriche (o omometriche), forme, 42

Lassa, **41, 42**
   D'Annunzio, 249
   — assonanzata, 41
   — rimata, 41
Lauda, 59, **61, 62**
   Carducci, 245
   D'Annunzio, 249
   forme metriche, 62
   — e ballata, 61, 62
   — quattrocentesca, 136
Laudari, 62
Libero, metro, 278, 289
Libero, verso, **36, 278-90**
   — anisosillabico, 272, 278-81
      D'Annunzio, 278, 279
      Govoni, 280, 281
      Montale, 280
   — colico, 278, 285-87
      Bacchelli, 287
      Campana, 285
      Palazzeschi, 286
      Pavese, 286, 287
   — composto, 278, 281-83
      D'Annunzio, 282, 283
      Lucini, 281, 282
      Montale, 283
      rapporti con la metrica barbara carducciana, 281, 282
   — prosastico, 278, 283, 284
      modelli, 283, 284
      Soffici, 284
Libretti d'opera settecenteschi, 213
Lunga, sillaba, 12

Madrigale, **104, 105, 163-65**
   [t.] etimologia, 105
   rime irrelate nel madrigale antico, 104
   ritornello, 104
   struttura, 105

[s.] Trecento, 104, 105, 108, 109

Cecco d'Ascoli, 108, 109
Petrarca, 104, 105
Quattrocento, 130
Cambini, 130
Cinquecento, 163-65
　Gambara, 164
　il madrigale secondo il
　　Bembo, 163
　Giovan Battista Strozzi il
　　Vecchio, 165
　Torquato Tasso, 164
Seicento, 182
　Chiabrera, 182
　Marino, 192
Ottocento, 244-27
　Carducci, 245, 246
　Ferrari, 247
　Pascoli, 247
　Tommaseo, 244
Novecento, 292
　D'Annunzio, 249
　Moretti, 292
　Penna, 292
　Saba, 292
vedi anche Madrigalessa;
　Madrigalesco libero, metro
Madrigalesco libero, metro, **192**
　Carducci, 243
　come antenato della canzone libera,
　　240
　come antenato della 'strofe lunga'
　　dannunziana, 272
　negli idilli del Fantoni, 215
　Marino, 192, 193, 195
　nell' 'Ossian' del Cesarotti, 216
Madrigalessa, 165
Mariazo, 145
Martelliano, vedi Doppio settenario
Melodramma, 194, 229
　— seicentesco, 194
　— settecentesco, 229
Metri, **40-42**
　— astrofici, 41
　— monostrofici, 41
　— polistrofici, 41
　— strofici, 41
Metri barbari, vedi Barbara, metrica
Metrica, 9
　— barbara, vedi Barbara, metrica

— libera, vedi Libero, metro; Libero
　verso
— qualitativa e quantitativa, 11, 12
Metro, **9, 40, 41**
　autonomia semantica, 45, 46
　— e suoi rapporti col significat
　　logico, 45
　— come significante, 44, 45
　　nello sciolto, 44, 45
　　nella sestina doppia, 44
　　nella terzina, 44
— libero, vedi Libero, metro
— madrigalesco libero, vedi
　Madrigalesco libero, metro
— e ritmo, 9, 10
Moto confetto, 115
　Antonio Da Tempo, 115
　— e serventese, 115
Mottetto, **63**, 64, 112, 113, 291
　Cavalcanti, 63, 64
　Francesco da Barberino, 112, 113
　Montale, 291
Motto confetto, vedi Moto confetto
Motus confectus, vedi Moto confetto
Mutazioni, vedi Ballata
Mute, vedi Sonetto

Nona rima, **108**
　Diego Angeli, 249
　D'Annunzio, 249
　L'«Intelligenza», 108
　Marradi, 249
Novella in versi (in ottave), 244
　— settecentesca, 244
　Zanella, 244
Novenario, 23, **38-39**
　— dattilico, 38
　　Pascoli, 267
　— doppio, vedi Doppio novenario
　— giambico, 39
　　Pascoli, 267
　— pascoliano, 266-68
　— trocaico, 39
　　Pascoli, 267
　— variamente accentato, 270, 275
　　in D'Annunzio, 275
　　in Gozzano, 270
　　nella poesia del Novecento,
　　270

INDICE ANALITICO

Ode, 157-59, 208-10, 213-15, 226-27, 233-35, 243
[t.] — pindarica, vedi Ode pindarica
rapporti con la canzone, 157

[s.] Cinquecento, 157-59
Bernardo Tasso, 157-59
Settecento, 209, 210, 213-15, 226, 227, 234
Cerretti, 234
Fantoni, 213, 214, 226, 227
in doppi quinari, 226, 227
in terzetti di versi di varia misura, 213-14
Foscolo, 209, 210
Parini, 208, 209, 215
a schema incatenato, 215
Ottocento, 233-35, 243
Carducci, 243
Manzoni, 233-35
Zanella, 243
Ode-canzone, 184
Ode-canzonetta, 184, 185, 192, 205-208, 243
Carducci, 243
Chiabrera, 184, 185
Marino, 192
Menzini, 192
— settecentesca, 205-208
— in quartine di endecasillabi, 208
— in quartine di versi brevi, 205-208
Ode pindarica, 157, 161
Chiabrera, 185, 186
Menzini, 192
— cinquecentesca, 161
Alamanni, 161
Trissino (non rimata), 161
Pascoli, 268, 269
struttura, 161
Omometriche, forme, vedi Isometriche, forme
Omoteleuto, vedi Rima
Ottava (ottava rima), **102-104**
[t.] antecedenti, 103
— caudata, 167
— con incipit settenario, 167
— e coblas capfinidas, 139

— lirica, 102
— narrativa, 102, 140
— nella novella in versi sette-ottocentesca, 244
— non rimata in D'Annunzio, 276
— rinterzata, 167
— siciliana, 102
nel Ferrari, 247
— toscana, 102
ottave unissonans, 169
rapporto fra metro e sintassi, 102

[s.] origine, 102, 103
Trecento, 103, 104
fortuna, 103
poesia didascalica, 104
poesia narrativa, 103
Quattrocento, 138-40
ottava lirica ed epigrammatica, 138, 139
(vedi anche Rispetto)
teatro sacro e profano, 144, 145
Cinquecento, 167, 168
commedia polimetrica, 168
favola mitologica, 167
poema epico e cavalleresco, 167
satira, 167
selva, 167
varianti dell'o., 167
Seicento, 192, 195
Marino, 195
vedi anche Rispetto
Ottava rima, vedi Ottava
Ottonario, **39**
— ad accenti mobili nel Pascoli, 267
— dattilico, 39
— doppio, vedi Doppio ottonario
— giambico, 27, 170
— nelle canzonette del Chiabrera, 178
— trocaico, 27, 39

Panegirico, 195
Graziani (in sestine narrative), 195
Marino (in ottave o in sestine narrative), 195

Pentametro, **124**
  Alberti, 124
  Carducci, 252, 253, 255
  Gnoli, 258
  Pascoli, 261
Piede (nella poesia latina e greca), **12, 34**
  anapesto, 35
  dattilo, 34
  giambo, 34
  trocheo, 34
Piedi, vedi Canzone; Sonetto
Piziambico primo, sistema, 256
  Carducci, 256
Piziambico secondo, sistema, 256
  Carducci, 256
Pléiade, 182
Poema epico-cavalleresco, 148-50, 167, 192, 196
  Cinquecento, 148-50, 167
    in ottave, 149, 150, 167
    in sciolti, 148, 149
  Seicento, 192, 196
    Chiabrera, 196 (in sciolti e in ottave)
    Graziani, 196 (in ottave)
Poema eroicomico, 192 (in ottave)
Poemetto (poema) didascalico in sciolti, 150, 196, 216, 217
  Chiabrera, 196
  — cinquecentesco, 150
  Settecento, 216, 217
Poemetto mitologico in sciolti, 233
Poesia e funzione poetica, 11
Poesia per musica nel Trecento, 104 (vedi anche Ballata; Caccia; Frottola; Madrigale)
Poème en prose, 283, 284
Polimetria, vedi Polimetro
Polimetro, 42
  Alberti, 127
  ballata del Berchet, 236
  cantata e melodramma, 194
  commedia del Cinquecento, 168, 169
  egloga del Cinquecento, 151
  egloga del Quattrocento, 138, 140
  idilli del Marino, 193, 194
  'Ossian' del Cesarotti, 215, 216
  teatro del Quattrocento, 144, 145

tragedia del Settecento, 229
Posizione, **12**, 23 (vedi anche Sillaba metrica)
posizioni atone nel verso, 28, 29
Prosimetro, 42
Prostesi, 20, 21
Protesi, vedi Prostesi

Quadrisillabo, 39
  — nelle canzonette del Chiabrera, 178
Quantità sillabica, 11-12
Quartina (tetrastico), **41**
  — di doppi settenari monorimi nel Duecento, 64
  — di endecasillabi nel Settecento, 208
  — di novenari variamente accentati in D'Annunzio, 275, 276
  — di ottonari in Carducci, 243
  — di settenari e endecasillabi in Carducci, 243
  — di versi brevi in Carducci, 243
  — di versi brevi nel Settecento, 205-208
  — savioliana, 206, 207; 243 (in Carducci)
Quaternario, vedi Quadrisillabo
Quinario, 38
  — doppio, vedi Doppio quinario

Recitativo, 194, 229
  — drammatico, vedi Teatro :Cinquecento
Rejet, v. Enjambement :rejet
Replicazione, vedi Ballata :replicazione
Retrogradatio cruciata, vedi Sestina lirica :retrogradatio cruciata
Retrogradatio directa, vedi Sestina lirica :retrogradatio directa
Rigetto, vedi Enjambement :rejet
Rima, **31-34**
  Carducci, 242
  Dante, 82
  etimologia, 31
  funzione musicale (o eufonica), 33
  funzione semantica, 34
  funzione strutturante, 33, 34

INDICE ANALITICO

indicazione delle rime mediante lettere, 33
parola-rima, 32 (vedi anche Sestina lirica)
Petrarca, 97
— al mezzo, 33
— alterna, 33
— aretina (o guittoniana), 76
— artificiosa nel Duecento, 74, 75
— baciata, 33
— bolognese, 76
— cara (o difficile), 32
— chiusa, vedi Rima :incrociata
— continuata, 33
— derivativa, 32
— desinenziale, 32
— equivoca, 32
— equivoca contraffatta, 32
— facile, 32
— francese, 76
— franta (o spezzata, o composta), 25, 26, 32
— grammaticale, 32
— guittoniana, vedi Rima :aretina
— identica, 32
— imperfetta, 32, 33
— incatenata, 33
— incrociata (o chiusa), 33
— interna, 33
— ipèrmetra, 32
  — e episinalefe nel Pascoli, 266
  — e sinafìa nel Pascoli, 266
  Montale, 270
  Novecento, 266, 270
  Pascoli, 265, 266
— irrelata, 161
— mnemonica, vedi Frottola :rima mnemonica
— per l'occhio, 32
— piana, 31
— ricca, 32
— rinterzata, 33
— sdrucciola, 31
— siciliana, 76
— spezzata per tmesi, 33
— suffissale, 32
— tra vocale aperta e vocale chiusa, 32
— tronca, 31

riduzione della r.t. nel Pascoli, 270
rime speciali, 32-33
Rimolatino, 141, 142
  Antonio di Meglio, 142
  Domenico Da Prato, 141, 142
  — e serventese, 142
Ripresa (ritornello), vedi Ballata
Rispetto (strambotto), 102, **138, 139**
  Carducci, 245, 246
  Cesarotti, 216
  Ferrari, 247
  Pascoli, 247
  — come antenato dell'ottava, 102, 103
  — come antenato del sonetto, 54
  — continuato, 139
  — quattrocentesco, 138, 139
  — spicciolato, 139
  Tommaseo, 244
  vedi anche Ottava
Ritmo, 9
  combinazione di versi a ritmo ascendente e a ritmo discendente nel Novecento, 270
  — anapestico, 35
  — ascendente, 34
  — dattilico, 35
  — discendente, 34
  — giambico, 34
  — proprio e riflesso nel Pascoli, 259, 260
  — trocaico, 35
Ritornello, vedi Ballata; Madrigale
Rivolta, 161
Romanella, 247
  Carducci, 247
  Ferrari, 247
Romanza, vedi Ballata romantica
Romanzi, metri (recupero ottocentesco dei), **244-49**
  Carducci, 245, 246
  D'Annunzio, 249
  Ferrari, 247
  Marradi, 247
  Mazzoni, 247
  Pascoli, 247-49
  Tommaseo, 244, 245
Rompimento, 29 (vedi anche Enjambement)

Rondello (rondò), 114
  Boiardo, 120, 121
  Carducci, 246
  D'Annunzio, 249
  Antonio Da Tempo, 114
Rondò, vedi Rondello

Sacra rappresentazione, 144
Saffica, **124, 125**
  Campanella, 203 (rimata)
  Carducci, 250 (rimata), 252
  Dati, 124, 125
  Fantoni, 224, 225
  Foscolo, 225 (variata)
  Galeotto del Carretto, 169 (rimata)
  Manzoni, 234 (variata)
  Marino, 194, 195 (rimata)
  Montale, 291
  Pascoli, 262; 263 (variata)
Satira, 138, 192
  Quattrocento (in terza rima), 138
  Cinquecento (in terza rima, in sciolti, in ottave), 150
  Seicento, 192
  Settecento (Alfieri), 192
Sciolto, vedi Endecasillabo sciolto
Segmentazione ritmica, 29
Selva, 128, 129, 150
  — cinquecentesca, 150 (in sciolti)
  Lorenzo de' Medici, 128, 129 (in ottave)
Senario, 39
  — nelle canzonette del Chiabrera, 179
  — doppio, vedi Doppio senario
  — giambico, vedi Senario giambico
Senario giambico, 170
Sermone (epistola in sciolti), 195, 213, 233
  Chiabrera, 195
  Fantoni, 213
  Manzoni, 233
  Speroni, 195
Sermontese, vedi Serventese
Serventese, **89, 90**, 109, 110
  capitolo quadernario, 90
    trecentesco, 109, 110
  Dante, 90
  — alternato, 89

— caudato, 89, 110
— duato, 89
  — e frottola, 140
— ritornellato, 195 (vedi anche Sestina narrativa)
— e terzina, 90
Sesta rima, vedi Sestina narrativa
Sestina lirica (canzone sestina), **82-86**
[*t.*] artifici retorici, 85
  caratteri retorici ed estetici, 84, 85
  congedo, 83, 84
  — anomalo, 84, 166
  parola-rima e rima derivativa, 84
  parole-rima, 84, 133, 166
  retrogradatio cruciata, 83
  retrogradatio directa, 134, 166
  — come forma 'pura', 85
  — dialogata, 165
  — doppia, 86, 93, 165, 192
  — doppia caudata di Luigi Groto, 166, 167
  — in sdruccioli di Filenio Gallo, 133
  struttura, 83

[*s.*] Duecento, 82-84, 86
  Dante, 82-84
  doppia (o rinterzata, o ciclica), 86
Trecento, 93
  Petrarca, 93
  doppia, 93
Quattrocento, 133, 134
  Alberti, 84, 125
  Boiardo, 133
  Angelo Galli, 133
  Filenio Gallo, 133 (in sdruccioli)
  Lorenzo de' Medici, 133
  Alessandro Sforza, 134
    retrogradatio directa, 134
Cinquecento, 165-67
  congedo anomalo, 166
  esperimenti, 167
  Firenzuola, 165, 166
    retrogradatio directa, 166
  Groto, 166, 167 (doppia caudata)

normativa cinquecentesca, 84
Seicento, 185, 192
  Chiabrera, 185 (variata)
  Menzini, 192 (doppia)
  Ottocento
  Carducci, 246
  D'Annunzio, 249
  Novecento, 294
  Fortini, 294
  Sella, 294
  Ungaretti, 294
Sestina narrativa, **195**
  Casti, 215
  Marino, 195
  — negli idilli del Fantoni, 213, 215
  — nella lauda tre-quattrocentesca, 195
  — nel panegirico seicentesco, 195
  Zanella, 243, 244 (variata)
  vedi anche Serventese ritornellato
Settenario, 24, 27, **38**
  — nella canzone duecentesca, 50, 51, 52
  — nella canzone petrarchesca, 92, 93
  — come dimetro giambico nel Chiabrera, 199, 200
  — doppio, vedi Doppio settenario
  — nell'ode-canzonetta settecentesca, 205-208
Significante metrico, **42-46**
  rapporti col significato logico, 43
Significante rimico, 43
Sillaba grammaticale, 12
Sillaba metrica, 12 (vedi anche Posizione)
Sinafìa, 266
  — e rima ipermetra, 266
Sinalefe, **12, 13**, 16
  — doppia, 13
  — nell'endecasillabo di sesta e settima, 220, 221
  — nello sciolto settecentesco, 219
  — semplice, 13
Sincope, 20, 21
  — e ipermetria, 21
Sineresi, 12, **16, 17,** 19
  — nella poesia dei primi secoli, 17
  — nella poesia del Novecento, 17
Sirma, vedi Ballata; Canzone; Sonetto

Sistema alcaico, vedi Alcaica
Sistema alcmanio, vedi Alcmanio, sistema
Sistema asclepiadeo quarto, vedi Asclepiadea quarta
Sistema asclepiadeo secondo, vedi Asclepiadea seconda
Sistema asclepiadeo terzo, vedi Asclepiadea terza
Sistema epodico, vedi Epodico, sistema
Sistema piziambico primo, vedi Piziambico primo, sistema
Sistema piziambico secondo, vedi Piziambico secondo, sistema
Sistole, 24
Sonettessa, 56, 167
  Carducci, 245
  Parini, 215
Sonetto, **53-55**
  [t.] collegamento tra fronte e sirma, 57
  corona (collana) di sonetti, 59, 244, 246
  etimologia, 53
  fronte, 53
  mute (o volte), 53
  piedi, 53
  schemi ritmici, 53, 54
  — acrostico, 118, 134
  — bilingue, 112
  — caudato, 55, 56, 111, 134, 135, 167, 245, 249
  — comitatorio, 58, 59
  — con fronte di dieci versi, 55
  — con fronte di dodici versi, 55
  — con fronte di sedici versi, 55
  — con rima al mezzo, 57
  — continuo, 56, 57
  — di corrispondenza, 58
    — con molteplici destinatari, 58
    — con unico destinatario, 58
    risposta non per le rime, 58
    risposta per le rime, 58
    vedi anche Tenzone
  — doppio, 55, 81, 249
  — elisabettiano, 292, 294
  — metrico, 111, 112
  — minimo, 112

— minore, 112, 295
— raddoppiato, 55
— rinterzato, 55
— semiletterato, 112, 134
— trilingue, 112

[s.] origine, 54, 55
Duecento, 55-58
   Dante, 80, 81
     sonetto doppio, *81*
     destinazioni, 57, 58
     sonetto caudato, 55, 56
     s. comitatorio, 58, 59
     s. con fronte anomala, 55
     s. con rima al mezzo, 57
     s. continuo, 56, 57
     s. di corrispondenza, 58
     s. doppio, 55
     s. raddoppiato, 55
     s. rinterzato, 55
     struttura rimica, 55
Trecento, 111, 112
   Petrarca, 95
   s. bilingue, 112
   s. caudato, 111
   s. metrico, 111
   s. minimo, 112
   s. minore, 112
   s. semiletterato, 112
   s. trilingue, 112
Quattrocento, 134
   Boiardo, 118
   s. acrostico, 134
   s. caudato, 134, 135
Cinquecento, 167
   s. caudato, 167
   s. come ode pindarica nel Muzio, 157
   sonettessa, 167
Seicento, 192
   Marino, 192
Ottocento, 243, 244, 246, 294, 295
   Carducci, 243; 246 (corona)
   Graf, 294; 295 (minore)
   Zanella, 244 (corona)
Novecento, 294, 295
   Balestrini, 294, 295 (variato)
   Betocchi, 294

Botta, 295 (minore)
Campana, 294
Caproni, 294
Comi, 295 (minore)
Corazzini, 294; 295 (minore)
D'Annunzio, 249 (doppio); 294; 295 (minore)
Gatto, 294
Govoni, 294
Gozzano, 294
Luzi, 294
Montale, 292, 294 (elisabettiano)
Ponzini, 294 (variato)
Saba, 294
Zanzotto, 294
vedi anche Sonettessa; Tenzone
Spezzatura, 29 (vedi anche Enjambement)
Stanza, vedi Ballata; Canzone; Ottava
Stanza (dell'ode pindarica), 161
Stanza isolata, vedi Canzone :monostrofica
Stornello, 247
   Carducci, 247
Strambotto, vedi Rispetto
Strofa (strofe), **41**
— eptastica, 41
— esastica, 41
   di endecasillabi in D'Annunzio, 277
   di endecasillabi in Gozzano, 277, 278
— pentastica, 41
— romantica, 233
— tetrastica, 41
struttura, 41
Strofe lunga dannunziana, 271, 272, 274, 275
— caratteri, 271
— funzione strutturante della rima, 274
— isostrofismo, 274, 275
— modelli, 272
Strutture rimiche, 33

Teatro, 144, 145, 168-72, 228-30
   cinquecentesco, 168-72
     compromessi tra sciolto e rima, 168, 169

metri barbari, 170, 171
polimetria, 168, 169
recitativo drammatico, 171, 172
saffica, 169
sciolto, 168
quattrocentesco, 144, 145
  farsa, 145
  mariazo, 145
  sacra rappresentazione, 144
  teatro profano, 144, 145
settecentesco, 228-30
  cantata, 229, 230
  doppio settenario (martelliano), 229
  melodramma, 229
  polimetria, 229
  sciolto, 229
Tenzone, 58
— di canzoni, 58
— di sonetti, 58
Ternario, vedi Capitolo ternario
Terza rima, 41, **87-90**
[*t.*] coincidenza tra periodo metrico e periodo sintattico, 87
  incatenamento rimico, 87
  significato numerologico, 88
  struttura, 87, 88
  strutturazione in canti o in capitoli, 88 (vedi anche Canto; Capitolo ternario)
— e serventese, 89
  verso di chiusa, 87, 88

[*s.*] Duecento, 87, 88, 90
  Dante, 87, 88, 90
    terza rima nella Commedia, 87, 88
    t.r. nel DVE, 88
  Trecento, 108-111
    capitolo ternario, 110
    poesia allegorico-didascalica, 110
    poesia bucolica, 110, 111
    poesia narrativa, 110
    terza rima variata di Cecco D'Ascoli, 108, 109
  Quattrocento, 136-38
    capitolo ternario, 137
    'disperate' in t.r., 137

    egloga, 137, 138
    Palmieri, 136, 137 (variata)
    poemetti satirici e burleschi, 137
    poesia allegorica, 136
    satira, 138
    teatro sacro e profano, 144, 145
    volgarizzamenti, 138
  Cinquecento, 150, 156
    commedia polimetrica, 168
    elegia, 150
    satira, 150
    t.r. e distico elegiaco, 156
  Seicento, 192, 195
    egloga, 195
    satira, 192
  Settecento, 192, 215
    idilli del Fantoni, 215
    satira, 192
  Ottocento, 243
    Zanella, 243
  Novecento, 292, 293
    Bacchelli, 292
    Bertolucci, 292
    D'Annunzio, 276 (non rimata, o parzialmente rimata)
    Fortini, 292
    Gozzano, 270
    Pascoli, 270
    Pasolini, 293
    Saba, 292
  vedi anche Canto; Capitolo ternario
Terzetto, 41
Fantoni (di versi di varia misura e variamente rimati), 213
Rolli (di faleci), 226
Terzina, vedi Terza rima
Terzina dantesca, vedi Terza rima
Terzina lirica, 126
  Alberti, 126
  poeti settentrionali del Quattrocento, 126
Tesi, 24
Tetrametro dattilico catalettico, 256
Tetrastico, vedi Quartina; Strofa :tetrastica
Tornada, vedi Canzone :congedo

Traduzione, 127, 137, 138, 150, 215-217, 220, 284
   alineare (Tommaseo), 284
   — cinquecentesca, 150 (in sciolti)
   — quattrocentesca, 127, 138
      in sciolti (dell'Alberti), 127
      in terzine, 138
   — settecentesca, 215, 216
      polimetrica ('Ossian' del Cesarotti), 215, 216
      in sciolti, 217, 220
Tragedia, 148, 168, 169, 228, 229
   — cinquecentesca, 148, 168, 169
      compromesso tra sciolto e rima, 168, 169
      polimetria, 168
      in sciolti, 229
   — settecentesca, 228, 229
      polimetria, 229
      in sciolti, 229
Trattatisti di metrica, 113-16, 145, 146, 173-75
   Francesco Baratella, 145
   Antonio Da Tempo, 113-16
   Gidino da Sommacampagna, 116
   il 'manuale' della Nazionale di Firenze, 145, 146
   Francesco Patrizi, 146
   Guido Peppi, 146
   — cinquecenteschi, 173-75
      Bembo, 174
      teorici e divulgatori, 175

Tredecasillabo, 280, 281
   modelli, 281
   — come doppio settenario ipometro, 281
   — in Govoni, 280, 281
   — in Montale, 280
Trimetro giambico, 199, 256
   — acatalettico, 171
Trisillabo, 38
Tristico, vedi Terzetto
Trocheo, 34

Veneziana, 132
Versificazione, 9
Versioni poetiche, vedi Traduzione
Verso, **10**, **11**, **12-30**, **34-40**
   iniziali dei versi, 40
   origine dei versi italiani, 35
   struttura, 12-30
   tipi di verso, 34-40
   versi monorimi, 33
   — ad accentazione fissa, 27
   — ad accentazione mobile, 27
      — nel Pascoli, 266, 267
   — asinàrteto, 40
   — come significante metrico, 44
   — doppio, 39, 40
   — giambico nel Chiabrera, 198, 199
   — imparisillabo, 34-39
   — intero, 34 (vedi anche Endecasillabo)
   — ipermetro, 35, 36
   — ipometro, 35, 36
   — irrelato, vedi Rima :irrelata
   — libero, vedi Libero, verso
   — parisillabo, 34, 39
   — petrarchesco, 96, 97
   — piano, 22
   — a ritmo ascendente, 34
   — a ritmo discendente, 34
   — rotto, 34
   — sdrucciolo, 23
      — nelle canzonette del Chiabrera, 179-81
      — nell'egloga del Quattrocento, 138
   — trocaico nel Chiabrera, 198, 199
   — tronco, 23
      — nelle canzonette del Chiabrera, 179-81
Volgarizzamenti, vedi Traduzione
Volta, vedi Ballata
Volta (nell'ode pindarica), 161
Volte, vedi Canzone; Sonetto

Zagialesca, strofa, vedi Ballata :zagialesca

INDICE DEGLI AUTORI E DELLE OPERE ADESPOTE
(a cura di Francesco Bausi)

Adimari Lodovico, 192
Alamanni Luigi, 45, 149-51, 156, 161, 162, 170, 171, 173, 186, 189, 228
Alberti Antonio degli, 100
Alberti Francesco d'Altobianco degli, 129, 135, 138, 140
Alberti Leon Battista, 74, 84, 121-28, 137, 138, 140, 148, 153, 154, 166, 171, 197
Albizzi Riccardo degli, 99
Aleardi Aleardo, 27, 242
Alessandro da Verrazzano, 134
Alfani Gianni, 58, 61, 63
Alfieri Vittorio, 192, 229
Algarotti Francesco, 218, 219
Alighieri Dante, 14, 32, 33, 39, 42, 43, 47, 48, 50-52, 54, 57-59, 61, 65, 72, 76-93, 95-97, 100, 110, 113, 114, 131, 133, 150, 175, 245, 246, 249
Aloisio Giovanni, 143
Anacreonte, 182
Angeli Diego, 249
Antonio da Ferrara, vedi Beccari Antonio
Antonio da Montalcino, 126
Antonio di Meglio, 131, 142, 143
Aretino Pietro, 137, 149, 167
Ariosto Ludovico, 149, 171
Aristotele, 11, 183, 234, 274
Arnaut Daniel, 82-84
Arzocchi Francesco, 122, 137, 138, 140
Astori Giuseppe Celestino, 222
Atanagi Dionigi, 153, 154
Augurelli Giovanni Aurelio, 143
Auliver, 100, 108

Bacchelli Riccardo, 287, 292
Baldi Bernardino, 155

Balestrini Nanni, 294, 295
Baratella Antonio, 145
Baratella Francesco, 145
Baretti Giuseppe, 216
Baruffaldi Girolamo, 216
Bassi Pietro Andrea de', 131
Beccari Antonio, detto Antonio da Ferrara, 100, 101, 107
Beccuti Francesco, detto il Coppetta, 167
Belcari Feo, 136, 144
Bellincioni Bernardo, 134, 135
Bembo Pietro, 14, 42, 60, 131, 143, 159, 160, 162, 163, 165, 173-75, 184
Berchet Giovanni, 42, 233, 235-37
Bernardo da Bologna, 58
Berni Francesco, 143, 167
Bertola de' Giorgi Aurelio, 207, 208, 210, 233, 243
Bertolucci Attilio, 292
Betocchi Carlo, 294
Bettinelli Saverio, 218
Boccaccio Giovanni, 14, 15, 18, 42, 54, 72, 74, 90, 91, 93, 102, 103, 110
Boezio Anicio Manlio Severino, 42
Boiardo Matteo Maria, 117-21, 126, 133, 138, 140, 144
Bolognetti Francesco, 149, 150
Bonagiunta da Lucca, vedi Orbicciani Bonagiunta
Bonciani Antonio, 136
Bonichi Bindo, 100
Bonvesin de la Riva, 64, 65
Botta Gustavo, 295
Braccesi Alessandro, 120, 129, 130
Brocardo Domizio, 143
Buonarroti Michelangelo, 143, 164

Buonarroti Michelangelo, il Giovane, 192
Buoninsegni Jacopo Fiorino de', 137
Burchiello, vedi Domenico di Giovanni, detto il
Buzzi Paolo, 284, 289

Caccia Ferdinando, 222
Callimaco, 217
Calogrosso Gianotto, 126
Cambini Bernardo, 130, 140
Cammelli Antonio, detto il Pistoia, 134, 144, 145, 167
Campana Dino, 285, 294
Campanella Tommaso, 197, 198, 203, 222
Cantare di Florio e Biancifiore, 103
Capasso Giosuè, 145
Caperle Sirio, 256
Capretto Pietro, detto Pietro Edo, 136, 144
Caproni Giorgio, 294
Capuana Luigi, 284
Caracciolo Giovan Francesco, 143
Caracciolo Pietro Antonio, 145
Cardarelli Vincenzo, 290
Carducci Giosuè, 13, 20, 21, 38-40, 42, 43, 122, 198, 203, 219, 220, 224, 237, 238, 240, 242-47, 250-52, 255-60, 270, 281, 282
Cariteo, vedi Gareth Benedetto, detto il
Caro Annibale, 156, 218, 220
Carrer Luigi, 237
Cassoli Francesco, 209
Castellani Castellano, 144
Casti Giovan Battista, 215, 244
Catullo Gaio Valerio, 154, 217
Cavalcanti Guido, 48, 53-56, 58, 60, 61, 63, 78, 95, 96, 112, 114
Cecchi Jacopo, 99
Cecco d'Ascoli, vedi Stabili Francesco, detto
Cenne da la Chitarra, 59
Cerretti Luigi, 209, 212, 234
Cesarotti Melchiorre, 215, 217, 222, 229
Chanson de Roland, 69
Chiabrera Gabriello, 39, 149, 159, 177-79, 181-86, 191, 195, 196, 198, 201-203, 205, 208, 210, 214, 218, 222, 223, 239, 242, 250-52, 257, 275
Chiarini Giuseppe, 259, 260, 270

Ciacco dell'Anguillara, 65
Cieco d'Adria, vedi Groto Luigi, detto il
Cielo d'Alcamo, 40, 65
Ciminelli Serafino, detto S. Aquilano, 135, 137, 139
Cino da Pistoia, 54, 79, 93, 96, 98, 103, 114
Cione Ballione, ser, 58
Ciro di Pers, 189, 196, 239
Cittolini Alessandro, 153
Collenuccio Pandolfo, 131, 159, 160, 238
Comi Girolamo, 295
Compagni Dino, 100, 108
Conti Antonio, 217
Conti Giusto de', 117, 121, 122, 126, 137, 143
Coppetta, vedi Beccuti Francesco, detto il
Corazzini Sergio, 284, 292, 294, 295
Cosmico Niccolò Lelio, vedi Della Comare Niccolò, detto
Croce Benedetto, 248

Damiani Lorenzo, 134
D'Annunzio Gabriele, 42, 247, 249, 257, 260, 265, 270-72, 274-79, 282-84, 290, 294, 295
Dante da Maiano, 58
Danza mantovana, 67
Da Ponte Lorenzo, 213, 233
Da Tempo Antonio, 89, 90, 111-15, 121, 145, 175, 246
Dati Leonardo, 122, 123, 125, 153-55, 171, 197, 222, 250
Davanzati Chiaro, 16, 51-53, 58, 80, 238
De Bosis Adolfo, 284
Debussy Claude, 289
De Jennaro Pietro Jacopo, 136, 141, 144
Del Bene Sennuccio, 98, 99
Del Carretto Galeotto, 135, 167-69, 195, 203
Della Casa Giovanni, 157, 175
Della Comare Niccolò, detto N. Lelio Cosmico, 137, 143
Della Valle Federico, 189
Detto d'amore, 64
Dolce Ludovico, 156, 174, 175
Domenico da Prato, 131, 134, 140-42
Domenico di Giovanni, detto il Burchiello, 135

INDICE DEGLI AUTORI E DELLE OPERE ADESPOTE 343

Donati Forese, 58
Doni Salvino, 58
Dottori Carlo de', 189

Eliot Thomas Stearns, 43
Empedocle, 11
Equicola Mario, 175
Euripide, 170

Fabbri Lorenzo, 198
Fantoni Giovanni, 203, 205-208, 213-15, 223-28, 240, 250, 251
Fermo Antonio, 167
Ferrari Severino, 43, 247, 248
Filenio Gallo, vedi Galli Filippo, detto
Filicaia Vincenzo da, 187, 238
Finiguerri Stefano di Tommaso, detto lo Za, 137
Fiore, 59, 72
Firenzuola Agnolo, 42, 45, 150, 151, 160, 163, 165, 166, 189
Flaminio Marco Antonio, 154
Folgore da San Gimignano, 59, 294
Foresi Bastiano, 138
Fortini Franco, 292, 294
Foscolo Ugo, 15, 27, 38, 40, 198, 206, 207, 209, 210, 217-21, 223, 225, 226, 233, 237, 238, 243, 289
Francesco da Barberino, 112, 113, 148
Francesco d'Assisi, san, 10
Francesco di Firenze, 68
Francesco di Vannozzo, 100, 107
Frescobaldi Giovanni, 140
Frescobaldi Matteo, 99
Frezzi Federico, 110
Frugoni Carlo Innocenzo, 206-208, 210, 212, 217, 218

Gadda Carlo Emilio, 28
Galeota Francesco, 135, 138, 141
Galli Angelo, 131-33, 137, 238
Galli Filippo, detto Filenio Gallo, 133, 135
Gambara Veronica, 164
Gareth Benedetto, detto il Cariteo, 143
Gatto Alfonso, 294
Gherardi Giovanni, da Prato, 136, 166
Giacomino da Verona, 64
Giacomino Pugliese, 51, 63
Giacomo da Lentini, 10, 17, 50-52, 54, 57,

62, 63, 70, 71, 73, 76
Gidino da Sommacampagna, 111, 112, 115, 116, 121, 195
Giovan Matteo di Meglio, 135
Giovanni, Re 63
Giovenale Decimo Giunio, 138
Giraldi Cinzio Giovambattista, 30, 149, 168, 174, 175
Giusti Giuseppe, 243
Giustinian Leonardo, 132, 136, 178
Gnoli Domenico, 242, 252, 257-59, 281
Goldoni Carlo, 229
Goldsmith Oliver, 237
Govoni Corrado, 280, 294
Gozzano Guido, 40, 43, 270, 277, 279, 292-94
Graf Arturo, 294, 295
Graziani Girolamo, 192, 195
Grazzini Anton Francesco, detto il Lasca, 143, 165
Grossi Tommaso, 244
Groto Luigi, detto il Cieco d'Adria, 166
Gualtieri Paolo, 153
Guarini Battista, 172
Guidi Alessandro, 187-89, 205, 240
Guidiccioni Giovanni, 150
Guido delle Colonne, 79, 128
Guinizzelli Guido, 53, 79
Guittone d'Arezzo, 49, 51, 55, 68, 75, 76, 80, 100

Imperiali Giovan Vincenzo, 196, 239
Intelligenza, 108
Ippocrate, 44

Jacopo da Bologna, 128
Jacopone da Todi, 33, 61, 62, 64, 66, 182

Lamberteschi Lamberto, 142, 143
Lamberti Luigi, 205
Landini Francesco, 104
Lapo Gianni, 246
Lasca, vedi Grazzini Anton Francesco, detto il
Latini Brunetto, 64
Lenzoni Carlo, 150, 173
Leopardi Giacomo, 37, 191, 237-40, 242

Lorenzi Bartolomeo, 216
Lotto di ser Dato, 58
Lucini Gian Pietro, 281-83
Luzi Mario, 293, 294

Machiavelli Niccolò, 143
Macpherson James, 215
Maestro Francesco, vedi Francesco di Firenze
Maffei Scipione, 218, 219, 229
Magalotti Lorenzo, 205, 209
Magno Celio, 157
Manzoni Alessandro, 24, 38-40, 212, 233, 234, 237, 238
Marchetti Alessandro, 217
Mare amoroso, 64, 113, 148
Marinetti Filippo Tommaso, 284
Marino Giovambattista, 192, 195, 218, 240
Marot Clement, 249
Marradi Giovanni, 247, 249
Martelli Ludovico, 151, 161, 162
Martello Pier Jacopo, 228
Martini Fausto Maria, 292
Mascheroni Lorenzo, 216, 217, 222, 250
Mattei Saverio, 233
Mazzoni Guido, 247, 259
Medici Lorenzo de', 14, 15, 17, 22, 42, 127, 128, 133, 135-37, 140, 143, 144, 150, 249
Meli Giovanni, 205, 206, 209
Menzini Benedetto, 191, 192
Metastasio Pietro, 206, 208, 210-12, 230, 233, 235, 236
Michelangelo, vedi Buonarroti Michelangelo
Milton John, 217
Minturno Antonio, 161, 175
Montale Eugenio, 17, 26, 30, 32, 33, 43, 46, 266, 270, 279, 280, 283, 289-94
Monte Andrea, 51, 53, 55, 58, 68-71, 75, 80, 111
Monti Vincenzo, 206, 207, 210, 217, 240
Moretti Marino, 290, 292
Mozart Wolfgang Amadeus, 11
Muzio Girolamo, 149, 150, 157, 173, 242

Nannini Remigio, detto R. Fiorentino 150, 165

Nardi Jacopo, 150, 168
Nesi Giovanni, 134
Niccolò Cieco, 137
Niccolò da Correggio, 128, 137-39, 144
Notaro, vedi Giacomo da Lentini

Olivi Giuseppe, 212
Omero, 11
Onesto da Bologna, 55, 61
Onofri Arturo, 290
Orazio Quinto Flacco, 154, 202, 217, 225, 227, 255-57, 261, 262
Orbicciani Bonagiunta, 51, 63, 68
Orlandi Guido, 55, 56, 58
Ottonaio Giovambattista dell', 167
Ovidio Publio Nasone, 154
Oxilia Nino, 292

Palazzeschi Aldo, 286, 287
Palmieri Matteo, 35, 74, 136
Panuccio dal Bagno, 49, 52, 53, 57, 58
Paradisi Agostino, 211
Parini Giuseppe, 23, 27, 38, 206-209, 217, 220, 221
Pascoli Giovanni, 27, 33, 39, 42, 44, 45, 69, 71, 247-49, 254, 259-62, 265, 266, 270, 276, 278, 279, 281
Pasolini Pier Paolo, 293
Patecchio Gerardo, 64
Paterno Ludovico, 150, 167
Patrizi Francesco, 146
Patrizi Francesco, da Cherso, 155, 156
Pavese Cesare, 286, 287, 289
Pazzi Alessandro de', 170, 171
Penna Sandro, 292
Peppi Guido, detto G. Stella, 146
Perleoni Giuliano, 144
Persio Aulo Flacco, 138
Petrarca Francesco, 14, 16-19, 25, 30, 31, 38, 44, 50, 52-55, 57, 65, 68, 79-81, 84, 86, 91-99, 101, 104, 110, 114, 131, 133, 141, 143, 144, 220, 246, 247, 289
Piccolomini Alessandro, 175
Pindaro, 182
Pindemonte Ippolito, 208, 217
Pistoia, vedi Cammelli Antonio, detto il
Platen August von, 250
Poerio Alessandro, 250
Polenta Guido Novello da, 96

INDICE DEGLI AUTORI E DELLE OPERE ADESPOTE

Poliziano Angelo, 14, 18, 39, 102, 110, 135, 136, 139, 140, 145, 154, 193, 194, 247
Pontano Giovanni, 226
Ponzini Carlo, 294
Pope Alexander, 217
Prati Giovanni, 237
Pucci Antonio, 101, 103, 109-11
Pulci Bernardo, 137, 138
Pulci Luca, 138, 140
Pulci Luigi, 17, 140, 141, 143, 245

Quadrio Francesco Saverio, 216
Quasimodo Salvatore, 279, 290

Ranibaldus Francus, 120, 121
Redi Francesco, 183
Remigio Fiorentino, vedi Nannini Remigio, detto
Renieri Antonio, 153, 154
Ricco da Varlungo, 58
Rinaldo d'Aquino, 71
Rinuccini Cino, 84, 126, 166
Ritmo Laurenziano, 41
Roberti Giambattista, 217
Rolli Paolo, 203, 206-208, 217, 222, 223, 225-28, 230, 251
Ronsard Pierre de, 182, 242
Rosa Salvatore, 192
Roselli Rosello, 143
Rossetti Dante Gabriele, 249
Rossi Roberto de', 131
Rota Giuseppe, 222
Rucellai Giovanni, 150, 151, 169, 172, 239
Ruggieri Apugliese, 89
Ruscelli Girolamo, 156, 173, 175

Saba Umberto, 290, 292, 294
Sacchetti Franco, 38, 99-101, 104, 105, 107, 110, 111
Sachella Bartolomeo, 140
Saffo, 225
Sanguinacci Francesco, 140
Sanguinacci Jacopo, 145
Sannazaro Jacopo, 20, 24, 42, 84, 122, 137, 138, 140, 141, 143, 145, 154, 194
Sassi Sasso de', detto Panfilo Sasso, 137
Sasso Panfilo, vedi Sassi Sasso de', detto

Savioli Fontana Ludovico, 206, 207
Saviozzo, vedi Serdini Simone, detto il Saviozzo
Savonarola Girolamo, 130
Sbarbaro Camillo, 290
Scarlatti Filippo, 140
Sella Emanuele, 294
Sennuccio Del Bene, vedi Del Bene Sennuccio
Serafino Aquilano, vedi Ciminelli Serafino, detto
Serdini Simone, detto il Saviozzo, 100, 101, 104, 110-12, 121, 131
Sforza Alessandro, 126, 134
Simonide, 217
Soffici Ardengo, 284
Sofocle, 170
Soldanieri Niccolò, 100, 105, 121, 126
Solerti Angelo, 259, 262
Sommariva Giorgio, 138
Speroni Sperone, 167, 171, 172, 174, 195
Spolverini Giambattista, 216
Stabili Francesco, detto Cecco d'Ascoli, 108, 109
Stella Guido, vedi Peppi Guido, detto
Strozzi Giovan Battista, il Vecchio, 164, 165
Strozzi Lorenzo, 26, 151, 169, 239

Taccone Baldassarre, 144
Tasso Bernardo, 149-51, 153, 156, 158, 161, 165, 178, 192, 205, 208, 210
Tasso Torquato, 30, 149, 157, 164, 165, 172, 174, 175, 218, 289
Tassoni Alessandro, 192
Terino da Castelfiorentino, 58
Thovez Enrico, 259, 281, 283, 287
Tinucci Niccolò, 121, 126
Tolomei Claudio, 153-55, 171, 197, 222, 250, 258, 260
Tomaso da Faenza, 58
Tommaseo Niccolò, 237, 243-45, 250, 252, 284
Trissino Gian Giorgio, 148-50, 161, 162, 168, 169, 173-75, 186, 205, 218

Uberti Fazio degli, 99-101, 107, 110, 112
Ubertino di Giovanni del Bianco, 58
Ubertino, frate, vedi Ubertino di Giovanni del Bianco

Uguccione da Lodi, 41
Ungaretti Giuseppe, 288-290, 293, 294
Valéry Paul, 43
Vannozzo Francesco di, vedi Francesco di Vannozzo
Varchi Benedetto, 156, 165, 173
Villani Giovanni, 110
Villon François, 249
Vinciguerra Antonio, 138
Virgilio Publio Marone, 137, 154, 229

Visconti Gasparo, 137, 144
Visdomini Neri de', 73

Whitman Walt, 281, 284, 287

Za, vedi Finiguerri Stefano di Tommaso, detto lo
Zanella Giacomo, 39, 243
Zanzotto Andrea, 294, 295, 296
Zuccarelli Giovanni, 153

INDICE DEGLI STUDIOSI
(a cura di Francesco Bausi)

L'indice ha, tra i suoi fini principali, quello di agevolare il reperimento nella bibliografia degli studi citati in forma abbreviata nel testo: per questo, i numeri delle pagine sono tipograficamente distinti (in tondo, quelli relativi al testo; in corsivo, quelli relativi alla bibliografia). Coloro che, nel testo, sono ricordati anche come poeti o come teorici (ad esempio, Angelo Solerti, Giosuè Carducci e Domenico Gnoli), qui vengono citati solo in riferimento alla bibliografia e ai luoghi del testo in cui si menzionano — in forma abbreviata — loro contributi critici.

Affò I., *302*
Agosti S., *302*
Altamura A., *301*
Andrews R., *298*
Antonelli R., *70*, *71*, *73*, *74*, 299, *305*, *310*, *312*
Antonielli S., *300*
Ariani M., *300*, *301*
Asor Rosa A., *299*
Auzzas G., *301*
Avalle D'A.S., 35, 76, *306*, *312*, *320*

Balbi F., *302*
Baldacci L., *299*, *300*
Baldelli I., 73, 88, 90, *312*
Balduino A., 72, 103, *298*, *308*, *309*, *314*, *315*
Balsamo-Crivelli G., *299*
Barbarisi G., 221, *318*
Barbera M., *319*
Barberi L., *312*
Barberi Squarotti G., *302*, *320*
Bartolomeo B., 121, *304*, *315*
Bauer-Formiconi B., *301*
Bausi F., 234, *316*
Beccaria G.L., 44, 45, *302*, *312*, *318*, *320*
Bellorini E., *298*
Bellucci L., *298*
Beltrami P.G., 11, 15, 42, 47, 72, 131, 274, 284, 289, *302*, *304*, *306*, *312*, *318*
Berardi C., *318*
Bertinetto P.M., 9, 38, *302*, *305*, *316*
Bertolini L., 123, *301*
Bertone G., *317*
Bertoni A., *320*
Bessi R., 22, *299*, *315*

Bettarini R., *300*
Betti F., *318*
Bezzola G., *299*
Biadene L., *307*, *308*, *310*
Biancardi G., *315*
Bianchi D., *314*
Bigi E., 96, 97, *314*, *316*, *320*
Blasucci L., *303*, *309*, *316*
Bonalumi G., *318*
Bordin M., *320*
Brambilla Ageno F., *301*
Branca V., *298*
Brasolin M.T., *314*
Brik O., *303*
Brizi B., *318*
Brugnolo F., *314*, *320*
Brunelli B., *300*
Bruni A., *318*
Burger M., 69, *306*

Calcaterra C., 218, *301*, *304*, *318*
Calenda C., *312*
Camerino G.A., *318*, *320*
Camilli A., 28, *303*, *305*, *312*
Capovilla G., 96, 105, 109, 116, 128, 246, 249, 292, *303*, *304*, *307*, *308*, *314*, *315*, *319*
Carducci G., 224, 238, 240, 242, *300*, *305*, *309*, *310*, *318*
Carrai S., 126, 142, *315*
Carroll C.W., *310*
Casella M., 68, *306*
Casini T., *302*
Castagnola R., 128
Castoldi M., *316*
Cervetti P., 166, *316*

INDICE DEGLI STUDIOSI

Cesari G., *317*
Ceserani R., *315*
Chatman S., *303*
Chiarini G., *319*
Ciafardini E., *312*
Cian V., *307*
Ciociola C., *309*
Cirese A.M., *247, 310, 311*
Cohen J., *303*
Coletti V., *320*
Conti R., *118, 119, 315*
Contini G., *18, 45, 64, 66, 67, 68, 72, 74, 81, 279, 290, 298, 300, 312, 317, 319, 320*
Corda F., *303*
Corsi G., *300, 301*
Corso C., *307*
Corti M., *307*
Cottino-Jones M., *315*
Cremante R., *297, 305*
Crespi A., *298*
Crisari M., *303*
Crivelli M.P., *320*
Croce B., *299*

D'Addio W., *303*
Damian M., *317*
Danese R.M., *306*
Daniele A., *316*
Danzi M., *311*
D'Aronco G., *310*
Davoli G., *320*
Degrada F., *317*
Delcorno Branca D., *300*
De Lollis C., *319*
De Maldé E., *307*
De Robertis D., *60, 103, 298, 299, 301, 307*
Devoto G., *319*
Di Benedetto A., *297*
Di Girolamo C., *12, 19, 67, 68, 287, 297, 302, 303, 310, 312, 320*
Dionisotti C., *103, 145, 298, 309, 315*
D'Ovidio F., *305, 306, 319*

Ebani N., *320*
Egidi F., *299*
Elwert W.Th., *72, 233, 302, 314, 317, 319*
Esposito E., *320*

Falqui E., *298*
Fasani R., *25, 303, 305, 306, 312*
Felcini F., *299*
Ferrante P.P., *300*
Ferrero G.G., *299*
Ferroni G., *317*
Flamini F., *304*
Flora F., *305*
Floriani P., *317*
Folena A.L., *320*
Folena G., *299, 305, 312*
Fortini F., *320*
Fraccaroli G., *302*
Frasca G., *310*
Fraser G.S., *303*
Fubini M., *297, 303, 307, 310, 311, 313, 314, 317, 318*
Furlan F., *303*

Gareffi A., *301*
Gargiulo A., *319*
Gasparov M., *303*
Gavazzeni F., *244, 311, 319, 320*
Gelli P., *300*
Getto G., *299, 310*
Geymonat M., *308*
Ghinassi Gh., *316*
Giannangeli O., *320*
Girardi A., *321*
Gnoli D., *305, 308*
Goldin D., *314*
Gori F., *306*
Gorni G., *59, 88, 90, 97, 175, 297, 304, 305, 307, 309, 310, 311, 313, 316*
Gronda G., *318*
Gross H., *303*
Guarniero P.E., *302*
Guerrieri Crocetti C., *317*
Guglielminetti M., *321*
Guiraud P., *303*

Halle M., *303*

Innamorati G., *300*
Isella D., *300, 318*

Jacomuzzi S., *301*
Jakobson R., *11, 303*
Jeanroy A., *313*

INDICE DEGLI STUDIOSI

Jenni A., *310, 321*
Jeppesen Kn., *308*

Keiser S.J., *303*
Keniston H., *307*
Kimsatt W.K., *303*

Labande-Jeanroy Th., *314*
Lagorio G., *300*
Lanza A., *129, 299*
Lavezzi G., *321*
Lazzeri G., *299*
Leonardi C., *303*
Leonardi L., *313*
Leonetti P., *305*
Lepschy G.C., *305*
Levi A., *303*
Liberatore V., *302*
Li Gotti E., *311, 314*
Limentani A., *298, 309*
Limentani U., *317*
Lisio G., *313*
Liuzzi F., *308*
Longhi S., *72, 311, 317*
Lotman Ju.M., *303*
Luperini R., *306*

Macrí O., *318*
Maddison C., *309*
Magnani F., *298*
Maier B., *299*
Malagoli G., *28, 303*
Mancini F., *299, 308*
Manzotti E., *311*
Marazzini C., *44, 320, 321*
Marchese, A., *302*
Mari G., *302, 313*
Marrocco W.Th., *314*
Martelli M., *43, 45, 74, 128, 130, 133, 149, 157, 184, 196, 212, 214, 233, 242, 243, 245, 249, 252, 263, 278, 292, 293, 295, 299, 300, 304, 308, 309, 311, 319, 321*
Marti M., *300*
Martini A., *308*
Massei M.R., *300*
Materassi A., *311*
Maugain G., *317*
Mauro A., *301*
Mazzoni G., *309, 314*

Medin A., *310*
Meierhans L., *307*
Memmo F.P., *302*
Mengaldo P.V., *78, 278, 281, 283, 286, 287, 290, 297, 298, 300, 303, 316, 321*
Menichetti A., *16, 17, 24, 57, 68, 69, 71, 298, 302, 305, 310, 313, 315*
Migliorini B., *306*
Mila M., *300*
Milan G., *315, 318*
Milani M., *145, 316*
Minetti F.F., *300*
Mistruzzi V., *298*
Monaci E., *313*
Mönch W., *310*
Moneti C., *317*
Montagnani C., *310*
Monterosso R., *312*
Monteverdi A., *241, 306, 319*
Munari R., *302*
Muscetta C., *300*
Mussini Sacchi M.P., *301*

Napoli D.J., *305*
Nava G., *300*
Neri F., *317*
Noferi A., *321*

Olivieri G., *318*
Orr W.F., *310*
Orvieto P., *106, 299, 301, 308*
Ossola C., *317*

Pagliai F., *299*
Pagliaro A., *311*
Pagnini M., *310*
Pancheri A., *115, 308, 315*
Panvini B., *301*
Papini G.A., *259, 298, 319*
Parenti G., *316*
Parodi E.G., *305, 313*
Pasquini E., *300, 309*
Pastore Stocchi M., *301*
Pazzaglia M., *9, 72, 288, 297, 302, 303, 312, 313, 321*
Peirone C., *316*
Pelosi A., *315*
Pernicone V., *304*
Pestelli G., *315*

Petrocchi G., *297*
Piccioni L., *301*
Picone M., *315*
Pighi G.B., *122, 222,* 251, 253, 254, 258, 263, 283, *304, 309, 321*
Pinchera A., *272, 273, 282, 285, 321*
Pini C., *310*
Pirotti U., *306*
Pirrotta N., *315*
Placella V., *219, 319*
Ponchiroli D., *300*
Pozza N., *317*
Pozzi G., *305, 318*
Praloran M., *316*
Puppo M., *301*

Quadrio F.S., *304*
Quaglio A.E., *298*
Questa C., *306*
Quondam A., *149,* 311, *317*

Ragni F.D., *319*
Rak M., *298*
Ramous M., 10, 66, 142, *297, 302*
Ricci P.G., *298*
Riese J., *310*
Roche J., *308*
Romei D., 167, *317*
Roncaglia A., 103, *308, 309, 310, 313*
Roncoroni F., *298*
Russell R., *308*

Sanesi I., *309*
Sanguineti E., *299*
Sansone G.E., *304, 306,* 311, *319*
Santagata M., 98, *310,* 311, *316*
Santagostini M., *302*
Santangelo S., *313*
Santato G., *320*
Santoli V., *319*
Sapegno N., *300*
Scaglione A., *313,* 316
Scherillo M., 68, *306*
Schulz-Buschaus U., *308*
Scotti M., *299*
Seidel W., *304*
Segre C., 46, *298, 304,* 316
Serassi P., *301*

Serretta M., 68, 69, *306*
Sesini U., *304, 306*
Shapiro M., *305*
Siti W., *321*
Solerti A., *319*
Solimena A., *313*
Speroni G.B., 167, *310*
Spongano R., 64, 142, *302*
Stampini E., *320*
Steadman J.M., *317*
Stefanini R., *305*
Stegagno Picchio L., *308*
Stella F., *303*
Stella Galbiati G.M., *309*

Taddeo E., 194, *305, 318*
Tanturli G., *316*
Tavani G., *304, 321*
Testa E., *311*
Tioli M.E., *320*
Tissoni Benvenuti A., *300, 301, 317*
Tizi M., *316*
Tomasevskij B.V., 9, *305*
Trovato P., *313*
Turolla E., *317*
Tuttle E.F., *315*

Valentini A., *304*
Valgimigli M., *320*
Vanossi L., *315*
Varanini G., *306*
Vergara G., *309*
Verhulst S., 106, 107, *308*
Viazzi G., *283, 298*
Vicinelli A., *300*
Vinciguerra M., *298*
Vischi L., *321*
Vitetti L., *298*

Weinberg B., *301*
Wiese B., *299*
Wilkins E.H., *310,* 315
Wlassics T., *313*

Zambaldi F., *302*
Zanato T., 127, *299*
Zappulla G., *306*
Zumthor P., 29, *304*

INDICE GENERALE

		Pag.	7
Premessa		»	7
I. La metrica: caratteri generali		»	9
I.1. *Metrica e poesia*		»	9
I.2. *La struttura del verso: il computo sillabico*		»	11
I.3. *La struttura del verso: gli accenti e il ritmo*		»	22
I.4. *La rima e le sue funzioni*		»	31
I.5. *I versi*		»	34
I.6. *I metri*		»	40
I.7. *Il significante metrico*		»	42
II. Il Duecento e Dante		»	47
II.1. *La canzone*		»	47
II.2. *Il sonetto*		»	53
II.3. *La ballata e la lauda*		»	59
II.4. *Forme minori*		»	62
II.5. *Particolarità metriche*		»	65
II.6. *Dante*		»	77
II.6.1. *Dante e la metrica duecentesca*		»	77
II.6.2. *La sestina lirica*		»	82
II.6.3. *La terza rima*		»	87
III. Il Trecento		»	91
III.1. *Francesco Petrarca*		»	91
III.2. *Caratteri metrici della lirica trecentesca*		»	99
III.3. *L'ottava rima*		»	102
III.4. *Altri metri trecenteschi*		»	104
III.5. *I primi trattatisti di metrica italiana*		»	113
IV. Il Quattrocento		»	117
IV.1. *Sperimentalismo quattrocentesco*		»	117
IV.1.1. *La lirica del Boiardo e di Giusto de' Conti* . .		»	117
IV.1.2. *La Toscana*		»	122

IV.2. *Forme e generi della poesia quattrocentesca*..... » 130
IV.3. *Il teatro* .... » 144
IV.4. *I trattatisti* .... » 145
V. Il Cinquecento .... » 147
   V.1. *La 'rivoluzione' cinquecentesca* .... » 147
   V.2. *L'endecasillabo sciolto* .... » 147
   V.3. *La riproduzione dei metri classici* .... » 153
   V.4. *L'evoluzione delle forme liriche* .... » 157
   V.5. *Il teatro* .... » 168
   V.6. *Trattatisti e teorici* .... » 173
VI. Il Seicento .... » 177
   VI.1. *La lirica di Gabriello Chiabrera* .... » 177
   VI.2. *La canzone seicentesca* .... » 186
   VI.3. *Forme metriche seicentesche* .... » 192
   VI.4. *Metri 'barbari'* .... » 197

VII. Il Settecento .... » 205
   VII.1. *Le forme della lirica* .... » 205
   VII.2. *Il verso sciolto* .... » 216
   VII.3. *La metrica classicheggiante* .... » 222
   VII.4. *Poesia drammatica* .... » 228

VIII. L'Ottocento .... » 233
   VIII.1. *Le forme della poesia romantica* ...... » 233
   VIII.2. *Il recupero degli antichi metri romanzi* .... » 244
   VIII.3. *La metrica 'barbara'* .... » 250

IX. Il Novecento .... » 265
   IX.1. *Innovazioni primo-novecentesche* .... » 265
   IX.2. *Il verso libero* .... » 278
   IX.3. *Forma aperta e forma chiusa* .... » 290

Bibliografia .... » 297

   Indice analitico .... » 322
   Indice degli autori e delle opere adespote ...... » 341
   Indice degli studiosi .... » 347

FINITO DI STAMPARE
NEL MESE DI GENNAIO 2000
PER CONTO DELLA
CASA EDITRICE LE LETTERE
DALLA TIPOGRAFIA ABC
SESTO F.NO - FIRENZE

LE LETTERE/UNIVERSITÀ

1. Francesco Bausi - Mario Martelli, *La metrica italiana. Teoria e storia.*
2. Roberto Gusmani, *Saggi sull'inteferenza linguistica.*
3. *La poesia carolingia.* A cura di Francesco Stella. Prefazione di Claudio Leonardi
4. Giorgio Luti - Caterina Verbaro, *Dal Neorealismo alla Neoavanguardia (1945-1969).*
5. Elisabetta Bacchereti, *Il Naturalismo. Storia e testi.*
6. Sandro Gentili, *La critica letteraria del Novecento (1900-1960).*
7. Livio Codeluppi, *A Practical Handbook of Business. Theory and Commerciale Correspondence.*
8. Charles Barone, *Viceversa. La grammatica francese e il tradurre. Morfologia.*
9. Arnaldo D'Addario, *Alle origini dello Stato moderno in Italia. Il caso toscano.*
10. Carlo Simon-Belli, *Teoria della Previsione e Analisi strategica.* Prefazione di Umberto Gori.